Markus Wäger

Das ABC der Farbe

Theorie und Praxis für Grafiker und Fotografen

Rheinwerk
Design

Liebe Leserin, lieber Leser,

mit dem Thema Farbe hat wohl jeder von uns schon seine Erfahrungen gemacht: Die Farbeinstellungen in den Gestaltungsprogrammen sind komplex, und wenn wir sie nach bestem Wissen und Gewissen vornehmen, ist das Ergebnis dennoch selten so, wie wir es uns vorgestellt haben. Um wirklich kompetent in diesem Bereich arbeiten zu können, müssen wir die Fachbegriffe verstehen und benötigen technisches Know-how über Farbmodelle und Farbräume. Für ein gutes Gefühl bei der Arbeit mit Farbe braucht es aber noch mehr: Auch die psychologischen Aspekte wie Farbwirkung, Farbwahrnehmung und Farbeigenschaften wollen bedacht werden.

Das vorliegende Buch hilft Ihnen, zu perfekten Farbergebnissen zu gelangen: Ich würde es als eine Art Fach-Bilderbuch bezeichnen, das Farbe nicht nur erklären, sondern auch erlebbar machen will. Wenn Sie es durchblättern, können Sie sich vorstellen, wie viel Mühe und Herzblut Markus Wäger in sein neues Werk gesteckt hat! Zum Glück für uns, denn nun haben wir mit seinem Buch einen treuen Begleiter, der uns bei allen Fragen rund um Farbe weiterhilft. Es ist im Doppelseitenprinzip aufgebaut: Pro Doppelseite ein Fachbegriff – so haben Sie einen wirklich schnellen Zugriff auf die benötigten Informationen. Die vielen Beispielfotos, Schautafeln und Farbpaletten machen das Lernen zu einem visuellen Vergnügen.

Dann mal los! Ab jetzt wird Ihnen die Arbeit mit der Kamera in der Hand und in Ihrem Gestaltungsprogramm ganz sicher leichter von der Hand gehen. Viel Erfolg dabei!

Sollten Sie Hinweise, Lob, Kritik oder Anregungen an uns weitergeben wollen, freue ich mich über Ihre E-Mail.

Ihre Ruth Lahres
Lektorat Rheinwerk Design

ruth.lahres@rheinwerk-verlag.de
www.rheinwerk-verlag.de
Rheinwerk Verlag • Rheinwerkallee 4 • 53227 Bonn

Inhalt

Kapitel 1: Licht 17

Kapitel 2: Farbe 61

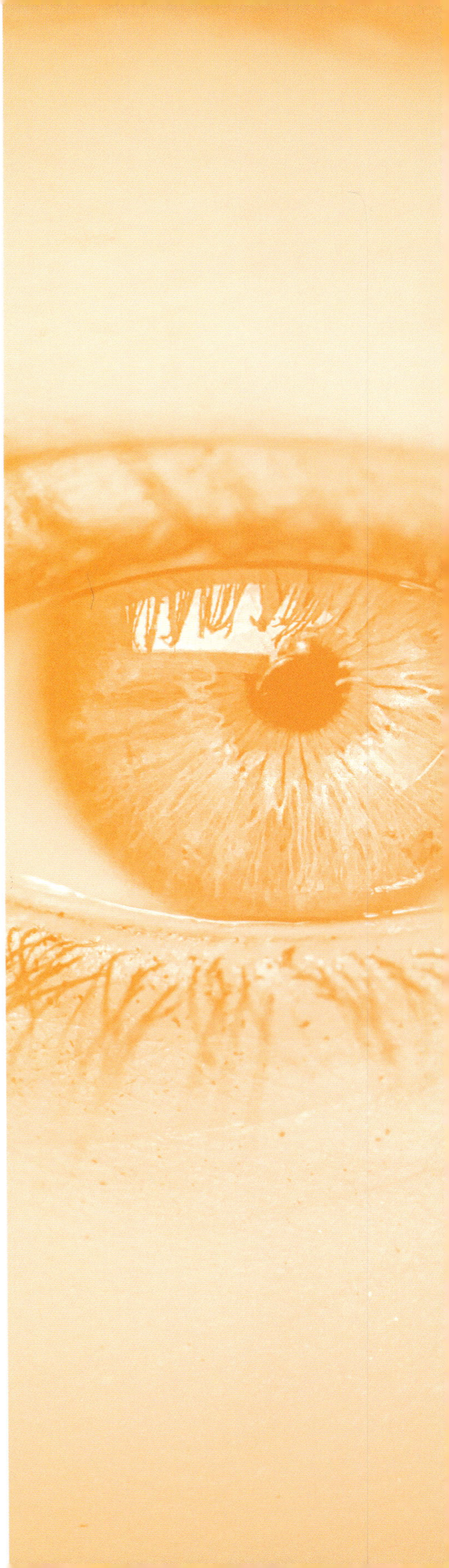

+ Helligkeit
Buntton
Sättigung
– Helligkeit

Kapitel 6: Farbgestaltung 247

Kapitel 7: Farbe in der Praxis 293

Vorgabe:
Benutzerdefinie
Kanal:
Grau
Ausgabe:
0
Eingabe:
50

Inhalt nach Alphabet

ROT
PURPURROT
MITTELBLAU
CYAN

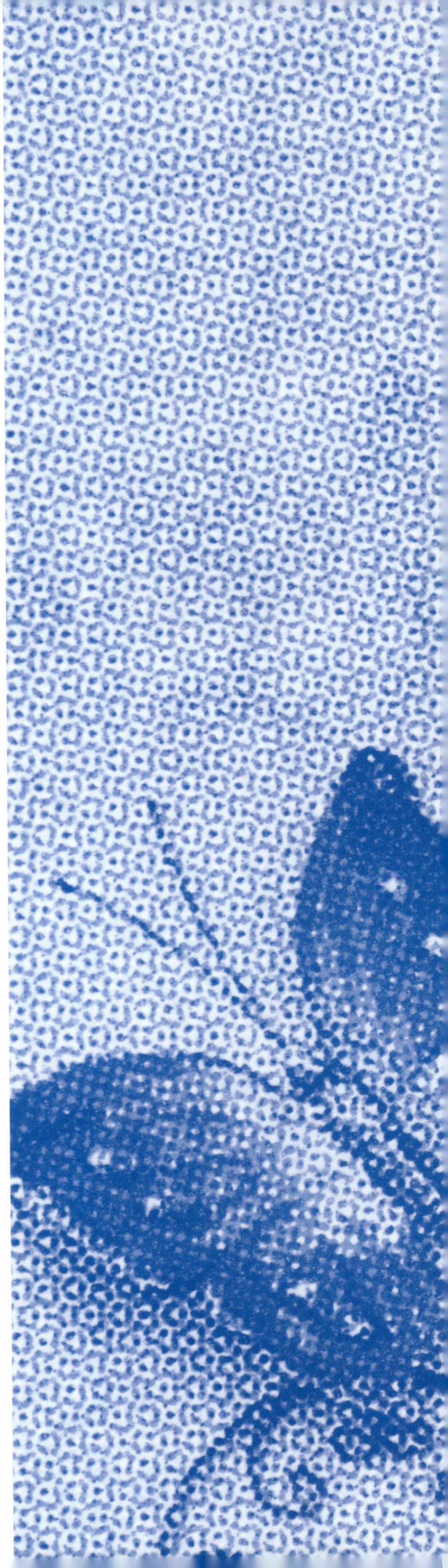

Vorwort

Ohne Farbe, behaupte ich, keine Gestaltung! Zwar höre ich gelegentlich den Einwand, dass man ja auch in Schwarzweiß gestalten könne, doch was sollen Schwarz und Weiß denn sein, wenn keine Farben?

Als Grafikdesigner ist Farbe für mich unverzichtbar, als Fotograf ebenso. Natürlich will man als Profi die Materie, die den Kern der Tätigkeit füllt, verstehen, nicht zuletzt weil man bei der Arbeit mit ihr auch immer wieder auf Seltsamkeiten, Überraschungen und Probleme stößt. Doch Werke über Farbe, die sich primär den Anforderungen und Bedürfnissen von Mediengestaltern und Fotodesignern widmen, sind rar, ein umfassendes Werk wäre mir gar nicht bekannt. Ein guter Grund für mich, diese Lücke zu füllen.

Fotografinnen und Grafiker eint, dass beide RGB-Daten übernehmen, an RGB-Bildschirmen arbeiten und Bilder für den Druck in CMYK vorbereiten. Das unterscheidet uns von anderen Berufsgruppen, für die Farbe zwar ebenso wichtig ist, Farbtöne aber in aller Regel auf Basis von Farbmusterbüchern bestimmt werden. RGB und CMYK spielen abseits von Foto, Video, digitalen Medien und Druckvorstufe kaum eine Rolle, sieht man davon ab, dass Gestaltung heute meist an Monitoren entsteht.

Ein Werk wie dieses ist natürlich nicht das Werk der einzelnen Person, die als Autor auf dem Titel genannt ist, sondern entsteht im Teamwork mit Lektorat, Korrektorat, Produktion und Druckerei. Darüber hinaus habe ich über Jahre und Jahrzehnte unzählige Bücher, Magazine und Websites aufgesogen, die sich im Kern oder nebenher mit Farbe befassen. Außerdem gab es viele Fachdiskussionen mit Expert:innen aus Fotografie, Design und Druckvorstufe, die mir halfen, mein Verständnis von Gestaltung im Allgemeinen und Farbe im Besonderen zu vertiefen. Ohne diese Inputs hätte ich dieses Buch niemals schreiben können. Ihnen allen sei gedankt.

Danken möchte ich auch Ihnen, liebe Leserinnen und Leser, dass Sie mein Buch zur Hand nahmen und aufschlugen. Der wichtigste Partner des Autors sind die Menschen, die sein Werk lesen. Ich hoffe, dass die folgenden sieben Kapitel für Sie ebenso interessant und unterhaltsam zu lesen sind, wie für mich, sie zu schreiben. Noch viel mehr hoffe ich, dass Sie für Ihren Beruf oder Ihr Hobby einen Nutzen daraus ziehen können. Viel Spaß beim Lesen!

Markus Wäger
Gestalter, Autor und Trainer
buero@markuswaeger.com

Kapitel 1: **Licht**

Licht

Wir Menschen sind visuelle Wesen – *Seh*wesen könnte man sagen. 80 % der Informationen, die wir verarbeiten, erreichen uns über die Augen. Das heißt, 80 % der Eindrücke, die uns beschäftigen, werden über Licht transportiert und von Farbe begleitet.

Im Alltag sprechen wir häufig von Sonnen- und Licht*strahlen* und stellen uns Licht entsprechend vor. Tatsächlich jedoch verlässt Licht einen leuchtenden Körper nicht wie ein Wasserstrahl einen Gartenschlauch. Vielmehr breitet es sich in Wellen aus, so wie ein Stein, den Sie ins Wasser werfen, konzentrische Wellen über die Wasseroberfläche schickt, nur dass sich Lichtwellen kugelförmig ausbreiten.

Schwarz

Schwarz ist die Abwesenheit von Licht. Ohne Licht kein Sehen! Wenn Sie nichts sehen, weil kein Licht vorhanden ist, sehen Sie Schwarz. Nur schwarze Löcher – so nimmt man heute an – enthalten Materie, die sämtliches einfallendes Licht schluckt und nicht wieder hergibt.

Weiß

Weiß ist reines Licht. Wir können Weiß beinahe ebenso wenig betrachten wie Schwarz. Schwarz können wir nicht anschauen, weil es das Resultat von *Nichts-Sehen* ist. In völliger Dunkelheit fehlt das Vehikel, visuelle Informationen zu transportieren und die Dinge sehen zu können.

Demgegenüber führt gleißendes Licht zur *Flutung* des Sehsinns. Beides erlaubt keine Differenzierung von Form und Farbe. Beides ist frei von Information. Schwarz ist wie die Leere eines finsteren Abgrunds, Weiß wie jene eines unbeschriebenen Blattes.

Grau

Was wir im Alltag Schwarz nennen, ist in der Regel eine Empfindung, die entsteht, wenn eine Fläche wenig Licht reflektiert. Tatsächlich reflektiert jede Fläche zumindest einen Hauch von Licht. Dinge, die wir schwarz zu sehen meinen, entsprechen in Wirklichkeit sehr dunklem Grau.

Umgekehrt ist, was wir als Weiß empfinden, in aller Regel kein reines Weiß, sondern ein sehr heller Grauton. Vermeintlich weiße Wände haben gebrochene Töne. Lediglich in der Fotografie führt Überbelichtung zu weißen Flächen ohne Zeichnung. Doch auch sie sehen wir an Monitoren oder auf Fotoabzügen nicht blendend weiß, sondern in gedämpfteren Tönen, auch wenn uns unsere Wahrnehmung *Weiß* suggerieren mag.

Es heißt, die Welt bestünde nicht nur aus Schwarz und Weiß, sondern auch aus Grautönen. Auf unser Sehen bezogen muss man sagen, dass wir die Welt beinahe *ausschließlich* in Zwischentönen wahrnehmen. Schwarz und Weiß bilden die Grenzen der visuellen Wahrnehmung, an die wir nur stoßen, wenn wir uns an einem Ort ohne Licht befinden beziehungsweise ins Licht blicken.

Grautöne sind Schattierungen zwischen Schwarz und Weiß. Doch Licht liefert uns nicht nur Schattierungen von Grau, sondern in ihm stecken auch die Farben. Schattierungen können deshalb auch Nuancen von Bunttönen enthalten oder intensiv buntfarbig sein.

Bunttöne sehen wir, wenn die unsere Augen erreichenden Farben nicht alle Wellenlängen des im weißen Licht enthaltenen Spektrums in sich bergen. *Grautöne* nehmen wir wahr, wenn das eintreffende Licht zwar das volle Spektrum enthält, aber die Lichtintensität reduziert ist. Je weniger Licht, desto geringer die Helligkeit, desto dunkler der Grauton. Da Grau keinerlei Buntcharakter aufweist, bezeichnet man es als *unbunt*. Ebenfalls unbunt sind Schwarz (kein Licht = keine Farbe) und Weiß (alle Farben gebündelt).

Reines Weiß und absolutes Schwarz

Schwarz ist also genau genommen die Abwesenheit von Licht und quasi *Nichts-Sehen*. In unserer Alltagssprache ist Schwarz aber vielmehr die Bezeichnung für sehr dunkle Dinge bzw. Flächen.

Um im Weiteren eine Unterscheidung zwischen *empfundenem Schwarz* und *Kein-Licht-Schwarz* zu treffen, nenne ich Ersteres schlicht »Schwarz«, das ich vom »absoluten Schwarz« der völligen Abwesenheit von Licht unterscheide.

Wollen Sie absolutes Schwarz sehen, stellen Sie sich vor eine Höhle oder einen Tunnel, der schnurgerade in die Tiefe eines Berges führt. Auf den ersten Metern wird das auf die Wände fallende Licht noch für einen Sehimpuls sorgen, doch in der Entfernung wird sich der Seheindruck in einem *schwarzen Loch* verlieren.

Weiß können wir nicht betrachten, weil es unsere Sehorgane überfordert, weil es uns blendet, weil es unsere Augen verletzen könnte. Weiß ist das Licht der Sonne – in sie zu blicken ist gefährlich. Eine gute Annäherung an Weiß erfahren wir, wenn wir ein weißes Blatt Papier in kräftiges Sonnenlicht halten und betrachten.

Auf Weiß bezogen werde ich von »Weiß« sprechen, wenn von der *Alltagsempfindung Weiß* die Rede ist, die vom »reinen Weiß« *puren weißen Lichts* zu unterscheiden ist.

Schattierung

Auch bei absoluter Dunkelheit liefern uns unsere Augen eine visuelle Information. Sie sind dann wie ein Strahlenmessgerät, das uns mitteilt: keine Strahlung. Der visuelle Eindruck, der dabei entsteht, ist eben Schwarz.

Absolutes Schwarz erlaubt kein visuelles Erkennen und keine Unterscheidung der Dinge. Wir brauchen zumindest ein Quäntchen Licht, um Schattierungen wahrzunehmen und die Elemente in unserer Umgebung in Kontur und Form zu erfassen. Ohne Licht könnten wir sie nur ertasten, vielleicht riechen, schmecken oder möglicherweise hören. Um unsere fünf Sinne komplett zu machen, ist Licht unverzichtbar.

Tatsächlich ist es aber auch nicht das reine Licht, das uns eine visuelle Wahrnehmung erlaubt, sondern vielmehr das, wozu es führt: Schatten. Ohne Schattierungen nähmen wir eine Kugel als Scheibe wahr, und nicht als Körper, und ein Würfel erschiene als sechseckige Fläche. Erst Schattierung erzeugt Plastizität.

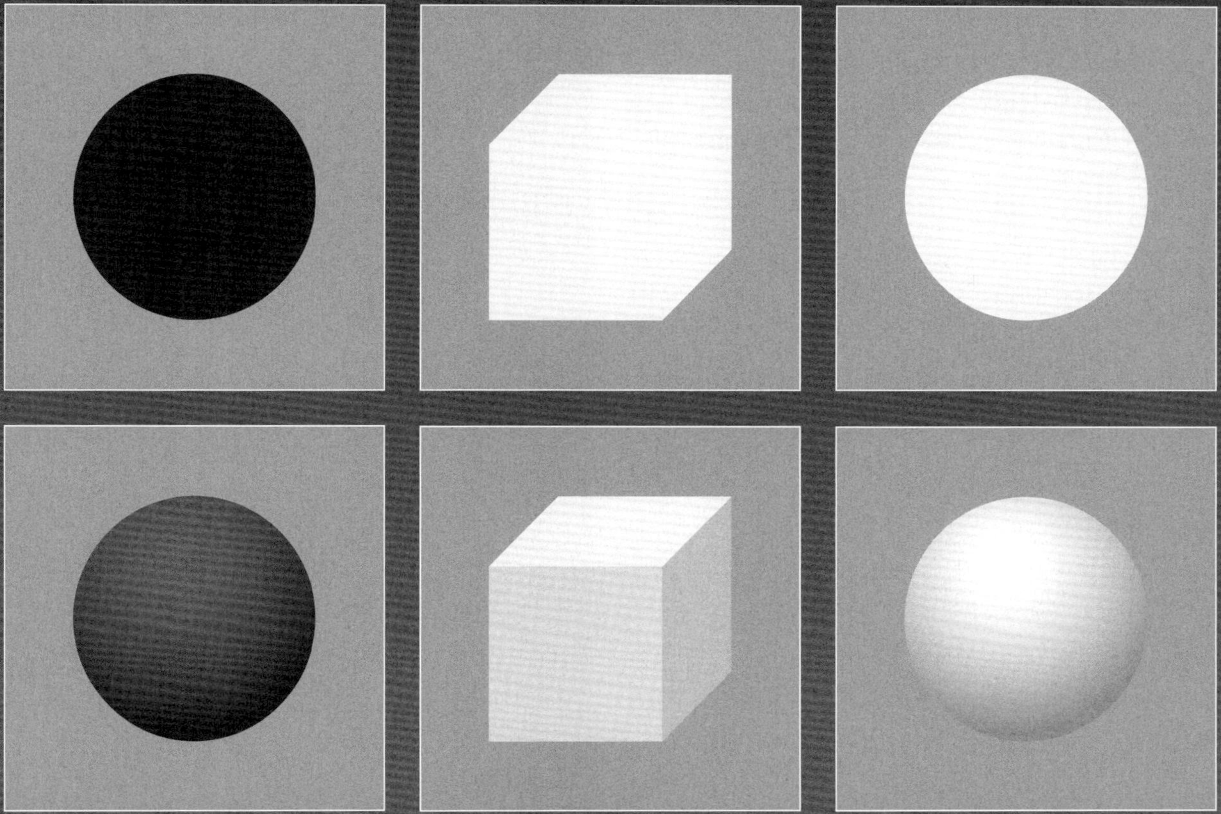

Helligkeit

Schattierungen nennt man Abstufungen der Helligkeit auf dem Weg vom reinen Weiß zum absoluten Schwarz. Jeder Farbton hat eine Helligkeit, die sich unterscheiden, messen und in Werte fassen lässt. 100 % Helligkeit ist Weiß, 0 % Helligkeit Schwarz.

Während 100 % und 0 % Helligkeit immer unbunt sind, muss das bei den Zwischenstufen nicht zwingend der Fall sein. Nicht nur Grautöne weisen eine spezifische Helligkeit auf, sondern auch Bunttöne. So ist beispielsweise Gelb immer hell – es gibt kein Dunkelgelb! –, wohingegen Violett mittlerer oder geringer Helligkeit entspricht. Helles Violett empfinden wir nicht als Violett, sondern geben ihm Namen wie *Flieder*.

Während Schattierungen unverzichtbar sind, um unsere Umwelt visuell zu erfassen, ist es für eine Spezies nicht zwingend notwendig, Bunttöne zu sehen. Die meisten Säugetiere kommen mit eingeschränkter Farbwahrnehmung oder ganz ohne Buntsehen aus.

Auch Schwarzweißfotografie führt vor Augen, dass sich die Welt im Großen und Ganzen ohne Bunttöne wiedergeben lässt. Allerdings lehrt sie uns ebenso die Grenzen der farblosen Weltsicht sowie die Vorteile des Farbensehens.

© Alexander Demyanenko / Shutterstock.com

Nimmt man den Farben die *Buntheit,* bleiben Grautöne unterschiedlicher Helligkeit. Hier bei der Regenbogenflagge ist gut zu sehen, wie Blau zum dunkelsten, Gelb zum hellsten Grauton wird.

Lichter

Helle Mitteltöne

Mitteltöne

Dunkle Mitteltöne

Lichter, Mitten und Schatten

Der Weg von Schwarz zu Weiß führt über Etappen, die man in Fotografie und Bildbearbeitung *Lichter*, *Mitten* und *Schatten* nennt, bzw. Letzteres im Deutschen auch häufig *Tiefen*.

Lichter müssen keine Kerzenflammen, Glühbirnen oder Glanzstellen sein. Vielmehr werden ganz allgemein alle hellen Bereiche als Lichter bezeichnet. Bei besonders hellen, beinahe oder ganz weißen Stellen spricht man von *Spitzlichtern*. Den Lichtern liegen die Schatten gegenüber. Schatten sind die dunkelsten Bereiche einer Aufnahme. Dazwischen sind die Bereiche mittlerer Helligkeit angesiedelt (*Mitteltöne*).

Schatten

Graustufen

Tiefen, Mitten und Lichter teilen den Weg von Schwarz zu Weiß in grobe Etappen. Tatsächlich aber bestehen Bilder in aller Regel aus wesentlich mehr Abstufungen.

Es heißt, dass unsere Augen bei direkt aneinandergrenzenden Flächen Helligkeitsunterschiede ab 0,5 % unterscheiden können. Teilt man den Weg von Schwarz (0 % Helligkeit) zu Weiß (100 % Helligkeit) in 0,5-%-Schritte, ergeben sich 200 Stufen.

Digitale Schwarzweißbilder können üblicherweise 256 Stufen – man spricht von *Graustufen* – vom dunkelsten zum hellsten Ton enthalten. In der Praxis lassen sich die Töne damit offensichtlich so fein abstufen, dass das menschliche Auge auch in feinen Verläufen keine Schwellen erkennen kann.

256 Grautöne genügen, um eine Schwarzweißaufnahme mit all ihren Schattierungen zu drucken. Auch die Vorlage für den Verlauf unten besteht aus 256 Graustufen (von denen im Druck allerdings ein paar auf der Strecke geblieben sein dürften). Als 256 Streifen mit je einer Breite von 1,6 mm reihen sich die Grautöne von ganz Weiß links nach ganz Schwarz rechts aneinander. Sichtbar sind die Abstufungen nicht – zu fein sind die Schritte von einem Grauton zum nächsten.

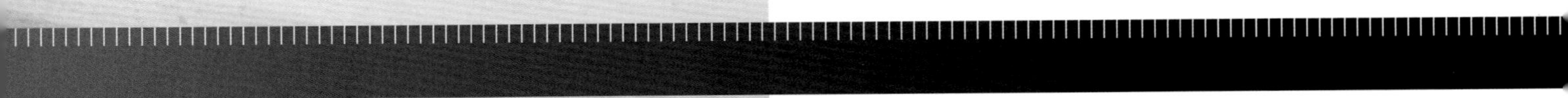

Lineare und logarithmische Kontraste

Es gibt verschiedene Möglichkeiten, Helligkeitsunterschiede abzustufen. Die naheliegende Variante ist, Tonwerte in gleich großen Schritten an- bzw. absteigen zu lassen. Beispielsweise kann man den Weg von 0 % Helligkeit zu 100 % in Zehnersprünge teilen, also 0 %, 10 %, 20 %, … 80 %, 90 %, 100 %. Die Tonwertunterschiede verlaufen in dem Fall *linear*.

Eine andere Möglichkeit ist, die Helligkeit jeweils zu verdoppeln bzw. zu halbieren – die Tonwerte ändern sich dann *logarithmisch*. Bei den Streifen unten habe ich zwischen einen Grauton mit 64 % Schwarz und einen mit 4 % Schwarz jeweils drei Schritte eingefügt – einmal logarithmisch mit den Werten 64, 32, 16, 8 und 4 und einmal linear mit gleichmäßigen 15-%-Schritten.

In der Fotografie erfolgt die Belichtung in logarithmischen Schritten: Ein Schritt von ±1 sogenanntem Lichtwert bedeutet jeweils eine Verdoppelung bzw. Halbierung der Helligkeit. Die Tonwertunterschiede digitaler Graustufen- und Farbbilder hingegen sind linear verteilt.

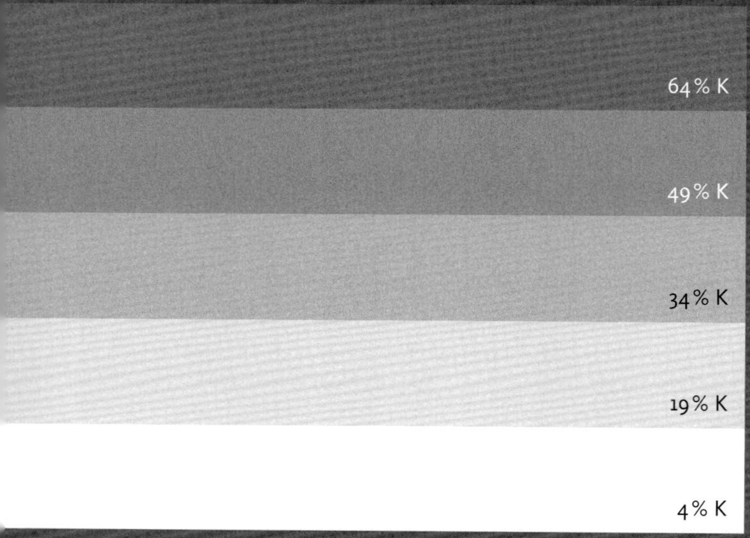

Lineare Verminderung der Helligkeit: Der Schwarzanteil reduziert sich von oben nach unten in 15-%-Schritten.

Logarithmische Verminderung der Helligkeit: Die Helligkeit der Streifen von oben nach unten halbiert sich jeweils.

Die Unterschiede der 256 Stufen eines Graustufenbildes sind linear verteilt. In der Fotografie ändern Belichtungseinstellungen die Helligkeit logarithmisch.

Tonwert

Die Helligkeit eines Grau- oder Farbtons wird *Tonwert* genannt. Leider gibt es mit dem Begriff ein Problem: Je nach Kontext bedeutet er einmal das Eine und dann wieder das genaue Gegenteil.

Bezieht er sich auf *Lichtfarben,* lässt sich der Tonwert eines Farbtons unter anderem mit L angeben, wobei L für Lightness steht, was mit »Helligkeit« übersetzt wird. 0 % L bedeutet kein Licht, und kein Licht ist Schwarz. 100 % L bedeutet maximale Helligkeit, und das ist Weiß. Dazwischen liegen die Tonwerte der Bunt- und Grautöne. Je höher der Tonwert, desto heller der Farbton.

Bezogen auf den Vierfarbendruck kehrt sich die Sichtweise um: Ein Tonwert von 0 % bedeutet kein Farbauftrag. Ohne Farbauftrag bleibt Papier unbedruckt, und unbedrucktes Papier ist in der Regel weiß. Durch Auftragen von Farbe erhält das Papier Färbung, was selbstverständlich zu einem dunkleren Ton als Weiß führt. Je mehr und dichter Farbe aufgetragen wird, desto dunkler der Farb- bzw. Grauton. Bei einem Tonwert von 100 % ist Schwarz erreicht. Hier heißt es also, je höher der Tonwert, desto dunkler der Farbton.

Tonwerte im Vierfarbendruck werden häufig in K angegeben. Unter den Grundfarben des Vierfarbendrucks steht K für Schwarz, weshalb es gelegentlich mit »Schwärzung« oder »Schwarzanteil« übersetzt wird. Bezogen auf Tonwerte ist diese Übersetzung aber an sich nicht korrekt, denn auch Tonwerte von Farben, die kein Schwarz enthalten, werden in % K angegeben. So kann beispielsweise ein leuchtendes Rot ohne geringsten Schwarzanteil einen Tonwert von 70 % K haben – der entsprechende Rotton entspricht der Helligkeit von 70 % Schwarz.

Bezogen auf Lichtfarben (RGB) lassen sich Tonwerte unter anderem in L (Lightness) angeben – höhere L-Werte entsprechen einem helleren Farbton. Bezogen auf den Vierfarbendruck (CMYK) werden Tonwerte in K angegeben. Höhere K-Werte entsprechen einem dunkleren Ton.

Für Fotografen und Bildbearbeiter haben die hellen Bereiche einen hohen, die dunklen einen geringen Tonwert. Der Drucker sieht es umgekehrt.

Kontrast

Kontrast ist ein Synonym für Unterschied. Mit Farbkontrasten werden wir uns im Kapitel über »Farbgestaltung« befassen (Seite 247). Für den Moment beschränken wir uns auf Helligkeitskontraste. Einen Kontrast sehen wir, wenn unsere Wahrnehmung zwischen zwei Flächen ein Mindestmaß an Unterschied erkennt.

Der Unterschied zwischen der schwarzen Fläche oben und der unbedruckten weißen Fläche unten spiegelt den größtmöglichen Kontrast, der in diesem Buch möglich ist.

Kontrast ist für die Fotografie, was das Salz für die Suppe ist.

Das Kontrastverhältnis unterschiedlich heller Flächen lässt sich in Zahlen festhalten. Dazu gibt es verschiedene Methoden. Häufig findet man Angaben wie 1:10, 1:100, 1:1000 etc., oder auch umgekehrt notiert, also 10:1, 100:1 etc. Besonders bei digitalen Ausgabegeräten wie Beamern und Monitoren hat sich die zweite Schreibweise zur Angabe des größtmöglichen Kontrasts zwischen dunkelstem und hellstem darstellbaren Bildpunkt etabliert. Erreicht ein Monitor einen Kontrast von 1000:1, kann der hellste Punkt tausendmal heller sein als der dunkelste.

Vereinfacht ausgedrückt besagt also ein Kontrastverhältnis von 2:1, dass von zwei Flächen doppelt so hell ist wie die andere, bei 10:1 ist die zweite zehnmal, bei 100:1 hundertmal so hell. Allerdings ist diese verallgemeinernde Erklärung nicht generell *genau so* gültig. In der Praxis hängt die Bedeutung des Kontrastverhältnisses vom Kontext ab. Das heißt, der Fernsehtechniker muss darunter nicht dasselbe verstehen wie der Augenarzt.

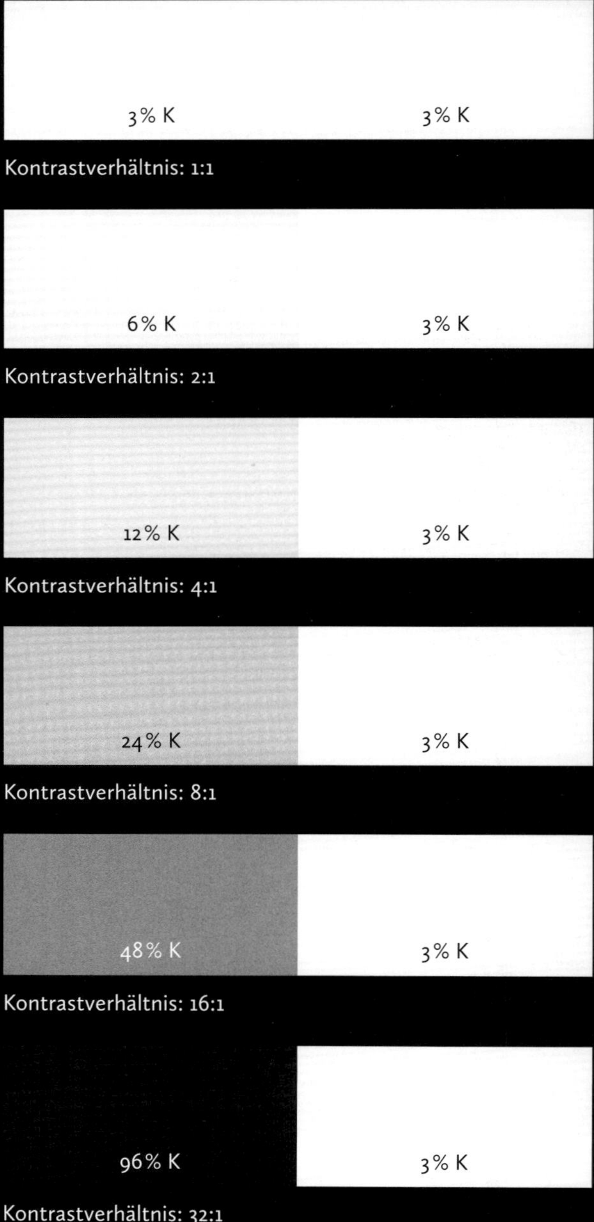

Kontrastverhältnisse, wie sie in der Natur vorkommen, lassen sich im Druck nicht einmal annähernd wiedergeben.

Lichtwert

In der Fotografie gibt man Helligkeitsunterschiede üblicherweise nicht in Kontrastverhältnissen, sondern in Lichtwerten an. Abgekürzt wird Lichtwert mit LW bzw. EV für das englische *Exposure Value*. Im Deutschen spricht man außerdem oft von *Blendenwert*.

Ein Helligkeitsunterschied von +1 LW bedeutet eine Verdoppelung der Helligkeit, ein Unterschied von –1 LW steht für eine Halbierung. ±1 LW ist demnach gleichbedeutend mit einem Kontrastverhältnis von 2:1. Ein Unterschied von 2 LW steht für eine Vervierfachung der Helligkeit ($2 \times 2 = 4$ oder $2^2 = 4$), das entspricht einem Kontrastverhältnis von 4:1. Bei 3 LW beträgt der Helligkeitsunterschied 2^3, das ist das Achtfache bzw. 8:1, bei 4 LW (2^4) das 16-Fache oder 16:1, bei 5 LW (2^5) 32:1 und so weiter.

Bei 10 LW (2^{10}) entspricht das Kontrastverhältnis 1024:1. 10 LW ist etwa der Kontrast, den einfache Digitalkameras erfassen können. Das bedeutet, dass in einer Aufnahme die hellste Fläche etwa tausendmal so hell sein kann wie die dunkelste. Alles, was diesen Kontrast übersteigt, überfordert die Kamera und führt zwangsläufig zu Unter- bzw. Überbelichtung.

Lichtwert	Faktor	Kontrastverhältnis
1 LW	×2	2:1
2 LW	×4	4:1
3 LW	×8	8:1
4 LW	×16	16:1
5 LW	×32	32:1
6 LW	×64	64:1
7 LW	×128	128:1
8 LW	×256	256:1
9 LW	×512	512:1
10 LW	×1.024	≈1.000:1
11 LW	×2.048	≈2.000:1
12 LW	×4.096	≈\S\.\S00:1
13 LW	×8.192	≈8.000:1
14 LW	×16.384	≈16.000:1
15 LW	×32.768	≈32.000:1
16 LW	×65.536	≈65.000:1
17 LW	×131.072	≈130.000:1
18 LW	×262.144	≈260.000:1
19 LW	×524.288	≈500.000:1
20 LW	×1.048.576	≈1.000.000:1

In der linken Spalte der Tabelle finden sich Lichtwerte. ±1 LW bedeutet doppelt bzw. halb so hell. Dieser Faktor ist in der mittleren Spalte angegeben: +1 LW = Helligkeit ×2, +2 LW = Helligkeit ×4, +3 LW Helligkeit ×8 usw. Die rechte Spalte zeigt das entsprechende Kontrastverhältnis, wobei ich höhere Werte wie in der Praxis üblich gerundet habe.

Licht, Schatten und Helligkeit spielen in der Fotografie eine besondere Rolle. Aktuelle Digitalkameras meistern je nach Modell 10–15 LW. Bei 15 LW beträgt das Kontrastverhältnis 32 000:1 – der hellste Bereich ist dann 32 000-mal heller als der dunkelste. Unter extremen Bedingungen wie Gegenlicht oder hier beim Feuerwerk auf einem traditionellen Funkenbrennen in Vorarlberg wird selbst dieser Kontrast locker gesprengt, und die Kameratechnik ist heillos überfordert (unsere Wahrnehmung allerdings nicht minder).

Unter- und Überbelichtung

Bei Unter- und Überbelichtung treffen wir auf eine weitere Doppeldeutigkeit im Reich von Licht und Farbe. Auch diese Begriffe haben zwei zwar verwandte, aber doch unterschiedliche Bedeutungen.

Da wäre zum einen etwas, was man als *absolute* Unter- und Überbelichtung bezeichnen kann. Enthält eine Aufnahme Bereiche, die so dunkel sind, dass sie nur mehr Schwarz ohne Zeichnung enthalten, sind sie absolut unterbelichtet. Ist ein Bereich so hell, dass er nur reines Weiß ohne Zeichnung enthält, ist er absolut überbelichtet.

Bei der zweiten Bedeutung des Begriffs geht es um eine *relative* Unter- und Überbelichtung. Wird ein Motiv so belichtet, dass die Aufnahme die Helligkeit der Vorlage angemessen spiegelt, ist die Belichtung optimal. Von *relativer Unterbelichtung* können wir sprechen, wenn die Aufnahme relativ zur optimalen Einstellung zu dunkel ist – das muss nicht bedeuten, dass sie auch absolut unterbelichtete Bereiche enthält. Wird die Aufnahme deutlich heller als optimal belichtet, kann man das *relative Überbelichtung* nennen. Auch hier bedeutet das nicht zwangsläufig, dass auch absolut überbelichtete Bereiche vorhanden sein müssen.

Absolute Unterbelichtung bedeutet wie gesagt, dass ein Bereich des Motivs in der Aufnahme so dunkel ist, dass die entsprechende Stelle im Foto absolut schwarz ist. Das kann natürlich auf tatsächlich *schwarze Löcher* im Bereich des Bildausschnitts zutreffen, in denen auch unsere Augen nur Schwarz wahrnehmen würden. Oft landen aber auch Bildbereiche schwarz auf einer Aufnahme, in denen unsere Augen mühelos Details unterscheiden könnten. Der Grund dafür ist, dass Bildsensoren meist schneller an Grenzen stoßen als unsere Augen. Wird die Grenze des Kontrastumfangs überschritten, entsteht am dunklen Ende der Aufnahmefähigkeit absolutes Schwarz (Unterbelichtung). Umgekehrt erzeugt ein Überschreiten der Grenzen am hellen Ende reines Weiß (Überbelichtung).

Der lichte Himmel hinter dem Buchfink ist *absolut* überbelichtet, somit weiß und frei von Zeichnung. Die Schatten unter der Kapuze sind *absolut* unterbelichtet, deshalb schwarz und ebenfalls frei von Zeichnung.

Das Bild im Zentrum ist auf mittlere Helligkeit belichtet und entspricht einer *optimalen* Belichtung. Die Aufnahmen von oben gegen den Uhrzeigersinn sind *relativ* unterbelichtet, die Aufnahmen im Uhrzeigersinn *relativ* überbelichtet.

Kontrastumfang

Das Minimum an Kontrast, das unsere Augen benötigen, um einen Unterschied zwischen zwei Flächen zu erkennen, beträgt etwa 0,5 % – das entspricht einem Kontrastverhältnis von 1:1,005. Der größte Kontrast, den wir bei zwei aneinandergrenzenden Flächen wahrnehmen können, beträgt etwa 100:1. Diesen maximalen Kontrast bezeichnet man als *Kontrastumfang*. Mit 100:1 ist er bei unseren Augen recht bescheiden, doch mit einem *Trick* meistern wir 10 000:1. Trotz unseres Eindrucks, unsere Umwelt als Gesamtbild zu erfassen, nehmen die Augen sie nur in Häppchen auf. Zwar erreicht unser Gesichtsfeld einen Blickwinkel von bis zu 200°, doch wirklich scharf sehen wir nur im engen Winkel von etwa 2°.

Der vermeintlich scharfe Gesamteindruck rührt daher, dass die Augen Szenen in raschen Sprüngen abtasten und das Gehirn aus den aufgenommenen *Puzzleteilen* das Gesamtbild konstruiert. Um ökonomisch vorzugehen, wird noch nicht einmal die ganze Szene eingescannt, sondern lediglich markante Punkte – der Rest wird vom Gehirn dazukonstruiert. Es ist, als würden wir beim Zusammensetzen eines Puzzles lediglich ein paar markante Teile setzen und uns den Rest einfach mit dem Pinsel *ausmalen*.

Im Bereich schärfsten Sehens ist die Kontrastempfindlichkeit zwar auf 100:1 eingeschränkt, doch das Auge passt sich beim Einsammeln der einzelnen Puzzleteile an die unterschiedlichen Helligkeiten der Bereiche an. Damit erreicht die Wahrnehmung insgesamt einen Kontrastumfang von 10 000:1.

Um die Dinge nicht durcheinanderzubringen: Das *Kontrastverhältnis* definiert den Helligkeitsunterschied zwischen zwei Flächen, der *Kontrastumfang* den Unterschied zwischen hellst- und dunkelstmöglichem Ton.

Darüber hinaus ist die *Anzahl* unterscheidbarer Töne von Bedeutung. Die Angaben für das, was der Mensch an Farbtönen unterscheiden kann, schwanken zwischen 1 Million und 100 Millionen Nuancen. Digitale Farbbilder erlauben in der Regel knapp 17 Millionen Farbtöne, Schwarzweißbilder 256. Man spricht diesbezüglich von *Farbtiefe*.

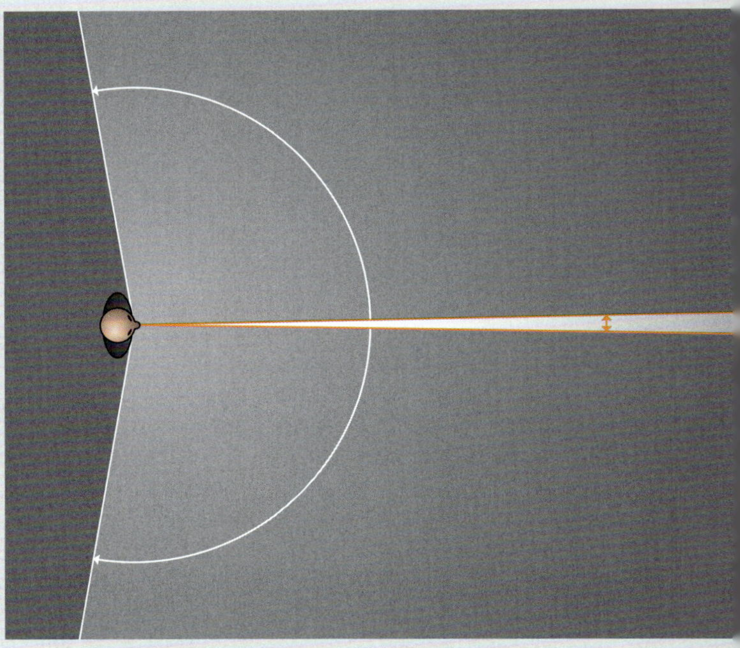

Das Sichtfeld des Menschen kann insgesamt 180°–200° betragen. Tatsächlich scharf sehen wir aber nur im eng begrenzten Winkel von etwa 2°.

Die linke Hälfte hat 100 % K, die rechte 0 % K – der Kontrast zwischen den Hälften ist hoch.

Die linke Hälfte hat 55 % K, die rechte 45 % K – der Kontrast ist gering.

Die Größe des Bereichs schärfsten Sehens soll etwa der Breite des Daumens an der ausgestreckten Hand entsprechen. Unsere Wahrnehmung sammelt die vor unseren Augen liegende Umwelt in entsprechend kleinen Häppchen ein, im Gehirn werden die einzelnen *Puzzleteile* zum Gesamtbild vereint.

Der Verlauf geht von 100 % K zu 0 % K – der Kontrastumfang ist hoch. Er basiert auf 256 Tonwerten – seine Farbtiefe beträgt 256 Stufen.

Dieser Verlauf reicht ebenfalls von 100 % K zu 0 % K. Er besteht allerdings nur aus 10 Tonwerten – seine Farbtiefe beträgt 10 Stufen.

Auch dieser Verlauf geht von 100 % K zu 0 % K. Er besteht aus 5 Tonwerten und hat demnach eine Farbtiefe von 5 Stufen.

Der Verlauf geht von 80 % K zu 20 % K – der Kontrastumfang ist gering. Von den 256 Grautönen, die eine Graustufendatei maximal ermöglicht, nutzt er 60 %.

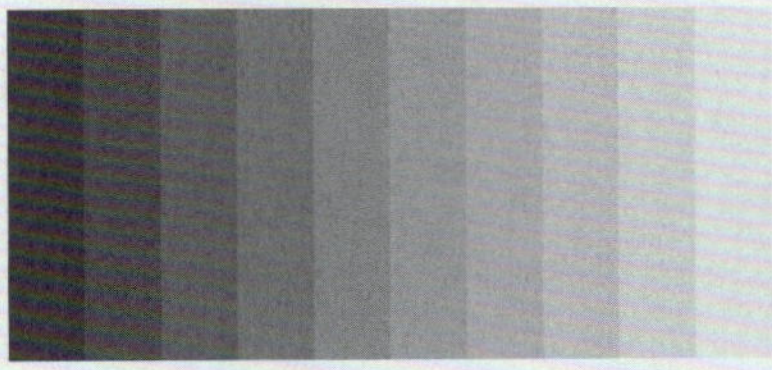

Noch ein Verlauf von 80 % K zu 20 % K, mit einer Farbtiefe von 10 Stufen.

Und hier der Verlauf von 80 % K zu 20 % K mit einer Farbtiefe von 5 Stufen.

Kontrastumfang in der Fotografie

In der Fotografie werden Helligkeitsunterschiede in Licht- bzw. Blendenwerten angegeben. Die Helligkeit einer Aufnahme ist Resultat der *Belichtung*. Die Belichtung setzt sich aus vier Faktoren zusammen: Umgebungslicht, ISO-Empfindlichkeit, Blendeneinstellung und Belichtungszeit.

Das Umgebungslicht ist Resultat der Intensität, mit der eine Szene durch natürliche oder künstliche Lichtquellen beleuchtet wird. Die ISO-Empfindlichkeit definiert, wie sensibel der Bildsensor der Kamera auf Licht reagiert. Eine Verstärkung der Sensibilität führt zu einer helleren Belichtung. Die Blende ist wie ein *Ventil* im Inneren des Objektivs, dessen Öffnung sich erweitern und reduzieren lässt. Durch eine größere Blendenöffnung gelangt mehr Licht zum Aufnahmesensor, und das führt zu einer helleren Belichtung. Die Belichtungszeit (auch Verschlusszeit genannt) definiert, wie lange wir dem Aufnahmemedium Zeit geben, Licht zu sammeln. Je länger, desto heller die Belichtung.

Es sind immer diese vier Bestandteile – für eine angemessene Belichtung müssen sie optimal aufeinander abgestimmt werden.

Zum Vergleich: In der menschlichen Wahrnehmung kommen nur drei dieser vier Faktoren vor. Da wäre erstens das Umgebungslicht, das von unseren Augen ähnlich aufgenommen wird wie vom Bildsensor einer Kamera. Zweitens die Iris, die die Pupille vergrößert und verkleinert, so wie die Blende in der Fotografie. Und drittens die Empfindlichkeit: Die Sensibilität des Sehapparates lässt sich erhöhen oder reduzieren. Was in unserer Wahrnehmung nicht vorkommt, ist eine variable Belichtungs*zeit*. Haben sich Ihre Augen via Pupille und Empfindlichkeit der Sinneszellen an eine Lichtsituation angepasst, erzielen Sie keine *bessere Belichtung,* indem Sie länger oder nur kurz irgendwo hinblicken.

Ebenso wie der Mensch kennt auch die Kamera Grenzen, wenn es darum geht, Kontraste zu verarbeiten. Wird in der Fotografie die Grenze überschritten, ab der das Aufnahmemedium zu viel Licht aufnehmen muss, entsteht Überbelichtung. Wird am anderen Ende die Grenze unterschritten, indem zu wenig Licht eintrifft, erhalten wir Unterbelichtung.

Schwarz oder Weiß ist in der Fotografie eine Frage der Belichtung. Für ein Experiment habe ich eine weiß getünchte Wand wiederholt bei jeweils halbierter Belichtungszeit abfotografiert.

Bezogen auf Bildsensoren wird häufig von *Dynamikumfang* statt von Kontrastumfang gesprochen. Angegeben wird er üblicherweise nicht als Kontrastverhältnis, sondern in Licht- bzw. Blendenwerten (Seite 44). Für analogen Negativfilm beispielsweise wird ein Kontrastumfang von 10 LW angenommen, das entspricht einem Kontrastverhältnis von etwa 1000:1.

Zunächst hinkte die digitale Aufnahmetechnik der analogen hinterher, heute jedoch dürfen 10 LW auch für preiswerte Digitalkameras als Standard angenommen werden. Bei DSLR und spiegellosen Systemkameras darf man von 12 LW ausgehen (4000:1), Spitzenmodelle erreichen bis zu 15 LW (32000:1).

Um zu verstehen, was das in der Praxis bedeutet, machen wir ein Experiment: Dazu richte ich meine Kamera auf eine weiße Wand. Dann suche ich *die* Belichtungszeit, ab der die Wand rein Weiß aufgenommen wird, was in der Fotografie überbelichtet bedeutet. Beinahe alles lässt sich weiß abbilden, wenn man nur lange genug belichtet! Nehmen wir an, ab

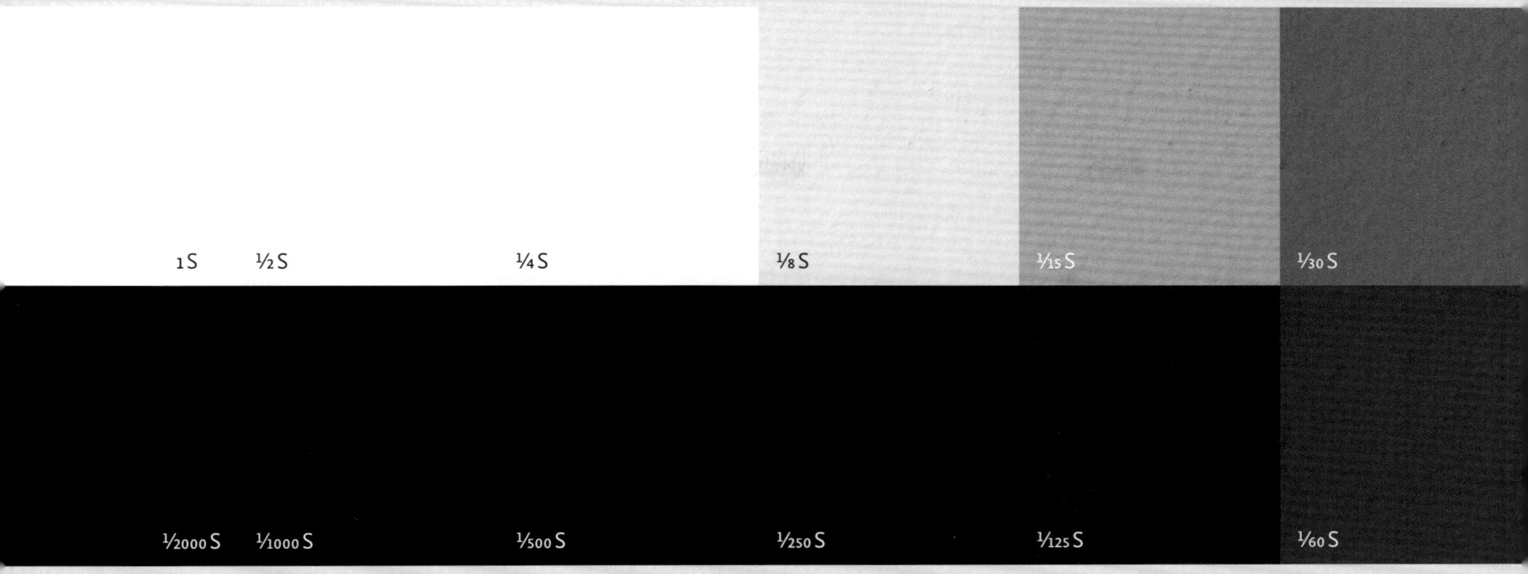

In 12 Schritten gelangt die Belichtung der Wand von vollkommenem Weiß (absolut überbelichtet) bis zu völligem Schwarz (absolut unterbelichtet). 12 LW umfasst demnach der Dynamikumfang der Kamera (laut Labormessung von *dxomark.com* für dieses Modell 12,7 LW).

1 Sekunde ist das bei unserer Wand und den gegebenen Lichtverhältnissen der Fall.

Für eine zweite Aufnahme halbiere ich die Belichtungszeit auf 1/2 Sekunde, was dazu führt, dass die Wand nur mehr halb so hell abgelichtet wird. Wer nun erwartet, dass halb so hell mittlere Helligkeit (50 % L) bedeutet, liegt falsch. Tatsächlich wird die Helligkeit der Fläche wohl bei etwa 99 % L liegen.

Halbiere ich die Zeit neuerlich auf 1/4 Sekunde, wird das Resultat wieder halb so hell, halbiere ich auf 1/8 Sekunde, erneut und so weiter. Halbiert man die Belichtungszeit wieder und wieder, wird man früher oder später bei einer absolut unterbelichteten Abbildung der weißen Wand ankommen und ein rein schwarzes Bild sehen.

Wenn ich nun die Schritte von der ersten (gerade überbelichteten) bis zur letzten (gerade unterbelichteten) Aufnahme zähle, erfahre ich, was für einen Dynamikumfang meine Kamera hat. Bei der ersten Halbierung beträgt die Helligkeit 1/2 der Ausgangsaufnahme, bei der zweiten 1/4, bei der dritten 1/8, bei der vierten 1/16, bei der fünften 1/32, bei der sechsten 1/64, bei der siebenten 1/128, bei der achten 1/256, bei der neunten 1/512 und bei der zehnten 1/1024. Das heißt, nach zehn Halbierungen fällt die Abbildung etwa tausendmal dunkler aus als die erste überbelichtete Aufnahme.

Jede Halbierung entspricht einem Lichtwert. Bei zehn Halbierungsschritten umfasst die Kamera einen Dynamikumfang von 10 LW, und damit kann sie ein Kontrastverhältnis von etwa 1000:1 abbilden. Bei 12 LW beträgt der Kontrastumfang schon 4000:1, bei den 15 LW von Spitzenmodellen ist wie gesagt sogar ein Kontrastumfang von 32 000:1 möglich.

Für die menschliche Wahrnehmung habe ich ein Kontrastverhältnis von 10 000:1 angegeben. Das entspricht etwa 13,5 Lichtwerten. Das Gros der heute gehandelten Digitalkameras kann damit noch nicht ganz mithalten und erzeugt Unter- bzw. Überbelichtung, wo unsere Augen Details noch unterscheiden können. Die aktuellen Spitzenmodelle hingegen sind in der Lage, unsere Wahrnehmung zu überflügeln.

Kontrastumfang am Monitor

Standardmonitore sollten ein Kontrastverhältnis von 700:1 erreichen (häufig wird 1000:1 empfohlen). Folgt man den Angaben der Hersteller, weisen manche Bildschirme Kontrastverhältnisse von 1000000:1 und mehr auf. Allerdings sind die Ergebnisse eine Frage der Mess- und Berechnungsweise, was den Marketingabteilungen der Konzerne viel Freiraum für kreative Interpretationen lässt.

Setzen Sie sich einmal vor einen Monitor, stellen Sie Helligkeit und Kontrast auf Maximum, und bringen Sie eine Grafik mit schwarz-weißem Muster zur Anzeige. Was Sie dann vor sich sehen, ist der größtmögliche Kontrast, den der Monitor erreicht. Was Sie jedoch als Weiß sehen, ist weit entfernt vom blendenden Weiß eines Blattes Papier in der Sonne. Ein Monitor sollte nicht blenden. Deshalb darf sein Weiß kein absolutes Weiß sein. Ihre Wahrnehmung jedoch vermittelt, dass die weißen Felder weiß *sind*.

Ebenso vermittelt sie, dass die schwarzen Felder schwarz sind, obwohl das nicht der Realität entspricht. Das reale Schwarz des Monitors sehen Sie, wenn Sie den Computer ausschalten. Nachdem der Monitor erloschen ist, sehen Sie sein *dunkelstes Schwarz*.

Monitore können Licht erzeugen, aber kein Schwarz. Um schwärzere Flächen zu erzeugen als die des unbeleuchteten Displays, müssten sie Licht schlucken. Dass Ihnen schwarze Felder auf dem Monitor viel dunkler (schwärzer) vorkommen, als sie sind, liegt daran, dass Ihrer Wahrnehmung eine Fläche dunkler erscheint, wenn sie von hellen Flächen umgeben ist.

Unsere Wahrnehmung ist nicht dafür gedacht, Helligkeiten *exakt* zu messen, sondern sie ist darauf spezialisiert, sich an die Helligkeit einer Situation anzupassen. Das führt teilweise zu überraschenden Täuschungen. So interpretiert sie beispielsweise zwei an sich gleich helle Flächen als unterschiedlich hell, wenn die eine Fläche in einem dunkleren, die andere in einem helleren Umfeld liegt.

Mit einem Laptop können Sie die praktischen Auswirkungen der Anpassungsfähigkeit unseres Wahrnehmungssystems ganz einfach prüfen. In einer Büroumgebung ist sein Monitor offensichtlich locker in der Lage, strahlend weiße und tiefschwarze Flächen darzustellen. So lassen sich schwarze Texte auf weißem Hintergrund mühelos lesen.

Wenn Sie jedoch den Laptop an einem sonnigen Tag mit in den Garten nehmen und sich in die Sonne setzen, sehen Sie das vormals vermeintlich strahlende Weiß plötzlich mattgrau. Im Verhältnis zu den Kontrasten im Sonnenlicht werden die des Monitors so gering, dass das Lesen mehr als anstrengend wird. Ihre Augen sind im Sonnenschein an die dabei vorherrschende Helligkeit angepasst, und ein Computermonitor kann mit dieser Intensität nicht ansatzweise mithalten.

Auch das Gegenteil lässt sich leicht prüfen. Setzen Sie sich nachts vor den Computer und schalten Sie alle Lichtquellen aus, dann erscheinen weiße Flächen am Monitor blendend hell. Sie werden wahrscheinlich die Helligkeit des Monitors drastisch zurückregeln, um nicht unangenehm geblendet zu werden und arbeiten zu können.

Das ist ein wesentlicher Punkt für die Bildbearbeitung: Um Helligkeit und Farben angemessen beurteilen zu können, muss in einem Raum mit gedämpftem Licht gearbeitet werden, es darf aber nicht zu dunkel sein. Bildentwicklung kann weder im Sonnenschein noch im nächtlich dunklen Wohnzimmer gelingen. Spezialisten verfügen über spezielle Arbeitsräume, die von den Einflüssen wechselnden Tageslichts abgeschottet sind und mit *Normlicht* beleuchtet werden.

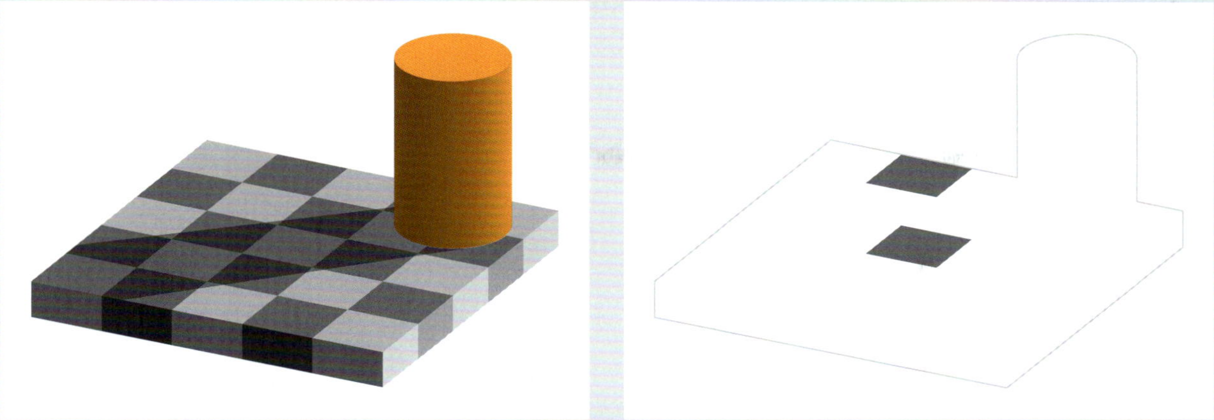

Anpassung ist alles: Obwohl die beiden in der rechten Grafik isolierten Felder exakt denselben Grauton haben, erscheint das im Schatten liegende deutlich heller als das andere.

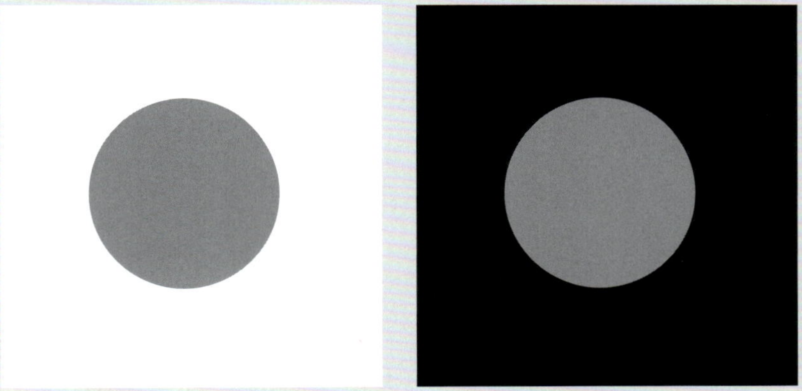

Obwohl beide Kreise denselben Grauton haben, scheint der im schwarzen Umfeld heller als jener im weißen.

Das Schwarz am Monitor erscheint nur tiefschwarz, wenn es von hellen Flächen umgeben und das Umfeld nicht zu hell ist.

Kontrastumfang beim Beamer

Beamer sind noch stärker als Monitore vom Umgebungslicht abhängig. Deshalb wird man Räume meist abdunkeln, wenn Bilder kontrastreich projiziert werden sollen. Selbst exzellente Beamer schaffen kaum ein größeres Kontrastverhältnis als 100:1.

Nehmen wir an, Sie betreten einen Raum mit Beamer und Leinwand. So lange der Beamer aus ist, werden Sie die Leinwand weiß empfinden. Doch das, was Sie bei ausgeschaltetem Beamer als weiße Leinwand vor sich haben, ist sein Schwarz, wenn er eingeschaltet wird.

Wenn Sie das weiter vorne ins Spiel gebrachte Schachbrett auf die Leinwand projizieren, wirft der Projektor für die weißen Felder strahlend helles Licht an die Wand. Da die weiß projizierten Felder so leuchtend hell sind, interpretiert unsere Wahrnehmung die nicht beleuchteten Felder als Schwarz. Tatsächlich sind diese schwarzen Felder zwar noch genauso hell wie vor dem Einschalten des Beamers, doch aufgrund des großen Helligkeitsunterschieds zu den angestrahlten Feldern halten wir sie für Schwarz.

Die Wahrnehmung schafft bei angrenzenden Flächen lediglich einen Kontrast von 100:1. Wenn es dem Beamer gelingt, die von Licht angestrahlten Flächen hundertmal heller erstrahlen zu lassen als die nicht angestrahlten, können unsere Augen gar nicht anders, als den Unterschied als Schwarz und Weiß wahrzunehmen.

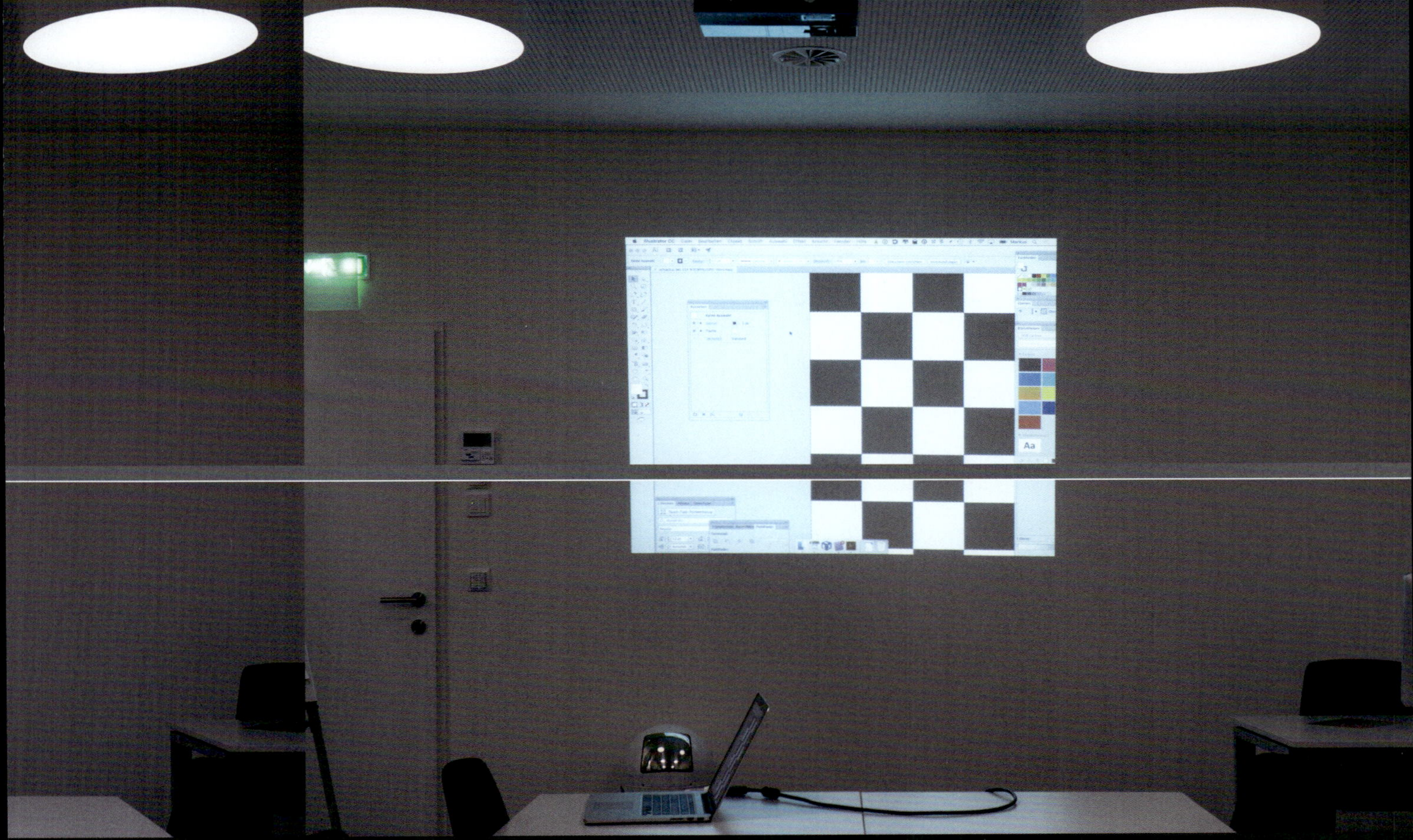

Die beiden Bilder des Seminarraums entstanden mit identischen Belichtungseinstellungen. Während unsere Wahrnehmung die Helligkeitsverhältnisse vor Ort individuell interpretiert, ist die Elektronik der Kamera unbestechlich. Der graue Balken nimmt den Ton der *schwarzen* Schachbrettfelder

Kontrastumfang im Druck

Wir wissen nun also, dass hochentwickelte Bildsensoren Kontrastverhältnisse bis 32 000:1 aufnehmen können, Monitore hingegen kaum mehr als 1000:1. Auf dem Weg von der Aufnahme zur Wiedergabe im Druck ist das allerdings noch nicht das Nadelöhr. Bei Abzügen auf Fotopapier bleibt vielleicht ein Verhältnis von 100:1 übrig. Beim Vierfarbendruck ist selbst das nur zu erreichen, wenn auf hochwertiges Bilderdruckpapier gedruckt wird. Bei Zeitungspapieren kann das Verhältnis auf 32:1 sinken.

Trotzdem erscheint uns das Bild einer sonnigen Szene selbst in der Tageszeitung annehmbar frisch und kontrastreich. Unsere Wahrnehmung ist eben äußerst flexibel, wenn es darum geht, das, was sie sieht, zu interpretieren. Wenn in einer Aufnahme der strahlend blaue Himmel eines Sommersonnentages zu sehen ist, dann interpretiert sie den hohen Kontrast einer solchen Szene einfach aus der Erfahrung in das Bild hinein, auch wenn er durch die tatsächlichen Helligkeitsunterschiede auf dem Papier in keinster Weise gegeben ist.

18-%-Graukarte

Fotografen nutzen häufig sogenannte Graukarten. Für genormte Graukarten wird ein Grauwert von 18 % angegeben. Die Helligkeit des Grautons entspricht allerdings eher 50 % K. Der Grund für diese Diskrepanz liegt darin, dass sich die 18-%-Angabe nicht auf die *absolute Helligkeit* der Karte bezieht, sondern auf die sogenannte *Lichtremission*.

Zur Erklärung möchte ich das Experiment, mit dem wir den Dynamikumfang einer Kamera ermittelt haben (Seite 50), in Erinnerung rufen: Wenn ich eine Fläche mehrfach ablichte und die Belichtung bei jeder Aufnahme verdoppele bzw. halbiere, werde ich irgendwo die Schwelle zur Unterbelichtung und irgendwo die Schwelle zur Überbelichtung überschreiten – dazwischen liegt mittlere Helligkeit.

Nun muss man wissen, dass sich Lichtintensität nicht in 50-%-Schritten halbiert, sondern um jeweils rund 70,71 %. Der Grund dafür ist der, dass Licht flächig reflektiert wird. Flächen halbieren sich nicht wie Strecken im Verhältnis 1:2, sondern im Verhältnis $1{:}\sqrt{2}$ ($\sqrt{2} \approx 1{,}141$). $1 \div \sqrt{2} \approx 0{,}7071$ – daher die 70,71 %.

Das heißt, wenn ich ausgehend von einer Lichtremission von 100 % die Belichtung halbiere, komme ich auf eine Remission von 70,71 %. Halbiere ich die Belichtung ein zweites Mal, erhalte ich 50 % Lichtremission ($0{,}7071 \div \sqrt{2} \approx 50$). Bei der nächsten Halbierung erhalte ich 35,36 %. Durch den vierten Schritt lande ich bei 25 %. Beim fünften Schritt kommen wir bei 17,68 % Lichtremission an (≈18 %), und das ist der Wert, auf den Graukarten genormt sind.

Kapitel 2: **Farbe**

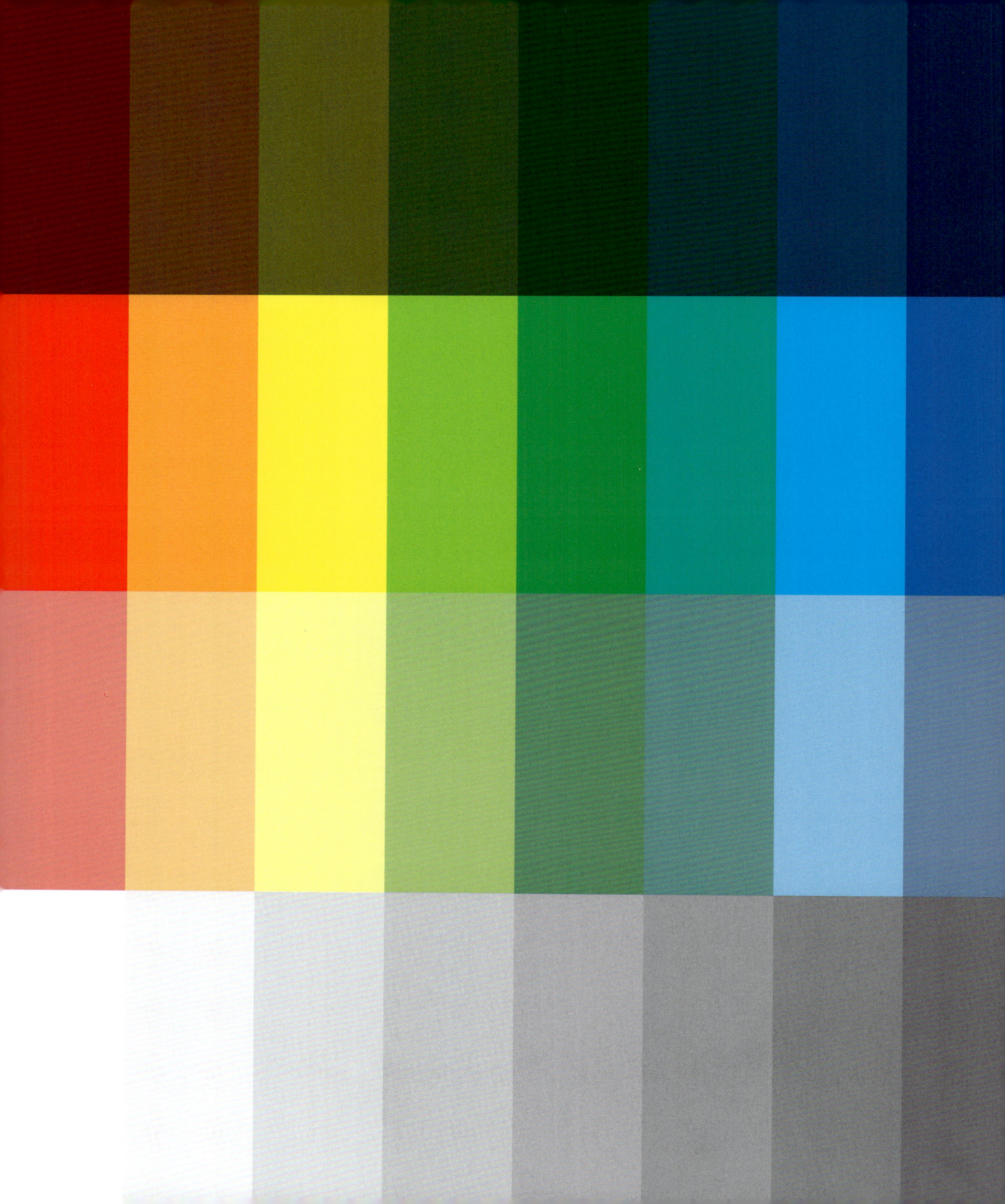

Farbe

Farbe ist ein Aspekt von Licht. Sie entsteht, wenn weißem Licht ein Teil des Spektrums entzogen wird. Wissenschaftler verweisen darauf, dass Farbe als Eigenschaft von Objekten eigentlich gar nicht existiert, sondern erst in unserem Kopf entsteht. Oberflächen reflektieren lediglich den Bereich elektromagnetischer Strahlung, den wir als Licht kennen, unterschiedlich – es ist unsere Wahrnehmung, die die Strahlungen je nach Wellenlängen als unterschiedliche Farben interpretiert.

Im Deutschen ist Farbe ein recht ungenauer Begriff, steht er doch zum einen für »das Bunte«, das er vom Farblosen trennt, dient aber zum anderen als Überbegriff, um *bunte* und *unbunte Töne* unter einen Hut zu bringen.

Die ersten drei Zeilen zeigen bunte Farben unterschiedlicher Helligkeit und Sättigung, die vierte zeigt zwölf unbunte Töne von Weiß über Grau zu Schwarz.

Grundfarben

Ein Regenbogen macht die im Sonnenlicht gebündelten Spektralfarben sichtbar. Wir unterscheiden darin üblicherweise Violett, Blau, Grün, Gelb, Orange und Rot. Auch wenn uns eine Unterteilung in genau diese sechs Farben wie ein Naturgesetz erscheint, ist sie willkürlich und lediglich Resultat einer historischen Entwicklung.

Macht man das Spektrum des Lichts mittels eines Glasprismas sichtbar, zeigen sich nicht sechs voneinander abgegrenzte Einzelfarben, sondern ein fließender Farbverlauf. Kaum weniger deutlich wie Violett, Blau, Grün, Gelb, Orange und Rot sticht beispielsweise Cyan aus dem Spektrum hervor. Trotzdem werden die wenigsten Cyan als Farbe des Regenbogens nennen. Orange wiederum wurde bis in die Neuzeit hinein gar nicht als eigene Farbe betrachtet, sondern galt als Variante von Rot. Für Menschen des Mittelalters folgte im Regenbogen auf Rot Gelb.

Japaner kennen keine der unseren vergleichbare Trennung zwischen Grün und Blau, Italiener hingegen unterscheiden im Blauen klar zwischen Azzurro und Blu.

Zeigen Sie zehn Leuten ein Farbspektrum und bitten Sie sie, auf die Farben Rot, Orange, Gelb, Grün, Blau und Violett zu zeigen – es werden wohl keine zwei Personen auf genau dieselben Töne deuten. Am Ende sind unsere Vorstellungen von Grundfarben historisch, kulturell und sprachlich bedingt und im Detail individuelle Interpretationssache.

Unsere Grundfarben des Regenbogens sind nicht deckungsgleich mit dem, was Psychologen als Grundfarben der Wahrnehmung nennen. In der Psychologie geht man von vier grundlegenden Farbempfindungen aus: Rot, Gelb, Grün und Blau.

Wieder anders sieht es bei den Farbreproduktionstechniken aus, bei denen in der Regel mit drei Grundfarben gearbeitet wird. Je nach Methode kann das Rot – Grün – Blau, Rot – Gelb – Blau oder Cyan – Magenta – Gelb sein. Farbe ist schwer zu fassen und noch schwerer zu kategorisieren!

Dass wir im Regenbogen die sechs Grundfarben Violett, Blau, Grün, Gelb, Orange und Rot sehen, ist kein Naturgesetz, sondern ein Resultat historischer und kultureller Entwicklung. Es könnten ebenso gut die sieben Farben Violett, Blau, Aquamarin (Cyan), Grün, Gelb, Orange und Rot oder auch die fünf Farben Violett, Blau, Grün, Gelb und Rot sein.

Lichtwellen

Licht nennen wir den sichtbaren Bereich elektromagnetischer Strahlung. Zu den elektromagnetischen Strahlungen gehören im kurzwelligen Bereich Gamma-, Röntgen- und UV-Strahlen, längere Wellen weisen Infrarot-, Radar- und Radiowellen auf – der Rundfunk reitet auf denselben Wellen wie unser Sehen, sie sind nur deutlich länger!

Auch Schall wird in Wellen übertragen, allerdings nicht auf Basis elektromagnetischer Schwingungen. In gewisser Weise ist Schall ein entfernter Verwandter des Lichts, auch wenn er sich nur mittels eines Trägermediums ausbreiten kann. Meist ist Luft dieses Medium, doch wer als Kind einmal mit zwei Joghurtbechern ein Telefon gebastelt hat, weiß, dass auch ein Zwirn als Leiter fungieren kann. Licht hat so einen Träger nicht notwendig, weshalb es sich im Gegensatz zu Schall auch im luftleeren Raum ausbreiten kann.

Der Wellenlängenbereich, der vom Menschen als Licht erfasst wird, liegt im Bereich von etwa 380 nm bis 780 nm. Auch Ultraviolett und Infrarot gehören zur Lichtstrahlung, nur dass ihre Wellenlängen außerhalb unserer Wahrnehmung liegen. Bienen hingegen sehen im Ultraviolettbereich – ich stelle mir das vor wie bei Hunden, die Frequenzen hören, die unser Ohr nicht aufnimmt.

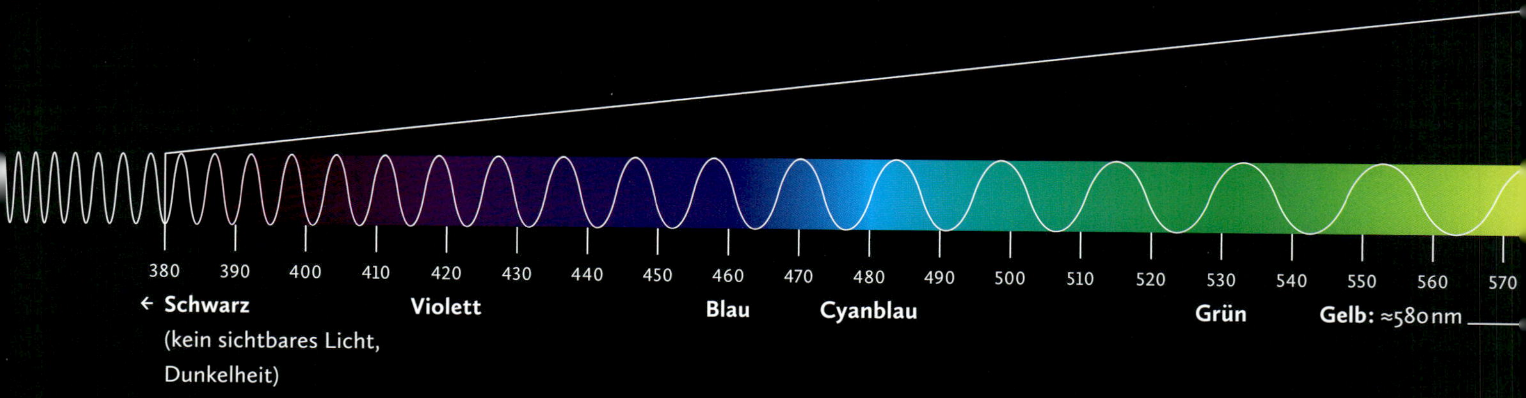

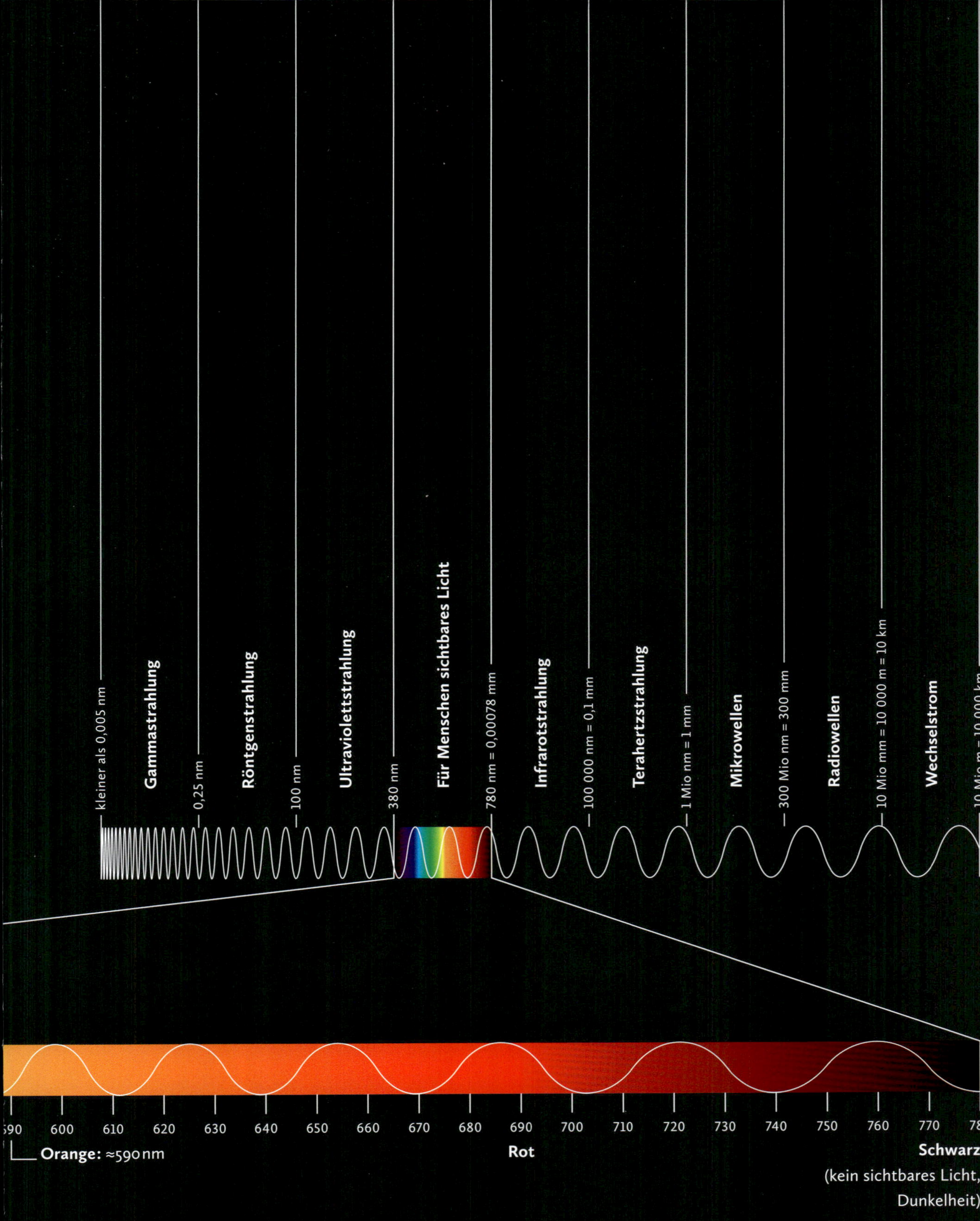
kleiner als 0,005 nm
Gammastrahlung
0,25 nm
Röntgenstrahlung
100 nm
Ultraviolettstrahlung
380 nm
Für Menschen sichtbares Licht
780 nm = 0,00078 mm
Infrarotstrahlung
100 000 nm = 0,1 mm
Terahertzstrahlung
1 Mio nm = 1 mm
Mikrowellen
300 Mio nm = 300 mm
Radiowellen
10 Mio mm = 10 000 m = 10 km
Wechselstrom
600
610
620
630
640
650
660
670
680
690
700
710
720
730
740
750
760
770
Orange: ≈590 nm
Rot
Schwarz
(kein sichtbares Licht,
Dunkelheit)

Farbspektrum

Was wir als Farben wahrnehmen, basiert üblicherweise nicht auf einer einzigen, sondern auf einem Salat mehrerer Wellenlängen. Lichtstrahlen einer einzigen Wellenlänge lassen sich mit Hilfe von Lasern erzeugen, in natürlichem Licht sind in aller Regel mehrere Frequenzbereiche gebündelt, im weißen Licht alle.

So wie ein Seil aus verschiedenen ineinander verwobenen Fasern besteht, kann man sich Licht als Gewebe ineinander verlaufender Wellen vorstellen. Dominieren Wellen im kurzen Frequenzbereich, sehen wir Blau, dominiert der mittlere Bereich, sehen wir Grün, vorwiegend lange Lichtwellen erzeugen die Farbempfindung Rot.

Grundlegend lässt sich das Farbspektrum auf die Farben Blau im Wellenlängenbereich von 380 nm bis 500 nm, Grün im Bereich von 500 nm bis 600 nm und Rot im Bereich von 600 nm bis 780 nm reduzieren. Diese drei *Urfarben* sind wichtig, weil sich mit ihnen beinahe alle Farben durch Mischung erzielen lassen.

In rotem Licht dominieren die roten Spektralanteile.*

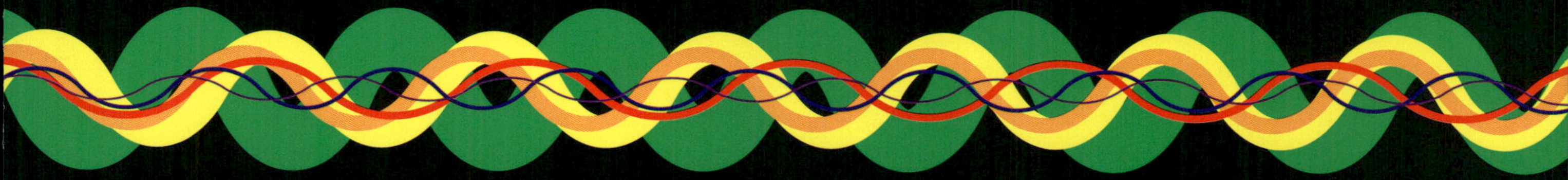

In grünem Licht dominieren die grünen Spektralanteile.

In blauem Licht dominieren die blauen Spektralanteile.

Weißes Licht ist ein Gewebe aus allen Spektralfarben.

---

* Die für die Darstellung gewählte unterschiedliche Dicke und der unterschiedliche Ausschlag dienen der Visualisierung und dürfen nicht als Spiegel der physikalischen Realität verstanden werden.

Leuchtkörper und Farbfilter

In der Farbentheorie wird zwischen *Licht-* und *Körperfarben* unterschieden. Dabei handelt es sich aber um zwei Seiten *einer* Medaille. An und für sich gibt es nur Lichtfarben. Farbe wird immer via Licht transportiert, und Licht ist das, was in unserer Wahrnehmung zur Farbempfindung führt. Die Bezeichnungen Licht- und Körperfarben sagen nichts über die Farbe selbst aus, sondern deuten lediglich an, wie sie zustande gekommen ist.

Für die Farbe eines Lichtstrahls gibt es zwei mögliche Ursachen. Zunächst hängt sie vom Leuchtkörper ab: Während die Sonne relativ weißes Licht produziert, ist das Licht einer Kerzenflamme gelb, Glut strahlt Licht ab, das ins Rötliche hineinreicht.

Filter können zu einer Veränderung der Lichtfarbe führen und somit die zweite Ursache für die Farbe von Licht bilden. Sie verändern das Spektrum des vom Leuchtkörper abgestrahlten Lichts, indem sie ihm Frequenzen entziehen.

Nehmen wir an, Sie haben eine Taschenlampe, die weißes Licht produziert. Wenn Sie einen Filter in Form einer farbigen Folie davor anbringen, verändert er die Farbe des Lichts. Die Folie blockiert einen Teil des Spektrums. Aus den hindurchgelassenen Frequenzbereichen ergibt sich die neue Farbe des Lichtstrahls.

Nicht anders verhält sich beispielsweise die Erdatmosphäre, in der unter anderem Wasser- und Staubpartikel unterschiedliche Wellenlängen unterschiedlich ablenken oder absorbieren und so das Licht der Sonne verändern. Je nach Weg der Sonnenstrahlen durch die Lufthülle – ob sie steil einfallen und einen kurzen Weg nehmen oder ob sie flach einfallen und einen langen Weg nehmen – verändert sich dadurch die Färbung des Sonnenlichts.

Dasselbe passiert, wenn weißes Licht auf eine opake Oberfläche trifft. Ein Teil des Spektrums wird absorbiert, der Rest wird reflektiert. Auch hier ist das Resultat, dass das Licht seine Farbe ändert. Trifft es auf unsere Augen, löst es die entsprechende Farbempfindung aus, und wir nehmen die Fläche in dieser Farbe wahr.

Die Sonne ist ein Leuchtkörper, der das volle Farbspektrum von Rot über Orange, Gelb, Grün und Blau bis zu Violett abstrahlt, was weißes Licht ergibt.

Eine Kerzenflamme ist ein Leuchtkörper, dessen Spektrum von Rot über Orange zu Grün reicht und von Gelb dominiert wird, aber kaum kurzwellige blaue und violette Anteile enthält.

Trifft weißes Licht auf einen farbigen Filter, zum Beispiel eine rote Folie oder rotes Glas, können nur rote Lichtanteile passieren, der Rest des Spektrums wird absorbiert.

Eine opake rote Fläche ist nichts anderes als ein roter Filter, nur dass ihn das nicht absorbierte Licht nicht durchdringt, sondern reflektiert wird.

Lichtfarben

Im weißen Licht ist im Großen und Ganzen das volle Spektrum von Violett über Blau, Grün, Gelb und Orange bis Rot inklusive der unzähligen Zwischentöne enthalten. Um jedoch Farben mittels elektronischer Monitore und Projektoren reproduzieren zu können, reduzieren wir die ganze Farbenvielfalt auf drei Grundfarben. Mit Hilfe von Leuchtkörpern bzw. Lichtstrahlen in Rot, Grün und Blau lassen sich beinahe alle anderen Töne durch Mischung erzeugen.

Nehmen wir an, wir befinden uns in einem dunklen Raum vor einer weißen Wand und haben drei Strahler. An jedem befindet sich ein Filter, einer in Rot, einer in Grün und einer in Blau. Richten wir ihre Lichtkegel so auf die weiße Wand, dass sich je zwei überschneiden, ergeben sich folgende Mischungen:

- Rot + Grün = Gelb
- Grün + Blau = Cyan
- Blau + Rot = Magenta

Das widerspricht dem Verständnis eines jeden, der bislang nur Malfarben gemischt hat. Werden Pigmentfarben in diesen Tönen gemischt, entstehen schmutzige Grautöne.

Tatsächlich verhalten sich Lichtfarben gegensätzlich zu dem, was Sie mit Malfarben erfahren haben. Mischt man sie, werden spektrale Anteile vereint, was zu helleren Farben führt. Mischt man hingegen Pigmentfarben, werden Anteile absorbiert, was dunklere Resultate ergibt.

Licht und Farbe kommen dabei nicht ohne ihren Gegensatz aus: kein Licht. Kein Licht ist Schwarz. Schwarz kann man nicht mit Lichtfarben *mischen*, sondern es entsteht durch ihre Abwesenheit. Deshalb muss Schwarz als Basis des Mischens von Lichtfarben vorhanden sein, um von Weiß über Grau und Bunt bis hin zu Schwarz alle Töne zu erzielen. So gesehen, kann man Schwarz als vierte Grundfarbe der RGB-Mischung verstehen. Weiß wiederum entsteht, wenn die drei Grundfarben Rot, Grün und Blau bei maximaler Intensität – also zu jeweils 100 % – gemischt werden.

Die Aufnahme entstand mit drei Blitzgeräten, Filterfolien (Gel-Folien) in den Farben Grün, Blau und Rot sowie runden Reflektoren, die auf eine weiße Wand gerichtet waren. Es zeigt sich, wie sich Grün und Blau zu Cyan mischen, zwischen Grün und Rot Gelb entsteht und Blau und Rot Magenta ergeben. In der Mitte verschmelzen die Farben zu Weiß. Mittels dieser drei Urfarben lassen sich durch unterschiedliche Mischverhältnisse beinahe alle Farben, die wir kennen, erzielen.

2315
AKADEMIE®
Gouache
AKADEMIE®
Gouache
22 410

Körperfarben

Körperfarben sind landläufig eher unter dem Begriff »Pigmentfarben« bekannt, da meist kleine Körner beziehungsweise feines *Pulver*, die sogenannten Pigmente, den Farbsubstanzen die Farbe geben. Neben Farbmaterialien mit Pigmenten gibt es allerdings auch Farbstoffe, in denen Farbe in gelöster Form vorhanden ist, weshalb es genau genommen nicht ganz richtig ist, Körper- auf Pigmentfarben zu reduzieren.

Malen mit Körperfarben ist den meisten Menschen geläufig, da man es als Kind in der Schule gelernt oder zuhause spielerisch gemacht hat. Wir haben dabei erfahren, was passiert, wenn verschiedene Farben miteinander gemischt werden, und gelernt, dass sich beispielsweise Gelb und Blau zu Grün mischen. Das trifft zu, ob man mit Wasser-, Plaka- oder Ölfarben malt, und ebenso auf Kreiden oder Buntstifte.

Die Erfahrung der Kindheit wird uns in gewisser Weise zur *Wahrheit,* die wir als universell annehmen. Umso erstaunter sind wir, wenn wir eines Tages mit der Lehre der Lichtfarben und Aussagen wie »Rot + Grün = Gelb« konfrontiert werden – es scheint, als würden Naturgesetze auf den Kopf gestellt.

Mischt man Pigmentfarben, ergeben Rot und Grün wie gesagt einen schmutzigen, beinahe grauen Ton. Gelb hingegen lässt sich mit Körperfarben gar nicht mischen, sondern muss im Farbkasten als Grundfarbe vorhanden sein.

So wie Schwarz als Basis für die Mischung von Lichtfarben betrachtet werden muss, ist Weiß üblicherweise Grundlage für die Malerei und drucktechnische Farbreproduktion. So wenig, wie sich durch Mischung von Lichtfarben Schwarz mischen ließe, kann man mit bunten Pigmentfarben Weiß erzeugen. In manchen Fällen wird Weiß als zusätzliche Pigmentfarbe zum Einsatz gebracht, zum Beispiel in Form von sogenanntem Deckweiß. Meist jedoch ist das Trägermaterial, wie Leinwand oder Papier, weiß.

Additive Farbmischung

Lichtfarben werden also gemischt und erzeugt, indem farbige Lichtstrahlen oder -punkte *zusammen*kommen, weshalb man von additiver Farbmischung spricht. Ausgangspunkt ist *kein Licht*. Je mehr und kräftiger Lichtfarben gemischt werden, desto heller wird der Farbton, um am Ende, bei maximaler Intensität aller Grundfarben, Weiß zu ergeben.

Fernseher, Farbdisplays und Beamer basieren auf additiver Farbmischung. Mit Hilfe von leuchtenden Punkten in den Farben Rot, Grün und Blau sind diese Ausgabegeräte in der Lage, die in der Natur vorkommenden Farben recht gut wiederzugeben.

Im Prinzip funktioniert das so: Je drei farbige Leuchtkörperchen in Rot, Grün und Blau bilden gemeinsam einen Bildpunkt. Die Bildpunkte werden Pixel genannt, die farbigen Bausteinchen Subpixel. Leuchten die drei Bausteine zu je 100 %, nehmen wir Weiß wahr, sind die drei Leuchten im Off-Zustand, sehen wir Schwarz. Alle anderen Töne entstehen durch Variation der Leuchtstärken der drei Subpixel.

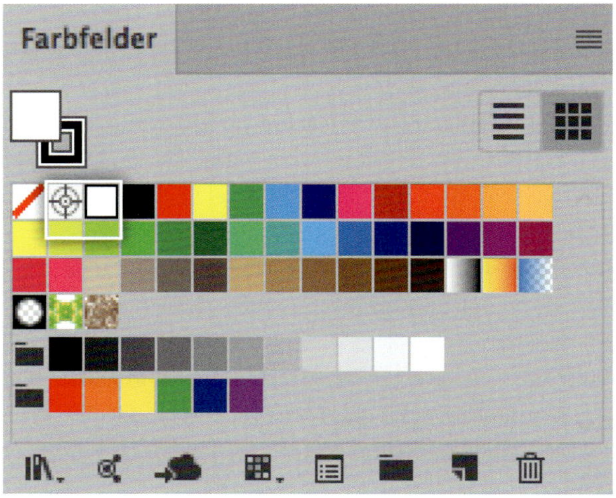

Die Abbildung rechts zeigt eine Makroaufnahme eines Computerbildschirms. Der Ausschnitt entspricht dem im Screenshot oben hervorgehobenen Bereich.

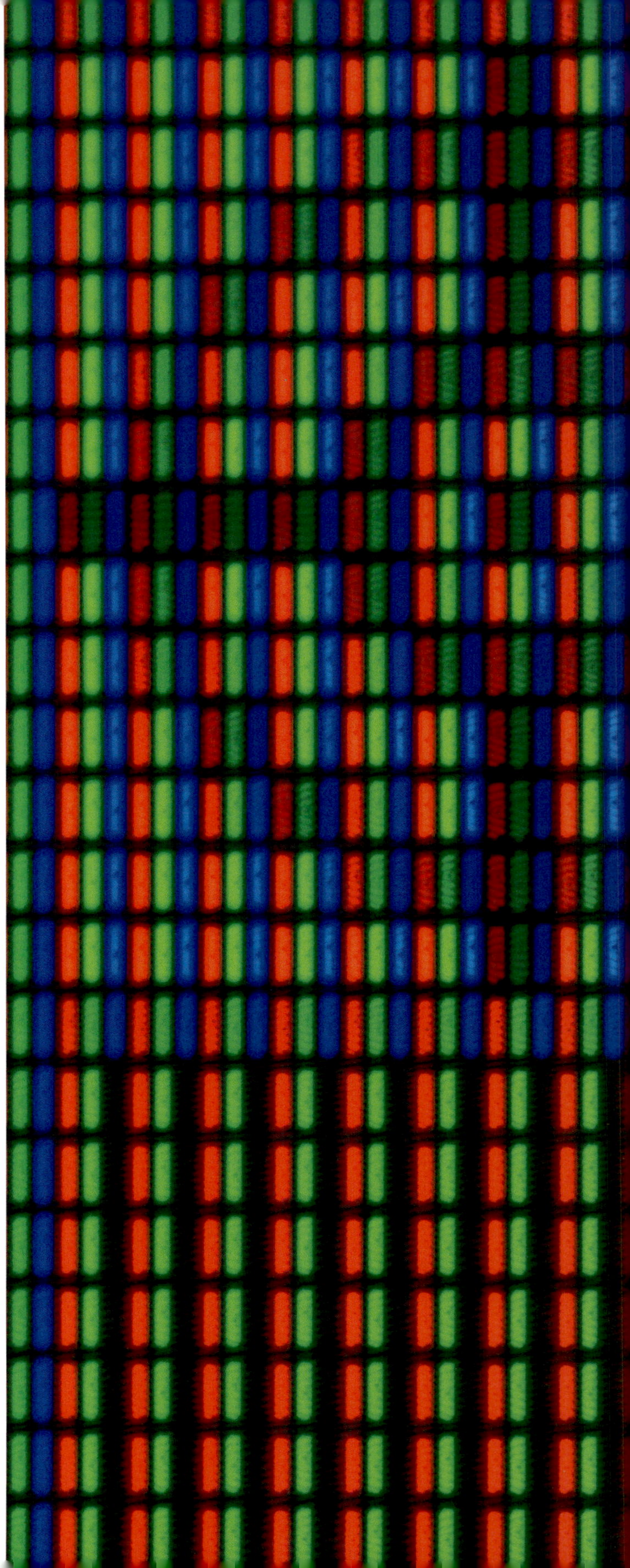

Subtraktive Farbmischung

Umgekehrt verhält es sich bei Pigmentfarben. Als Basis dient hier in aller Regel eine weiße Oberfläche, oft Papier oder Leinwand. So wie Bildschirme Farben mit Hilfe dreier Primärfarben zur Darstellung bringen, greift auch der Maler auf ein Arsenal an Grundfarben zurück, zu denen in der Regel ein Rot, ein Blau und ein Gelb gehören. Sind diese Töne gut aufeinander abgestimmt, lässt sich ein sehr breites Spektrum an Mischtönen erzielen.

Fällt auf eine opake Oberfläche Licht, wird es teils absorbiert, teils reflektiert. Jedes Pigment schluckt einen Teil des Spektrums. Je mehr verschiedene Pigmente gemischt werden, desto mehr Wellenlängen werden geschluckt. Mischungen unterschiedlicher Pigmente führen deshalb zu dunkleren Tönen. Theoretisch ließe sich aus bunten Grundfarben sogar Schwarz mischen, praktisch jedoch fehlt die erforderliche Reinheit.

Während der Maler nicht darauf angewiesen ist, seine Farbpalette auf eine Handvoll Grundfarben zu reduzieren, ist das für die Druckreproduktion unumgänglich. Die Farben Cyanblau, Magentarot und Gelb haben sich inklusive Schwarz als optimaler Kompromiss erwiesen, mit wenigen Grundtönen ein breites Spektrum zu erzielen. So wie bei Bildschirmen bedient man sich für den Druck winziger Punkte, um die Vielfalt der natürlichen Farben zu simulieren.

Die große Abbildung rechts zeigt einen Ausschnitt aus der Makroaufnahme eines Bildes im Rasterdruck.

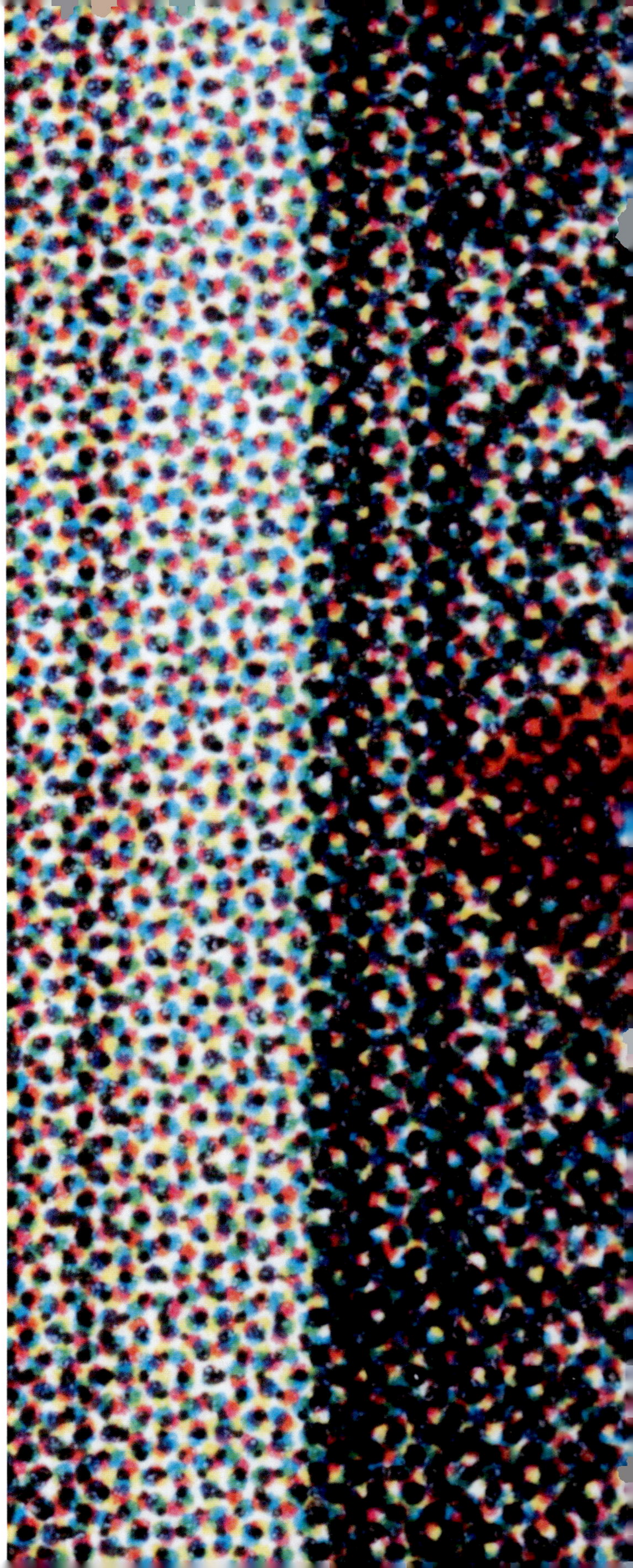

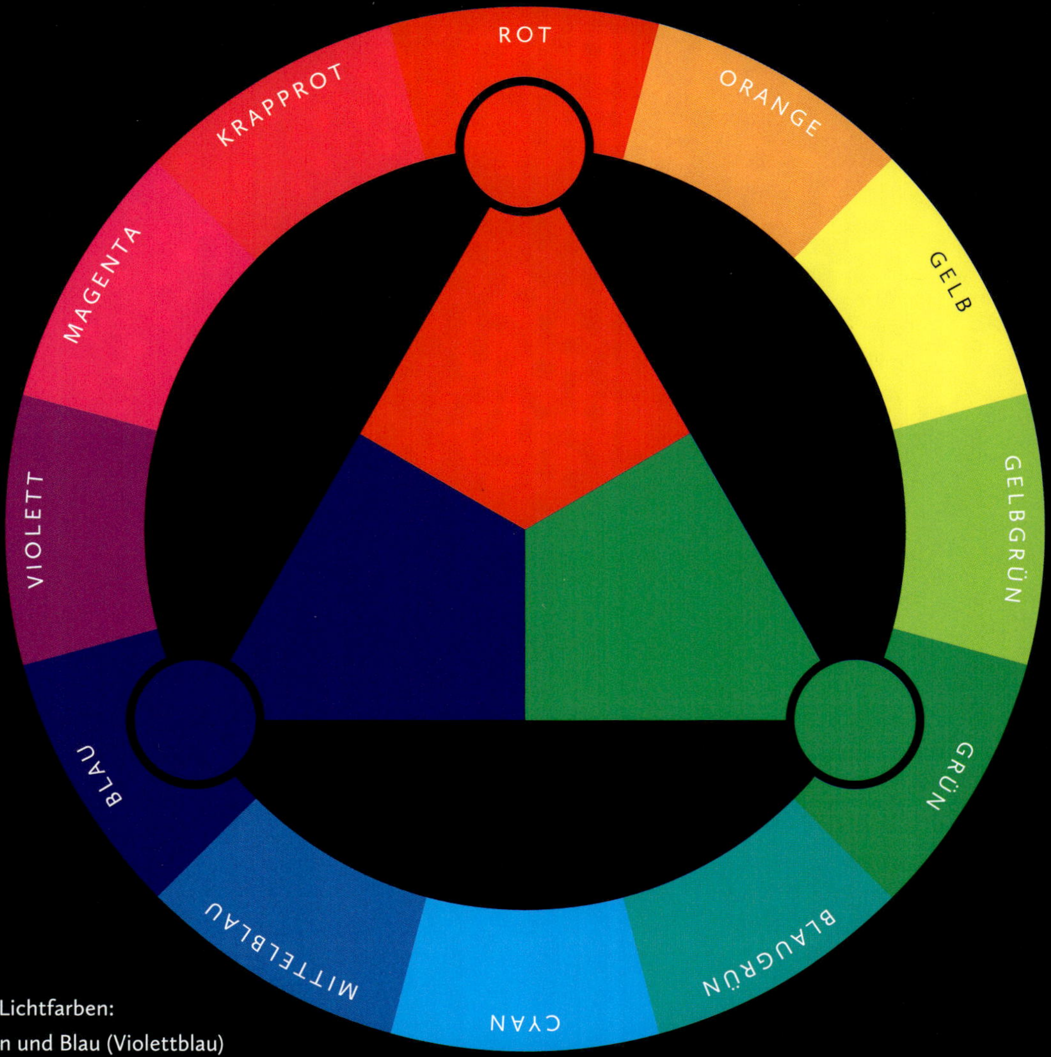

Primäre Lichtfarben:
Rot, Grün und Blau (Violettblau)

Wenn Sie in einem Computerprogramm einmal die jeweils reinen Primärfarben einstellen und mit der Wiedergabe hier vergleichen, verschafft Ihnen das einen Eindruck von den Abweichungen.
Über den Link *www.gug.direct/farbe-1* bzw. den QR-Code rechts finden Sie auf meiner Website einige Seiten, die viele der in diesem Buch gezeigte Grafiken in RGB wiedergeben.

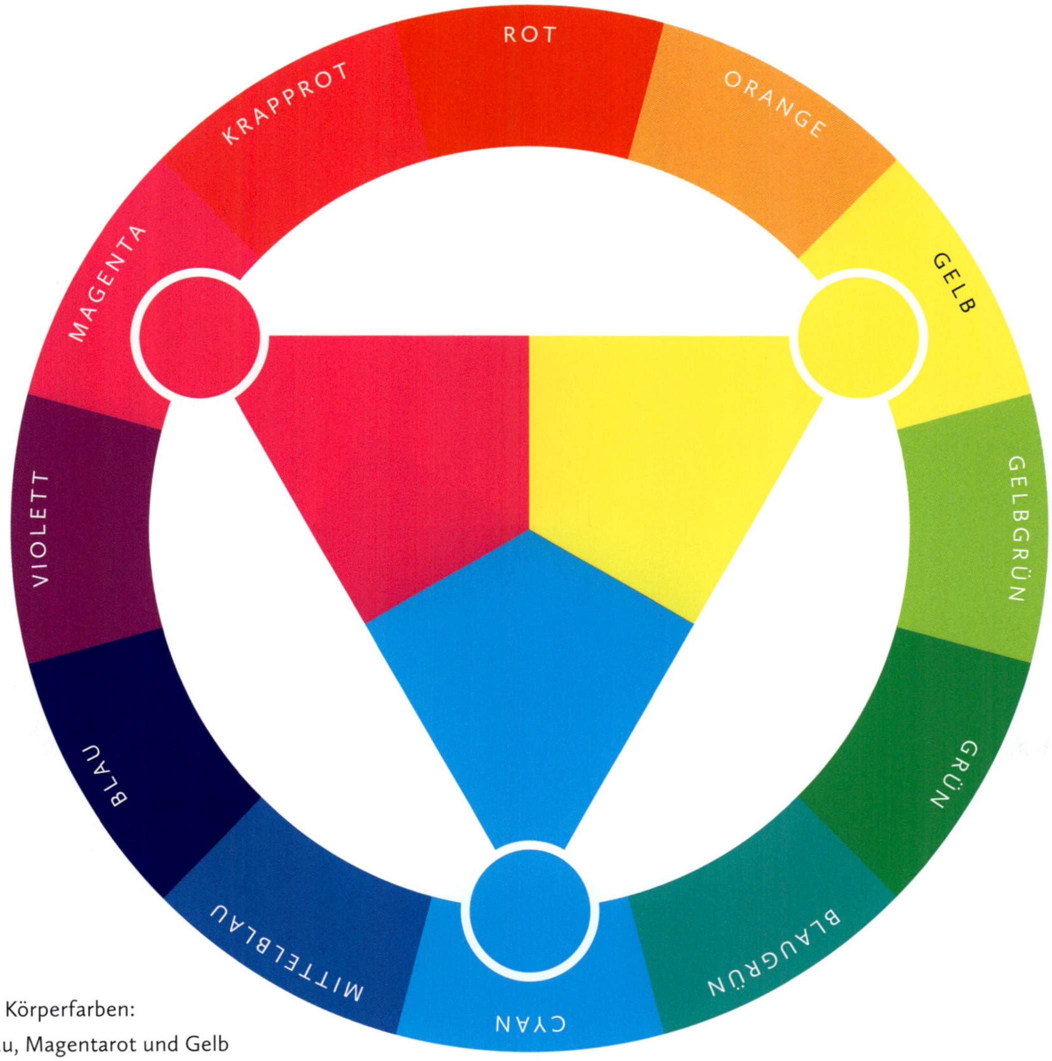

Primäre Körperfarben:
Cyanblau, Magentarot und Gelb

Primärfarben

Primär nennt man Farben, die sich nicht aus anderen mischen lassen. Bei additiver Mischung sind Rot, Grün und Blau (Violettblau) primär. Umgekehrt jedoch lassen sich durch ihre Mischung nahezu alle anderen Farben des Spektrums erzielen.

Bei Körperfarben haben sich Cyanblau, Magentarot und Gelb als optimale Grundfarben erwiesen. Cyan und Magenta lassen sich aus anderen Pigmentfarben nur unzureichend mischen, Gelb kann überhaupt nicht gemischt werden.

Es liegt in der Natur der Sache, dass sich primäre Körperfarben im Druck problemlos wiedergeben lassen, wohingegen die primären Lichtfarben auf Papier kaum wiederzugeben sind. Lediglich Rot lässt sich gut annähern, Grün hingegen weicht deutlich, Blau eklatant ab. Letzteres sollte eigentlich ein leuchtendes Ultramarin sein, *verkommt* im Druck jedoch leider zum matten Violettblau.

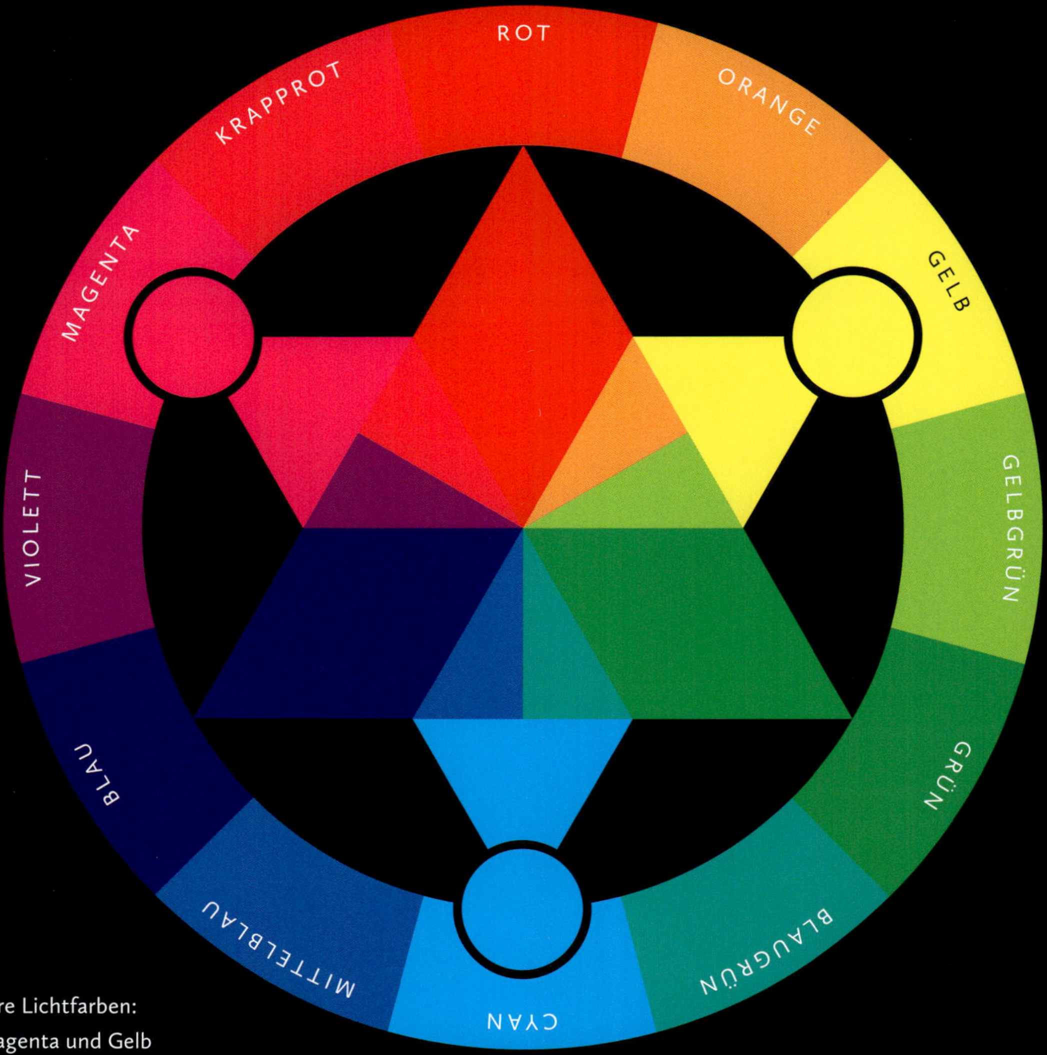

Sekundäre Lichtfarben:
Cyan, Magenta und Gelb

Sekundärfarben

Sekundärfarben entstehen, wenn zwei Primärfarben gemischt werden. Bei Lichtfarben ergibt eine Mischung zweier Primärfarben zu gleichen Teilen:

- Rot + Grün = Gelb
- Grün + Blau = Cyan
- Blau + Rot = Magenta

Es fällt auf, dass die sekundären Lichtfarben mit den primären Pigmentfarben übereinstimmen. Und im Prinzip ist das auch umgekehrt so:

- Cyan + Magenta = Blau
- Magenta + Gelb = Rot
- Gelb + Cyan = Grün

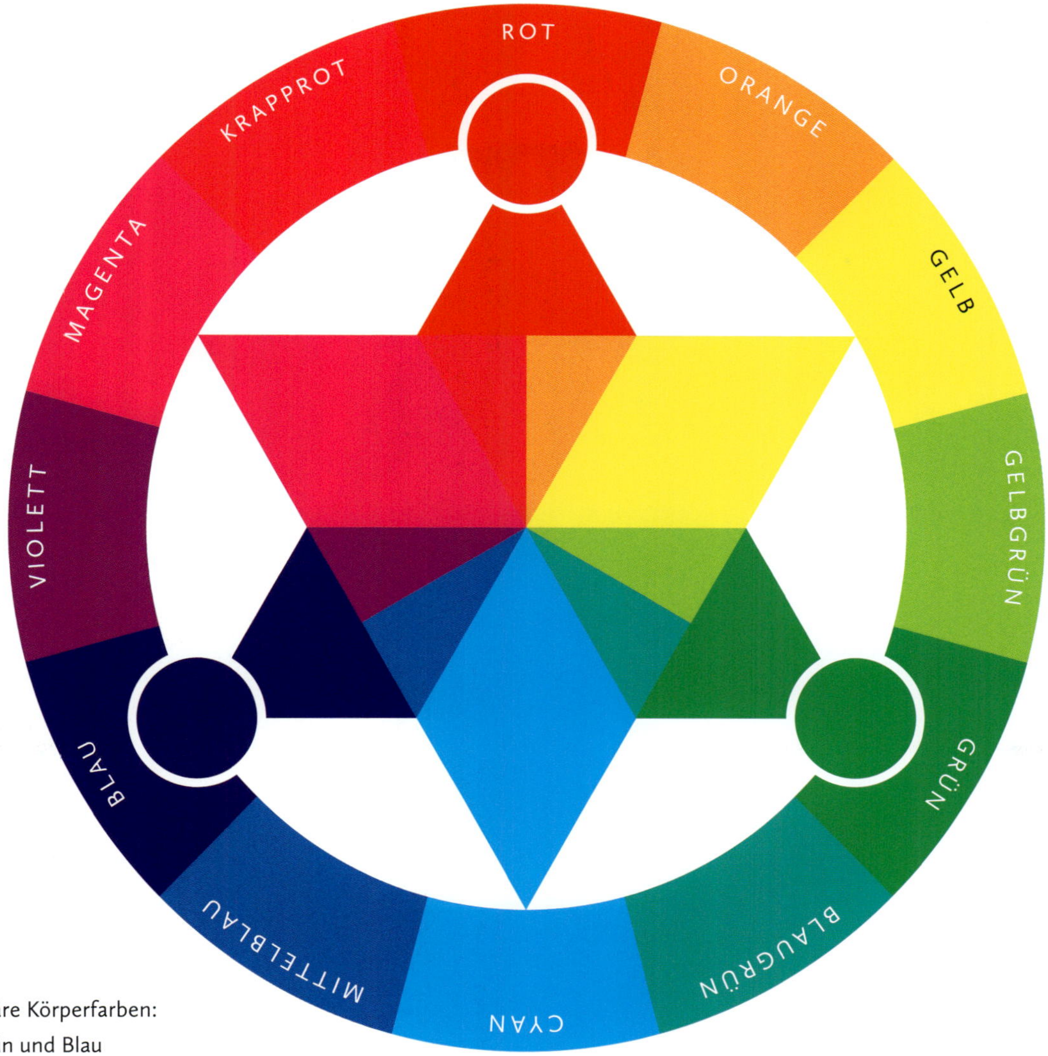

Sekundäre Körperfarben:
Rot, Grün und Blau

Laut einer landläufigen Definition von Sekundärfarbe gelten lediglich 1:1-Mischungen zweier Primärfarben als solche. Orange und Violett beispielsweise werden ihr folgend als Tertiärfarbe bezeichnet. Entsprechend müssten dann weitere Mischungen als *Quartiär* betrachtet werden – ein Begriff, der nicht existiert – und darüber hinaus wird es schnell kompliziert und unübersichtlich.

Sinnvoller ist jene Definition, laut der jeder Farbton, der aus zwei Primärfarben besteht, als Sekundärfarbe zu betrachten ist. Demnach ergeben Rot und Grün neben Gelb auch die Sekundärfarben Orange und Gelbgrün, zwischen Grün und Blau finden sich neben Cyan auch Blaugrün und Mittelblau sowie zwischen Blau und Rot neben Magenta auch Violett und Karminrot.

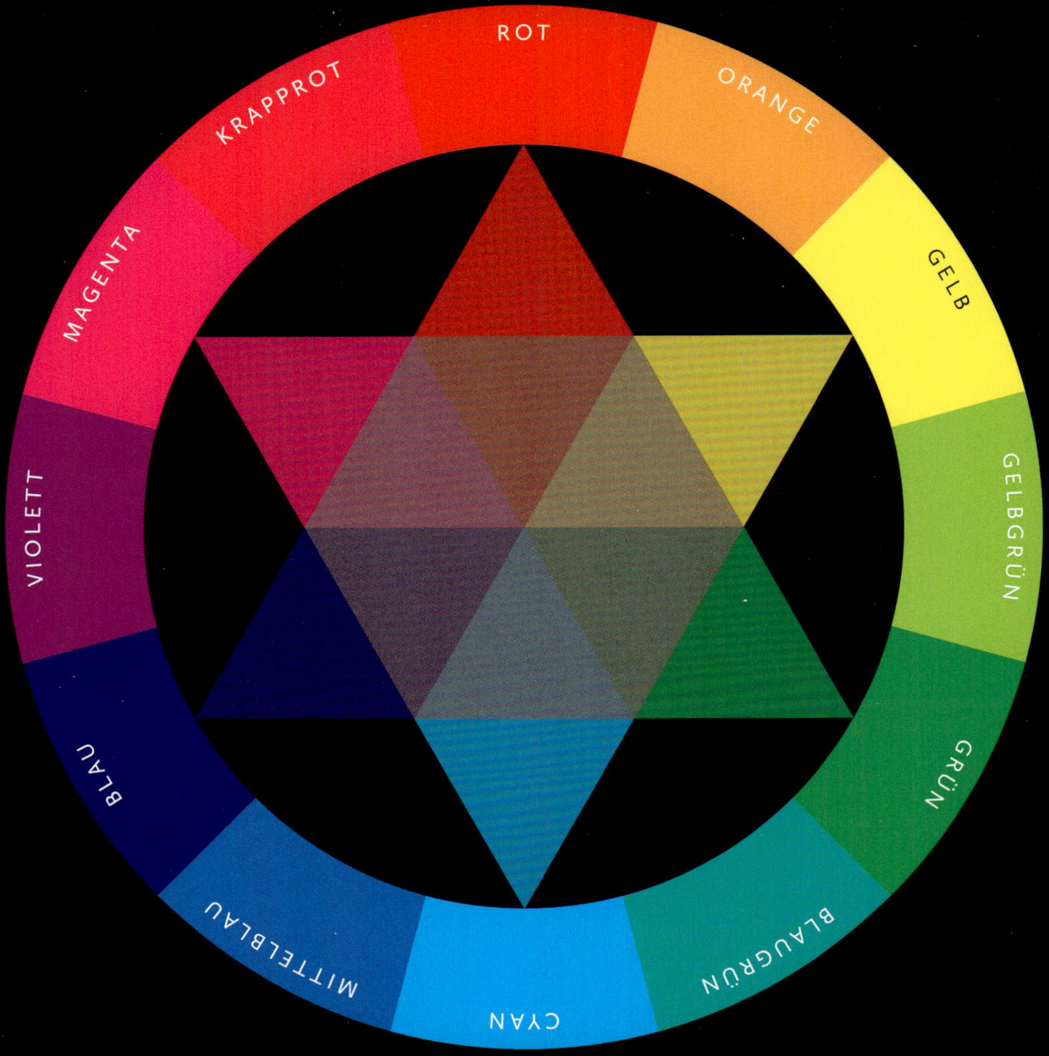

Tertiärfarben sind Mischungen aller drei Primärfarben.

Tertiärfarben

Der Logik folgend, dass jeder Farbton, der aus der Mischung von zwei Primärfarben entsteht, eine Sekundärfarbe ist, betrachten wir Töne, die aus drei Grundfarben entstehen, als Tertiärfarben.

Primären Lichtfarben werden wir in natürlichen Umgebungen kaum einmal begegnen. Auch reine Sekundärfarben sind nur selten ein Naturprodukt. In unserer Umwelt dominieren Tertiärfarben. Selbst in den kräftigsten Farben blühender Blüten wird man meist Spuren des gesamten Spektrums finden.

Dominiert in einer Tertiärmischung Rot bzw. Orange, ergeben sich unter anderem Braun, Lachs und Rosa, bei gelber Dominanz finden wir Ocker, Sand, Beige und Kaki, bei Grün Olive, Mint oder Resedagrün, bei Cyan Petrol und Taubenblau, bei Blau Indigo und Nachtblau sowie bei Magenta Mauve und Rosé.

Mischungen, an denen die drei Primärfarben zu gleichen Teilen beteiligt sind, ergeben Grau. Allerdings werden Schwarz, Weiß und Grau weder zu den Primär-, noch Sekundär- noch Tertiärfarben gezählt.

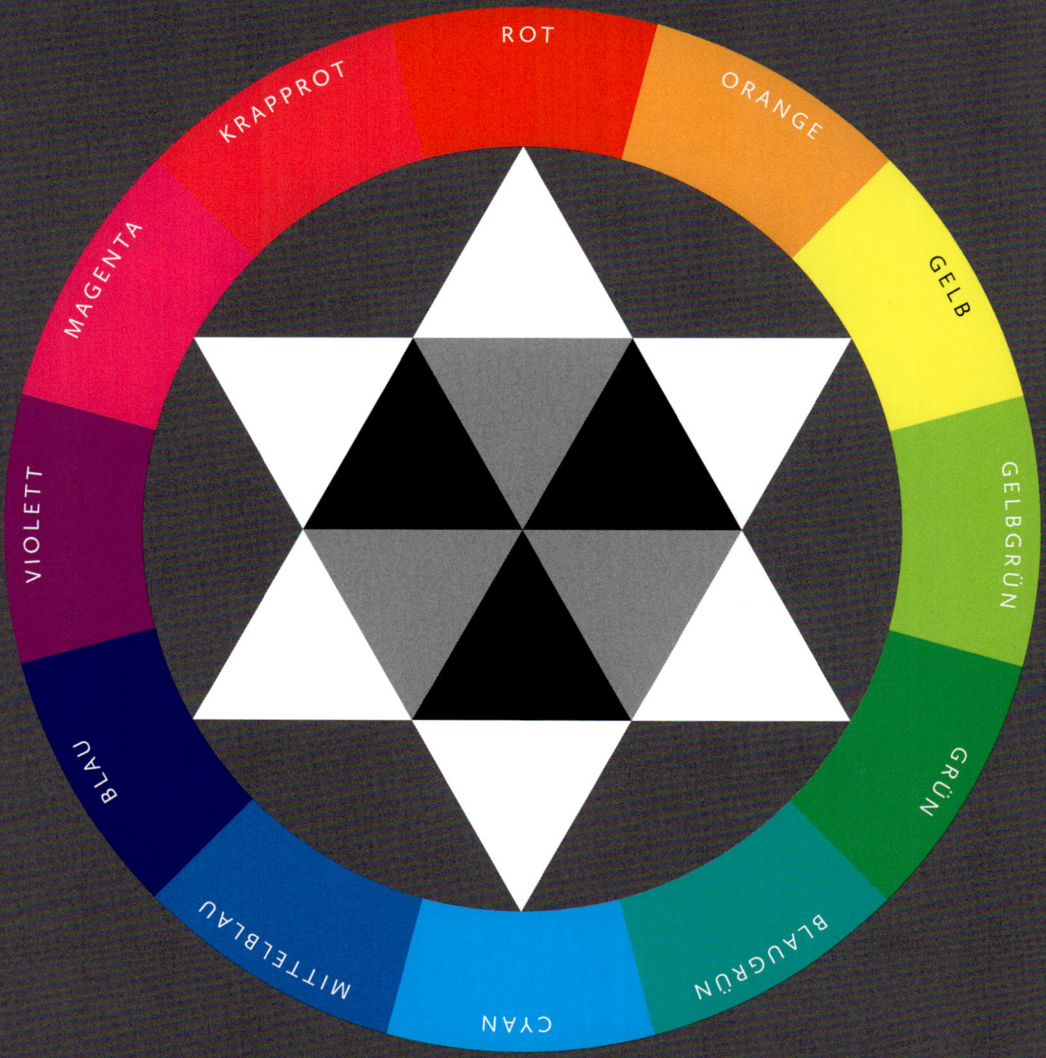

Schwarz, Weiß und Grau sind unbunte Farben.

Unbunte Farben

Oft wird behauptet, dass Schwarz, Weiß und Grau gar keine Farben seien. Aber wenn es keine Farben sind, was sind sie dann? Und wieso soll Weiß keine Farbe sein, wo es doch alle Farben enthält?

Physikalisch betrachtet ist Schwarz nichts, und was nichts ist, kann auch keine Farbe sein. Als Sinneseindruck jedoch ist Schwarz so real wie Rot, Grün, Blau, Weiß oder Grau, und so gesehen lässt es sich nicht von den Farben ausschließen.

Physikalisch oder philosophisch mag man die Frage, ob Schwarz, Weiß und Grau Farben sind, beantworten, wie man will. Psychologisch hingegen sind diese drei ebenso visuelle Empfindungen wie jede andere Farbe, und wie sollten wir sie sonst nennen, wenn nicht Farben? In der Fachwelt hat sich »Farbe« weitgehend als Begriff etabliert, der Schwarz, Weiß und Grau mit einbezieht, es wird nur zwischen bunten und unbunten Farben bzw. Farbtönen unterschieden.

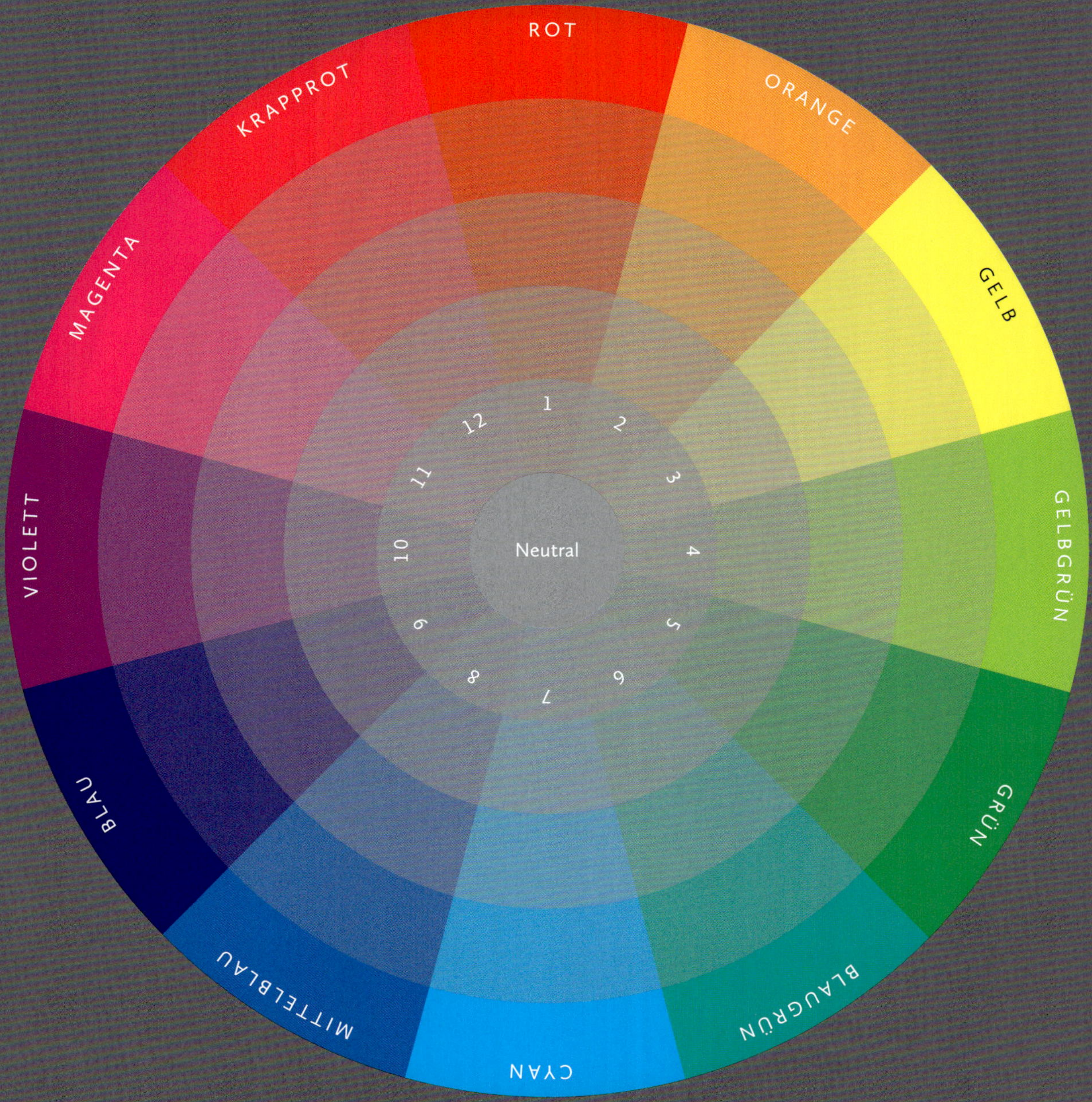
ROT
ORANGE
GELB
GELBGRÜN
GRÜN
BLAUGRÜN
CYAN
MITTELBLAU
BLAU
VIOLETT
MAGENTA
KRAPPROT
1
2
3
4
5
6
7
8
9
10
11
12
Neutral

Neutralgrau
Neutralgrau

1

2

3

4

5

6

7

8

9

10

11

12

Neutral

Würden uns die Töne 1 bis 12 im Alltag begegnen, würden wir sie fraglos als Grau einordnen. Nur die direkte Gegenüberstellung zu neutralem Grau lässt uns die farbigen Nuancen identifizieren.

Neutralgrau

Neutrales Grau

Grau zählt zur Gruppe der unbunten Töne. Doch Grau ist nicht gleich Grau. Es kann dunkel, mittel oder hell sein, und es kann einen Hauch von Buntheit aufweisen. Tendiert dieser Hauch in Richtung des Rötlichen, spricht man von Warmgrau, gibt es eine Tendenz ins Bläuliche, ist von Kaltgrau die Rede. Ebenso sind Nuancen von Gelb, Grün oder Violett möglich.

Einen Grauton, der nicht den geringsten Hauch von Buntheit aufweist, bezeichnet man als Neutralgrau. Diese Neutralität ist völlig unabhängig von der Helligkeit. Neutrales Grau kann hell, mittel oder dunkel sein.

Wir erhalten Grau, wenn ein Sehimpuls bei gedämpfter Helligkeit das gesamte Spektrum enthält. Je gedämpfter das Licht, desto dunkler der Grauton. Weiße Flächen erscheinen grau, wenn sich die Umgebungshelligkeit verringert. Das heißt, bei Lichtfarben erzielt man Grau durch Reduzierung der Lichtintensität. Fotografen kennen das: Je geringer eine weiße Fläche belichtet wird, desto dunkler ist der Grauton, in dem sie auf dem Foto erscheint.

Um bei Körperfarben Grau zu erzielen, werden in der Regel Schwarz und Weiß gemischt. Man kann Grau aber ebenso durch Mischung bunter Farben erzielen. Das geht sowohl auf Basis dreier Grundfarben als auch auf Basis zweier Gegenfarben (was im Grunde auf dasselbe hinausläuft). Gegenfarben neutralisieren sich zu Grau, wie sich Säuren und Basen zu Wasser neutralisieren, wie wir gleich sehen werden.

Neutralgrau

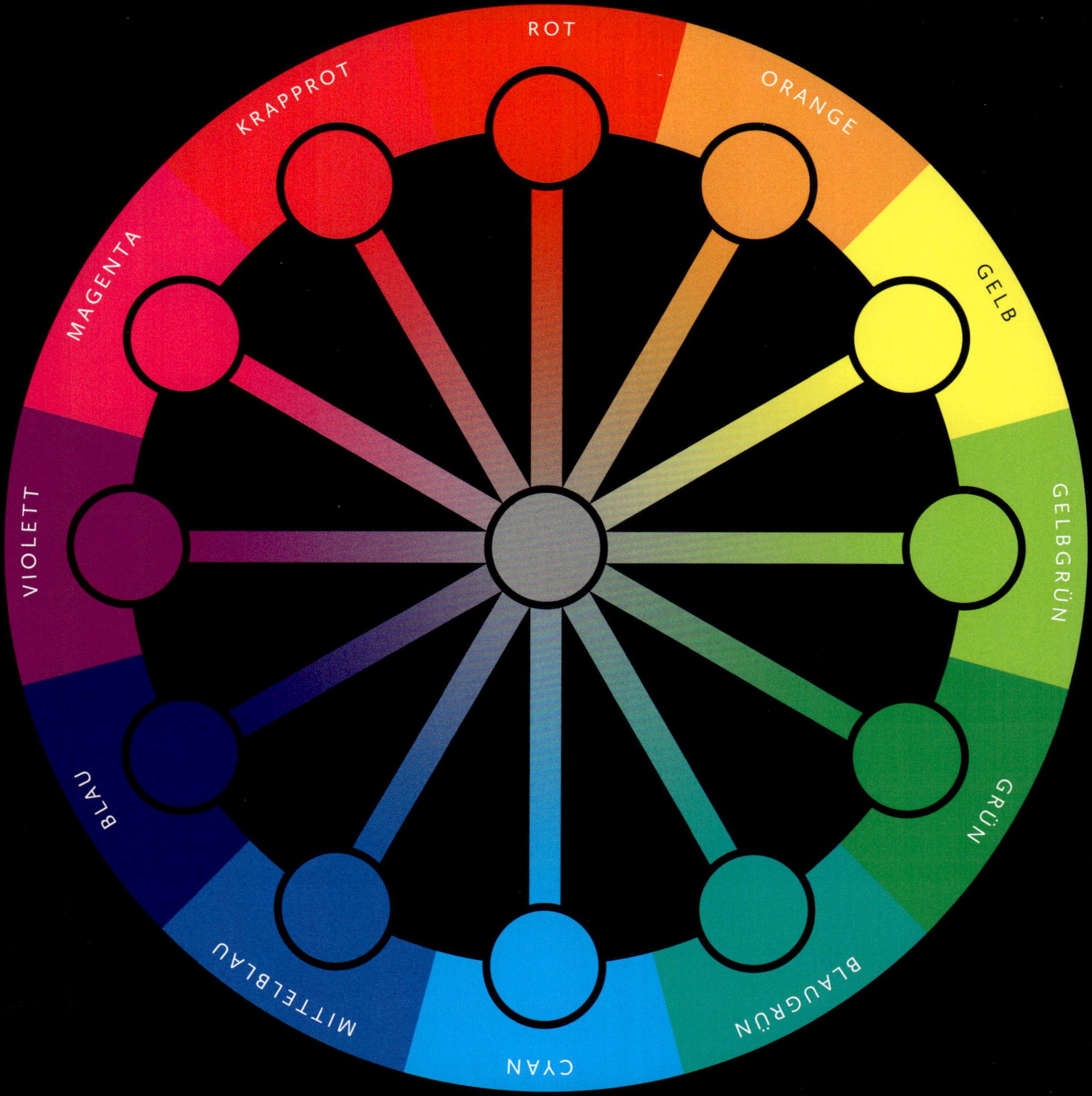

Komplementärfarben neutralisieren sich gegenseitig zu Grau. Die wichtigsten Gegensatzpaare sind Rot/Cyan, Orange/Mittelblau, Gelb/Blau, Gelbgrün/Violett, Grün/Magenta und Blaugrün/Karminrot. Aus dem häufig als komplementär bezeichneten Farbenpaar Rot/Grün hingegen lässt sich kein neutrales Grau mischen.

Gegenfarben

Gegenfarben werden auch »Komplementärfarben« genannt. Doch der Begriff wird nicht einheitlich ausgelegt. Die einen interpretieren ihn als Farbenpaar, das sich gegenseitig zu farblosem Grau neutralisiert. Für die anderen handelt es sich um Paare, die gegensätzlich *empfunden* werden. Letztere nennen exemplarisch oft Rot und Grün als Komplementärtöne, obwohl diese sich nicht neutralisieren können. Beide Sichtweisen mögen ihre Berechtigung haben, ich folge in diesem Buch jedoch dem Modell, nach dem nur als Gegenfarben gilt, was sich neutralisieren kann.

Stellen Sie sich weißes Licht als Puzzle aus den Teilen Rot, Orange, Gelb, Grün, Blau und Violett vor. Sind die sechs Teile vereint, sehen wir Weiß. Teilen wir das Puzzle, erhalten wir bunte Farben. Nehmen wir an, wir teilen es in zwei Gebilde à drei Teile, die zusammen einmal Orange und einmal Mittelblau ergeben. Diese beiden Farben sind Gegenfarben. Jede enthält die Teile des Spektrums, die der anderen fehlen. Stecken wir die beiden Gebilde zusammen, ist das Resultat Weiß – das Spektrum ist komplett.

Entziehen wir dem Licht die kürzeren Wellenlängen (Blau, Grün), erhalten wir einen rötlich-gelblichen Ton.

Entnehmen wir die längeren Wellenlängen von Gelb über Orange bis Rot, wird das Resultat bläulich-grünlich.

Weißes Licht enthält das gesamte Farbspektrum.

Spektral- und Mischfarben

Die meisten Farben, denen wir im Alltag begegnen, sind Mischfarben und bestehen aus einem breiten Spektrum an Frequenzen, in denen lediglich ein Wellenlängenbereich dominiert und die entsprechende Farbempfindung auslöst. Wie gesagt kann nur mit der Lasertechnik Licht in einer einzigen Frequenz erzeugt werden.

Interessanterweise können identische Farbempfindungen sowohl auf einem schmalen Band an Spektralfarben basieren als auch durch Farbmischung zustande kommen. Ulrike Häßler schreibt beispielsweise auf *wisotop.de*, dass sowohl *»ein Licht mit einer Wellenlänge von 580 nm Gelb, aber ebenso zwei Lichtquellen mit den Wellenlängen 700 nm (Rot) und 520 nm (Grün)«* als Gelb empfunden werden. Orange wiederum kann eine Spektralfarbe sein, eine Mischung aus Rot und Gelb oder eine Mischung aus Rot und Grün. Der Unterschied ist mess-, aber nicht sichtbar.

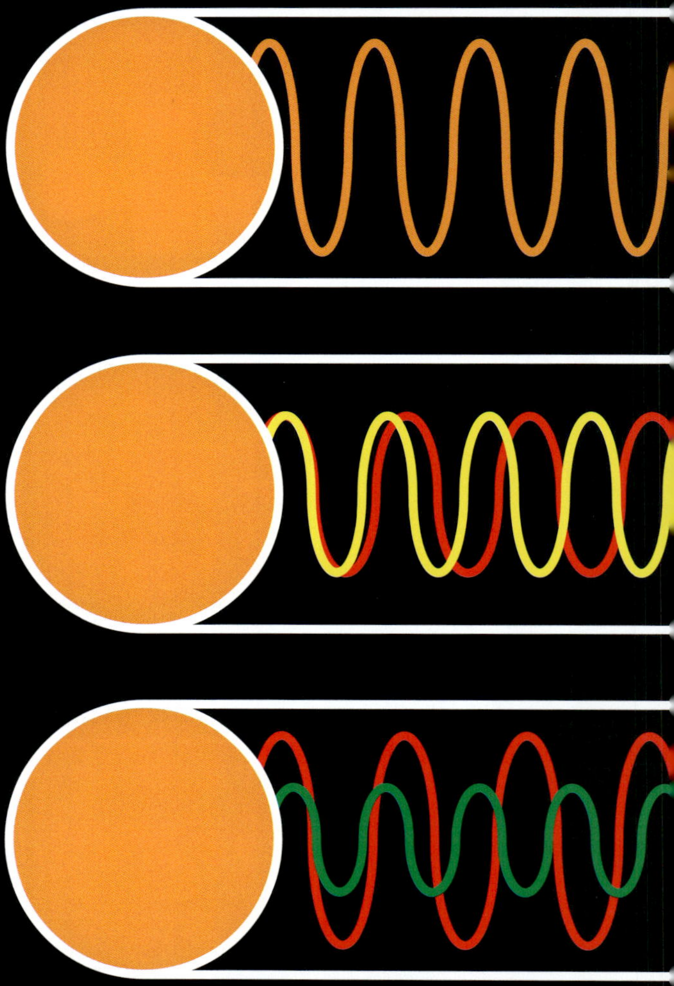

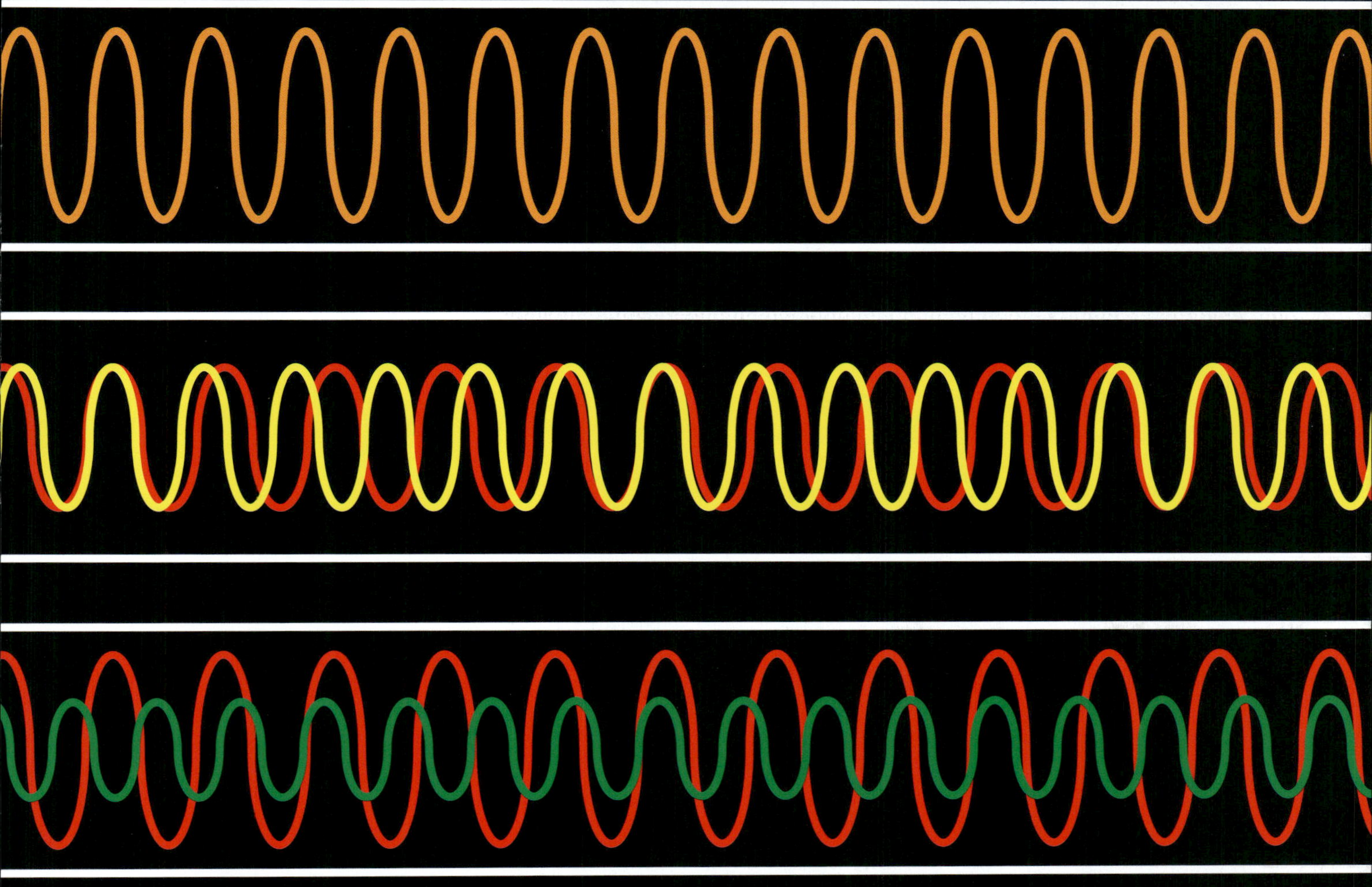

Die Spektralfarbe Orange lässt sich sowohl mit Hilfe von Rot

Farbeigenschaften

Für Leute, die mit Farben arbeiten, ist es wichtig, Möglichkeiten zu haben, mittels derer sie Farben beschreiben und definieren können. Das Problem ist, dass es nicht eine einzige Methode für alle Anwendungen gibt, sondern eine beinahe unüberschaubar große Anzahl.

Für die Reproduktion von Farben auf Bildschirmen ist eine Aufschlüsselung der Farbtöne in die Primärfarben Rot, Grün und Blau notwendig, für eine Druckausgabe ist in Cyan, Magenta, Gelb und Schwarz zu separieren. Technisch führt kein Weg herum. Gestalterisch sind Farbbeschreibungen auf Basis ihrer Bestandteile allerdings schwer zu handhaben. Wer könnte schon ohne Weiteres die Komplementärfarbe von 20 Rot, 20 Grün und 235 Blau bestimmen? Oder wie sollte man genau diesen Farbton abdunkeln, ohne dass das Ergebnis rötlicher oder grünlicher gerät?

Gestalterisch ist es hilfreich, Farbtöne auf Basis ihrer Eigenschaften beschreiben zu können statt mittels der Primärfarben, aus denen sie sich zusammensetzen. Drei Eigenschaften genügen, um jede Farbe beschreiben zu können: Buntton, Sättigung und Helligkeit.

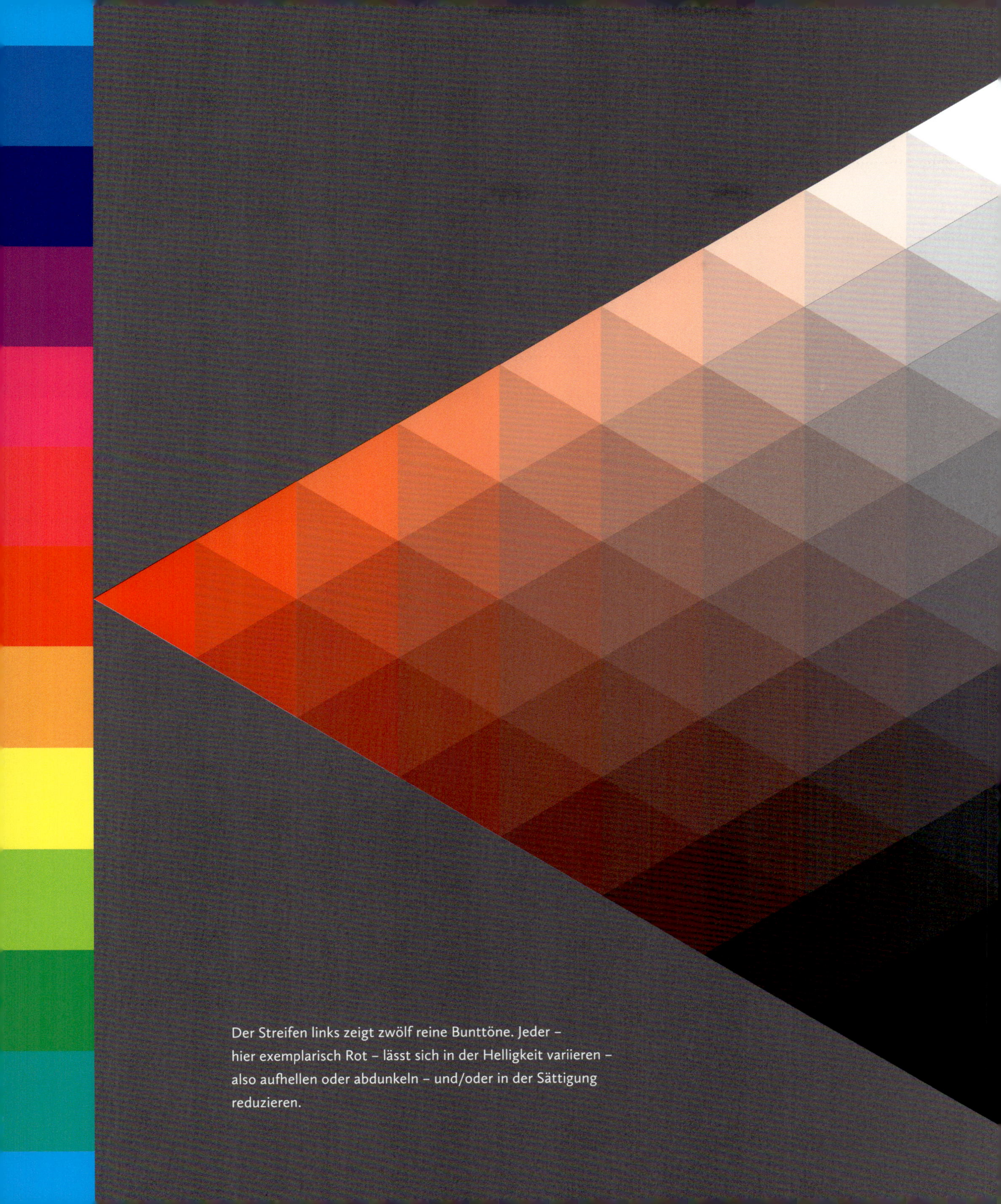

Der Streifen links zeigt zwölf reine Bunttöne. Jeder – hier exemplarisch Rot – lässt sich in der Helligkeit variieren – also aufhellen oder abdunkeln – und/oder in der Sättigung reduzieren.

Buntton

Was ich hier Buntton nenne, wird meist als »Farbton« bezeichnet, beispielsweise in Adobe Photoshop. Das Problem dabei ist, dass im alltäglichen Sprachgebrauch *Farbton* synonym für *Farbe* steht – in der Alltagssprache ist jede Farbe ein Farbton. Es scheint mir deshalb etwas unglücklich, für einen spezifischen Farbcharakter einen Begriff zu nutzen, der landläufig sehr viel breiter verstanden wird.

Harald Küppers nutzt den Begriff »Buntart« – ein logisch gut gewählter Begriff, allerdings mit dem Charme einer theoretischen Konstruktion. Ich bevorzuge den Begriff »Buntton«, der auch in DIN 5033 zur Farbmessung für die entsprechende Eigenschaft definiert wurde.

Buntton ist natürlich eine Eigenschaft bunter Farbtöne, die bei unbunten Tönen nicht zum Tragen kommt: In Schwarz, Weiß und neutralem Grau existiert keine Buntheit! Abgesehen davon aber weist jede Farbe einen Buntcharakter auf.

Im Wesentlichen lassen sich vier essentielle Charaktere unterscheiden, die den psychologischen Grundfarben entsprechen: rötlich, gelblich, grünlich und bläulich.

Alle bunten Farben entsprechen einer dieser vier Geschmacksrichtungen. Rosarot ist ein Rotton, Beige ist ein Gelbton, Olive ist dunkles Gelb oder mattes Grün, Indigo ein dunkler Blauton, Petrol ebenso dunkel wie Indigo, aber mit mehr Grünanteil. Braun kann dunkles Rot oder Orange sein.

Die zentrale Bedeutung psychologischer Grundfarben zeigt sich darin, dass wir zwar die Begriffe rötlich, gelblich, grünlich und bläulich kennen, darüber hinaus aber weder ein orangelich noch ein violettlich und auch kein cyanlich.

Blautöne ▸

Rottöne ▸

Gelbtöne ▸

Grüntöne ▸

Sättigung

So wie für den Begriff des Bunttons werden auch für das, was ich hier *Sättigung* nenne, verschiedene Begriffe genutzt. In DIN 5033 beispielsweise ist von »Buntheit« die Rede. Mir scheint der Begriff allerdings ein bisschen schwammig, da er nach meinem Dafürhalten leicht mit »Buntton« zu verwechseln ist. Ich bevorzuge deshalb Sättigung. Alternative Begriffe sind Leuchtkraft, Intensität und Farbreinheit, manchmal ist auch von Chroma die Rede.

Jeder Farbton hat seine Sättigung. Bei reinen Spektralfarben sowie den ihnen entsprechenden Mischfarben beträgt die Sättigung 100 %. Grautöne haben eine Sättigung von 0 %. Anders als bei der Helligkeit, deren Änderung zu als eigenständig empfundenen Farbtönen führt, werden Bunttöne mit reduzierter Sättigung oft nur als matte Variante empfunden. Häufig entsteht der Eindruck einer anderen Farbe erst, wenn die Sättigung gegen 0 tendiert: Grau.

Helligkeit (Eigenschaft)

Die dritte Eigenschaft zur Beschreibung von Farben ist Helligkeit. Eine Änderung der Helligkeit führt wie gesagt eher zu einer als eigenständig empfundenen Farbe als bei einer Veränderung der Sättigung. Wir bezeichnen das Resultat dann als Hell- oder Dunkelrot, Hell- oder Dunkelgrün, Hell- oder Dunkelblau usw. Wird Rot kräftig aufgehellt, nennen wir das Resultat Rosarot, abgedunkeltes Orange bezeichnen wir als Braun, nicht als Dunkelorange. Wird Gelb abgedunkelt, entsteht ein Ton, den wir nicht Dunkelgelb nennen, sondern als Olivgrün kennen. Aufgehelltes Violett wird selten Hellviolett genannt, sondern eher »Flieder«.

In den Farbräumen, die ich später noch beschreiben werde, wird das Zusammenspiel von Sättigung und Helligkeit unterschiedlich ausgelegt. Für den Moment definieren wir 100% Helligkeit als Weiß und 0% Helligkeit als Schwarz, so wie wir das schon im ersten Kapitel getan haben.

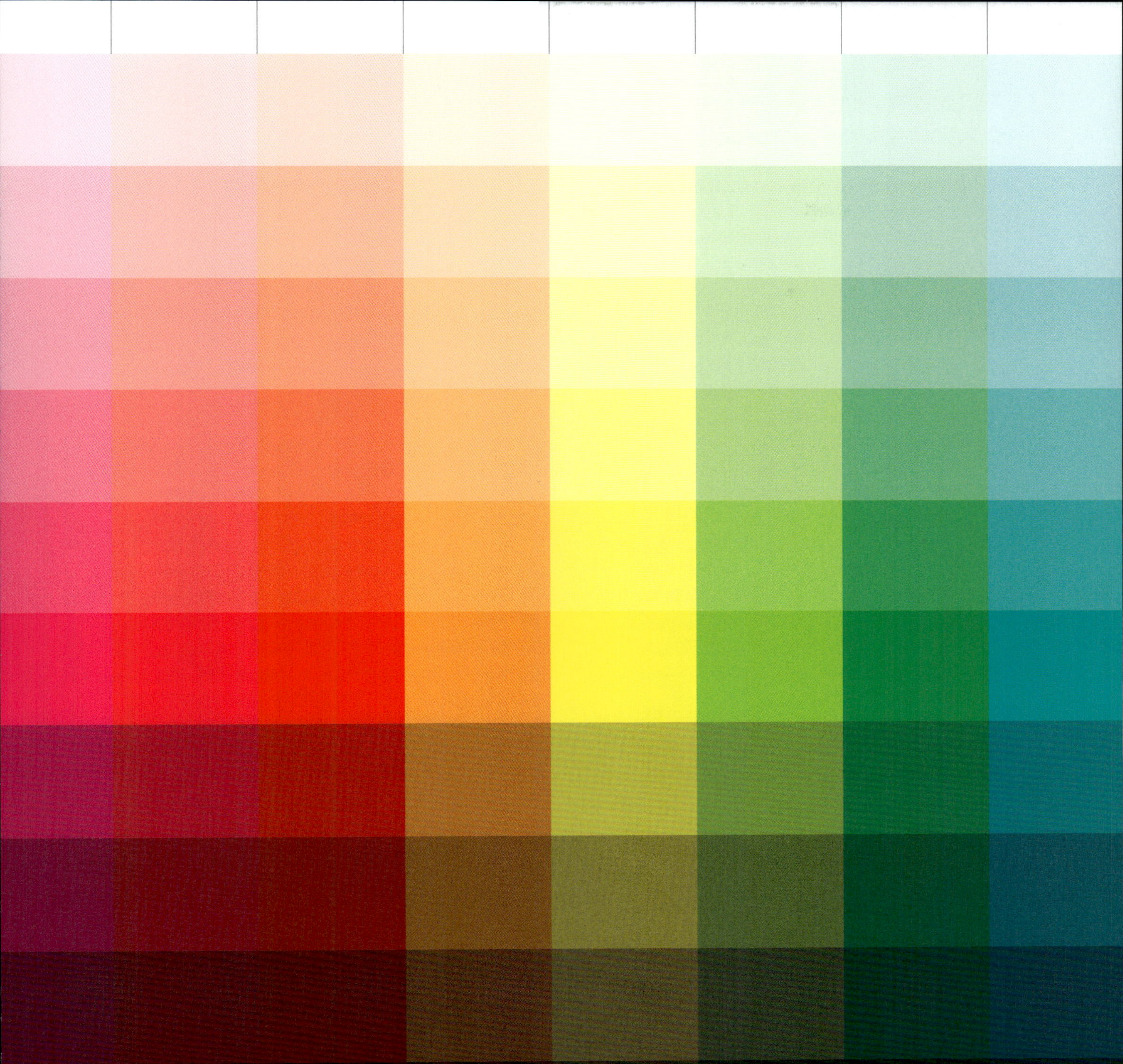

Farbtemperatur

Die Basis dafür, wie wir die Farben unserer Umwelt wahrnehmen, ist die Qualität des Lichts. Jede Lichtquelle hat ihr charakteristisches Farbspektrum. Bei Tageslicht gibt es oft einen Überhang an kurzwelligen blauen Lichtanteilen, während es bei Sonnenuntergang eine Verschiebung hin zu längerwelligem Licht und einem deutlichen Gelb-Rot-Akzent gibt. Natürlich ändert die Sonne nicht im Laufe des Tages das Spektrum. Es ist vielmehr der sich verändernde Einstrahlungswinkel der Lichtwellen und ihres Weges durch die Atmosphäre, der die Lichtqualität ändert.

Die Atmosphäre filtert kurze (bläuliche) Lichtwellen aus den Sonnenstrahlen heraus. Steht die Sonne im Zenit, ist der Weg des Lichts durch die Atmosphäre kurz, und der Blauanteil des Spektrums bleibt relativ hoch. Am Morgen und am Abend jedoch ist der Winkel, in dem die Sonnenstrahlen die Erdoberfläche erreichen, flach, und das Licht nimmt einen langen Weg durch die Atmosphäre. Dabei werden größere Anteile des Blauspektrums herausgefiltert, was das Licht goldener scheinen lässt.

Der Begriff Farbtemperatur bezieht sich auf einen theoretischen Körper, der je nach Grad der Erhitzung unterschiedlich gefärbtes Licht abstrahlt. Die Maßeinheit für die Farbtemperatur ist Kelvin (K). Ein Kelvin entspricht einem Grad Celsius, allerdings ist der Nullpunkt mit −273,15 °C definiert, dem absoluten Nullpunkt.

Eisen glüht ab einer Temperatur von etwa 800 °C und strahlt dann rötliches Licht mit etwa 1000 K ab. Würden wir den theoretischen Körper auf 800 °C erhitzen, strahlte Licht mit einer Temperatur von 1073,15 K ab.

Kerzenlicht weist eine Farbtemperatur von etwa 1500 K auf und erzeugt oranges Licht. Glühlampen erzeugen je nach Wattstärke zwischen 2600 K und 2800 K, Leuchtstofflampen für den Wohnbereich orientieren sich daran. Das Licht, das sie erzeugen, ist gelblich bzw. hellorange. Tageslicht hat je nach Tageszeit und Bewölkung Farbtemperaturen zwischen 5000 K und 6500 K, was als weitgehend neutral empfunden wird. Bei dichter Bewölkung werden auch Farbtemperaturen von über 6500 K erreicht, was bläuliches Licht ergibt. Die Farbtemperatur des blauen Himmels an sich kann von 6500 K bis über 12 000 K reichen.

Die Lichttemperatur hängt nicht nur von der Lichtquelle ab. Wie oben erwähnt, verändert der Winkel, in dem Sonnenlicht die Erde erreicht, die Lichtqualität. Zusätzlichen Einfluss haben Dunst und Wolken in der Atmosphäre. Ulrike Häßler schreibt darüber hinaus auf *wisotop.de*: »*Bei Tageslicht erscheinen uns die mittleren Wellenlängen – also Gelb und gelbliches Grün – heller als das Blau der kurzen Wellenlängen. Mit nachlassender Helligkeit lässt die Helligkeit der roten Farben schneller nach als die Helligkeit der blauen Farben – der sogenannte Purkinje-Effekt oder Purkinje-Verschiebung.*« Das führt dazu, dass wir die Zeit nach Sonnenuntergang als »blaue Stunde« empfinden.

Die Farbtemperatur verschiebt sich in erster Linie entlang einer Achse von Gelb über Weiß zu Blau. Verschiebungen entlang einer Grün-Magenta-Achse sind eher die Ausnahme bzw. gering ausgeprägt. Leuchtstoffröhren können allerdings sehr wohl zu einer Verschiebung ins Grünliche führen, ebenso wie ein dichtes Blätterdach das Licht darunter grünlich färben kann. Programme, die es erlauben, den sogenannten Weißabgleich zu korrigieren, bieten deshalb neben dem Gelb-Blau-Abgleich in der Regel eine Einstellung mit Namen wie Farbton, Tönung oder Tint, die es erlaubt, Korrekturen auf der Grün-Magenta-Achse vorzunehmen.

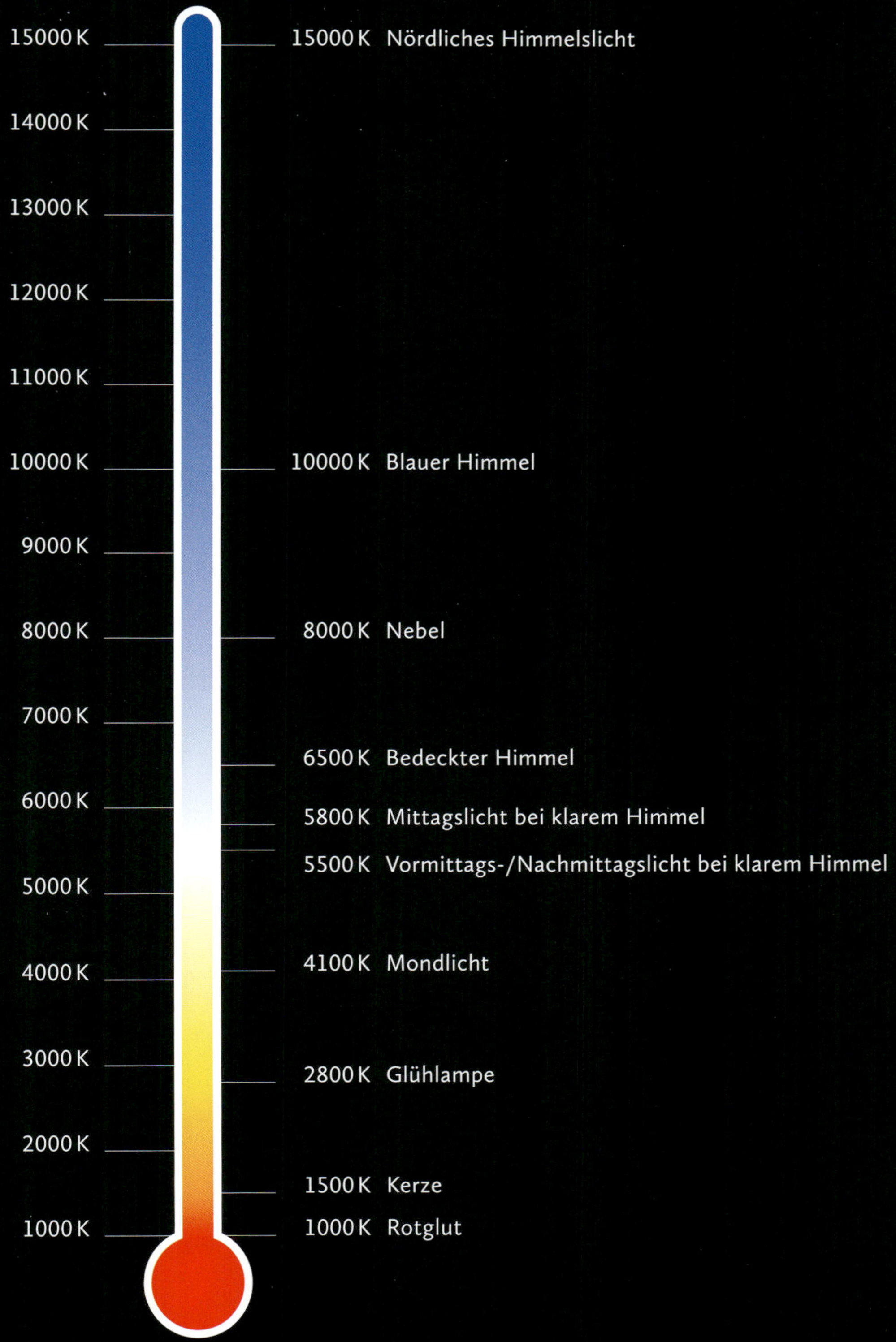
15000 K
14000 K
13000 K
12000 K
11000 K
10000 K
9000 K
8000 K
7000 K
6000 K
5000 K
4000 K
3000 K
2000 K
1000 K
15000 K Nördliches Himmelslicht
10000 K Blauer Himmel
8000 K Nebel
6500 K Bedeckter Himmel
5800 K Mittagslicht bei klarem Himmel
5500 K Vormittags-/Nachmittagslicht bei klarem Himmel
4100 K Mondlicht
2800 K Glühlampe
1500 K Kerze
1000 K Rotglut

Kapitel 3: **Farbwahrnehmung**

Farbwahrnehmung

Man kann das Thema Farbe nicht erörtern, ohne über Wahrnehmung zu sprechen. Wie gesagt gilt heute die Ansicht, dass Farbe außerhalb unseres Bewusstseins gar nicht existiert. Als Produkt der Wahrnehmung ist sie für uns jedoch so real wie jede andere Empfindung.

Wer an visuelle Wahrnehmung denkt, denkt wahrscheinlich zuerst an die Augen. Tatsächlich aber ist die Art, wie unser Nervensystem und unser Gehirn Sehimpulse verarbeiten, genauso wichtig für das Farbempfinden.

Auge

Das menschliche Auge ist ein kleiner Ball mit einem Durchmesser von etwa 24 mm, der mit einer klaren Flüssigkeit gefüllt ist. Er ist großteils umgeben von der weißen Lederhaut (Sclera), unter der sich die Aderhaut (Choroidea) befindet. Darunter folgt die Netzhaut (Retina), die die Innenseite des Augapfels bedeckt. Die Netzhaut ist die lichtempfindliche Schicht des Auges; in ihr werden Lichtsignale in Nervenimpulse umgewandelt.

Im vorderen Bereich des Augapfels geht die opake Lederhaut in die transparente Hornhaut über. Hinter ihr findet sich die Regenbogenhaut (Iris), deren Pigmentierung für die Augenfarbe verantwortlich ist. Sie kann sich ausdehnen und zusammenziehen und so die Größe der Pupille ändern, durch die das Licht ins Auge fällt. Die Wirkung ähnelt der einer Blende in der Fotografie, sowohl in der Auswirkung auf die *Belichtung* als auch auf die Schärfentiefe.

Hinter der Iris findet sich die Augenlinse. Sie unterscheidet sich nicht generell von Linsen in Lupen und Objektiven, ist jedoch flexibel. Um sie herum setzen Muskeln an, die die Krümmung der Linse beeinflussen und so die Fokussierung des Blicks ermöglichen.

Im hinteren Teil des Auges bildet die Sehgrube (Fovea Centralis) den Bereich schärfsten Sehens. Sehimpulse, die auf andere Bereiche der Netzhaut fallen, werden weniger scharf und weniger farbig aufgenommen.

In der Nähe der Fovea mündet der Sehnerv in den Augapfel. An dieser Stelle befindet sich der *blinde Fleck*, ein Bereich des Gesichtsfelds, an dem sich keine Sehzellen befinden. Da sich dieses *Loch in der Wahrnehmung* in den Augen symmetrisch versetzt befindet, lässt es sich im Gehirn leicht füllen.

Die Sehzellen der Netzhaut gliedern sich in Stäbchen für das Helligkeitssehen und drei Gruppen von Zapfen, die jeweils für kurze, mittlere und lange Wellenlängen sensibel sind.

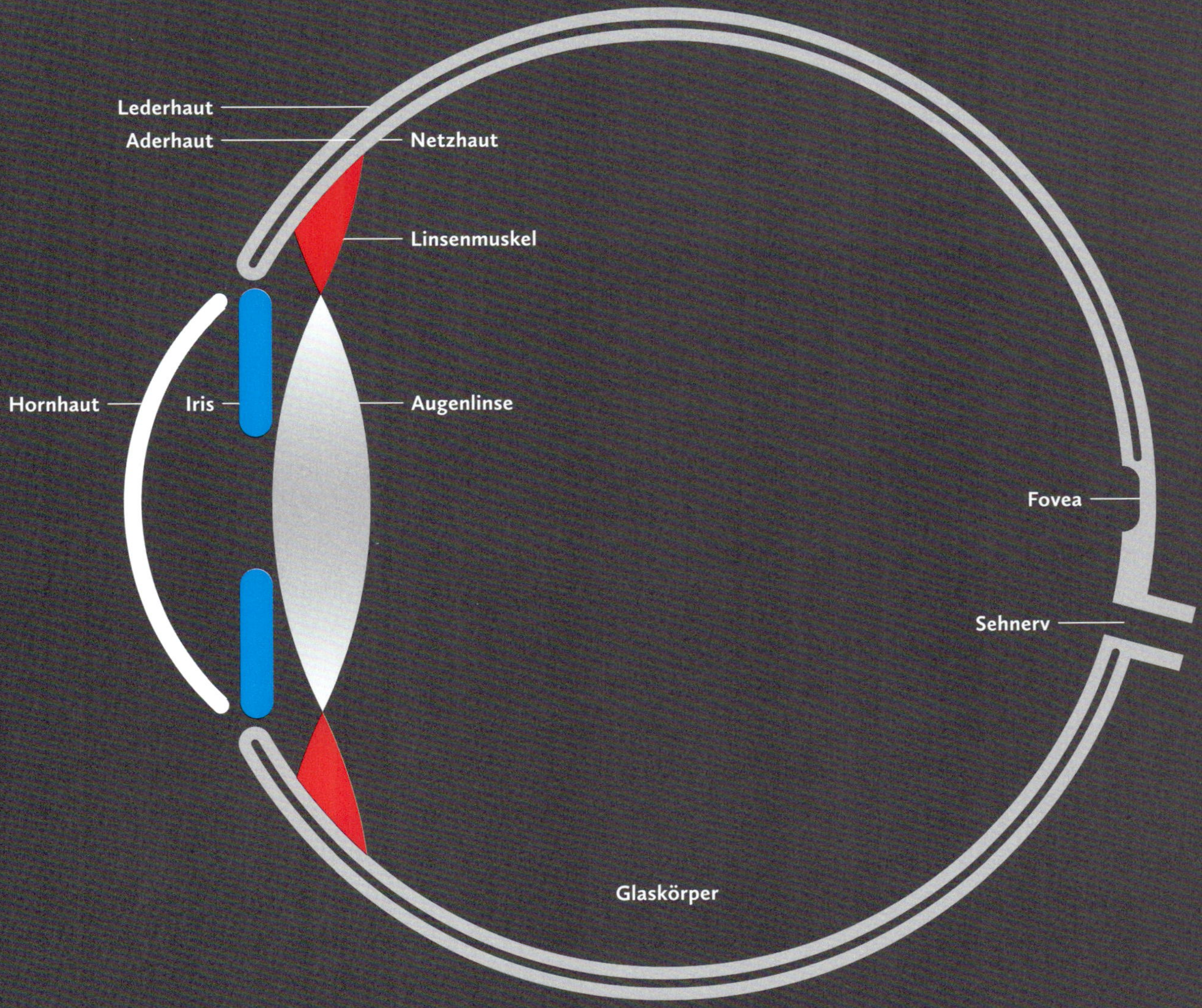
Lederhaut
Aderhaut
Netzhaut
Linsenmuskel
Hornhaut
Iris
Augenlinse
Fovea
Sehnerv
Glaskörper

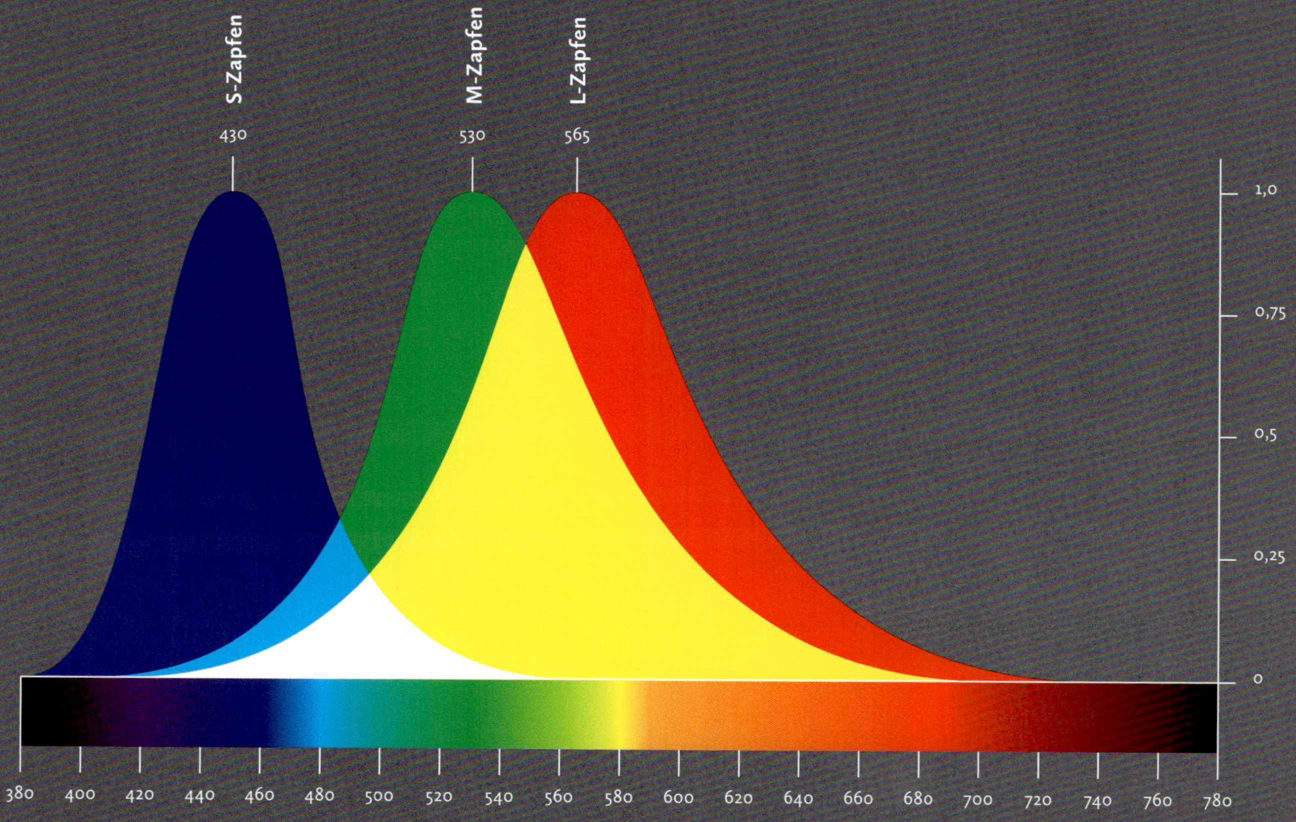

S-Zapfen sind sensibel für kurzwellige Lichtanteile und erreichen ihre maximale Empfindlichkeit bei 430 nm, was Violettblau entspricht. M-Zapfen decken den Bereich mittlerer Wellenlängen ab und sind im Bereich von 530 nm am empfindlichsten. L-Zapfen reichen am weitesten in den Bereich langer Wellenlängen und decken damit die roten Bereiche sichtbaren Lichts ab, ihre maximale Empfindlichkeit erreichen sie aber bei 565 nm, was Gelb entspricht. Streng genommen besitzen unsere Augen also Zapfen für Gelb, Grün und Blau und nicht, wie meist deklariert, für Rot, Grün und Blau.

Zapfen

Umstritten ist die Frage, ob das Prinzip des Farbensehens beim Menschen auf *trichromatischer Wahrnehmung* (Dreifarbensehen) auf Basis der Urfarben Rot, Grün und Blau beruht oder ob es eher auf den vier Farben der Gegenfarbtheorie Ewald Herings, mit den Gegenpolen Rot–Grün und Blau–Gelb, aufbaut.

Tatsache ist, dass unsere Augen über drei Arten von Fotorezeptoren in Form sogenannter Zapfen verfügen. Sie dominieren das Zentrum des Gesichtsfelds, zur Peripherie hin nimmt ihre Dichte deutlich ab. Im Bereich schärfsten Sehens, der Sehgrube oder Fovea, finden sich nur Zapfen, keine Stäbchen.

Was Sehzellen aufnehmen, sind keine Farben, sondern Wellenlängen. Die häufig gelesene Darstellung, dass es sich um Rot-, Grün- und Blaurezeptoren handele, ist eine Vereinfachung – die Wahrheit ist komplizierter. In den Wissenschaften spricht man (u. a.) von S-, M- und L-Zapfen. Die Buchstaben S, M und L beziehen sich auf die Wellenlängen. S steht für kurz- (short), M für mittel- und L für langwellig.

S-Zapfen reagieren im Bereich von 400 nm und 520 nm, was die Spektralfarben Violett, Blau und Cyan umfasst. Sie erreichen bei 430 nm (Violettblau) das Maximum der Empfindlichkeit.

M-Zapfen sind von 450 nm (Cyan) bis 660 nm (Orangerot) empfindlich, mit einem Empfindlichkeitsmaximum bei 530 nm (Grün).

L-Zapfen decken den großen Bereich von 460 nm (Blau) bis 700 nm (Rot) ab. Ihre maximale Empfindlichkeit liegt allerdings nicht im Rot-, sondern mit 565 nm im Gelbbereich. Eva Lübbe schreibt deshalb in »Farbempfindung, Farbbeschreibung und Farbmessung«: *»In vielen Darstellungen wird von blau-, grün- und rotempfindlichen Zapfen gesprochen. Das ist nicht korrekt.«* Vielmehr müsse man von blauviolett-, grün- und gelbempfindlichen Zellen sprechen.

Mir scheint das Auslegungssache. Ohne L-Zapfen blieben uns Rottöne verborgen. Menschen, denen diese Zapfenart fehlt, können zwar Gelb-, aber keine Rottöne wahrnehmen. Die Definition von L- als Gelb-Zapfen mag akademisch korrekt sein, ist aber für alle Nicht-Farbexperten verwirrend. Digitalkameras und Bildschirme arbeiten auf Rot-Grün-Blau-Basis, womit sich alle anderen Farben mischen lassen. Die Augen jedoch sollen Blau-Grün-Gelb-Rezeptoren haben, drei Farben, aus denen sich unmöglich alle anderen Farben ergeben?

Die Realität zeigt sich ohnehin komplexer, als es eine Reduzierung auf drei Grundfarben vermittelt. Die Sehzellen sammeln nicht einfach nur je ein Drittel des Farbspektrums, sondern prüfen die eingehenden Lichtwellen auf Basis eines komplizierten Doppel-Checks. Während die Zentren der Sehzellen *Licht vorhanden* messen, reagiert ihr Umfeld auf *kein Licht vorhanden* (und umgekehrt). Bei Farbzellen geschieht das auf Basis von Gegenfarben. Wie bei Lübbe zu lesen, lassen sich den verschiedenen Gegenfarbenzellen die Farben Violettblau, Gelb, Orangerot, Grün, Purpur (Magenta) und Cyan zuordnen. Sehen ist ein komplexes Mysterium!

Anders als bei elektronischen Fotodioden, die Lichtimpulse 1:1 in elektrische Signale umwandeln, arbeitet unser Sehen auf Basis elektrochemischer Prozesse. Dafür finden sich in den Sehzellen lichtaktive Pigmente, die bei Lichteinfall zerfallen. Der Zerfall löst den Sehimpuls aus, das Pigment ist anschließend verbraucht und muss wieder aufbereitet werden. Zu intensiver Lichteinfluss kann dazu führen, dass die Pigmente schneller abbrennen, als sie erneuert werden können. Das kann zu den bekannten Nachbildern führen, wie zum Beispiel nach einem Blick in die Sonne.

Stäbchen

Den sechs Millionen Zapfen stehen etwa 120 Millionen Stäbchen gegenüber. Stäbchen reagieren nicht auf Farbe, sondern auf Hell-Dunkel-Unterschiede. Sie sind für das Nachtsehen wichtig. Hätten wir nur sie, sähen wir Schwarzweiß. Bei nachtaktiven Tieren dominieren oft Stäbchen das Sehen.

Stäbchen sind über den gesamten Bereich der Netzhaut verteilt, lediglich im Bereich der Fovea und des blinden Flecks sind keine zu finden.

Sie sind um ein Vielfaches lichtempfindlicher als Zapfen. Während Zapfen bei Tageslicht das Farbensehen ermöglichen, sind sie bei schwachem Licht wirkungslos – hier übernehmen die Stäbchen. Deshalb verlieren wir auch mit fortschreitender Dämmerung die Fähigkeit, Farben zu unterscheiden, was uns *in der Nacht alle Katzen grau* sehen lässt.

Katzen sind bekannt dafür, im Dunkeln sehr gut sehen zu können. Als primär nachtaktive Wesen sind sie auf *Stäbchensehen* spezialisiert. Zwar verfügen auch Katzenaugen über Zapfen, doch Farbe spielt in ihrem Sehen eine untergeordnete Rolle, ebenso bei Hunden. Es ist noch nicht endgültig geklärt, wie Katzen Farben wahrnehmen, doch Gelb/Grün und Blau/Violett dürften in Ihrem Sehen dominieren, Rottöne hingegen kaum vorkommen.

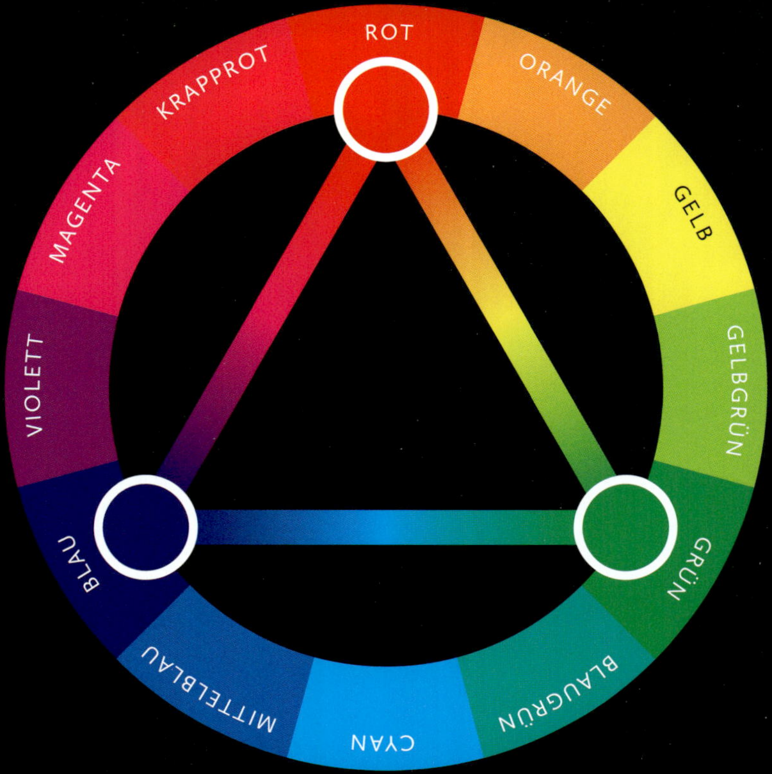
ROT
ORANGE
GELB
GELBGRÜN
GRÜN
BLAUGRÜN
CYAN
MITTELBLAU
BLAU
VIOLETT
MAGENTA
KRAPPROT

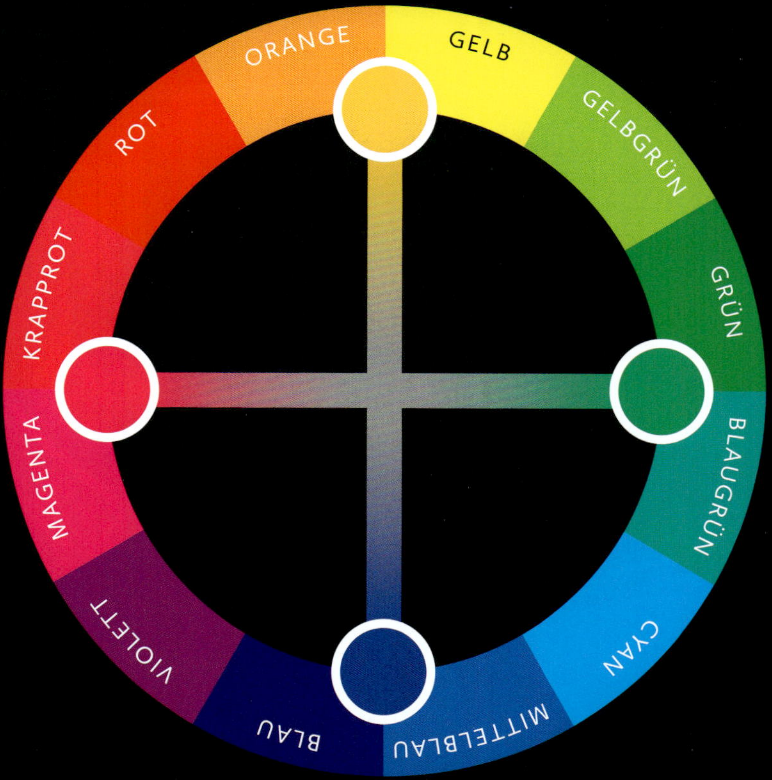
GELB
GELBGRÜN
GRÜN
BLAUGRÜN
CYAN
MITTELBLAU
BLAU
VIOLETT
MAGENTA
KRAPPROT
ROT
ORANGE

Visuelle Wahrnehmung

Der Farbenexperte Harald Küppers erklärt in seiner Farbentheorie Farbempfindungen auf Basis der Urfarben Rot, Grün und Blau. Farbensehen auf Basis dreier Farbrezeptoren wird »trichromatisch« (drei Farben) genannt. Für ihn ist eine Informationsverarbeitung auf Basis von Rot-Grün- und Blau-Gelb-Gegensätzen ein Konstrukt von Theoretikern.

Andere Experten glauben, dass die trichromatisch erfassten Farbinformationen bereits in den Augen in die vier Farben der sogenannten Gegenfarbtheorie übersetzt und so an die Sehzentren im Gehirn weitergereicht werden. Dass so eine Verarbeitung in den Augen geschehen kann, ist nicht so abwegig, wie es sich zunächst anhören mag. Evolutionsbiologisch entwickelten sich die Augen vor über 500 Millionen Jahren als Erweiterung des Gehirns.

Es gibt wohl wenig, was so klar, mühelos und selbstverständlich vonstattenzugehen scheint wie die visuelle Wahrnehmung. Welch komplexe Leistung dahintersteckt, dürfte aber bereits im ersten Kapitel sichtbar geworden sein, als beschrieben wurde, wie wir uns unsere Umwelt auf Basis einiger *Puzzleteile* ausmalen. Wahrnehmung basiert nicht 1:1 auf dem, was uns umgibt, sondern zu einem großen Teil auf dem, was in den Gehirnregionen daraus konstruiert wird. Das Zusammenspiel aus realer Information und konstruierter Interpretation ist dabei kein Betrug der Evolution, sondern notwendig, um die Flut an Impulsen, die auf uns einströmen, zu bewältigen. Es ist deutlich effizienter, ein paar markante Ecksteine einer Situation zu erfassen und den Rest anhand der Erfahrung zu rekonstruieren, als jedes Detail jeder Szene bei jeder Begegnung neuerlich komplett zu scannen und zu vereinen.

Um das Zusammensetzen von Seheindrücken aus Einzelteilen gibt es keinen Weg herum, denn unsere Augen können keine Szene als Ganzes scharf und farbig wahrnehmen. Die Interpretationen des Gehirns sind Abkürzungen, um schneller ein Bild unserer Umwelt zu erhalten. *spektrum.de* beschreibt beispielsweise, was es bedeuten würde, wäre scharfes Sehen nicht auf die Fovea konzentriert, sondern in der gesamten Netzhaut veranlagt: *»Bliebe die Dichte von Rezeptoren und Neuronen auch außerhalb der Fovea unverändert hoch, dann müsste die zur Verarbeitung dieser Informationsflut notwendige Großhirnrinde bei Primaten etwa 100-mal größer sein als ihr gesamtes Gehirn.«*

Unserer Augen nehmen Farben trichromatisch mittels Rezeptoren für kurze, mittlere und lange Lichtwellen wahr. Viele Farbexperten gehen aber davon aus, dass die *Farbmessungen* der Sehzellen unmittelbar nach Aufnahme und bevor die Daten den Weg über die Nervenbahnen zum Gehirn antreten, in ein Gegenfarbmodell umgerechnet werden. Ob das richtig ist oder nicht, mag für die Praxis nicht relevant sein, es zeigt aber, wie rätselhaft sich visuelle Wahrnehmung noch immer darstellt.

Farbe und Auflösungsvermögen

Farben lassen sich auf verschiedene Arten mischen. Zunächst unterscheiden wir additive Licht- und subtraktive Körperfarbenmischung. In beiden Fällen gibt es zwei Möglichkeiten, wie neue Farben zustande kommen, und zwar durch *Nebeneinander-* und *Übereinanderlegen* der Ausgangsfarben.

Beim Beispiel der drei Strahler mit den Lichtfarben Rot, Grün und Blau kommt es zur Mischung, wenn die Lichtkegel übereinandergelegt werden (Seite 66).

Ein Bildschirm arbeitet ebenfalls mit Lichtfarben, allerdings kann er die Farben nicht übereinanderlegen. Vielmehr werden sie simuliert, indem winzige nebeneinanderliegende Subpixel unterschiedlich stark zum Leuchten gebracht werden (Seite 100). Da diese Punkte winzig sind, unterschreiten sie die Auflösungsfähigkeit unserer Augen und werden nicht als einzelne Elemente wahrgenommen, sondern verschmelzen zu einer Mischfarbe.

Farbreproduktionstechniken – egal, ob bei Bildschirmen oder Druckverfahren – funktionieren nach dem Prinzip eines Mosaiks. Aus der Nähe mag man die Mosaiksteinchen erkennen, doch aus der Distanz verfließen die Farbelemente zu homogenen Flächen. Dies machen sich auch pointillistisch arbeitende Künstler zu Nutze. Zu den prägenden Stilmitteln des Pointillismus gehört es, Bilder aus kleinen Punkten oft reiner Farben aufzubauen. Aus angemessenem Betrachtungsabstand vereinen sich diese zu neuen, oft viel weicheren Farbtönen.

Subtraktive Farbmischung durch Übereinanderlegen von Farben geschieht, wenn man beispielsweise transparente Farbfolien aufeinanderlegt. Maltechniken mit lasierenden Farben, wie zum Beispiel die Aquarellmalerei, oder auch das Mischen von Pigmentfarben muss man sich hingegen eher als Mischung nebeneinanderliegender Farbelemente vorstellen. Die Malfarben enthalten winzige Farbpigmente, die beim Mischen nicht verschmelzen, sondern lediglich durcheinandergemischt nebeneinander auftrocknen und so den Eindruck neuer Farben vermitteln.

»Küste nahe Antibes«, von Henri Edmond Cross, 1892, post-impressionistisches Gemälde im pointillistischen Stil

Die Abbildung simuliert eine Rasterweite (Rasterpunktabstand) von etwa 4 L/cm (Lines per Centimeter = Linien pro Zentimeter).

Rasterdruck

Bei den meisten gängigen Druckverfahren wie dem Offsetdruck bedient man sich einer Kombination aus Übereinander- und Nebeneinanderlegen von Farben. Üblicherweise basieren sie auf den Farben Cyan, Magenta, Gelb und Schwarz. Werden diese übereinandergedruckt, entstehen die Mischfarben Rot, Grün und Violettblau. Das Weiß des unbedruckten Papiers inbegriffen, ließen sich damit allerdings nur acht Farben erzeugen.

Für weitere Farbtöne werden die Grundfarben in Rasterpunkte aufgelöst. Durch Auflösung von Schwarz in winzige Punkte entsteht Grau, gerastertes Magenta ergibt Rosarot, bei Cyan und Gelb entstehen Hellblau und Hellgelb. Flächiges Gelb und gerastertes Magenta ergeben Orange, fügt man Cyan und/oder Schwarz hinzu, entstehen Brauntöne. Aus der Kombination von Übereinanderdruck und Rasterung lassen sich mit vier Grundfarben plus Weiß als Basis ein paar Hunderttausend Mischfarben simulieren. Durch die Winzigkeit der Druckraster wird unserer Wahrnehmung vermittelt, sie sähe auf dem Papier *alle Farben der Welt*.

Im Idealfall sind Druckraster so fein aufgelöst, dass die Rasterpunkte mit dem Auflösungsvermögen der Augen nicht mehr erfassbar sind. Im hochwertigen Buchdruck ist es tatsächlich so, dass sich die Rasterpunkte fast nur mehr erahnen lassen. Im Zeitungsdruck hingegen werden aufgrund des billigen Papiers und der auf Hochgeschwindigkeit getrimmten Druckverfahren gröbere Druckraster verwendet, und die meist annähernd runden Bausteinchen sind auch ohne Lupe gut erkennbar.

Noch gröber fallen Druckraster in der Regel bei Großflächenplakaten aus. Allerdings führt bei diesen der übliche Betrachtungsabstand von mehreren Metern dazu, dass das Druckraster vom Auflösungsvermögen der Augen nicht mehr erfasst wird.

Die Abbildung simuliert eine Bildauflösung von etwa 4 ppcm (Pixel pro Zentimeter).

Pixel

Pixel haben keine Farbe. Die Vorstellung, Digitalbilder bestünden aus bunten Punkten bestimmter Größen, ist nicht richtig. Tatsächlich haben sie weder eine Ausdehnung noch einen Farbton, sondern sind nichts anderes als Zahlenwerte – letzten Endes nur Nullen und Einsen. Größen und Farben entstehen erst bei der Ausgabe.

Wird ein Digitalbild auf einem Bildschirm ausgegeben, hängt die Größe eines Pixels von der Auflösung des Monitors ab. Traditionell wird eine Auflösung von 72 ppi angenommen. »ppi« bedeutet »Pixel pro Inch«. 1 Inch misst 25,4 mm. 25,4 ÷ 72 ≈ 0,353. Die Größe eines Pixels betrüge bei 72 ppi also 0,353 mm × 0,353 mm. Tatsächlich sind moderne Displays allerdings höher aufgelöst und können bis zu 400 ppi erreichen, womit sich eine Pixelgröße von 0,064 mm × 0,064 mm ergibt.

Wie auf Seite 100 beschrieben, bestehen Bildschirmpixel aus Subpixeln in Rot, Grün und Blau. In den Daten, die Digitalbildern zugrunde liegen, wird jedes Pixel durch drei Farbwerte für diese Farben notiert. Dem digitalen System entsprechend basieren die Werte auf einem Vielfachen von 2. Bei einem 8-Bit-Bild reichen sie von 0 bis 255 ($2^8 = 256$). Ein Braunton beispielsweise kann aus 158 Rot, 109 Grün und 55 Blau bestehen. Jeder der drei Werte steuert die Intensität, mit der ein Subpixel am Bildschirm zum Leuchten gebracht wird. Zusammen erzeugen sie die Farbeindrücke der Displays.

Auch wenn Digitalbilder also genau genommen nicht aus farbigen Bausteinen, sondern lediglich aus Zahlenkolonnen bestehen, kann man sie sich im übertragenen Sinn dennoch als Mosaik winziger farbiger Quadrate vorstellen. Die Kombination dreier Farben mit Werten von 0 bis 255 erlaubt es, knapp 17 Millionen unterschiedliche Farben zu beschreiben (256 × 256 × 256 = 256^3 = 16 777 216).

Für den Druck müssen die Digitalpixel in Rasterpunkte umgerechnet werden. Um im Raster zu verschwinden, müssen auf einen Zentimeter mehr Pixel als Punkte kommen. Schickt man ein Bild mit 100 ppcm (254 ppi) auf einen Drucker, kommen auf 1 cm 100 Pixel. Das heißt, 1 Pixel ist 0,1 mm groß (1 cm ÷ 100 = 0,01 cm). Damit unterschreitet es die übliche Größe von Rasterpunkten, verschwindet als Einzelelement und bildet stattdessen mit seinen Nachbarn Rasterflächen, die wir als homogene Farbflächen bzw. Strukturen wahrnehmen.

Die digitale Vorlage für diese Abbildung hat eine Auflösung von 120 ppcm (≈ 300 ppi / Pixel pro Inch). Ein Pixel ist damit 0,083 mm groß (10 mm ÷ 120 ≈ 0,083). Die Rasterweite des Drucks beträgt 90 L/cm. Die Größe eines Rasterpunkts beträgt damit maximal 0,1 mm (10 mm ÷ 90 ≈ 0,111). Die Bildauflösung ist damit um den Faktor 1,3 höher als der Abstand der Rasterpunkte.

Auflösungsvermögen der Augen

Der Schlüssel dazu, dass Mosaike, pointillistische Gemälde, Vierfarbendruck und RGB-Bildschirme funktionieren, ist das Auflösungsvermögen unserer Augen beziehungsweise dessen Grenzen. In gewisser Weise könnte man die Farben, die wir auf Druckwerken und Monitoren wahrnehmen, als optische Täuschung betrachten.

Unsere Augen erfassen ein Gesichtsfeld von etwa 180° (Seite 38), wobei uns aus den Randbereichen höchstens Bewegungen zu Bewusstsein kommen. Richtig scharf sehen wir den Bereich unserer Umgebung, der auf die Fovea Centralis projiziert wird. Sie hat einen Durchmesser von etwa 1,5 mm und deckt einen Blickwinkel von lediglich 2° ab. 300 000 Zapfen pro mm^2 sorgen hier für eine hohe Auflösung – Größe und Abstand betragen etwa 2 Mikrometer. Das Auflösungsvermögen dieses Bereichs wird mit 1' (= 1 Winkelminute) angegeben. 1 Winkelminute ist der sechzigste Teil von 1 Winkelgrad (60' = 1°). Umgekehrt gesprochen entspricht das 0,016°.

In der Fotografie wird das Auflösungsvermögen eines optischen Systems in der Regel mit Linienpaaren pro Millimeter (LP/mm) angegeben. Der Wert beschreibt, wie stark die feinsten Linien (Schwarz auf Weiß) inklusive eines Abstands (Linie + Abstand = Linienpaar) sind, die sich in einer Testaufnahme gerade noch unterscheiden lassen. Diese Messung ist allerdings von einer bestimmten auf die Brennweite bezogenen Distanz abhängig.

Da Angaben in Winkelgrad, -minuten und -sekunden unabhängig von der Entfernung aussagekräftig sind, werden sie in den Neuro- und optischen Wissenschaften vorgezogen. Leider dürfte es dem Normalsterblichen schwerfallen, sich unter einem Auflösungsvermögen von 1' etwas vorzustellen – mir zumindest geht es so.

Um es für Praktiker greifbarer auszudrücken: Das maximale Auflösungsvermögen des menschlichen Auges soll aus einem Betrachtungsabstand von 25 cm etwa 8 LP/mm entsprechen. Das heißt, im Idealfall lassen sich dann schwarze Linien auf weißem Grund gerade noch unterscheiden, wenn Stärke und Abstand jeweils 0,0625 mm (1 mm ÷ 16) betragen. Mit zunehmender Distanz nimmt das Unterscheidungsvermögen ab – ab zwei Metern lassen sich gerade noch zwei Linien pro Millimeter unterscheiden. Ebenso nimmt die Unterscheidbarkeit bei geringerem Kontrast ab (also wenn die Linien nicht Schwarz auf Weiß stehen), und ich kann Ihnen versichern, auch mit zunehmendem Alter nimmt das Unterscheidungsvermögen ab.

Das Auflösungsvermögen der Augen erklärt, weshalb Bildpixel und Druckraster mit freiem Auge kaum mehr zu erkennen sind, wenn ihre Dichte nahe 0,0625 mm liegt. Aus demselben Grund dürfte es wohl auch nicht sinnvoll sein, Auflösungen anzustreben, bei denen Pixel oder Rasterpunkte kleiner als 0,0625 mm sind.

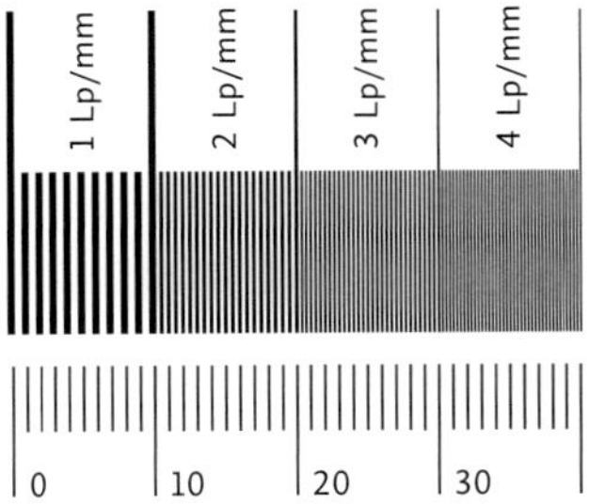

Links sehen Sie ein Testchart zur Ermittlung der Detailschärfe in Linienpaaren pro Millimeter (Lp/mm). Bei 1 Lp/mm betragen Linienstärke und Abstand jeweils 0,5 mm.
Bei einem Betrachtungsabstand von 25 cm sollte das menschliche Auge in der Lage sein, acht Linienpaare pro Millimeter zu unterscheiden. Feinere Paare als 4 Lp/mm lassen sich im Vierfarbendruck allerdings nicht wiedergeben. Aus 25 cm Abstand sollten Sie die Linien bei 4Lp/mm noch einigermaßen unterscheiden können. Wenn Sie sie jedoch aus 50 cm Abstand betrachten, werden Sie eher eine homogene Fläche als getrennte Linien erkennen.

Optische Illusionen und Phänomene

Es ist faszinierend, welche ausgefeilten Mechanismen sich die Natur einfallen ließ, uns das Sehen zu ermöglichen. Die perfekt auf physikalische Grenzen und das optische System der Augen abgestimmte Auflösung der Sehgrube, die Effizienz, mit der Sehimpulse gesammelt und verarbeitet werden, oder der ausgeklügelte Doppel-Check, mit dem Sehzellen Hell-Dunkel- und Gegenfarbensignale prüfen, sind erstaunlich. Doch das komplizierte System ist nicht immun gegen Fehler. Was wir als optische Täuschungen kennen, ist meist Resultat einer Fehlleistung des Systems.

Wir leben in der Illusion, wir sähen die Dinge so, wie sie sind. Doch unser visuelles Wahrnehmungssystem ist nicht dafür ausgelegt, uns Szenen 1:1 zu vermitteln. Vielmehr führt es einiges an Korrekturen aus.

Wenn Sie Fotograf sind, kennen Sie das Problem stürzender Fassaden in der Architekturfotografie. Doch ist Ihnen dieses Phänomen schon einmal in Ihrer Wahrnehmung zu Bewusstsein gekommen? Natürlich sehen wir Fluchten, wenn wir am Fuß eines Turms oder Wolkenkratzers stehen und mit dem Blick der Fassade dem Himmel entgegen folgen. Doch bei weniger extremen Perspektiven kommt die Realität kippender vertikaler Linien in unserer Wahrnehmung nicht vor. Unser Gehirn führt am Gesehenen automatisch eine Perspektivenkorrektur aus. In meinem Buch »Grafik und Gestaltung« gehe ich ausführlicher auf perspektivische Täuschungen ein, hier interessieren wir uns aber mehr für die Phänomene, die mit Helligkeit und Farbe zu tun haben.

Stürzende Linien sind ein optisches Phänomen, das auftritt, wenn vertikale Linien in einem schrägen Winkel – meist von unten nach oben – betrachtet werden. Es ist ein zwingendes Resultat des Umstandes, dass die Dinge umso kleiner wirken, je ferner sie sind. Deshalb wirkt die obere (entferntere) Dachkante des abgebildeten Gebäudes schmaler als der untere (nähere) Sockel, was zum Eindruck führt, dass sich die vertikalen Linien nach oben verjüngen. Trotz der optischen Realität des Phänomens kommt es in unserer Alltagserfahrung praktisch nicht vor – unsere Wahrnehmung führt eine automatische Perspektivenkorrektur aus.

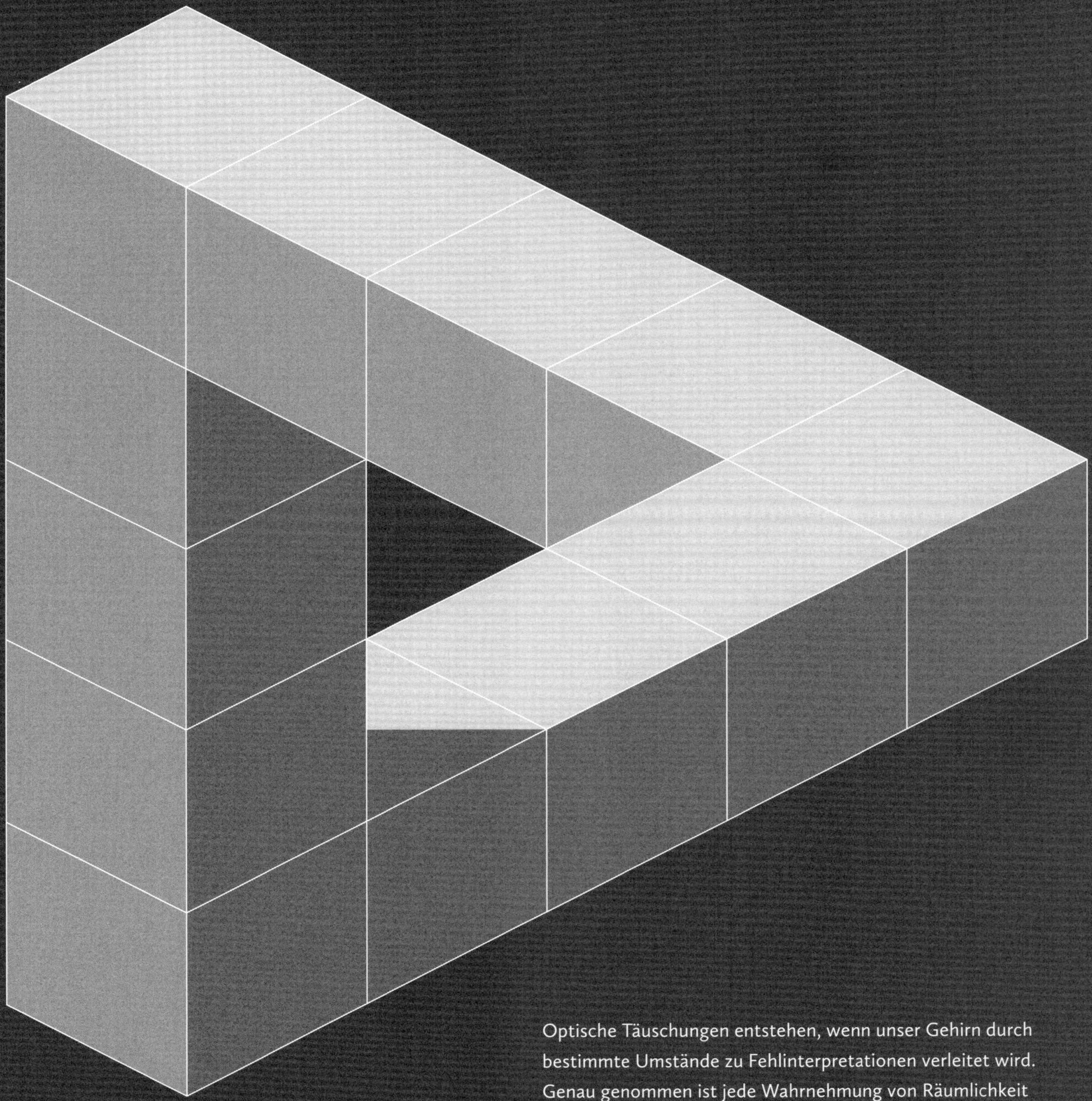

Optische Täuschungen entstehen, wenn unser Gehirn durch bestimmte Umstände zu Fehlinterpretationen verleitet wird. Genau genommen ist jede Wahrnehmung von Räumlichkeit auf einer Fläche eine Fehlinterpretation. Dass Fotografie überhaupt funktioniert und uns vermittelt, die Tiefe eines dreidimensionalen Raumes auf einer zweidimensionalen Fläche abbilden zu können, basiert rein auf solchen Fehlinterpretationen. Aufgrund der Art, wie unsere Wahrnehmung arbeitet und Realität konstruiert, lassen sich aber nicht nur reale, sondern auch unmögliche Räume und Körper simulieren.

Hell-Dunkel-Täuschungen

Nehmen wir an, Sie verbringen einen Tag in Begleitung einer Person in schwarzer Hose und weißem Shirt. Obwohl sich die Lichtbedingungen vom Morgen über den Nachmittag bis hinein in die Nacht ändern, nehmen Sie Hose und Shirt die ganze Zeit über gleich wahr: schwarz und weiß. Das entspricht aber nicht der Realität! Ein Lichtmessgerät müsste an der schwarzen Hose im Sonnenschein mehr Lichtremission messen als am weißen Shirt in den Abendstunden. Lässt man den Kontext außer Acht, ergäbe die Messung, dass die schwarze Hose heller ist als das weiße Shirt.

Ihre Wahrnehmung jedoch interessiert sich nicht für absolute Messwerte. Sie versucht, Ihnen ein relativ korrektes Bild der Umwelt zu liefern, und dies macht sie eben *in Abhängigkeit* vom Umfeld. Was sie dabei leistet, ist bemerkenswert: Obwohl es schon Abend ist, versetzt sie Sie in die Lage, Shirts, die aufgrund der dämmrigen Situation nur mehr die Lichtmenge mittleren Graus reflektieren, als Weiß zu identifizieren, und zwar nicht nur bei einer Person, mit der Sie schon den helllichten Tag verbrachten.

Sie korrigiert sogar noch mehr. Begeben Sie sich mit Ihrer Begleitung an den Tisch einer romantischen Pizzeria, werden Sie das Shirt noch immer weiß sehen, obwohl es im Glühbirnen- und Kerzenlicht in Wirklichkeit gelbliches Licht reflektiert. Die Wahrnehmung nimmt also auch einen automatischen Weißabgleich vor.

Diese an sich sehr nützlichen Eigenschaften führen in manchen Situationen zu überraschenden Ergebnissen. Da unsere Wahrnehmung die Helligkeit eines Farbtons immer relativ zu seinem Umfeld interpretiert, führt dies dazu, dass uns derselbe Grauton vor einem dunklen Hintergrund heller erscheint als in hellem Umfeld (Seite 48).

Unsere Wahrnehmung muss mit einem relativ geringen Kontrastverhältnis von 1:100 bei unmittelbar aneinandergrenzenden Flächen jonglieren und dabei mit Kontrasten von 1:10 000 und mehr zurechtkommen. Das geht nur mittels Tricks. Teil der Tricksereien ist, dass wir unsere Umwelt in kleinen Häppchen einlesen, im Gehirn Helligkeitskorrekturen für die einzelnen Puzzleteilchen vornehmen und uns den Rest einfach ausmalen. Das führt natürlich dazu, dass gleich helle Flächen in unterschiedlichen Bereichen der Szene vor unseren Augen *unterschiedlich belichtet* in das Gesamtbild eingefügt werden. Darüber hinaus ist das Wahrnehmungssystem auch darauf ausgelegt, Kanten zu verstärken, was einen zusätzlichen Anteil an optischen Täuschungen hat.

Ein bekanntes Phänomen sind die Machsche Streifen, benannt nach ihrem Entdecker Ernst Mach. Die Abbildung rechts zeigt mehrere in Streifen nebeneinander angeordnete Flächen, ein Streifen heller als der vorangegangene. Obwohl sie in sich keinerlei Tonwertunterschiede aufweisen, glauben wir, einen Verlauf wahrzunehmen.

Obwohl der Balken oben eine gleichmäßige Fläche ist und links absolut die gleiche Helligkeit wie rechts aufweist, scheint er einen Verlauf zu zeigen und links heller als rechts zu sein. Die Ursache ist, dass unsere Wahrnehmung die unterschiedliche Helligkeit des Hintergrunds ausgleicht.

Auch diese neun vertikalen Balken sind mit einer gleichmäßigen Fläche gefüllt. Der Eindruck des Verlaufs von links nach rechts rührt daher, dass unsere Wahrnehmung den Kontrast an den Kanten verstärkt: Die Seite der Fläche, die an eine dunklere Fläche grenzt, wird heller, die Seite, die an eine hellere grenzt, dunkler interpretiert. Das Phänomen ist als Machsche Streifen bekannt.

Sukzessivkontrast

Wird der Blick 30 Sekunden oder länger auf ein Element intensiver Farbe fixiert und anschließend auf eine weiße Fläche gerichtet, erscheint für einige Sekunden die vage Form des Elements in der Gegenfarbe vor Augen. Man bezeichnet dieses Phänomen als Sukzessivkontrast. Eine mögliche Erklärung lautet, dass bei anhaltender Einwirkung einer intensiv gesättigten Farbe zu viel des für den Farbreiz sensiblen Sehpigments verbraucht wird und dadurch ein Nachbild auf der Netzhaut hinterlassen wird, bis die entsprechenden Pigmente wieder aufgefüllt sind.

Wenn Sie etwa 30 Sekunden lang konzentriert auf die Abbildung links schauen und dann auf die leere weiße Fläche oben, sollte ein schemenhaftes Abbild der schwedischen Flagge in ihren tatsächlichen Landesfarben erscheinen.

ROT

Konzentrieren Sie Ihren Blick 30 Sekunden auf den Punkt im O und dann auf jenen mitten in der leeren Fläche unten, und Sie werden die Buchstaben in der richtigen Farbe sehen.

Simultankontrast

Gestalterisch besonders interessant ist der Simultankontrast. Aufgrund dessen, wie unsere Wahrnehmung arbeitet, nehmen wir in einer Fläche die Gegenfarbe des Umfelds wahr. Ein gelbes Quadrat wird in rotem Umfeld anders wahrgenommen als in grünem. Rot sorgt im Gelb für die Illusion eines Hauchs seiner Gegenfarbe Cyan und lässt es grünlicher erscheinen, wohingegen Grün dem Gelb vermeintlich etwas Purpur hinzufügt, was es rötlicher und wärmer macht.

Obwohl der Simultankontrast für die visuelle Kommunikation von immenser Bedeutung ist, wird er in der Praxis häufig missachtet. Einerseits geben wir uns große Mühe, durch ausgeklügelte Techniken und Farbmanagement Farben unter den verschiedensten Ausgabebedingungen einheitlich wiederzugeben, andererseits werden im Corporate Design definierte Farben oft vor x-beliebigen Hintergründen platziert. Die Veränderungen, die Farben durch den Einfluss unterschiedlicher Umfelder erfahren, können in unserer Wahrnehmung deutlich kräftigere Abweichungen erzeugen als oft unvermeidbare Abweichungen durch die Produktionsbedingungen. Wer Corporate Design ernst nimmt, sollte nicht nur die Einhaltung von Farbwerten einfordern, sondern auch auf die Wahl der Hintergründe achten.

So sehr der Simultankontrast Farben verfälschen kann, so sehr lässt er sich nutzen, sie zu verstärken. Da sich in einer Farbe die Gegenfarbe des Umfelds spiegelt, verstärken sich Komplementärfarben gegenseitig. So erscheint beispielsweise Gelb vor Violettblau kräftiger als in jedem anderen Umfeld. Neben der jeweiligen Komplementärfarbe ist Schwarz eine gute Möglichkeit, die Intensität von Farben zu betonen. Im Gegensatz zum leuchtenden, mit dem gesamten Spektrum beladenen Weiß stiehlt Schwarz Bunttönen nicht die Show. Als dunkelste Farbe ist es außerdem in der Lage, alle anderen Töne lebendiger erscheinen zu lassen.

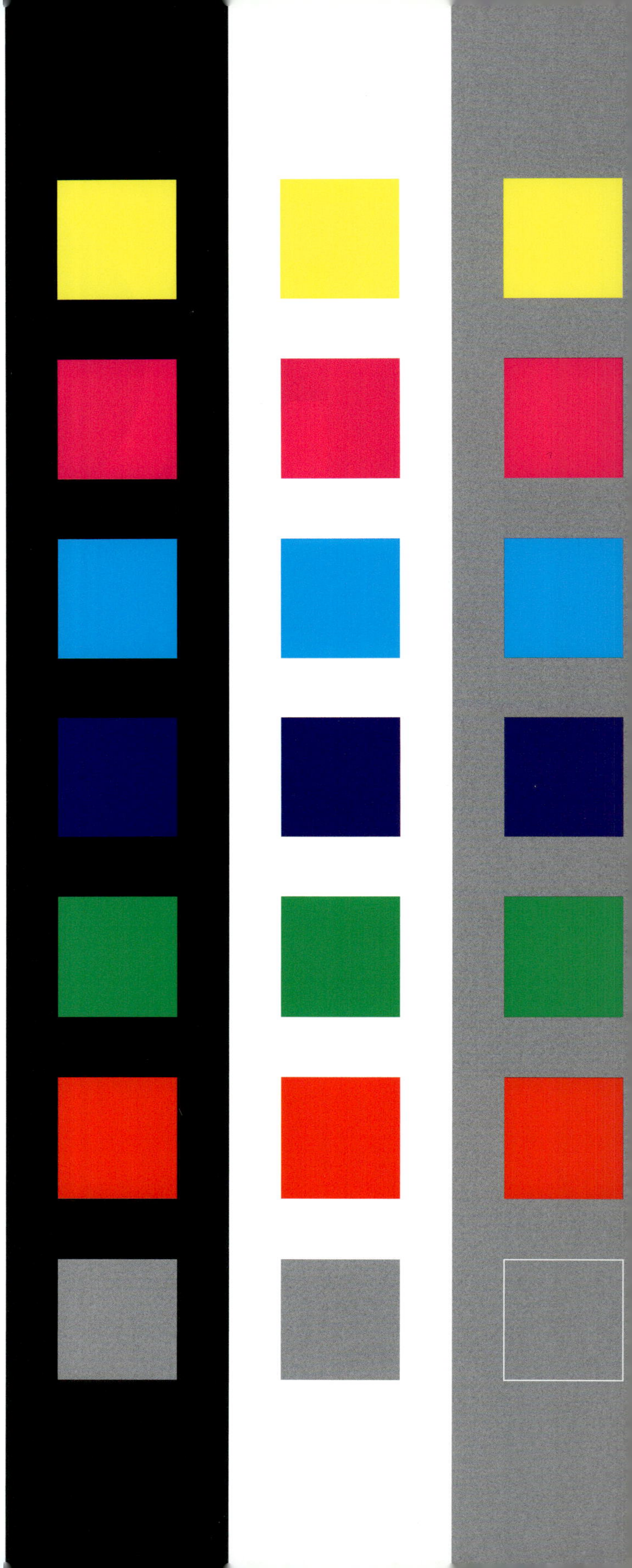

Bewegungsillusionen

Es gibt zahlreiche Kombinationen aus Farben und Formen, die in unserer Wahrnehmung optische Illusionen hervorrufen können, darunter auch viele, die uns den Eindruck der Bewegung vorgaukeln. Die konzentrisch zu *Blüten* angeordneten Figuren oben rechts beispielsweise erzeugen in unserer Wahrnehmung den Eindruck, sie würden rotieren. Dabei verhalten sie sich heimtückisch – in Bewegung geraten immer nur diejenigen abseits jener Figur, die Sie gerade mit den Augen fixieren.

Die Grafik links unten nennt sich »Primrose's field« und erzeugt den Eindruck wellenförmiger Bewegung. Tatsächlich ist, was in unserer Wahrnehmung so *verbogen* ankommt, ein geometrisch exaktes Schachbrettmuster aus grünen und türkisen Feldern, an deren Ecken weiße und purpurne Primeln (Primrose) platziert sind. Bewegen Sie Ihre Augen diagonal über das Muster, verstärkt sich der Eindruck wogender Wellen.

Zu den schlimmsten optischen Täuschungen können Schwarz-Weiß-Muster führen. Das auf dieser Seite abgebildete Hermann-Gitter erzeugt die Illusion, dass an den Stellen, an denen sich horizontale und vertikale Linien schneiden, hektische Punkte aufblitzen. Das Flimmern, das das Muster auslöst, ist äußerst unangenehm, und nicht selten behaupten Betrachter, sie bekämen Kopfschmerzen davon.

Keines der abgebildeten Phänomene ist real. Doch überzeugen Sie einmal Ihre Wahrnehmung davon! Sie kann in gewissen Situationen nicht anders, als zu Fehlschlüssen zu kommen.

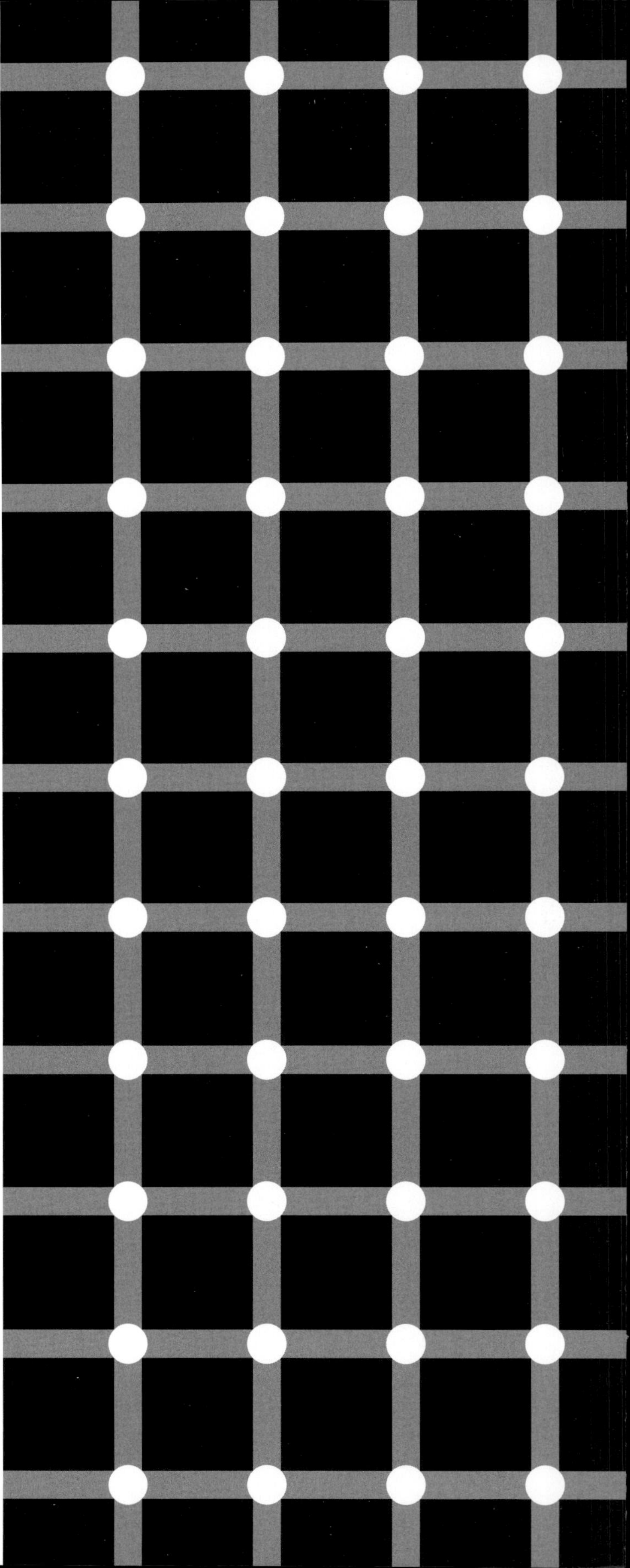

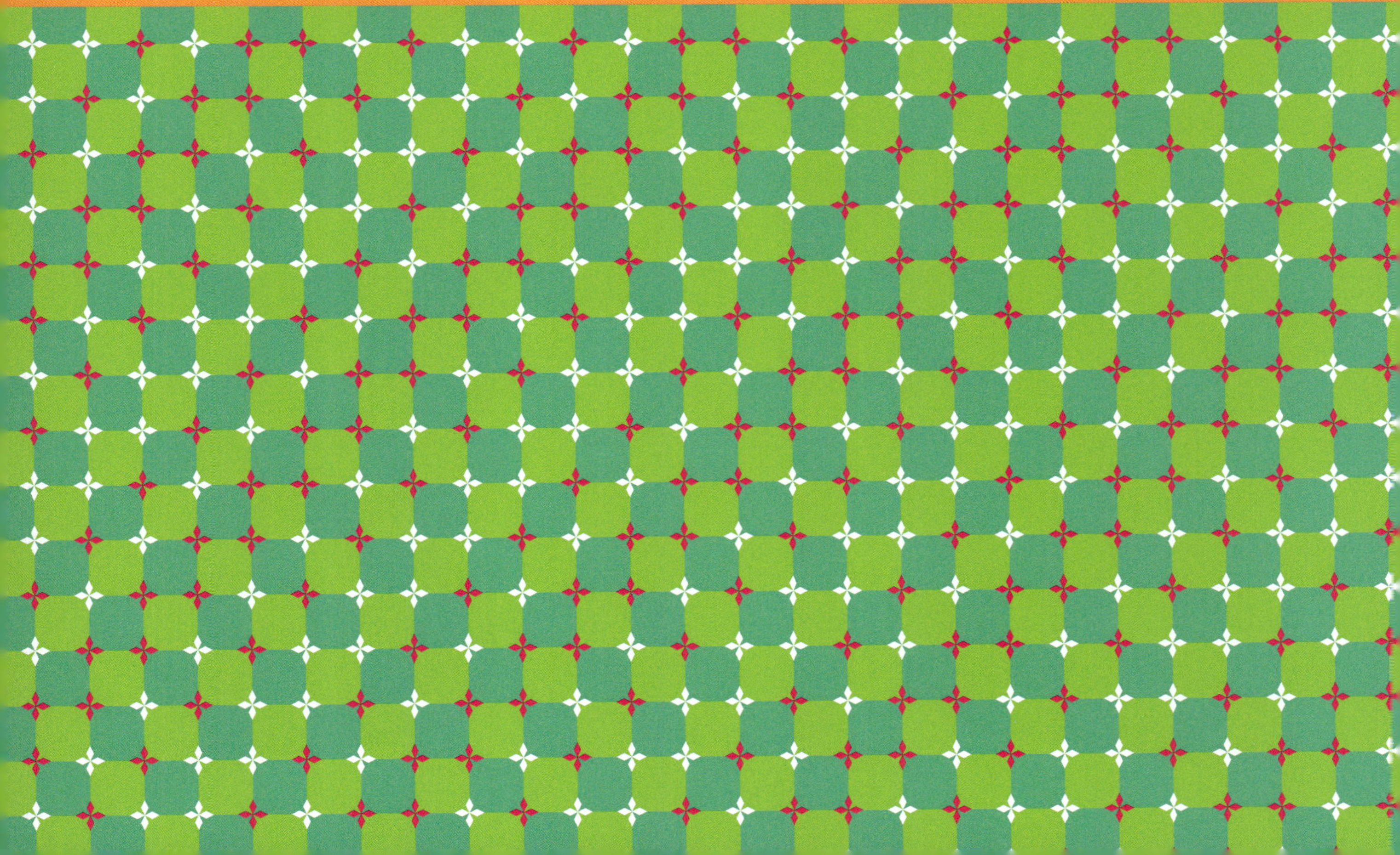

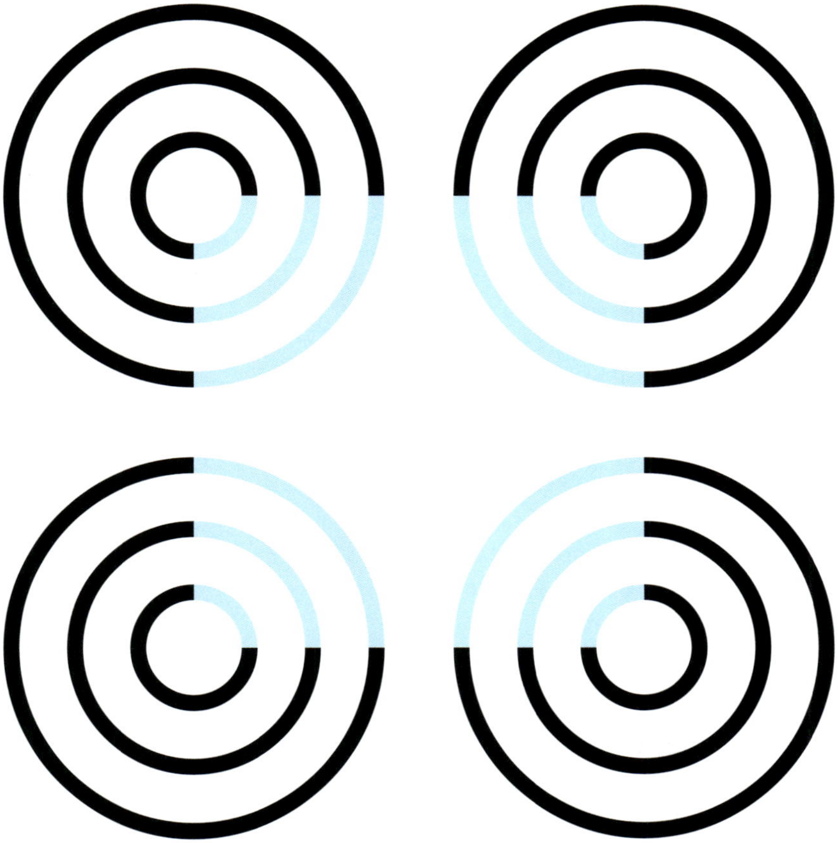

Flächenillusionen

Viele optische Phänomene, Illusionen und Täuschungen betreffen unsere Wahrnehmung von Flächen. Zu den bekanntesten Beispielen zählt die Rubin'sche Vase. Bei dieser Kippfigur kann sich die Wahrnehmung nicht entscheiden, ob sie zwei einander zugewandte Gesichter oder eine Vase sehen will. Meist springt sie zwischen den beiden Interpretationen hin und her.

Immer wieder ertappen wir die Wahrnehmung bei drastischen Vereinfachungen. In der Abbildung oben beispielsweise werden Sie eine bläuliche, quadratische Fläche über vier schwarzen Ringen wahrnehmen. Tatsächlich jedoch befindet sich kein Ring in der Abbildung. In Wirklichkeit sind es zwölf schwarze Dreiviertel-Kreissegmente, an die zwölf bläuliche Viertelkreise anschließen. Nun kann man mit Recht einwenden, dass die schwarzen und blauen Segmente gemeinsam geschlossene Ringe bilden. Kein Argument lässt sich jedoch für das bläuliche Quadrat finden, das wir zu sehen glauben. Trotzdem: Die Illusion reicht so weit, dass wir beinahe meinen, die komplette Quadratfläche in einem anderen Ton als das umgebende Papier wahrzunehmen, obwohl es in Wirklichkeit unbedruckt ist.

Helligkeit weckt Interesse

Dunkle Farben sind nicht nur deshalb interessante Hintergründe, weil sie darauf platzierte Kontrapunkte heller und leuchtender erscheinen lassen. Helle Bereiche in dunklem Umfeld ziehen die Aufmerksamkeit generell stärker auf sich als umgekehrt. Das mag nicht verwunderlich sein, schließlich reflektieren helle Bereiche mehr Licht und damit mehr Information als dunkle. Maler wie Rembrandt nutzten diesen Aspekt gekonnt, um die Aufmerksamkeit der Betrachter zu lenken.

Unsere Wahrnehmung kann in hellen Bereichen mehr Schattierungen und feinere Details unterscheiden als in den Tiefen.

Weiße Elemente neigen auf schwarzem Grund zum Überstrahlen. Stellen Sie sich das wie eine brennende Glühbirne vor, die von einem Leuchtkranz eingerahmt wird. Überstrahlung führt beispielsweise dazu, dass Buchstaben auf schwarzem Grund kräftiger wirken, als sie eigentlich sind. Ein weißes Quadrat auf einer schwarzen Fläche wirkt etwas größer als umgekehrt. Überstrahlung bewirkt ebenso, dass feine Linien und Buchstaben auf weißem Grund etwas magerer erscheinen. Und nicht nur Weiß neigt zur Überstrahlung, Gelb ebenfalls.

Tiefenwirkung von Farben

Verschiedene Farben erzeugen auch eine unterschiedliche Tiefenwirkung. Blau gilt als jene, die am entferntesten wirkt, während sich Rot in den Vordergrund drängt. Blau eignet sich in der Fotografie gut als Hintergrund, während sich ein kräftiges Rot wichtig macht.

Es gibt verschiedene Erklärungen dafür. Eine davon lautet vereinfacht gesagt, dass sich Wellenlängen in der Optik der Augen unterschiedlich brechen und blaue Farbanteile einer Szene einen Hauch weiter hinten auf die Netzhaut projiziert werden als die roten.

Eine andere Theorie erklärt es mit unserer Alltagserfahrung. Wenn Sie von einem Turm, einem Berg oder einer anderen Erhebung in die Ferne blicken, scheinen die Dinge umso bläulicher, je weiter sie entfernt sind. Das liegt daran, dass Teilchen in der Atmosphäre die verschiedenen Wellenlängen des Lichts unterschiedlich stark brechen. Auf große Distanz verlieren sich die langen Wellen, Rot verblasst und lässt sich in großer Entfernung kaum mehr wahrnehmen, während die kurzwelligen blauen Lichtanteile umso mehr dominieren, je größer die Entfernung ist.

Unter Wasser fällt das Phänomen übrigens noch viel deutlicher aus: Rot verliert sich bereits nach etwa 5 m, Orange schafft es bis 10 m, Gelb ist bis 25 m sichtbar, Grün bis 50 m und Blau noch bei 75 m – darüber hinaus wird es dunkel. Es scheint nicht abwegig, daraus abzuleiten, wie sehr sich eine Farbe in den Vordergrund drängt oder als Hintergrund eignet, wobei es in der Praxis natürlich immer auch von der Helligkeit und Intensität des Farbtons abhängt – ein dunkles Rot ist wohl besser als Hintergrund geeignet als reines Cyanblau.

Interferenz-Effekte

Ein Interferenz-Effekt ist an sich kein optisches Phänomen. Ein klassisches Beispiel dafür ist das Wort »STOP« in Grün und »GO« in Rot. Wörtliche Aussage und Farbassoziation widersprechen sich. Unsere Wahrnehmung mag solche Widersprüche gar nicht. Deshalb fällt es auch schwer, Wörter wie Blau, Rot, Grün, Gelb usw. zu lesen, wenn sie jeweils in einer ganz anderen Farbe gesetzt sind.

Man kann mit diesem Phänomen spielen, wenn man irritieren und Aufmerksamkeit erregen möchte. In der Werbung geschieht das häufig. Man sollte solche Widersprüche aber vermeiden, wenn klare und eindeutige Kommunikation gefordert ist und die Dinge auf den Punkt gebracht werden sollen.

GO

STOP

Farbenfehlsichtigkeit

Landläufig wird Farbenfehlsichtigkeit *Farbenblindheit* genannt. Völlige Farbenblindheit ist allerdings selten. Meist handelt es sich vielmehr um Wahrnehmungsschwächen in bestimmten Farbbereichen. Grund dafür ist üblicherweise, dass ein Zapfen-Typ in geringerer Zahl oder gar nicht vorhanden ist. Eingeteilt werden die Fehlsichtigkeiten in:

- **Rot-Grün-Sehschwäche:**
  Deuteranopie: Betroffene nehmen zwar Rot und Blau wahr, können aber keine Grüntöne unterscheiden. Betroffen sind etwa 1% der Männer und 0,01% der Frauen.
  Deuteranomalie: Das ist die abgeschwächte Variante der Deuteranopie und die häufigste Form der Farbenfehlsichtigkeit. Personen mit Deuteranomalie haben Schwierigkeiten, zwischen grünen und roten Farben zu unterscheiden. Betroffen sind etwa 5% der Männer und 0,35% der Frauen.
  Protanopie: Menschen mit Rotblindheit können Grün- und Blautöne wahrnehmen, aber keine Rottöne. Betroffen sind bei Männern etwa 1%, bei Frauen 0,01%.
  Protanomalie: Dies ist wiederum die abgeschwächte Variante der Protanopie. Betroffene sehen Rottöne weniger leuchtend und nuanciert. Protanomalie kommt bei etwa 1% der Männer und 0,03% der Frauen vor.
- **Blau-Gelb-Sehschwäche:**
  Tritanopie: Betroffene nehmen Rot- und Grüntöne wahr, sehen aber keine Nuancen im Blau- und Gelbbereich. Sie kommt bei Männern und Frauen gleichermaßen zu etwa 0,005% vor.
  Tritanomalie: Das ist die mildere Variante der Tritanopie. Auch hier liegt der Anteil bei Männern und Frauen bei jeweils 0,005%.
- **Farbenblindheit:**
  Achromatopsie: Von Achromatopsie Betroffene sind tatsächlich farbenblind und sehen die Welt wie einen Schwarzweißfilm – grau in grau. Die Ursache für diese Störung kann entweder in den Augen oder im Gehirn liegen. Bei der angeborenen okulären Achromatopsie befinden sich im Auge keinerlei farbempfindliche Zapfen, sondern ausschließlich helligkeitssensible Stäbchen. Da die Stäbchenauflösung geringer ist als die der Zapfen, geht bei Betroffenen mit der Farbenblindheit eine eingeschränkte Sehschärfe einher.
  Cerebrale Achromatopsie: Hier liegt die Ursache der Farbenblindheit nicht im Auge, sondern im Nervensystem. Die Augen nehmen zwar Farben wahr, doch das Gehirn verarbeitet die Farbinformationen nicht. Auslöser ist meist eine Schädigung des Nervensystems, etwa infolge eines Unfalls.
  Da die Augen dem Gehirn die volle Auflösung der Zapfenzellen liefern und lediglich die Farben nicht interpretiert werden, haben die Betroffenen kein Problem mit der Sehschärfe. Beide Formen der Achromatopsie kommen extrem selten vor.

Insgesamt liegt der Anteil der Menschen mit Farbenfehlsichtigkeit unter Männern bei etwa 8%, unter Frauen bei 1% der Gesamtbevölkerung. Das Wissen darüber ist für Designerinnen wichtig, geht es doch darum, Gestaltung so anzulegen, dass sie sich nicht nur von Menschen ohne Beeinträchtigung des Farbensehens problemlos erfassen lässt.

Gerade Text muss so angelegt werden, dass sich die Schrift klar vom Hintergrund abhebt, sodass Wörter und Sätze mühelos lesbar sind. Je länger die Textpassage, desto wichtiger ist diese Prämisse. Das gilt nicht nur im Hinblick auf Menschen mit Farbenfehlsichtigkeiten, sondern generell. Um eine für Text ausreichende Unterscheidbarkeit zu gewährleisten, ist darauf zu achten, dass sich Schrift-Hintergrund-Kombinationen nicht nur in der Farbe, sondern vor allem in der Helligkeit unterscheiden.

Die sechs Simulationen der Buntstifte rechts oben sind mittels *www.color-blindness.com/coblis-color-blindness-simulator* generiert worden.

Normalsichtigkeit

Rotschwäche (Protanomalie)

Grünschwäche (Deuteranomalie)

Farbenblindheit (Achromatopsie)

Rotblindheit (Protanopie)

Grünblindheit (Deuteranopie)

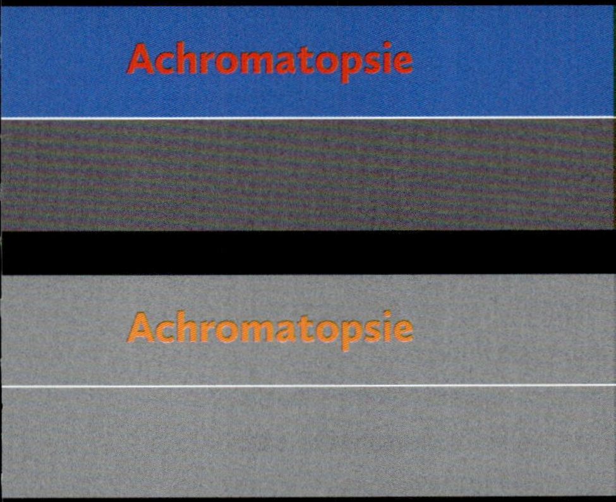

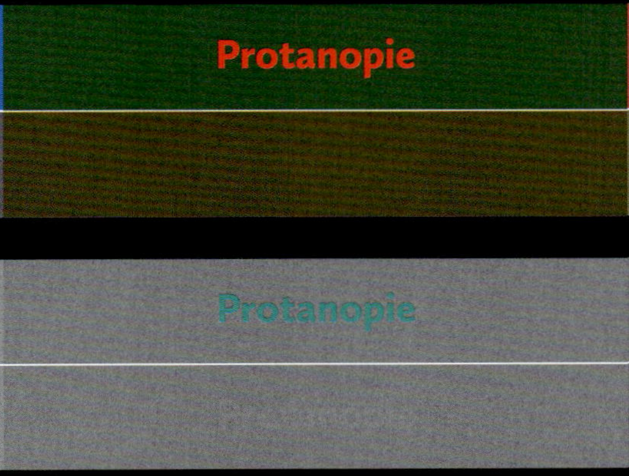

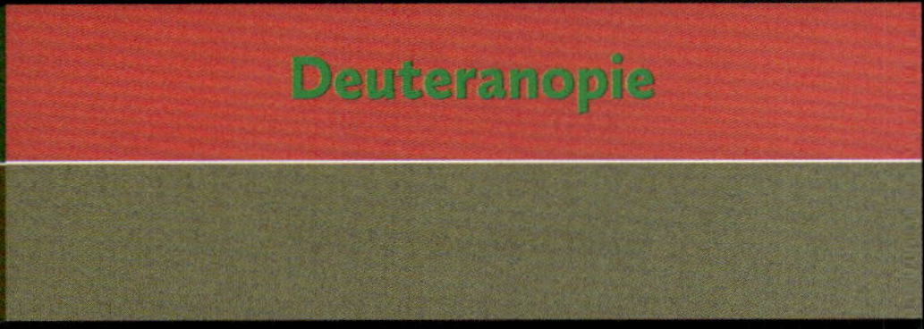

Unten jeweils die Wiedergabe, wie Menschen mit Achromatopsie die obere Farbkombination wahrnehmen

Zwei kritische Farbkombinationen und darunter jeweils, wie sie von Menschen mit Grünblindheit wahrgenommen werden (laut Farbenblindheit-Simulator unter *farbsehschwaeche.de*)

Die unteren Abbildungen zeigen, wie Menschen mit Rotblindheit die Farbkombinationen darüber wahrnehmen.

Barrierefreie Farbgestaltung

Nicht nur Menschen mit Farbenfehlsichtigkeiten sind von Einschränkungen des Sehvermögens betroffen. Schätzungen zufolge tragen 25 % bis 30 % der Menschheit eine Brille, hilfreich wäre sie für knapp die Hälfte der Erdbevölkerung.

Hinzu kommen Krankheiten und Alterserscheinungen wie Makuladegeneration, Grüner Star, Grauer Star, Hornhautnarben, die sogenannte Schwachsichtigkeit, trockene Augen, Glaskörpertrübung oder Beeinträchtigungen, ausgelöst durch Erkrankungen wie Diabetes oder Bluthochdruck. Barrierefreie Gestaltung ist nicht nur für marginale Randgruppen relevant, sondern betrifft die Mehrheit der Menschen. Grafikdesign muss vor allem die Lesbarkeit von Text und die Erkennbarkeit von Symbolen zur Systembedienung oder Sicherheit sicherstellen.

Für die Lesbarkeit von Text sind verschiedene Aspekte der Typografie von Bedeutung, die selbstverständlich bei der Schriftgröße beginnt. Für eine optimale Lesbarkeit sollte die Schriftgröße bei Mengentexten für Medien, die in Händen gehalten werden (ca. 45 cm Betrachtungsabstand), zwischen 9 und 12 Punkt betragen. Noch größerer Satz vermindert die Lesbarkeit für Normalleser:innen und sollte nur in Betracht gezogen werden, wenn er sich an Leseanfänger:innen (Kinder) oder Menschen mit Seheinschränkungen, die über eine *gewöhnliche* Weitsichtigkeit hinausgehen, richtet.

Schriftgröße ist jedoch nicht allein ausschlaggebend für mühelose Lesbarkeit – Zeilenabstand, Satzbreite und die Schriftart an sich spielen ebenfalls eine Rolle sowie selbstverständlich auch die Farbe oder besser gesagt der Helligkeitskontrast zwischen Vorder- und Hintergrund. Dieser sollte für Mengentexte mindestens 4,5:1 betragen.

Beträgt der Kontrast 1:1, sind Vorder- und Hintergrundfarbe gleich hell. Unter den Beispielen rechts ist das bei der Abbildung der Achromatopsie der Fall. Der gewählte Rotton hat nahezu exakt dieselbe Helligkeit wie der Blauton darunter. Wie Sie an diesem Beispiel und den beiden daneben sehen, sind Vordergrund-Hintergrundkombinationen, die für Menschen mit Farbenfehlsichtigkeit kritisch sind, auch für Normalsichtige nicht unproblematisch. Zwar können meine Augen die Farben wegen des deutlichen Farbkontrasts klar unterscheiden, doch der mangelnde Helligkeitskontrast vermittelt eine irritierende Wirkung. Das ist besonders eklatant, wenn es sich um nahezu oder exakt komplementäre Farben handelt, wie bei den Beispielen Achromatopsie, Deuteranopie, Rot auf Cyan und Magenta auf Grün. Einzig die Komplementärfarben Blau und Gelb lassen sich gut kombinieren, da zwischen ihnen ein großer Helligkeitskontrast besteht.

Barrierefreiheit wird im Grafikdesign vorwiegend im Webdesign thematisiert, nicht erst, seit es Gesetze gibt, die barrierefreie Gestaltung vorschreiben. Deshalb gibt es im Internet auch zahlreiche Tools, mit deren Hilfe sich die Zugänglichkeit von Farbkombinationen für Menschen mit Seheinschränkungen testen lässt. Die Beispiele rechts habe ich mit dem Kontrastrechner ermittelt, den Sie unter *barrierefreies.design/werkzeuge/kontrastrechner-fuer-farben* finden.

Da die Online-Werkzeuge üblicherweise für das Webdesign konzipiert sind, erfolgen ihre Berechnungen auf Basis von RGB und der Wiedergabe auf Monitoren. Deshalb sind die Farbbeispiele rechts auch lediglich exemplarisch zu verstehen. Auf Bildschirmen beträgt der größtmögliche Kontrast etwa 21:1, während auf Papier im allerbesten Fall 15:1 zu erreichen sind.

Falls Sie sich daran erinnern, dass ich auf Seite 52 behauptet habe, dass der Kontrast bei Monitoren etwa 1:1000 beträgt, und sich wundern: Es handelt sich um unterschiedliche Berechnungen. Während sich die Angabe dort auf die absolute Helligkeit von Pixeln bezieht, werden die Werte hier bezogen auf die menschliche Wahrnehmung berechnet.

Nutzen Sie bei Bedarf verfügbare Online-Tools, um den Kontrast und damit die Barrierefreiheit zu ermitteln, wenn Sie im Webdesign arbeiten. Für Print sollten Ihnen die Abbildungen rechts eine gute Vorstellung davon liefern, worauf zu achten ist, damit Text mühelos gelesen werden kann.

Achromatopsie Kontrastverhältnis: 1:1 ✗	Protanopie Protanopie Kontrastverhältnis: 1,7:1 ✗	Deuteranopie Deuteranopie Kontrastverhältnis: 1,2:1 ✗
Rot und Cyan Rot und Cyan Kontrastverhältnis: 1,6:1 ✗	Magenta und Grün Kontrastverhältnis: 1,2:1 ✗	Orange und Mittelgrau Orange und Mittelgrau Kontrastverhältnis: 1,2:1 ✗
Gelb und Blau Gelb und Blau Kontrastverhältnis: 9,9:1 ✓	Dunkelrot und Mintgrün Dunkelrot und Mintgrün Kontrastverhältnis: 6,6:1 ✓	Orange und Dunkelgrau Orange und Dunkelgrau Kontrastverhältnis: 4,7:1 ✓
50 % Schwarz auf Weiß Kontrastverhältnis: 2,7:1 ✗	67 % Schwarz auf Weiß Kontrastverhältnis: 4,5:1 ✓	Schwarz auf Weiß Kontrastverhältnis: 21:1 ✓
Gelb auf Weiß Kontrastverhältnis: 1,2:1 ✗	Orange auf Weiß Kontrastverhältnis: 2,4:1 ✗	Rot auf Weiß Kontrastverhältnis: 4,9:1 ✓
Violett auf Weiß Kontrastverhältnis: 7,6:1 ✓	Mittelblau auf Weiß Kontrastverhältnis: 5,7:1 ✓	Grün auf Weiß Kontrastverhältnis: 3,9:1
Gelb auf Schwarz Kontrastverhältnis: 17,1:1 ✓	Orange auf Schwarz Kontrastverhältnis: 8,8:1 ✓	Rot auf Schwarz Kontrastverhältnis: 4,2:1 ✗
Violett auf Schwarz Kontrastverhältnis: 2,7:1 ✗	Mittelblau auf Schwarz Kontrastverhältnis: 3,6:1 ✗	Grün auf Schwarz Kontrastverhältnis: 5,3:1 ✓

Kapitel 4: **Farben und Wirkung**

Farben und Wirkung

Für die meisten Menschen ist Farbe einfach Farbe. Eine visuelle Eigenschaft mit Namen wie Rot, Grün, Blau, Gelb, Grau usw. Sie haben weiße Autos, gelbe Häuser, braune Schuhe, schwarze Hosen und rote Ohren. Sie verbinden die Namen wie selbstverständlich mit bestimmten Farbtönen. Dabei gehen sie davon aus, dass andere Menschen das genauso sehen. Das ist aber nicht so!

Niemand kann sagen, ob die im Gehirn eines Menschen von einer Wellenlänge ausgelöste Farbempfindung identisch ist mit jener anderer Leute. Menschen mit fehlenden oder beeinträchtigten Zapfenarten sehen die Welt in anderen Farben. Könnte es nicht sein, dass die individuell sehr unterschiedliche Verteilung von S-, M- und L-Zapfen ebenso zu unterschiedlicher Farbwahrnehmung führt? 12 % der Frauen verfügen über vier Zapfenarten und gelten als *Tetrachromaten*. Zwar können sie damit in der Regel auch nicht mehr Farben unterscheiden als Menschen mit drei Zapfenarten (Trichromaten), doch vielleicht sehen sie sie anders. Wir unterscheiden nicht einfach nur Rot, Grün, Blau und Gelb, sondern zahlreiche Nuancen. Dabei hat jeder seine eigene Vorstellung von Himmelblau, Grasgrün oder Ockergelb.

In diesem Kapitel werden wir uns der Reihe nach mit den wichtigsten Farben befassen, werden sie in Primär-, Sekundär- und Tertiärfarbe einteilen und ihre Lage im Farbkreis bestimmen. Ich werde Eigenschaften, Assoziationen und die wichtigsten Anwendungsbereiche benennen. Außerdem zeige ich Ihnen ein paar Dutzend Farbtafeln mit geläufigen Farbnamen.

In der Praxis gibt es keine verbindlichen Normen für Farbnuancen und ihre Benennung. Sie finden dieselben Farben in verschiedenen Kontexten mit unterschiedlichen Namen, und spezifische Namen stehen hier und dort für unterschiedliche Farbtöne. In der Praxis wird jede Person jeden Farbnamen mit einem etwas anderen Farbton verknüpfen, sofern die Bezeichnung überhaupt geläufig ist. Besonders deutliche Abweichungen finden sich beispielsweise für die Bezeichnung »Kaki«, die sowohl für einen matten Braunton als auch für einen schmutzigen Grünton gebräuchlich ist.

Als Basis für die Farbtafeln habe ich die Farben des RAL-Fächers herangezogen, da dieses System Farben nicht nur mit Nummern, sondern auch mit Farbnamen versieht. Diese Farben habe ich mit Farbnamen von Farbherstellern, beispielsweise für Künstlerfarben, verglichen und einer Online-Recherche gegenübergestellt. Schließlich musste ich dann entscheiden, welche Farbnuance welchem Farbton zugeordnet wird. Diese Entscheidung ist am Ende immer subjektiv beeinflusst.

Die Farbtafeln dürfen keinesfalls als verbindliche Farbmuster herangezogen werden, sondern dienen lediglich als Wegweiser, welche Töne geläufig sind und was man sich grob darunter vorstellen kann. Primär- und Sekundärfarben basieren auf einem zwölfteiligen Farbkreis, der an die Farbtheorie von Harald Küppers angelehnt ist.

Im Vergleich zur Vorauflage habe ich viele Farben neu berechnet und für eine Verringerung der Komplexität des Farbaufbaus gesorgt. CMYK-Farben, die zuvor aus vier Grundfarben gemischt waren, habe ich, sofern möglich, auf drei reduziert. Außerdem habe ich Farbwerte unter 5 % und über 95 % vermieden. Beides erleichtert eine konstante Farbreproduktion, was insbesondere im Corporate Design von Vorteil ist.

Als Ergänzung zu den CMYK-Farbmustern hier im Buch habe ich auf meiner Website eine Seite angelegt, auf der Sie sich die Farben in RGB ansehen können. Die Seite können Sie über *www.gug.direct/farbtafeln* oder den rechts abgebildeten QR-Code aufrufen. Dort finden Sie außerdem ASE-Farbpaletten für CMYK und RGB, die Sie in Adobe-Programme oder Affinity Studio importieren können, um sie als Farbfelder zur Verfügung zu haben.

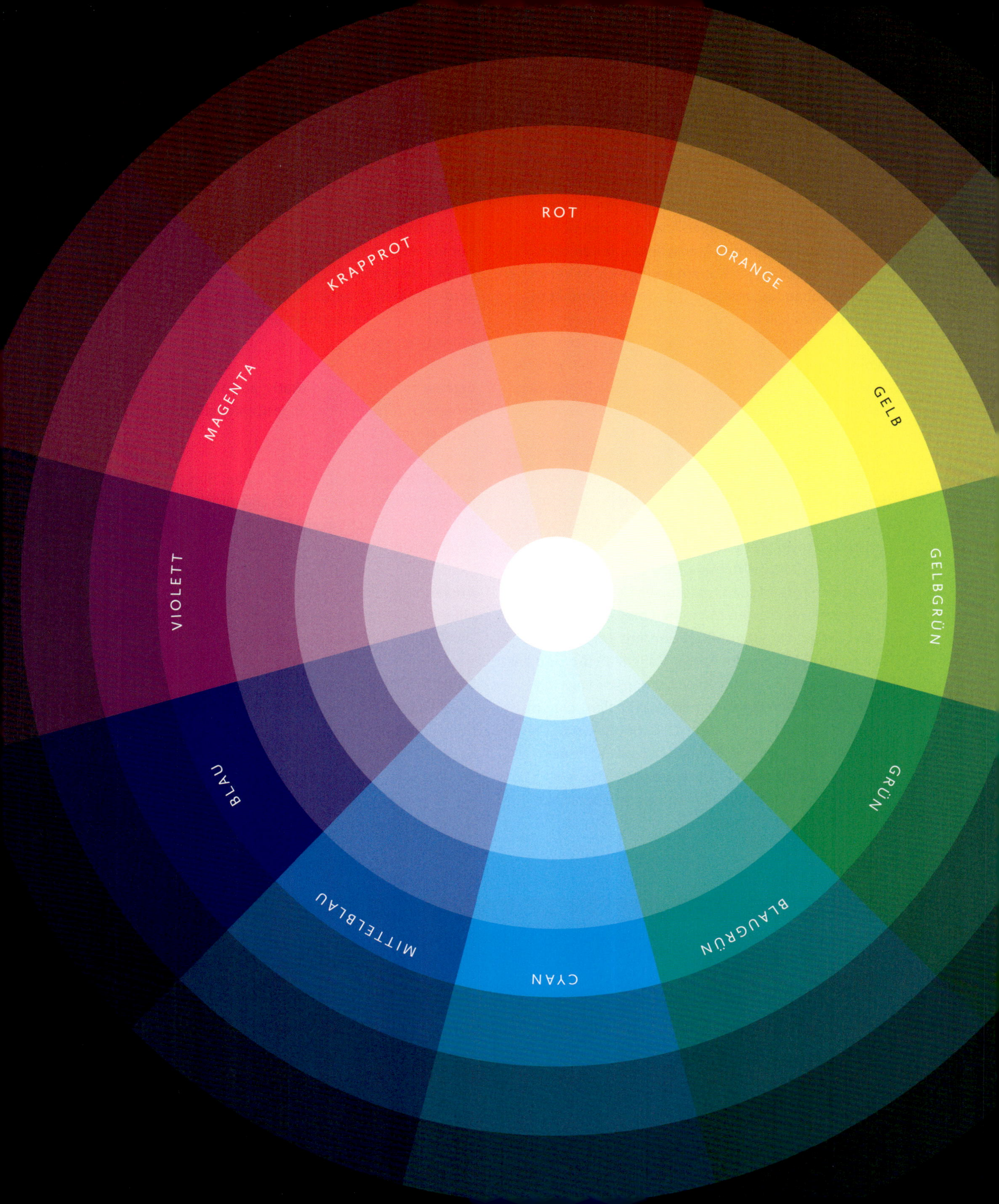
ROT
ORANGE
GELB
GELBGRÜN
GRÜN
BLAUGRÜN
CYAN
MITTELBLAU
BLAU
VIOLETT
MAGENTA
KRAPPROT

Rot

Rot gilt als älteste Kulturfarbe. Es steht für zwei ganz elementare Erfahrungen: Blut und Feuer. Es ist die erste Farbe, auf die Kleinkinder reagieren. Kinder lieben Rot. Erst im Teenager-Alter spreizen sich die Präferenzen. Bittet man Menschen, spontan eine Farbe zu nennen, fällt Rot am häufigsten. In Versuchen griffen Probanden unter verschiedenen Produkten bevorzugt zu solchen, bei denen Rot dominierte.

Rot ist die Farbe der Leidenschaft – es steht sowohl für Liebe als auch für Hass. Es wird mit Schärfe assoziiert und am wärmsten empfunden. Probanden schätzen die Temperatur in roten Räumen höher ein, als sie tatsächlich ist. Es vermittelt die wärmende Glut eines offenen Kamins und sorgt für Behaglichkeit und Romantik. Mit Abendrot verbinden wir Ausklang und Entspannung. Rot kann die Pulsfrequenz ankurbeln und den Blutdruck heben. Es kann motivieren und begeistern. Zu viel Rot jedoch macht nervös, ja aggressiv.

Rot ist wichtig. Wichtige Daten markieren wir rot. Wir folgen roten Fäden, sollten aber keine roten Linien übertreten. Wichtigen Menschen breitet man den roten Teppich aus. Leuten, die unsere Regeln verletzen, zeigen wir die rote Karte. Manche Leute sind wie ein rotes Tuch für uns. Fehler werden rot angestrichen. Wenn ein Unternehmen rote Zahlen schreibt, fallen nicht nur Investitionen dem Rotstift zum Opfer, oft auch Arbeitsplätze. So manch einer sieht dann rot. Brenzlige Situationen lösen Alarmstufe Rot aus. Abschusskandidaten landen ebenso wie bedrohte Tierarten auf roten Listen.

Intensives Rot zieht an und fängt den Blick ein. Es drängt nach vorne. Großflächig eingesetzt, scheint es den Betrachter regelrecht zurückdrängen zu wollen. Es ist plakativ und bleibt nicht gerne im Hintergrund. Rot eignet sich hervorragend als Kontrapunkt, wird flächig aber gerne des Guten zu viel. Als aktivste Farbe wird es männlich assoziiert. Es ist aber auch die Farbe, die sich in der Atmosphäre und im Zwielicht am schnellsten verliert.

Eigenschaften: aktiv, plakativ, aufmerksamkeitserregend, stimulierend, appetitanregend, wärmend, nach vorne drängend

Assoziationen: Leidenschaft, Liebe, Blut, Feuer, Hitze, Schärfe, Dynamik, Geschwindigkeit, Action, Mut, Macht, Wichtigkeit, Gefahr, Aggression, Krieg, Explosivität

Anwendung: Stopp, Alarm, kennzeichnet Wärme, Hitze und Feuer, Absperrband und Leitkegel (Rot/Weiß), rotes Licht im *Rotlichtmilieu*

Steht für: Feuerwehr, Rotes Kreuz, Kellogg's, Lego, Coca-Cola, Ferrari, Audi, Seat, Toyota, Honda, Mitsubishi, Marlboro, Canon, Adobe, eon, YouTube, Virgin, Sozialdemokratie, US-Republikaner, Kommunismus, Sozialismus

CMYK: Sekundärfarbe (100 % M + 100 % Y)

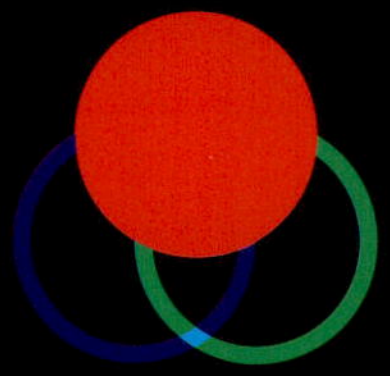
RGB: Primärfarbe

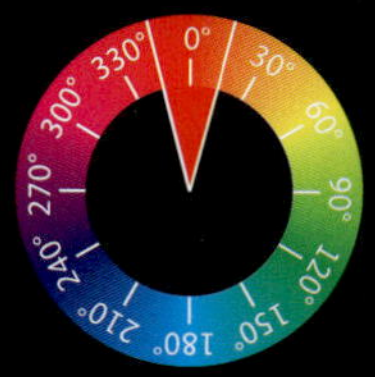

HSB: 0° (≈ 345°–15°)

CMYK = 0 | 90 | 100 | 0
HEX ≈ e63200
HSB ≈ 13 | 100 | 90
≈ Kadmiumrot
≈ Scharlachrot
≈ Blutorange
≈ Korallenrot
≈ Englischrot

CMYK = 0 | 100 | 100 | 0
HEX ≈ E00000
HSB ≈ 0 | 100 | 88
≈ Signalrot
≈ Feuerrot
≈ Verkehrsrot
≈ 100-100-Rot
≈ Ferrarirot

CMYK = 0 | 100 | 90 | 27
HEX ≈ B40E17
HSB ≈ 356 | 92 | 70
≈ Karminrot
≈ Blutrot
≈ Orientrot
≈ Altrot

CMYK = 0 | 90 | 71 | 9
HEX ≈ D7313A
HSB ≈ 357 | 77 | 84
≈ Erdbeerrot

CMYK = 0 | 100 | 66 | 34
HEX ≈ A90A2D
HSB ≈ 347 | 94 | 66
≈ Himbeerrot

CMYK = 0 | 87 | 93 | 34
HEX ≈ AA2D0F
HSB ≈ 12 | 91 | 67
≈ Ziegelrot

CMYK = 60 | 100 | 90 | 0
HEX ≈ 802B2B
HSB ≈ 0 | 66 | 50
≈ Rubinrot

CMYK = 0 | 76 | 32 | 76
HEX ≈ 5B202A
HSB ≈ 349 | 64 | 36
≈ Weinrot

CMYK = 0 | 86 | 100 | 82
HEX ≈ 4C1100
HSB ≈ 14 | 100 | 30
≈ Dunkelrot

Komplementär: Cyan

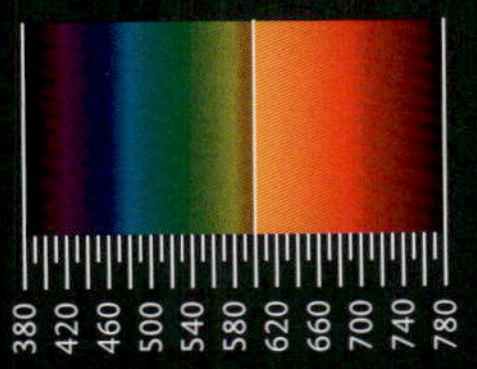

Spektrum: ≈ 600–780 nm

Empfundene Farbtemperatur

Orange

Bis ins Mittelalter hinein gab es keinen eigenen Begriff für orange Farbtöne – man betrachtete sie als Nuance von Rot, oft als dessen Abklatsch. Orange dürfte wohl die Farbe sein, die am wenigsten mit Ernsthaftigkeit verbunden wird. Bücher über Farbe widmen Orange weniger Aufmerksamkeit als den meisten anderen Farben. Im Wikiwörterbuch unter *de.wiktionary.org* findet sich unter über 1800 Einträgen kein einziger Sinnspruch mit Orange.

Dabei ist Orange omnipräsent. Glut ist mehr orange als rot, ebenso das Abendrot, und das warme Licht einer Kerze oder Glühbirne erzeugt kein gelbes, sondern eher oranges Licht. Die schwarz-gelben Streifen des Tigers sind eigentlich schwarz-orange. Richtig gelbes Eigelb will keiner essen – ein appetitlicher Dotter ist orange. Gelbe Rüben sind weniger gelb als orange. Und wird Orange abgedunkelt, entsteht Braun, womit es Basis der meisten Erdtöne ist.

Orange ist freundlich und sympathisch. Es ist nicht so aufgeregt wie Rot, aber lebendiger als Gelb. In seiner reinsten Form kann es aufdringlich wirken, allerdings weniger aggressiv als Rot und weniger stechend als Gelb. Gebrochen ist Orange aktivierend und zurückhaltend zugleich. Vielleicht ist das der Grund, weshalb Untersuchungen zeigten, dass orange dominierte Räume die Kauflaune heben.

Seine gute Fernwirkung macht Orange neben Gelb zur häufig genutzten Signalfarbe, zum Beispiel für Warnwesten.

Eigenschaften: aktiv, freundlich, stimulierend, appetitanregend, warm, gute Fernwirkung

Assoziationen: Wärme, Energie, Wandel, Herbst, fruchtig, Kreativität, Optimismus, Geselligkeit, Lebensfreude, Verspieltheit, jugendlich, kindisch, unseriös, künstlich, billig

Anwendung: Signalfarbe für Fahrzeuge und Bekleidung (Müllabfuhr, Straßenbauamt, Bau generell), Gefahrensymbole, Sträflingsbekleidung

Steht für: Buddhismus, Amazon, Fanta, Harley-Davidson, KTM, Firefox, Sixt

CMYK: Sekundärfarbe
(50 % M + 100 % Y)

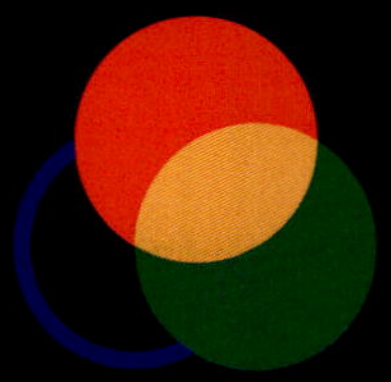

RGB: Sekundärfarbe
(255 R + 127 G)

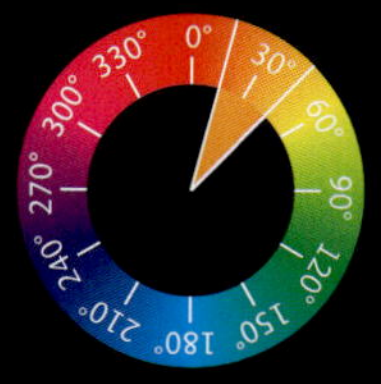

HSB: 30° (≈ 15°– 45°)

CMYK = 0 | 60 | 70 | 0
HEX ≈ F0824A
HSB ≈ 20 | 69 | 94
≈ Lachsorange

CMYK = 0 | 50 | 100 | 0
HEX ≈ F58F00
HSB ≈ 35 | 100 | 96
≈ Orange
≈ Gelborange
≈ Leuchthellorange

CMYK = 0 | 70 | 100 | 0
HEX ≈ F06300
HSB ≈ 25 | 100 | 94
≈ Reinorange

CMYK = 0 | 40 | 60 | 0
HEX ≈ F5AB6E
HSB ≈ 27 | 55 | 96
≈ Apricot

CMYK = 0 | 75 | 75 | 5
HEX ≈ 225 | 89 | 61
HSB ≈ 10 | 73 | 88
≈ Leuchtorange

CMYK = 0 | 80 | 100 | 20
HEX ≈ C24100
HSB ≈ 20 | 100 | 76
≈ Rotorange

CMYK = 5 | 30 | 40 | 0
HEX ≈ F1C09D
HSB ≈ 25 | 35 | 94
≈ Pfirsich
≈ Zartrosa

CMYK = 30 | 60 | 80 | 0
HEX ≈ BD7543
HSB ≈ 25 | 65 | 74
≈ Kupfer

CMYK = 0 | 79 | 79 | 37
HEX ≈ A83F29
HSB ≈ 10 | 76 | 66
≈ Terracotta

Komplementär: Mittelblau

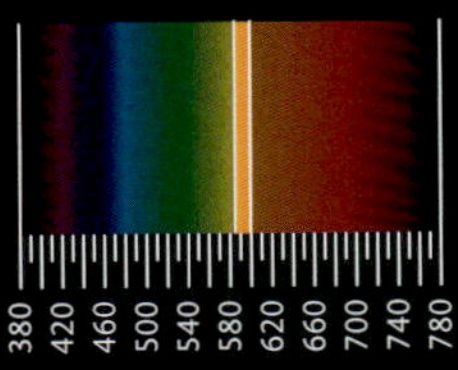

Spektrum: ≈ 585–600 nm

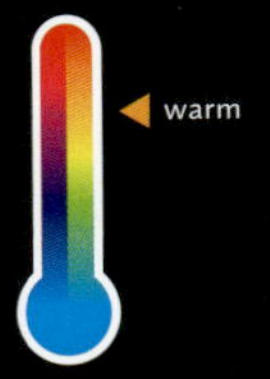

Empfundene Farbtemperatur

Gelb

Gelb ist die hellste Farbe und reflektiert am meisten Licht. Dunkelgelb gibt es nicht. Entzieht man ihm die Buntheit (Sättigung), bleibt ein beinahe weißes Grau übrig. Aufgrund des geringen Helligkeitsunterschieds ist es auf Weiß kaum zu lesen.

Vor Schwarz kommt Gelb voll zur Geltung. Es überstrahlt ebenso wie Weiß, hat ihm jedoch die Attraktion der Buntheit voraus. Gelb und Violettblau sind das Gegenfarbenpaar mit dem größten Helligkeitsunterschied. Violettblau bringt Gelb zum Leuchten. Gelb auf Violettblau (und umgekehrt) ist die einzige Kombination aus Primär- und/oder Sekundärfarben, die gut lesbar ist. Aufgrund seiner Helligkeit versteht sich Gelb generell gut mit anderen Bunttönen. Es bildet einen Kontrast, der niemandem die Show stiehlt. Seine gute Fernwirkung prädestiniert es für Signale und Hinweisschilder.

Gelb ist aber auch fragil. Schon wenig Schwarz bricht es zu einem Ton, den wir eher als Grün empfinden. Im Spektrum wird ihm mit 575–585 nm nur eine schmale Bandbreite zugewiesen. Bereits ein Hauch von Blau lässt es grünlich wirken, und mit geringen Anteilen Rot wirkt es orange. Rötliches Gelb (Goldgelb) wirkt warm und süßlich, grünliches eher frisch und sauer. Es lässt sich weder eindeutig den warmen noch den kalten Farben zuordnen.

Gold ist ein gelblich glänzendes Metall (Rotgold ist kein reines Gold, sondern eine Legierung) und steht für Luxus, wird heute aber auch gerne mit Dekadenz verbunden. Gold kommt wie Gelb vor Schwarz und Violettblau besonders zur Geltung. In Kombination mit dunklen Tönen ist Gelb plakativ, wirkt dabei aber nicht so billig wie Orange und nicht so schreiend wie Rot. In Kombination mit Schwarz bildete Gelb bereits die universelle Warnung, lange bevor Menschen auf dem Planeten erschienen.

Wer jemandem die gelbe Karte zeigt, verwarnt ihn, gibt ihm aber noch eine Chance. Und was nichts ist, ist nicht das Gelbe vom Ei.

Eigenschaften: hellster Buntton, Konzentrationsfördernd, freundlich, gute Fernwirkung, lässt Dinge größer und Fahrzeuge schneller wirken

Assoziationen: Sommer, Sonne, Licht, Erleuchtung, Heiterkeit, Intellekt, Kommunikation, Offenheit, Liberalismus, Optimismus, Gold, Strom, sauer, Schande, Gier, Neid, Urin

Anwendung: Textmarker, Gefahrenhinweise und -markierungen (Schwarz/Gelb), gelbes Licht (Straßenverkehr), Notizblätter (Post-it)

Steht für: ADAC, Post, McDonald's, Nikon, Opel, Gelbe Seiten, DHL, Caterpillar, Shell, Jet, Hertz

CMYK: Primärfarbe

RGB: Sekundärfarbe
(255 R + 255 G)

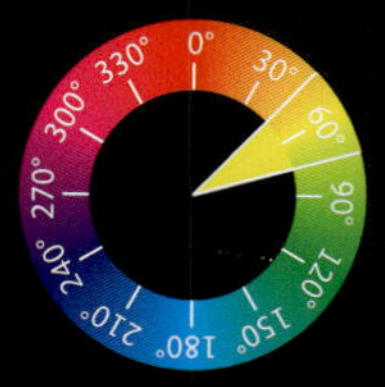

HSB: 60° (≈ 45°–75)

CMYK = 15 | 0 | 90 | 0
HEX ≈ E8E120
HSB ≈ 58 | 86 | 91
≈ Zitronengelb
≈ Schwefelgelb
≈ Gelbgrünlich

CMYK = 0 | 0 | 100 | 0
HEX ≈ 255 | 235 | 10
HSB ≈ 55 | 96 | 100
≈ Gelb
≈ Leuchtgelb

CMYK = 0 | 30 | 100 | 0
HEX ≈ FFBF00
HSB ≈ 45 | 100 | 100
≈ Goldgelb
≈ Sonnengelb
≈ Gelbrötlich

CMYK = 0 | 5 | 40 | 0
HEX ≈ FFF1A8
HSB ≈ 50 | 34 | 100
≈ Hellgelb
≈ Blassgelb
≈ Pastellgelb

CMYK = 0 | 20 | 60 | 10
HEX ≈ EBC372
HSB ≈ 40 | 51 | 92
≈ Ockergelb
≈ Sandgelb

CMYK = 10 | 30 | 100 | 0
HEX ≈ E6B219
HSB ≈ 45 | 89 | 90
≈ Honiggelb
≈ Safrangelb
≈ Senfgelb
≈ Ginstergelb

CMYK = 0 | 10 | 40 | 10
HEX ≈ EBD3A4
HSB ≈ 40 | 30 | 92
≈ Creme
≈ Cremebeige
≈ Eierschalen

CMYK = 5 | 10 | 25 | 10
HEX ≈ E3D5BB
HSB ≈ 40 | 17 | 89
≈ Beige

CMYK = 28 | 29 | 72 | 0
HEX ≈ C7AC59
HSB ≈ 46 | 53 | 78
≈ Gold

Komplementär: Blau

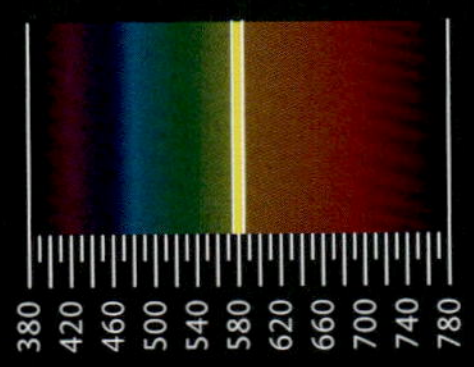

Spektrum: ≈ 575–585 nm

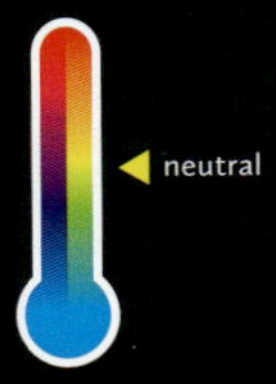

Empfundene Farbtemperatur

Gelbgrün

Während die Nuancen von Rot, Orange und Gelb überschaubar sind, liegen zwischen den Grüntönen Welten. Die Wirkung eines frischen Gras- bzw. Gelbgrüns ist völlig anders als die eines Blau- bzw. Türkisgrüns. Während Ersteres erfrischende Natürlichkeit vermittelt, wirkt Letzteres chemisch steril.

Gelbgrün ist die Farbe des Lebens. Pflanzliches Grün liegt am gelben Ende der Grünskala. Ohne den grünen Farbstoff Chlorophyll gäbe es keine Photosynthese, und es würde uns schnell die Luft ausgehen. Wenn wir von Grün als der Farbe des Frühlings sprechen, denken wir wohl an so eines: Es ist das frischeste Grün. Wird hingegen von der beruhigenden Wirkung von Grün gesprochen, dürften weniger gelbliche und leuchtende Grüntöne gemeint sein.

Eigenschaften: erfrischend, plakativster Grünton

Assoziationen: Frische, Frühling, Natur, Leben, Fruchtbarkeit, Hoffnung, Wachstum, Harmonie, Gesundheit, Bio, Unreife, Gift, Eifersucht

Anwendung: Farbe der Umweltbewegung, biologische Produkte, Bade- und Sanitärräume

Steht für: bp, spotify, Android, XBox, Holiday Inn, HTC, Acer, Oxfam

CMYK: Sekundärfarbe
(50 % C + 100 % Y)

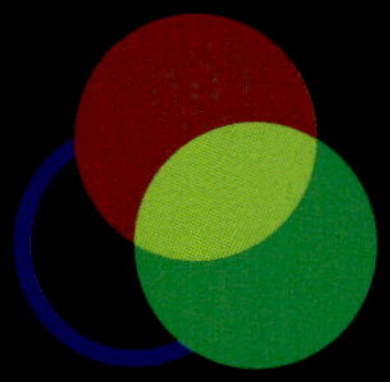

RGB: Sekundärfarbe
(127 R + 255 G)

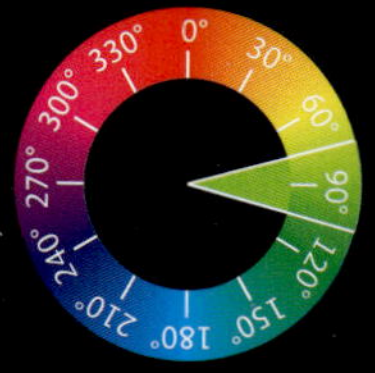

HSB: 90° (≈ 75°–105°)

CMYK = 40 | 0 | 100 | 0
HEX ≈ ACCC0B
HSB ≈ 70 | 95 | 80
≈ Zinnobergrün hell
≈ Lindengrün

CMYK = 50 | 0 | 100 | 0
HEX ≈ 94C100
HSB ≈ 74 | 100 | 76
≈ Gelbgrün
≈ Giftgrün

CMYK = 70 | 0 | 100 | 0
HEX ≈ 4CB02A
HSB ≈ 105 | 76 | 69
≈ Grasgrün
≈ Apfelgrün
≈ Chromgrün
≈ Kadmiumgrün

CMYK = 30 | 0 | 70 | 0
HEX ≈ 195 | 215 | 100
HSB ≈ 70 | 53 | 84
≈ Hellgrün
≈ Pastellgrün
≈ Blassgrün

CMYK = 70 | 0 | 100 | 50
HEX ≈ 326D14
HSB ≈ 100 | 82 | 43
≈ Laubgrün

CMYK = 61 | 0 | 100 | 77
HEX ≈ 25460A
HSB ≈ 93 | 85 | 27
≈ Dunkelgrün

CMYK = 82 | 71 | 89 | 0
HEX ≈ 4E523D
HSB ≈ 70 | 25 | 32
≈ Olivgrün

CMYK = 62 | 45 | 72 | 0
HEX ≈ 787F5B
HSB ≈ 72 | 29 | 50
≈ Schilfgrün

CMYK = 87 | 77 | 95 | 0
HEX ≈ 454936
HSB ≈ 72 | 26 | 29
≈ Schlammgrün
≈ Jagdgrün

Komplementär: Violett

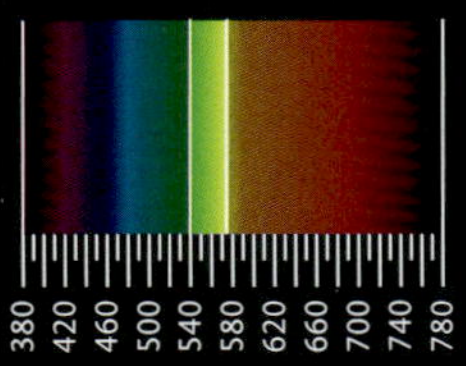

Spektrum: ≈ 540–575 nm

Empfundene Farbtemperatur

Grün

Während Gelbgrün die Farbe der offenen Wiese ist, erinnert dieses Grün eher an einen dichten Urwald. Gräser sind meist eher gelbgrün, wohingegen Blätter und Nadeln von Bäumen meist reineren Grüns sind. Reines Grün scheint dem Betrachter oft bläulich. RGB-Grün ist generell kein besonders natürlich wirkender Farbton. Wer in Bildbearbeitung erfahren ist und in Photoshop natürliche Pflanzentöne gezielt bearbeitet, weiß, dass er dazu eher die Gelbtöne denn die Grüntöne bewegen muss.

Während Gelbgrün die Farbe des Frühlings ist, wandelt sich Grün im Laufe des Sommers in Richtung dieses Tons. Hochgeschossene Wiesen und dichte Blätterdächer scheinen nicht mehr so gelblich wie saftige Rasen. Auch wenn Gelb die Farbe des Sommers ist, können wir ihn uns ohne das Blau des Himmels und das satte Grün der Vegetation kaum vorstellen. Im Dezember begegnet uns Grün wieder. Als Farbe der Hoffnung bildet es gemeinsam mit Rot die Farben des Weihnachtsfests. Grün ist aber auch mit Vorsicht zu genießen: Drachen, Außerirdische, Hexen und Monster sind häufig grün. Grün ist auch vermeintlich die einzig giftige Farben – jedenfalls kennen wir kein Giftrot, -gelb oder -blau.

Wenn alles in Ordnung ist, ist es im grünen Bereich. Man kann dann grünes Licht geben. Wenn alles gelingt, reiten wir auf der grünen Welle. Man darf uns dann ruhig auch über den grünen Klee loben. Städter träumen davon, im Grünen zu wohnen, oder fahren gelegentlich ins Grüne. Wer besonders erfolgreich seine Pflanzen pflegt, hat den grünen Daumen.

Doch Grün kann auch anders! Wenn sich der Wald zum unübersichtlichen, gefährlichen Dschungel verdichtet, fühlen wir uns in der grünen Hölle. Leuten, denen wir skeptisch gegenüberstehen, sind wir nicht grün. Junge Menschen sind oft noch grün hinter den Ohren oder regelrechte Grünschnäbel. Manche Leute bleiben sogar ihr Leben lang »Greenhorns«. Kommt man auf keinen grünen Zweig, kann man sich grün und blau ärgern. Wer etwas einfach nur kopiert, macht dasselbe in Grün, und wer eine Grenze nicht am offiziellen Grenzposten überschreitet, geht über die grüne Grenze.

Eigenschaften: beruhigend, statisch, Farbe des Ausgleichs und der Mitte

Assoziationen: Ruhe, Balance, Hoffnung, Wachstum, Geld, Garten, Gemüse (Grünzeug), Neid

Anwendung: Grünes Licht (visuelles Freizeichen), Landmaschinen, Jagd

Steht für: Islam, John Deere, Starbucks, Land Rover, Skoda, Pentax, Heineken, Tictac, Lacoste, The Body Shop, McDonald's, Evernote, Greenpeace

CMYK: Sekundärfarbe
(100 % C + 100 % Y)

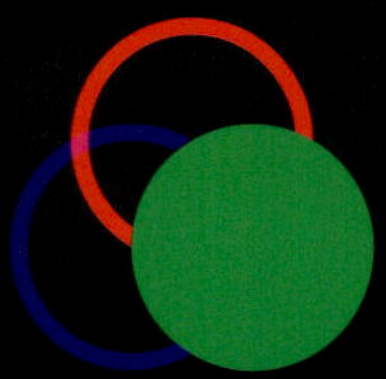

RGB: Primärfarbe

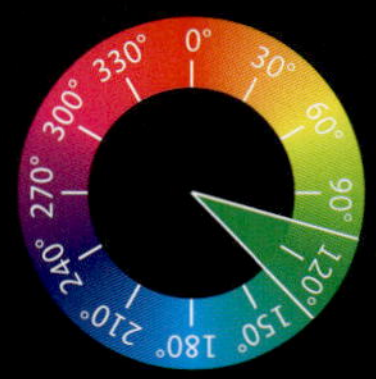

HSB: 120° (≈ 105°– 135°)

CMYK = 35 | 0 | 40 | 0
HEX ≈ B3D6AB
HSB ≈ 110 | 20 | 84
≈ Weißgrün

CMYK = 100 | 0 | 100 | 0
HEX ≈ 009149
HSB ≈ 150 | 100 | 57
≈ Grün
≈ Permanentgrün

CMYK = 83 | 28 | 100 | 0
HEX ≈ 2E8638
HSB ≈ 127 | 65 | 53
≈ Minzgrün
≈ Maigrün
≈ Smaragdgrün

CMYK = 55 | 16 | 54 | 0
HEX ≈ 82AE89
HSB ≈ 129 | 25 | 68
≈ Blassgrün

CMYK = 71 | 30 | 70 | 0
HEX ≈ 578E65
HSB ≈ 135 | 38 | 56
≈ Resedagrün

CMYK = 80 | 37 | 90 | 0
HEX ≈ 3E7F53
HSB ≈ 140 | 51 | 50
≈ Farngrün

CMYK = 100 | 0 | 90 | 68
HEX ≈ 004620
HSB ≈ 148 | 100 | 28
≈ Tannengrün

CMYK = 46 | 0 | 51 | 85
HEX ≈ 253B29
HSB ≈ 131 | 37 | 23
≈ Flaschengrün

CMYK = 94 | 79 | 90 | 0
HEX ≈ 35463B
HSB ≈ 144 | 24 | 27
≈ Schwarzoliv

Komplementär: Magenta

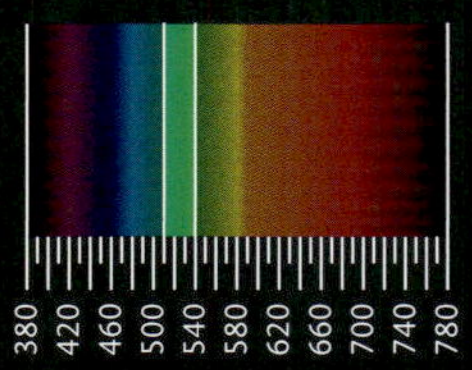

Spektrum: ≈ 510–540 nm

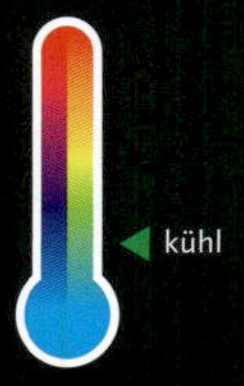

Empfundene Farbtemperatur

Blaugrün

Blaugrün ist der kühle Pol der Grünskala. Es ist neben Cyanblau und Weiß die Farbe von Eisbergen. Blaugrün ist die unnahbare Eisprinzessin unter den Farbtönen. Genauso kühl und distanziert ist sein Charme.

Grüne Speisen gelten als gesund. Doch wie sieht es mit blaugrünen aus? Gibt es überhaupt blaugrüne Speisen ohne Lebensmittelfarben? Türkisfarbenes Eis und Naschwerk dürfte wohl in erster Linie Kindern das Wasser im Mund zusammenlaufen lassen. Nur Atemerfrischer und Rachenputzer scheinen uns in bläulichen Grüntönen authentisch zu sein. Doch Blaugrün kann nicht nur Rachen putzen. Auch im Bereich der Haushalts- und Industriereiniger vermittelt die Farbe klinische Sauberkeit.

Blaugrün findet sich selten als Firmen- oder Produktfarbe. Lediglich in der Pharmazie und der chemischen Industrie kann man eine gewisse Dominanz feststellen.

Eigenschaften: kühl, passiv, distanziert

Assoziationen: Sauberkeit, Zurückhaltung, Sterilität, Stolz, Eitelkeit, Kosmetik, Künstlichkeit, Chemie

Anwendung: Krankenhaus, OP-Kittel, Reinigungsmittel

Steht für: Siemens, Vicks

CMYK: Sekundärfarbe
(100 % C + 50 % Y)

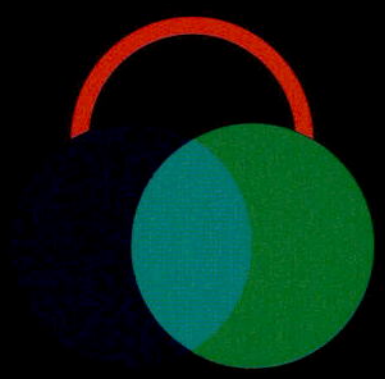

RGB: Sekundärfarbe
(255 G+ 127 B)

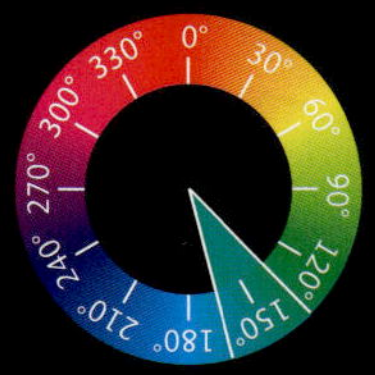

HSB: 150° (≈135°–165°)

CMYK = 60 | 0 | 40 | 0
HEX ≈ 69C0AB
HSB ≈ 166 | 45 | 75
≈ Pastelltürkis
≈ Mintgrün

CMYK = 100 | 0 | 50 | 0
HEX ≈ 00948D
HSB ≈ 177 | 100 | 28
≈ Blaugrün
≈ Minttürkis

CMYK = 100 | 38 | 66 | 0
HEX ≈ 007368
HSB ≈ 174 | 100 | 45
≈ Türkisgrün
≈ Patinagrün

CMYK = 60 | 0 | 60 | 0
HEX ≈ 6FBC85
HSB ≈ 135 | 42 | 75
≈ Jadegrün

CMYK = 91 | 21 | 81 | 0
HEX ≈ 008957
HSB ≈ 158 | 100 | 54
≈ Verkehrsgrün

CMYK = 100 | 60 | 100 | 0
HEX ≈ 005937
HSB ≈ 157 | 100 | 35
≈ Kiefergrün

CMYK = 90 | 0 | 60 | 60
HEX ≈ 005645
HSB ≈ 168 | 100 | 34
≈ Opalgrün

CMYK = 55 | 0 | 58 | 88
HEX ≈ 15321F
HSB ≈ 141 | 59 | 20
≈ Moosgrün

CMYK = 60 | 0 | 80 | 79
HEX ≈ 21431B
HSB ≈ 111 | 60 | 26
≈ Chromoxidgrün

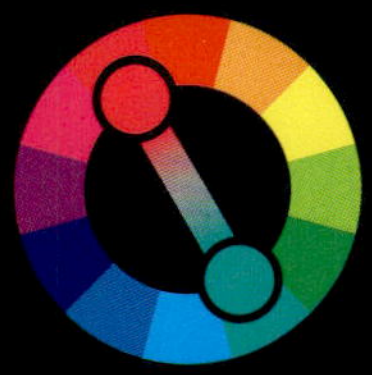
Komplementär: Krapprot

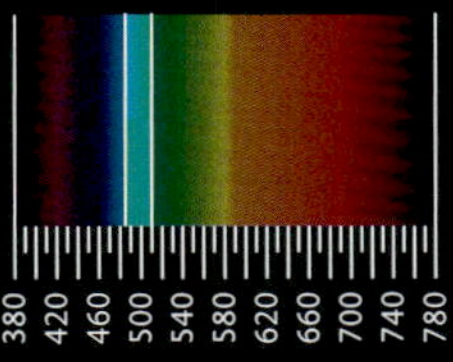

Spektrum: ≈ 485–510 nm

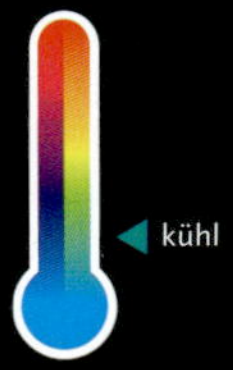

Empfundene Farbtemperatur

Cyan

Blau taucht in der Menschheitsgeschichte zwar früher auf als Orange, doch später als andere Farben. Noch im Altertum gab es in vielen Kulturen keinen eigenen Begriff für Blau. Oft wurde es als Nuance von Schwarz betrachtet. Das scheint uns widersinnig: Die Nuance von Schwarz ist Grau. Doch so abwegig ist es gar nicht, kann man doch im Laufe der Dämmerung beobachten, wie das Blau des Tages in das Schwarz der Nacht übergeht.

Cyanblau ist die kälteste Farbe und gleichzeitig das aktivste Blau. Es ist die Farbe des Winters und schneidender Frostwinde, des Eises, der Schatten im Schnee und des Winterhimmels über dem Horizont. Damit bildet es nicht nur als Buntfarbe den Gegenpol zu Rot, sondern auch in der Kalt/Warm-Empfindung. So wie Rot dazu führt, dass sich die Temperatur eines Raumes wärmer anfühlt, lässt Blau einen Raum kühler wirken.

Cyan ist kein Begriff landläufiger Bekanntheit – Otto Normalverbraucher würde die Farbe wohl eher als Hell- oder Türkisblau bezeichnen. Es ist das Blau, das sich am ehesten plakativ nutzen lässt und nicht ganz die ruhige Wirkung vermittelt, die Blau generell nachgesagt wird. Einerseits assoziiert es die Frische eines kühlen Lufthauchs, andererseits wirkt es statisch still wie in klirrender Kälte gefrorenes Eis.

Eigenschaften: still, frisch, kalt, plakativster Blauton

Assoziationen: Winter, Kälte, Eis, Luft, Reinheit, Sauberkeit, Klarheit, Frische, Distanziertheit

Anwendung: Frische/Kälte (Kaltwasser)

Steht für: Windows, Skype, Twitter, Dropbox, Dell, Aral, SAP, Vimeo

CMYK: Primärfarbe

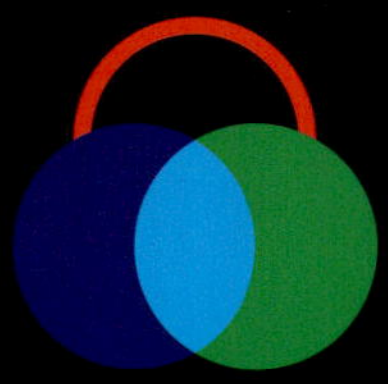

RGB: Sekundärfarbe
(255 G+ 255 B)

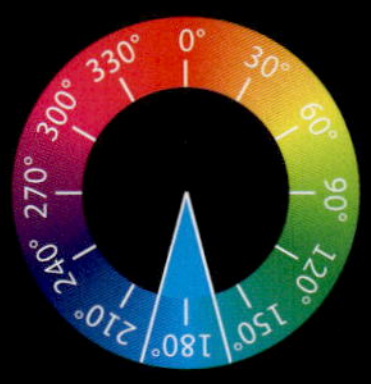

HSB: 180° (≈ 165°–195°)

CMYK = 60 | 0 | 30 | 0
HEX ≈ 62C1BC
HSB ≈ 177 | 49 | 76
≈ Lichtgrün

CMYK = 100 | 0 | 0 | 0
HEX ≈ 009DD1
HSB ≈ 195 | 100 | 82
≈ Cyanblau
≈ Aquamarin

CMYK = 72 | 33 | 21 | 0
HEX ≈ 378CB1
HSB ≈ 198 | 69 | 69
≈ Pastellblau

CMYK = 90 | 21 | 43 | 0
HEX ≈ 378EB0
HSB ≈ 182 | 100 | 56
≈ Türkisblau

CMYK = 80 | 20 | 0 | 40
HEX ≈ 006B99
HSB ≈ 198 | 100 | 60
≈ Brillantblau

CMYK = 100 | 58 | 34 | 0
HEX ≈ 005E80
HSB ≈ 196 | 100 | 50
≈ Azurblau

CMYK = 100 | 29 | 51 | 0
HEX ≈ 007B80
HSB ≈ 182 | 100 | 50
≈ Wasserblau

CMYK = 100 | 70 | 70 | 20
HEX ≈ 0D4649
HSB ≈ 184 | 82 | 29
≈ Petrol

CMYK = 100 | 60 | 40 | 80
HEX ≈ 001C2A
HSB ≈ 200 | 100 | 16
≈ Kapitänsblau

Komplementär: Rot

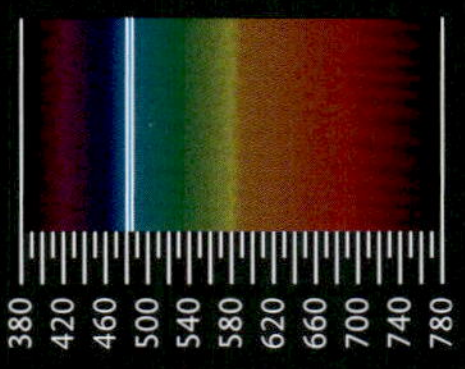

Spektrum: ≈ 480–485 nm

Empfundene Farbtemperatur

Mittelblau

Blau erfreut sich großer Beliebtheit. Kaum eine Umfrage, in der Blau nicht von den meisten Befragten als beliebteste Farbe genannt wird, und kaum jemand, der ihm völlig ablehnend gegenübersteht. Mit Blau kann man nicht anecken, allerdings auch niemanden aufregen. Blau ist die am wenigsten aktivierende Farbe.

Zwar gilt Rot als Farbe der Leidenschaften, doch Gefühl wird eher mit Blau verbunden. Blau ist passiv, ruhig und ausgleichend und wird mit dem weiblichen Prinzip assoziiert.

Mittelblau ist die Farbe des Sommerhimmels und somit gemeinsam mit sattem Grün Begleiter der Sommerfarbe Gelb. Während Rot die Farbe von Geboten und Warnungen ist, werden mit Blau Informationen und Hinweise transportiert. Blau ist neben Schwarz die übliche Farbe von Tinten und damit des Schreibens.

Da Blau so unaufgeregt ist, gilt es auch als solide und seriös. Es ist erwachsen, überlegt und vernünftig. Nicht umsonst dominiert es bei technischen Unternehmen. Es heißt, blaue Räume sollen die geistige Produktivität fördern. Mittelblau ist der erwachsene Gegenpol zur kindischen Verspieltheit seiner Komplementärfarbe Orange, der jugendlicher Überschwang und Leichtsinn zugeordnet wird. Blau ist eher besonnen als mutig.

Die von Wasser und Atmosphäre dominierte Erde gilt als blauer Planet. In den Adern Adeliger fließt blaues Blut. Wer einfach drauflosfährt, fährt ins Blaue. Eine Blaupause ist eine Vorlage zur Kopie bzw. zur Umsetzung. Wer zu viel trinkt, wird blau, manchmal ein Grund, am nächsten Tag blauzumachen. Übertreiben sollte man das aber nicht, sonst erlebt man eines Tages sein blaues Wunder in Form eines blauen Briefes.

Manche Menschen versprechen das Blaue vom Himmel, deshalb sollte man nicht zu blauäugig sein und alles glauben. Wer Glück hat, kommt bei einem Unglück mit einem blauen Auge davon. Ist die Sonne untergegangen, folgt auf das Abendrot die blaue Stunde – eine Zeit, in der man zur Ruhe kommt. Mancher neigt in dieser Zeit zur Melancholie und bekommt den Blues.

Eigenschaften: beruhigend, kühl, distanziert, in den Hintergrund tretend

Assoziationen: Winter, Himmel, Weite, Wasser, Ferne, Intelligenz, Innovation, Technik, Metall, Treue, Frieden, Union, Loyalität, Harmonie, Spiritualität

Anwendung: Hinweisschilder, Frische/Kälte (Kaltwasser)

Steht für: UNO, Microsoft, IBM, Intel, HP, GE, PayPal, LinkedIn, Wordpress, Ford, Mazda, Unilever, Oral-B, Oreo, Pfizer, NASA, US-Demokraten

CMYK: Sekundärfarbe (100 % C + 50 % M)

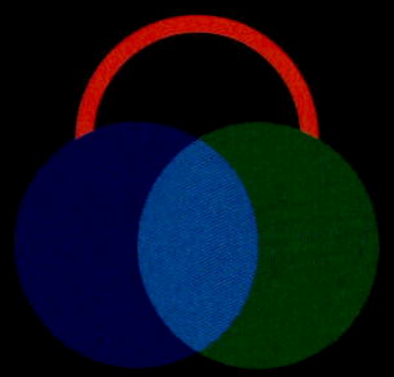

RGB: Sekundärfarbe (127 G+ 255 B)

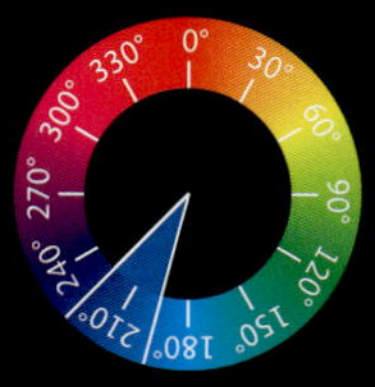

HSB: 210° (≈ 195° – 225°)

CMYK = 90 | 0 | 10 | 0
HEX ≈ 00A4D1
HSB ≈ 193 | 100 | 82
≈ Lichtblau

CMYK = 100 | 50 | 0 | 0
HEX ≈006bb3
HSB ≈ 204 | 100 | 70
≈ Mittelblau
≈ Königsblau

CMYK = 100 | 57 | 23 | 0
HEX ≈ 005F8E
HSB ≈ 200 | 98 | 56
≈ Capriblau

CMYK = 100 | 30 | 0 | 10
HEX ≈ 0076BA
HSB ≈ 202 | 100 | 73
≈ Himmelblau

CMYK = 100 | 40 | 0 | 40
HEX ≈ 005387
HSB ≈ 203 | 100 | 53
≈ Signalblau
≈ Enzianblau

CMYK = 100 | 70 | 0 | 40
HEX ≈ 00376E
HSB ≈ 210 | 100 | 43
≈ Ultramarin dunkel

CMYK = 50 | 20 | 0 | 40
HEX ≈ 95 | 130 | 155
HSB ≈ 205 | 39 | 61
≈ Taubenblau

CMYK = 100 | 60 | 0 | 60
HEX ≈ 0 | 45 | 90
HSB ≈ 210 | 100 | 35
≈ Kobaltblau
≈ Marineblau

CMYK = 100 | 50 | 0 | 80
HEX ≈ 001F3E
HSB ≈ 210 | 100 | 24
≈ Saphirblau
≈ Preußischblau
≈ Stahlblau

Komplementär: Orange

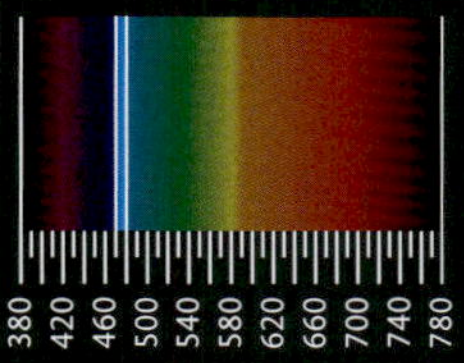

Spektrum: ≈ 470–480nm

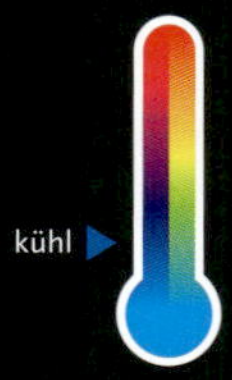

Empfundene Farbtemperatur

Blau (Violettblau)

Dieses Blau ist unter den Farbtönen der Farbenlehre am schwersten zu vermitteln. Betrachtet man es in RGB am Bildschirm, sieht man ein kräftig leuchtendes Blau. Sein Gegenstück im Vierfarbendruck hingegen, bestehend aus 100 % Cyan und 100 % Magenta, ist ein dunkles Violettblau ohne nennenswerte Leuchtkraft. Es ist unmöglich, im Vierfarbendruck auch nur annähernd zu zeigen, wie es als Lichtfarbe aussieht.

Violettblau ist das hintergründigste Blau. Es kann einen Betrachter regelrecht in ein Bild hineinziehen. Es ist das Blau der Nacht und neben Schwarz die Farbe des Universums. Schwarz vermittelt Leere, Dunkelblau Unendlichkeit.

Blau gilt generell als seriöseste Buntfarbe und ist für Männer die einzig akzeptierte für die Businessuniform. Allerdings nicht jedes Blau. Cyan und Mittelblau sind Farben für Kinder und Matrosen. Man kann sie in der Freizeit tragen, doch in der Geschäftswelt sind ernsthaftere Töne vorzuziehen. Frauen haben bei ihrem Einzug in die Geschäftswelt zwar Farbe mitgebracht, doch das geht nicht so weit, dass sich diese Freiheit auch auf Männer übertragen hätte. Politikerinnen in bunten Kostümen sind nichts Ungewöhnliches. Doch können Sie sich wirklich männliche Staatsoberhäupter in knallbunten Anzügen vorstellen?

Eigenschaften: beruhigend, kühl, in den Hintergrund tretend, dunkelster Buntton

Assoziationen: Seriosität, Nacht, Tiefe, Phantasie, Meditation, Fernweh, Melancholie, Sehnsucht, Unendlichkeit

Anwendung: Kapitänsuniformen, Arbeitskleidung und -kittel (Blaumann)

Steht für: EU, Facebook, Deutsche Bank, VW, Samsung, Nivea, Axa, Jeans (Denim), Pepsi

CMYK: Sekundärfarbe
(100 % C + 100 % M)

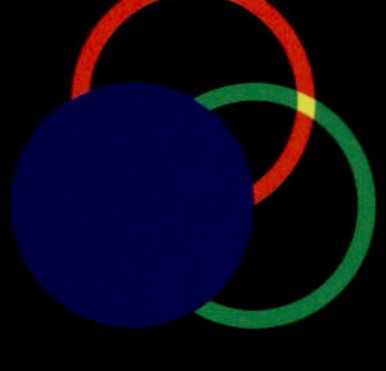

RGB: Primärfarbe

HSB: 240° (≈ 225°–255°)

CMYK = 90 | 90 | 0 | 0
HEX ≈ 41328B
HSB ≈ 250 | 64 | 55
≈ Blauviolett

CMYK = 100 | 100 | 0 | 0
HEX ≈ 312783
HSB ≈ 240 | 69 | 51
≈ Violettblau
≈ Indigo

CMYK = 100 | 80 | 30 | 50
HEX ≈ 30 | 30 | 70
HSB ≈ 240 | 57 | 27
≈ Nachtblau

CMYK = 70 | 70 | 0 | 10
HEX ≈ 95 | 85 | 150
HSB ≈ 249 | 43 | 59
≈ Pflaumenblau

CMYK = 90 | 75 | 0 | 0
HEX ≈ 364B9B
HSB ≈ 227 | 65 | 61
≈ Kornblumenblau

CMYK = 100 | 85 | 0 | 0
HEX ≈ 30 | 55 | 145
HSB ≈ 227 | 79 | 57
≈ Ultramarin hell

CMYK = 35 | 35 | 0 | 0
HEX ≈ B1A9D4
HSB ≈ 252 | 20 | 83
≈ Lavendelblau

CMYK = 50 | 35 | 0 | 40
HEX ≈ 657092
HSB ≈ 225 | 31 | 57
≈ Schieferblau
≈ Basaltblau

CMYK = 100 | 85 | 0 | 40
HEX ≈ 30 | 40 | 100
HSB ≈ 225 | 80 | 39
≈ Dunkelblau

Komplementär: Gelb

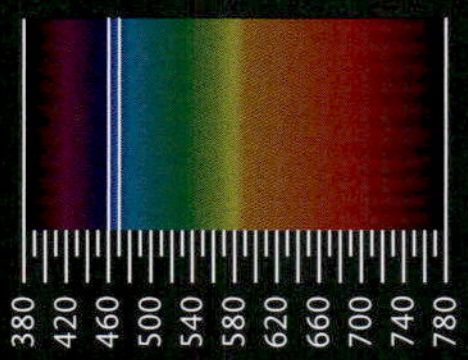

Spektrum: ≈ 460–470 nm

Empfundene Farbtemperatur

Violett

Violett oder Lila? Die einen behaupten, es wären zwei Begriffe für dieselbe Farbe, die anderen erklären, wo der Unterschied liegt. Bei Violett scheiden sich die Meinungen der Geschlechter. Frauen sind der Farbe zugeneigt, Männer mögen sie selten. Noch ausgeprägter ist diese Spaltung wohl nur bei Rosarot.

Violett findet ebenso wenig in jedem Buch über Farben Erwähnung wie Orange. Doch anders als bei Orange spiegelt diese Vernachlässigung die Präsenz der Farbe in unserer Umwelt. Mit Ausnahme mancher Blüten findet sich Violett in der Natur eher selten. Künstlich können wir heute zwar jede Farbe herstellen, doch Violett hat das zu keinerlei Popularität verholfen.

Eigenschaften: neutral zwischen kühlem Blau und warmem Rot, ausgeglichen zwischen aktivem Rot und passivem Blau

Assoziationen: Feminismus, Phantasie, Transzendenz, Katholizismus, Meditation, Esoterik, Magie, Zauberei, Geheimnis, Individualität, Exzentrik, Reichtum, königlich, künstlich, zwiespältig

Anwendung: zentrale Farbe in der christlichen Liturgie

Steht für: Yahoo!, Milka, FedEx, Monster (Stellenportal), BenQ

CMYK: Sekundärfarbe
(50 % C + 100 % M)

RGB: Sekundärfarbe
(127 R + 255 B)

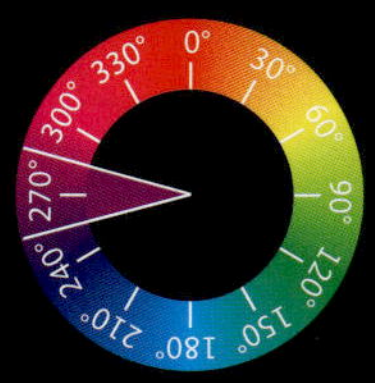

HSB: 270° (≈ 255°–285°)

CMYK = 50 | 70 | 0 | 0
HEX ≈ 9560A4
HSB ≈ 286 | 42 | 64
≈ Amethyst

CMYK = 50 | 100 | 0 | 0
HEX ≈ 951981
HSB ≈ 310 | 83 | 59
≈ Violett
≈ Lila

CMYK = 50 | 100 | 0 | 10
HEX ≈ 8B1878
HSB ≈ 310 | 82 | 54
≈ Verkehrspurpur

CMYK = 30 | 40 | 0 | 20
HEX ≈ A28DB1
HSB ≈ 275 | 20 | 69
≈ Blassviolett
≈ Blasslila
≈ Zartviolett

CMYK = 70 | 80 | 0 | 10
HEX ≈ 64428C
HSB ≈ 268 | 53 | 55
≈ Veilchenblau
≈ Veilchenviolett

CMYK = 60 | 100 | 0 | 50
HEX ≈ 530D50
HSB ≈ 300 | 90 | 31
≈ Auberginevíolett

CMYK = 40 | 50 | 0 | 0
HEX ≈ 170 | 140 | 190
HSB ≈ 276 | 26 | 25
≈ Flieder

CMYK = 90 | 100 | 10 | 10
HEX ≈ 432573
HSB ≈ 264 | 68 | 45
≈ Blauviolett
≈ Ultramarinviolett

CMYK = 70 | 90 | 0 | 60
HEX ≈ 3D184A
HSB ≈ 284 | 67 | 29
≈ Dunkelviolett

Komplementär: Gelbgrün

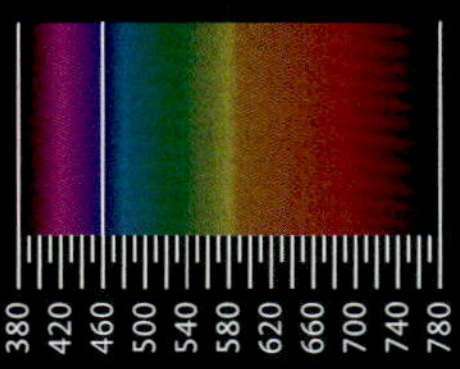

Spektrum: ≈ 380–460 nm

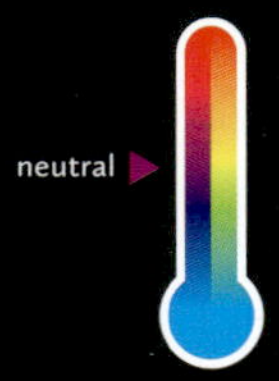

Empfundene Farbtemperatur

Magenta, Purpur und Rosarot

Rot, Orange, Gelb, Grün, Cyan, Blau und Violett existieren als Spektralfarben, auf Magenta trifft das nicht zu – es kommt erst zustande, wenn kurzwelliges Violett mit langwelligem Rot gemischt wird. Es ist das Bindeglied zwischen Rot und Violettblau, das notwendig ist, um einen Farbenkreis zu schließen.

Magenta entspricht neben Violett und Dunkelrot einem der Farbtöne, die aus der Purpurschnecke gewonnen werden. Im deutschen Sprachraum wird Purpur klassisch mit einem dunklen Rot (Königsrot) verbunden, im Englischen steht der Begriff »Purple« hingegen für Violett. Landläufig hat sich für Magenta der Begriff Pink etabliert.

Bildet man mit drei Primärfarben und ihren Sekundärtönen einen Kreis und erweitert ihn um je eine Mischfarbe aus Primär- und Sekundärfarbe, entsteht ein System mit zwölf Tönen. Als Mischung von Magenta und Rot ergibt sich ein Ton, der nur geringen Unterschied zu seinen Basisfarben aufweist und den ich hier Krapprot nenne. Aufgrund des geringen Unterschieds zu Magenta und seiner kaum eigenständigen Bedeutung behandle ich ihn in diesem Kapitel auch nicht gesondert, sondern auf dieser Seite zusammen mit Magenta. Die Grenze zwischen Violett, Magenta und Purpur verläuft fließender und unklarer als jene zwischen den meisten anderen Farben.

Helles Purpur führt zu einem kühlen Rosarot. Rosa wird wie Hellblau, und noch viel mehr als dieses, als Babyfarbe wahrgenommen, gilt als kindlich und süßlich und wird häufig mit Homosexualität assoziiert. Zusammen mit Pink genoss Rosa lange Zeit den Ruf der *Tussi-Farbe*, was den Tönen vielleicht auch dazu verholfen hat, gleichzeitig bei selbstbewussten jungen Frauen für *Girlie-Power* zu stehen.

Der Zartheit blasser und der Schrillheit kräftiger Purpurtöne steht dunkles Purpur erhaben gegenüber, vermittelt Ruhe und Würde. Früher entschieden Männer in purpurnen Roben über Leben und Tot. Bis in die Neuzeit hinein gab es klare Kodizes, welchen Bevölkerungsgruppen welche Farben zustehen. Diese Verknüpfungen von Stand und Farbe müssen den Menschen in Fleisch und Blut übergegangen sein. Wer sich nicht an die Regeln hielt, musste mit Strafen bis hin zum Tod rechnen. Dementsprechend groß war der Respekt vor purpurn gewandeten Personen.

Eigenschaften: aktiv, plakativ, warm

Assoziationen: feminin, Frauen-Power, Girlie-Power, Kleinkind, süß, Zucker, Bonbon, mädchenhaft, Homosexualität, romantisch, freundlich, einfühlsam, zart, Schweinchen

Anwendung: Bischofsfarbe

Steht für: Barbie, Deutsche Telekom, Pink Panther, Cosmopolitan, Victoria's Secret

CMYK = 60 | 100 | 50 | 20
HEX ≈ 110 | 30 | 75
HSB ≈ 329 | 71 | 44
≈ Bordeauxviolett
≈ Heidelbeerrot

CMYK = 30 | 60 | 0 | 30
HEX ≈ 93628C
HSB ≈ 306 | 34 | 57
≈ Malve

CMYK = 10 | 70 | 10 | 0
HEX ≈ 220 | 105 | 155
HSB ≈ 334 | 51 | 87
≈ Rosarot
≈ Erikaviolett

CMYK = 0 | 100 | 0 | 0
HEX ≈ E3007C
HSB ≈ 327 | 100 | 89
≈ Magenta
≈ Purpur
≈ Pink

CMYK = 0 | 100 | 50 | 0
HEX ≈ E50051
HSB ≈ 339 | 100 | 90
≈ Krapprot

CMYK = 0 | 70 | 30 | 10
HEX ≈ 220 | 100 | 120
HSB ≈ 349 | 54 | 86
≈ Altrosa
≈ Rosé

CMYK = 0 | 50 | 15 | 0
HEX ≈ F39DB1
HSB ≈ 346 | 35 | 95
≈ Hellrosa
≈ Zartrosa
≈ Babyrosa
≈ Schweinchenrosa

Magenta | CMYK: Primärfarbe

Krapprot | CMYK: Sekundärfarbe
(100 % M+ 50 % Y)

Magenta | RGB: Sekundärfarbe
(255 R + 255 B)

Krapprot | RGB: Sekundärfarbe
(127 R + 255 B)

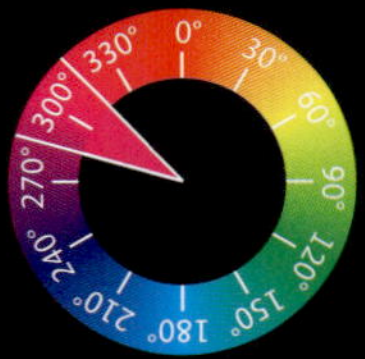

Magenta | HSB: 300°
(≈ 285°–315°)

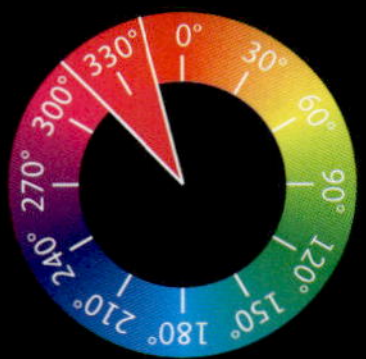

Krapprot | HSB: 330°
(≈ 315°–345°)

Magenta | Komplementär:
Grün

Krapprot | Komplementär:
Blaugrün

Keine Spektralfarben

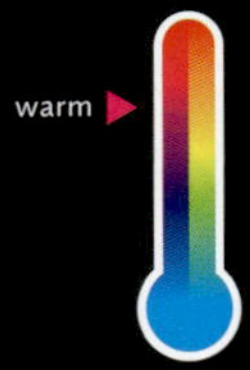

Empfundene Farbtemperatur

Braun

Braun gehört in unseren Breiten zu den unbeliebtesten Farben, was allerdings im Gegensatz zur Anzahl brauner Produkte steht, mit denen wir uns umgeben. Viele natürliche Materialien sind braun: Leder ebenso wie Holz, Erde und viele Lebensmittel.

Als Tertiärfarbe vermischt es alle drei Grundfarben, was die Eigenschaften und Wirkungen verwässert, die pure Farben auf uns haben. Braun ist deshalb grundsätzlich weder aktiv noch passiv, weder beruhigend noch anregend, weder plakativ noch zurückhaltend. In gewisser Weise ist es ebenso neutral wie Grau, allerdings ohne die Tristesse unbunter Schattierungen. Wo Grau nüchtern, kalt und steril wirkt, verbreitet Braun Gemütlichkeit und Wärme. Die Wärme hat es von den Rot- und Orangetönen, die in Braun dominieren, ohne dabei jedoch die Aufgeregtheit der reinen Töne zu erben.

Braun ist erdig und bodenständig. Es ist unauffällig und tritt in den Hintergrund. Das macht es wenig interessant für die visuelle Kommunikation. Es hat weder die Neutralität von Grau noch die Aussagekraft und Wirkung reiner Bunttöne. Wenn Braun überhaupt etwas aussagt, dann: »Ich bin bieder.«

Das erdige Braun lässt sich gut mit Lebensmitteln und Natürlichkeit verbinden. Es ist eine gute Alternative zum »Bio«-Grün. Die Kehrseite der Natürlichkeit bilden weniger appetitliche Assoziationen wie Kot, Dreck und verrottete Lebensmittel.

Eigenschaften: neutral, unaufgeregt, zurückhaltend

Assoziationen: Schokolade, Kaffee, Leder, Holz, Tabak, Herbst, erdig, organisch, natürlich, Behaglichkeit, bieder, konservativ, Tradition, Outdoor, Militär

Anwendung: Einrichtung und Innenarchitektur, Bekleidung, Tarnfarbe

Steht für: UPS, Nescafé, Nationalsozialismus

CMYK: Tertiärfarbe (C + M + Y)

RGB: Tertiärfarbe (R + G + B)

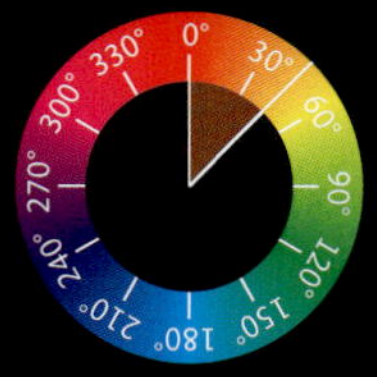

HSB: ≈ 0°– 45°

Keine Spektralfarbe

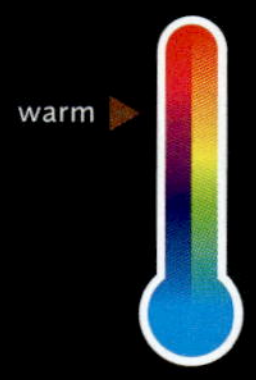

Empfundene Farbtemperatur

CMYK = 27 | 75 | 100 | 0
HEX ≈ AD561B
HSB ≈ 24 | 84 | 68
≈ Orangebraun
≈ Rötel

CMYK = 20 | 100 | 100 | 40
HEX ≈ 89150D
HSB ≈ 4 | 91 | 54
≈ Braunrot

CMYK = 20 | 80 | 100 | 80
HEX ≈ 461A00
HSB ≈ 22 | 100 | 28
≈ Rotbraun
≈ Kastanienbraun

CMYK = 0 | 42 | 71 | 46
HEX ≈ 9E6E37
HSB ≈ 32 | 65 | 62
≈ Ockerbraun

CMYK = 60 | 80 | 100 | 0
HEX ≈ 81492B
HSB ≈ 21 | 66 | 51
≈ Sepiabraun

CMYK = 0 | 55 | 90 | 83
HEX ≈ 4D2A00
HSB ≈ 33 | 100 | 30
≈ Nussbraun
≈ Schokoladenbraun

CMYK = 30 | 40 | 70 | 0
HEX ≈ C09A5D
HSB ≈ 37 | 51 | 75
≈ Braunbeige

CMYK = 68 | 81 | 100 | 0
HEX ≈ 72452D
HSB ≈ 21 | 60 | 45
≈ Rehbraun
≈ Tabakbraun

CMYK = 42 | 61 | 85 | 0
HEX ≈ 47301A
HSB ≈ 30 | 63 | 28
≈ Terrabraun
≈ Kaffeebraun

CMYK = 50 | 50 | 70 | 0
HEX ≈ 47301A
HSB ≈ 30 | 63 | 28
≈ Kaki

CMYK = 55 | 53 | 84 | 0
HEX ≈ 8A7749
HSB ≈ 42 | 47 | 54
≈ Grünbraun

CMYK = 70 | 90 | 90 | 70
HEX ≈ 31190F
HSB ≈ 16 | 69 | 19
≈ Schwarzbraun
≈ Haselnussbraun

Grau (Farbe)

Grau ist das Mauerblümchen der Farbtöne – das stille Wasser, das tief ist. Keine andere Farbe ist so vielseitig wie Grau. Es kann absolut neutral zwischen allen Farbpolen stehen oder aber ins Rötliche, Bläuliche, Grünliche oder Gelbliche tendieren.

Neutrales Grau verträgt sich mit jedem Buntton. Man sollte allerdings darauf achten, dass ein deutlicher Helligkeitsunterschied zwischen ihnen besteht – Farben gleicher Helligkeit geraten gerne in Konflikt, wenn sie direkt aufeinandertreffen.

Auch wenn Blau *hintergründiger* wirkt – Grau ist zurückhaltender. Keine Buntheit heißt keine Aktivität. Grau ist noch unauffälliger als Braun. Es ist die Farbe ohne Eigenschaften. Es steht für nüchterne Distanz und emotionslosen Intellekt.

Obschon Grau an sich eine neutrale Farbtemperatur aufweist – oder gar keine? –, empfinden wir es eher kühl. Silber, Stahl, Beton und Aluminium sind grau. Die Wirkung dieser Materialien ist ebenso *cool* wie kühl.

Eigenschaften: neutral, kühl, zurückhaltend

Assoziationen: Stein, Sand, Beton, Metall, Silber, Design, Architektur, Urbanität, Alter, Weisheit, Seriosität, Nüchternheit, schlechtes Wetter, Depression

Anwendung: Architektur, Maschinenbau

Steht für: Mercedes, Swarovski, Nestlé, Wikipedia

CMYK = 5 | 0 | 5 | 20
HEX ≈ D1D5D2
HSB ≈ 135 | 2 | 84
≈ Lichtgrau
≈ Pastellgrau

CMYK = 0 | 0 | 20 | 40
HEX ≈ B2AF9B
HSB ≈ 53 | 13 | 70
≈ Kieselgrau
≈ Sand
≈ gelbliches Grau

CMYK = 56 | 43 | 56 | 0
HEX ≈ 858776
HSB ≈ 68 | 13 | 53
≈ Moosgrau
≈ grünliches Grau

Theoretisch: C + M + Y
Praktisch: X % K

RGB: R + G + B
zu gleichen Teilen

HSB: 0 % Sättigung

CMYK = 0 | 0 | 0 | 50
HEX ≈ 9D9C9C
HSB ≈ 0 | 0 | 62
≈ 50-%-K-Mittelgrau
≈ Neutralgrau
≈ Kaltgrau
≈ Signalgrau

CMYK = 45 | 35 | 37 | 0
HEX ≈ 9D9C9C
HSB ≈ 0 | 0 | 62
≈ CMY-Mittelgrau

CMYK = 66 | 54 | 55 | 0
HEX ≈ 6D7270
HSB ≈ 160 | 3 | 44
≈ Mausgrau

CMYK = 5 | 15 | 43 | 0
HEX ≈ 1ABA599
HSB ≈ 40 | 11 | 67
≈ Warmgrau
≈ rötliches Grau

CMYK = 10 | 0 | 0 | 40
HEX ≈ A4ACB1
HSB ≈ 203 | 7 | 70
≈ Silbergrau
≈ bläuliches Grau

CMYK = 19 | 0 | 0 | 76
HEX ≈ 374546
HSB ≈ 183 | 22 | 27
≈ Eisengrau
≈ Schiefergrau

CMYK = 9 | 0 | 14 | 49
HEX ≈ 949991
HSB ≈ 100 | 5 | 60
≈ Steingrau

CMYK = 88 | 79 | 73 | 0
HEX ≈ 44474C
HSB ≈ 220 | 10 | 30
≈ Grafitgrau
≈ Anthrazitgrau

CMYK = 10 | 0 | 0 | 92
HEX = 313435
HSB = 195 | 8 | 21
≈ Schwarzgrau

Keine Spektralfarben

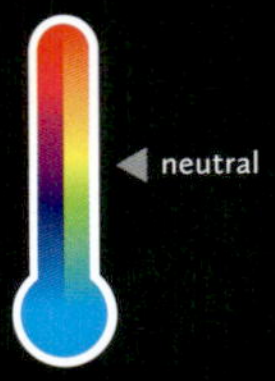

Empfundene Farbtemperatur

Weiß

Weiß ist alles und nichts. Es vereint das gesamte Farbenspektrum in einem Lichtstrahl und erzählt uns doch so viel wie ein leeres Blatt Papier. Es steht für Unschuld, Frieden und Neubeginn. Weiß ist die Farbe von Schnee und dennoch nicht kalt. Weiß steht für Reinheit – wer immer dem rechten Pfad folgt, behält eine weiße Weste. Kaum eine negative Assoziation, die mit dieser Farbe verbunden wird.

Weiß wird auch mit Blässe verbunden, und wenn sich die Farbe überhaupt mit etwas Zwielichtigem verbinden lässt, dann mit dem Spuk von Gespenstern. Doch Gespenster sind nicht immer zum Fürchten, schon gar nicht jene, die als weiße Lichtgestalten erscheinen, und Blässe kann durchaus nobel sein.

Eigenschaften: zurückhaltend, hell, neutral

Assoziationen: Licht, Helligkeit, Frieden, weiße Taube, weiße Fahne, das Gute, Unschuld, Reinheit, Redlichkeit, Neuanfang, leeres Blatt, Erleuchtung

Anwendung: bevorzugte Farbe für Firmenfahrzeuge, Rotkreuz-/Rothalbmond-Fahrzeuge

Steht für: Hochzeit, WWF, The New York Times

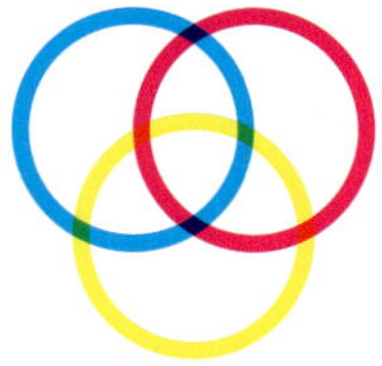

CMYK: Basis (Papier)
0 % C + 0 % M + 0 % Y

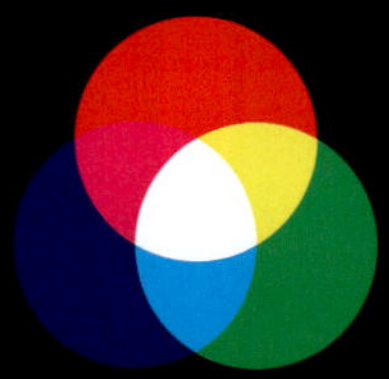

RGB: 255 R + 255 G + 255 B

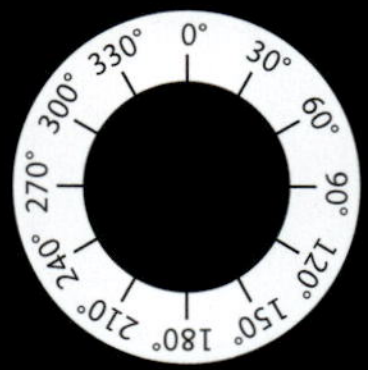

HSB: 100 % Sättigung
+ 100 % Helligkeit

CMYK = 0 | 0 | 10 | 5
HEX ≈ F6F4E5
HSB ≈ 51 | 7 | 97
≈ Perlweiß
≈ Cremeweiß

CMYK = 0 | 0 | 0 | 0
HEX ≈ FFFFFF
HSB ≈ 0 | 0 | 100
≈ Weiß
≈ Schneeweiß

CMYK = 0 | 5 | 10 | 10
HEX ≈ ECE3D8
HSB ≈ 33 | 8 | 93
≈ Elfenbein
≈ Hellelfenbein

CMYK = 0 | 0 | 0 | 10
HEX ≈ ECECEC
HSB ≈ 0 | 0 | 93
≈ Grauweiß

CMYK = 5 | 0 | 5 | 10
HEX ≈ E3E8E4
HSB ≈ 136 | 2 | 91
≈ Papyrusweiß

CMYK = 0 | 0 | 0 | 16
HEX = E1E1E1
HSB = 0 | 0 | 88
≈ Seidenweiß

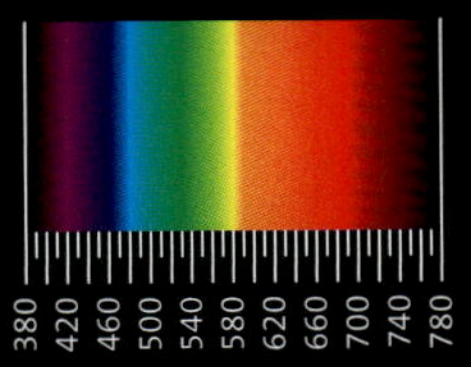

Gesamtes Spektrum

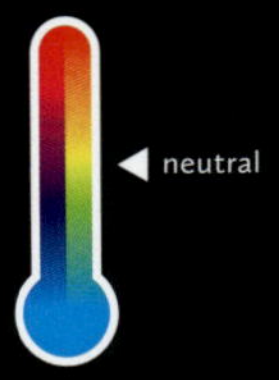

Empfundene Farbtemperatur

Schwarz

Schwarz ist in jeder Beziehung das Gegenteil von Weiß. Es steht für Tod, Trauer, Depression und die Leere eines bodenlosen Abgrunds. Dunkelblau mag für die Nacht stehen, Schwarz steht für absolute Dunkelheit. In völliger Dunkelheit sind wir des Sehsinns beraubt und schutzlos ausgeliefert.

Doch Schwarz ist nicht nur negativ belegt. Die Farbe ist ebenso seriös wie elegant. Ob Smoking, Frack oder Businessanzug – Schwarz ist für Herren nie unangemessen. Und auch die Dame ist im schwarzen Business-Kostüm, Abendkleid oder dem *kleinen Schwarzen* gut gekleidet. Modefarben kommen und gehen, doch Schwarz ist niemals out.

Auch wenn in postfaktischen Zeiten Tatsachen zur Auslegungssache nach Tagesverfassung werden, hat *Schwarz auf Weiß* noch immer seinen Wert.

Eigenschaften: bringt andere Farben zum Strahlen und bildet maximalen Kontrast

Assoziationen: Tod, Trauer, das Böse, Unglück, Schwere, Leere, Abgrund, Nichts, Seriosität, Glaubwürdigkeit, Wahrheit, Eleganz, Erotik

Anwendung: absolut dominante Farbe für Lesetext, Leichenwagen

Steht für: Adidas, Hugo Boss, Prada

Theoretisch: je 100 % C + M + Y
Praktisch: 100 % K

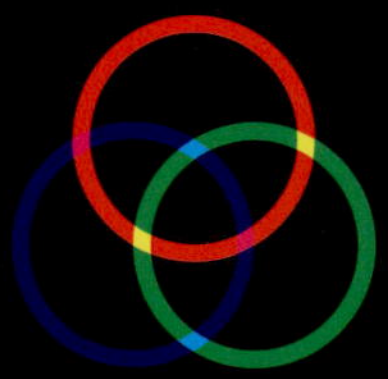

RGB: 0 R + 0 G + 0 B

HSB: 0 % Helligkeit

CMYK = 70 | 0 | 0 | 100
HEX ≈ 000000
HSB ≈ 0 | 0 | 0
≈ Tiefschwarz 1

CMYK = 0 | 0 | 0 | 100
HEX ≈ 1C1C1B
HSB ≈ 54 | 5 | 11
≈ CMYK-Schwarz

CMYK = 50 | 50 | 0 | 100
HEX ≈ 000000
HSB ≈ 0 | 0 | 0
≈ Tiefschwarz 2

CMYK = 90 | 60 | 30 | 95
HEX ≈ 000214
HSB ≈ 235 | 100 | 8
≈ Blauschwarz

CMYK = 60 | 60 | 60 | 100
HEX ≈ 000000
HSB ≈ 0 | 0 | 0
≈ Tiefschwarz 3

CMYK = 73 | 64 | 55 | 97
HEX ≈ 000000
HSB ≈ 0 | 0 | 0
≈ Tiefschwarz 4

Gesamtes Spektrum

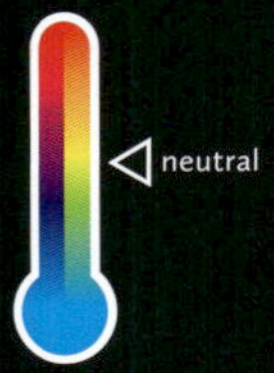

Empfundene Farbtemperatur

Kapitel 5: **Farbsysteme**

Farbsysteme

Farbe ist vielseitig und schwer zu fassen, und es scheint kaum möglich, die physikalischen Aspekte mit der Empfindung in Einklang zu bringen. Das Spektrum der Farben, ihre Mischungen sowie Sättigungs- und Helligkeitsabstufungen gehen fließend ineinander über. Grenzen zwischen Farbtönen lassen sich nur willkürlich ziehen. Und wir wissen auch nicht, wie unterschiedlich Individuen Farbtöne wahrnehmen.

Dennoch brauchen wir Ordnungssysteme, um uns über Farbe unterhalten und austauschen zu können. Künstler suchen seit Jahrhunderten danach, um daraus Harmonien abzuleiten und das Mischverhalten besser zu verstehen. Die Industriegesellschaft benötigt Normen, um Farben mit möglichst geringen Abweichungen weltweit reproduzierbar zu machen. All das verlangt nach Vereinheitlichung, sosehr sich Farbe auch der Eindeutigkeit entziehen mag.

Bislang ist es nicht gelungen, *ein* Modell zu entwickeln, das alle Aspekte erklärt und für alle Anwendungsbereiche geeignet ist. Die Probleme beginnen schon, wenn man versucht, die Frage der Grundfarben zu klären. Psychologisch gelten Rot, Grün, Blau und Gelb als Grundfarben, physikalisch hingegen genügen drei: Bei Lichtmischung Rot, Grün und Blau, bei Pigmentmischung Cyan, Magenta und Gelb. So darf es nicht verwundern, dass es über 200 unterschiedliche Ansätze für Ordnungssysteme gibt.

LAB
x·rite
colorchecker
matt gestrichen
matte-coated
PANTONE®
THE PLUS SERIES
"Optics/Chromatics" by
Timea Andorka. View the
complete project on Pantone
Canvas at pantone.com/timea.
HKS
K
HKS
N
Farben für Naturpapier
Inks for uncoated paper
Encres pour papier nature
Colori per carta naturale
Tintas para papel natural
Colori per carta patinata
Tintas para papel couché
HKS®
colour.

Farbkreise

Bis ins 20. Jahrhundert hinein basierten die meisten Ordnungssysteme auf Farbkreisen. In ihnen wurden als Grundfarben betrachtete Töne konzentrisch angeordnet. Entwickler waren meist Künstler, Basis der Modelle Pigmentfarben. Erst im 17. Jahrhundert begann mit Isaac Newton die Erforschung von Lichtfarben, ab dem 19. Jahrhundert nahmen sich zunehmend Chemiker und Physiker den Phänomenen an.

Heute wissen wir, dass ein Kreis kein natürliches Ordnungsprinzip für Farben ist. Das Spektrum erstreckt sich vom kurzwelligen Violett zum langwelligen Rot und entspricht einer Linie, an deren einem Ende sichtbares Violett in Ultraviolett und am anderen sichtbares Rot in Infrarot übergeht. Sie zu einem Kreis zu verbiegen, ist an sich *widernatürlich*.

Doch auch wenn die Anordnung von Farben zu einem *Rad* kein Naturgesetz spiegelt, ist es pädagogisch und gestalterisch sinnvoll. Es hilft, Basisfarben für Mischungen, Komplementärfarben und Farbharmonien zu finden. Ausnahmsweise macht es einem Farbe auch nicht schwer, eine geschlossene Form zu bilden. Mischt man die Farben an den Enden des Spektrums – Violettblau und Rot –, entstehen Purpurtöne, zu denen auch Magenta gehört. Magenta ist sozusagen das *Missing Link,* um die Lücke zwischen kurzen und langen Wellen zu schließen.

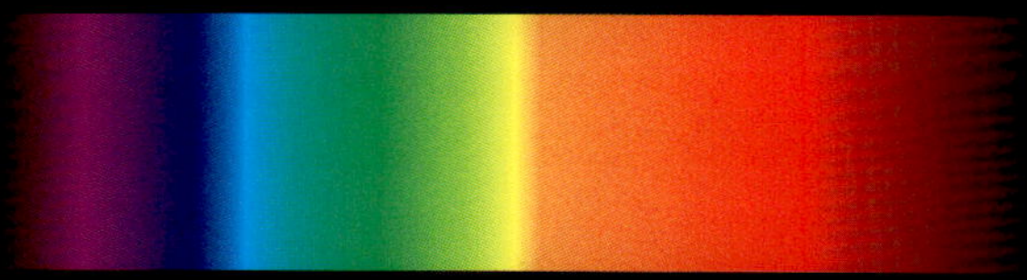

Die natürliche Ordnung der Spektralfarben entspricht einer Geraden, an deren Enden Violettblau einerseits und Rot andererseits in für uns nicht sichtbares Ultraviolett und Infrarot übergehen.

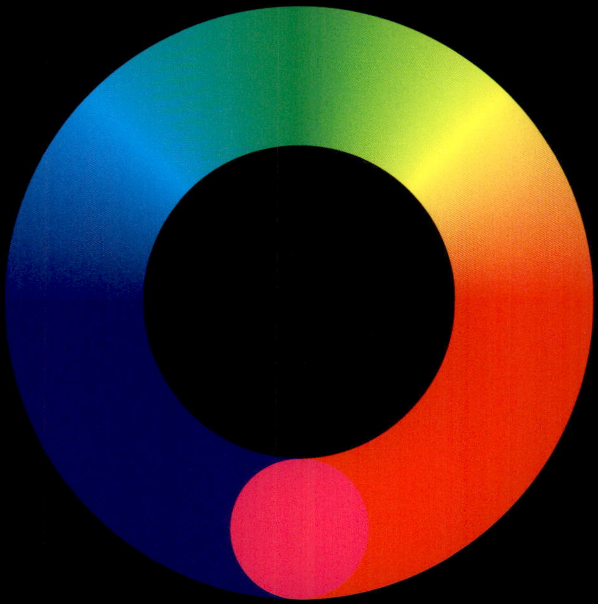

Wird die Gerade gebogen und werden die beiden flankierenden Lichtfarben Violettblau und Rot gemischt, entsteht Magenta als *Missing Link* zur Definition einer runden Farbordnung.

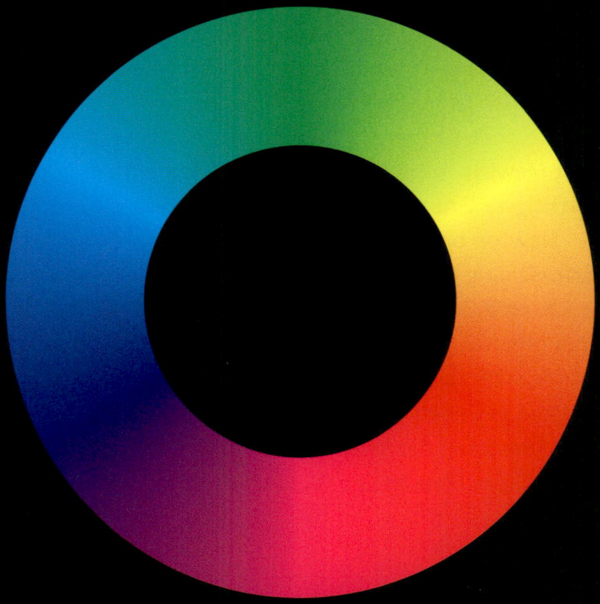

So erhalten wir einen Farbkreis, in dem Violett über Magenta und Krapprot zu Rot führt und der bereits weiter vorne als HSB-Kreis vorgestellt wurde.

Newton

Dass ein Glasprisma leuchtend bunte Farben erzeugt, wenn Licht hindurchgeleitet wird, war bereits vor Newton bekannt. Newton dürfte jedoch der erste gewesen sein, der mehr dahinter vermutete als eine witzige Spielerei der Natur. Er begann, das Phänomen systematisch zu erforschen, und entdeckte in den 1660er Jahren, dass sich Licht mittels Prismen nicht nur in die Farben des Regenbogens aufspalten lässt, sondern auch, dass man die bunten Lichtstrahlen wieder zu weißem Licht zusammenführen kann.

Seine Entdeckung lieferte bedeutende Grundlagen für die Physik. Ohne die dadurch gewonnenen Erkenntnisse gäbe es heute wohl weder Farbfernsehgeräte noch Computermonitore noch Digitalkameras. Seit Newton wissen wir, dass nicht Pigmente die wichtigste Grundlage für Farbe sind, sondern Licht.

Newton beließ es aber nicht bei der physikalischen Erforschung von Licht und Farbe, sondern versuchte auch, eine Ordnung abzuleiten. Wie schon andere vor ihm organisierte er sie im Kreis. Da er eine Analogie zur Akustik zu sehen glaubte, unterteilte er sein System in sieben Grundfarben, angelehnt an die sieben Tonstufen der Musik. Diese sieben Farben waren Gelb, Grün, Blau, Indigo, Violett, Rot und Orange.

Isaac Newton erforschte nicht nur die Physik von Licht und Farbe, sondern versuchte auch, ein Ordnungssystem für Farbe zu entwickeln, indem er sieben Grundfarben zu einem Farbkreis anordnete.

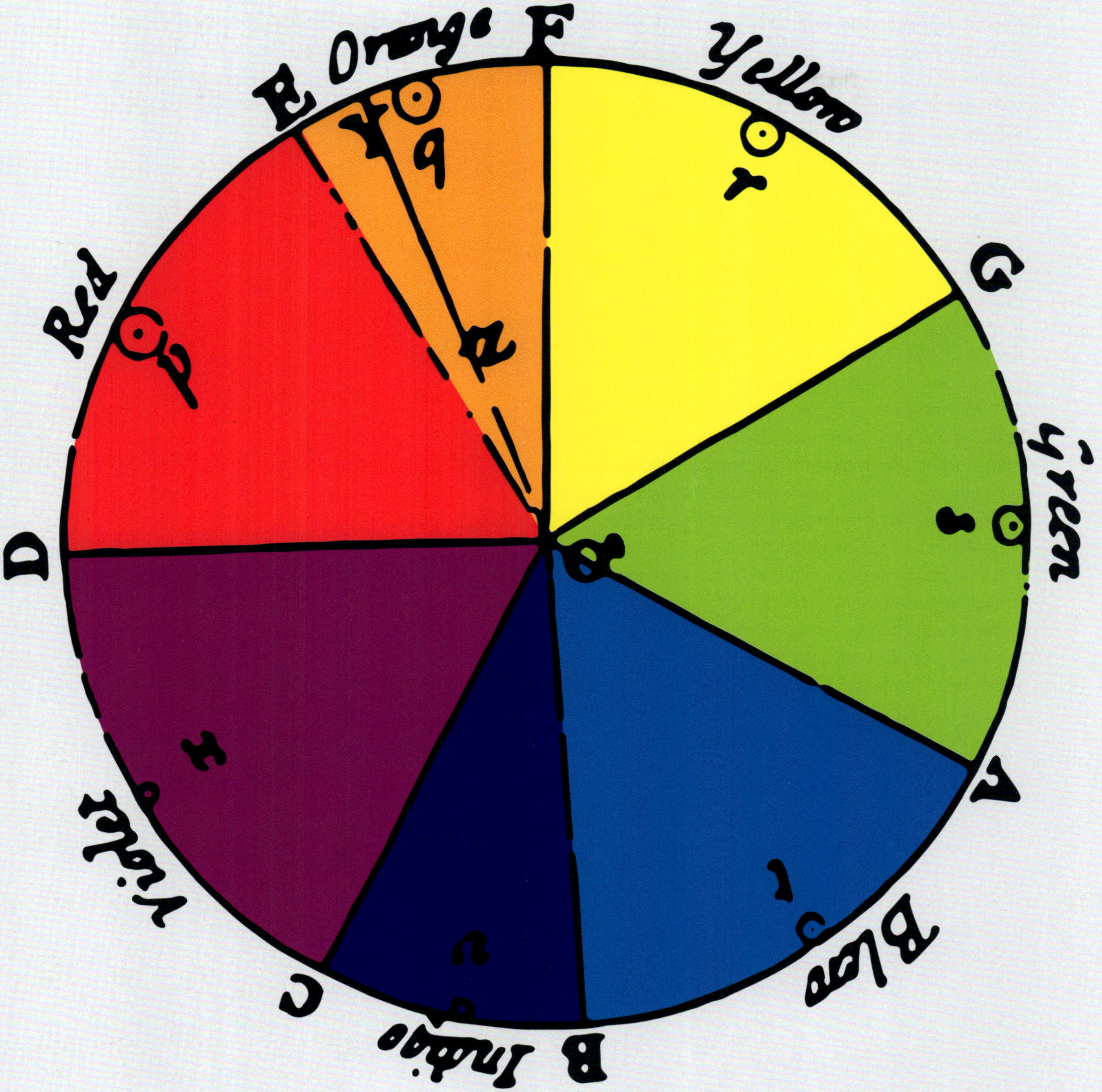
F
Orange
Yellow
E
G
Red
D
A
B
C

Goethe

Johann Wolfgang von Goethe war nicht nur Dichterfürst, sondern befasste sich auch ausgiebig mit Farbe. Für ihn war Licht von göttlicher Reinheit und die Vorstellung, es sei schlicht ein Bündel bunter Spektralfarben, wie Newton behauptete, ein Affront gegen die Erhabenheit der Schöpfung.

Sein System baut auf der Dualität von Licht und Finsternis auf. Davon leitet er seine beiden Grundfarben Gelb (Licht) und Blau (Schatten) ab. Durch Steigerung, was konkret das Hinzufügen von Rot bedeutete, entstehe Blaurot (Violettblau) und Gelbrot (Orange), an der Vollendung der Steigerung stehe als höchste Farbe Purpur.

Praktisch ist nicht nachvollziehbar, weshalb auf zwei Grundfarben aufgebaut wird und warum Rot der Status eines Verstärkers zuteilwird. Allerdings muss man Goethes Farbsystem wohl eher als philosophisches Prinzip denn als heute wissenschaftlich haltbare Theorie oder Praxisgrundlage begreifen. Umso erstaunlicher, dass seine Farbenlehre noch heute so viel Beachtung findet. Ich denke, man sollte ihr den Stellenwert zuweisen, der ihr gebührt: als Meilenstein in der Geschichte der Farbenlehre, die andere Wissenschaftler beeinflusste, aber heute als überholt angesehen werden muss.

Johann Wolfgang von Goethes Farbkreis muss heute als philosophisches Konzept vor seinem historischen Hintergrund betrachtet werden. Ein praktischer Nutzen für die Anwendung im Design lässt sich kaum davon ableiten.

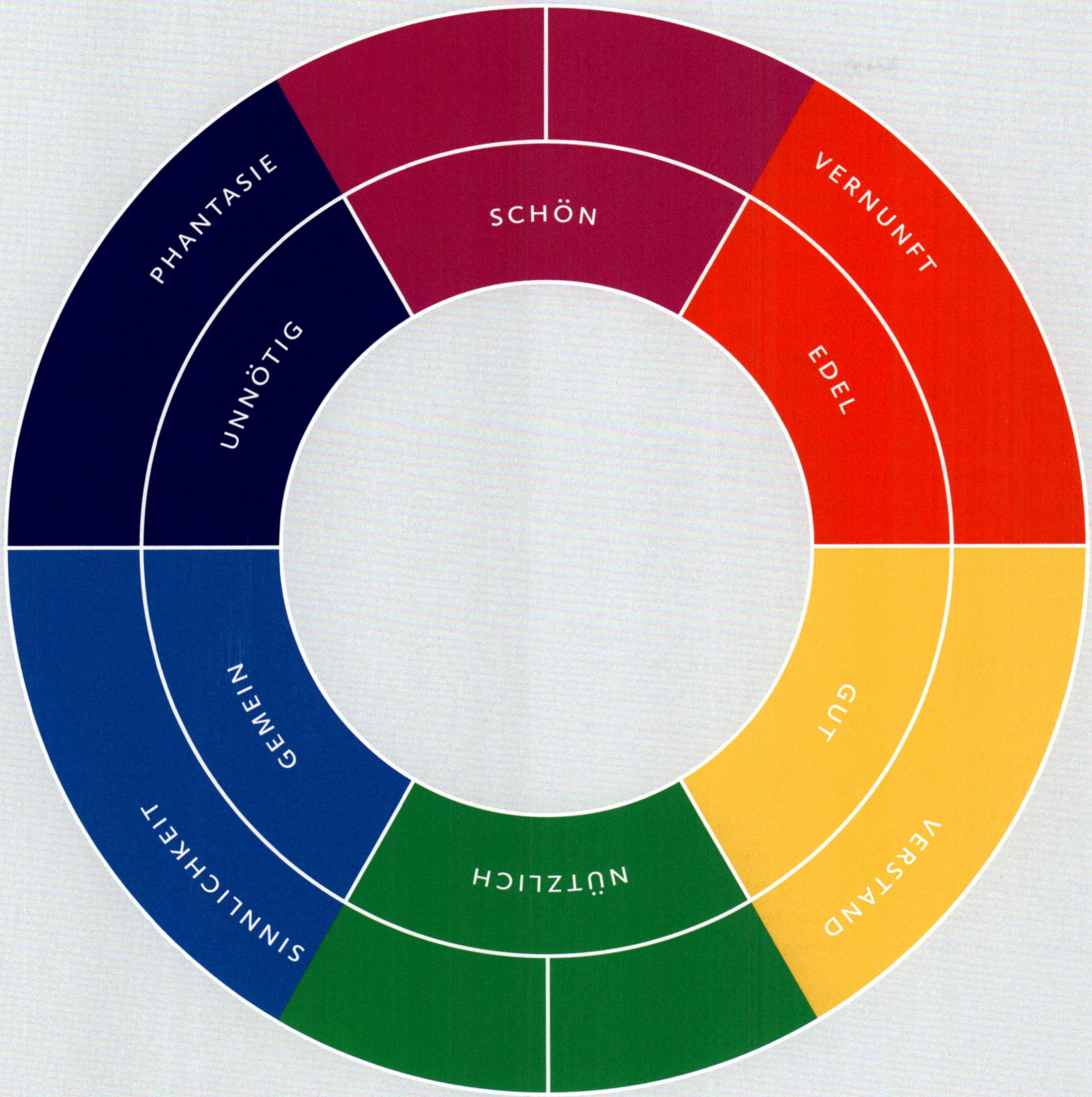
SCHÖN
VERNUNFT
EDEL
GUT
VERSTAND
NÜTZLICH
GEMEIN
SINNLICHKEIT
UNNÖTIG
PHANTASIE

Itten

Johannes Itten war Maler und Kunstpädagoge und unterrichtete unter anderem von 1919 bis 1923 am staatlichen Bauhaus in Weimar. Sein zwölfteiliger Farbkreis dominiert bis heute Kunsterziehung und Gestaltungsunterricht.

Ittens Primärfarben sind Rot, Gelb und Blau, aus denen sich die Sekundärfarben Orange, Grün und Violett ergeben. Natürlich lassen sich mit seinen drei Primärfarben auch alle Mischfarben seines Farbkreises erzielen. Schwierig wird es aber, wenn man versucht, darüber hinaus möglichst kräftige Mischfarben zu erzielen. Nicht umsonst haben sich für den Vierfarbendruck Cyan, Magenta und Gelb durchgesetzt.

Harald Küppers kritisiert an Ittens Farbkreis, dass die Komplementärfarben kein neutrales Grau ergeben. Itten allerdings begründet seinen Kreis damit, dass sich aus der Ordnung *gefällige Harmonien* ableiten lassen sollen. Seine Gegenfarben dürften wohl eher von dem abgeleitet sein, was Itten als gegensätzlich *empfand*, als von praktischer Physik.

Es ist sicher nicht unwesentlich auf Ittens Modell zurückzuführen, dass sich Rot und Grün in der landläufigen Meinung als *das* prototypische Komplementärfarbenpaar etabliert haben. Physikalisch jedoch ist der Gegenpol des von Itten gewählten Rot näher an Cyanblau als an Grün. Natürlich kann man sich auf den Standpunkt stellen, dass Farbempfinden für die Farbwahl in der Gestaltung wichtiger sein sollte als physikalische Realitäten. Doch weshalb sollte sich eine echte Komplementärfarbe weniger gegensätzlich anfühlen als eine *willkürlich* gewählte?

Wenn Sie heute mit Hilfe einer Suchmaschine nach dem Begriff »Farbkreis« suchen, dürfte das Modell Ittens am häufigsten auftauchen. Es dominiert die Kunsterziehung ebenso wie die Designausbildung. Leider ist das Modell fragwürdig. Die drei Grundfarben kommen rasch an ihre Grenzen, wenn es darum geht, leuchtende Mischfarben zu erzeugen, und die gegenübergestellten Komplementärfarben sind nicht gegensätzlich: Sie neutralisieren sich nicht zu Grau, sondern ergeben schmutzige Brauntöne.

Küppers

Harald Küppers stellte in den 1970er Jahren eine Farbenlehre vor, die einen pragmatischen Ansatz sucht und auf seinen Erfahrungen in der Druckindustrie basiert (Küppers entwickelte unter anderem einen Siebenfarbendruck). Sein Farbkreis vereint die primären Lichtfarben RGB und die primären Druckfarben CMY in einem Modell, wobei Küppers ein Sechseck statt eines Kreises als Form wählte.

Aus den primären Lichtfarben Rot, Grün und Blau ergeben sich die Sekundärfarben Cyan, Magenta und Gelb. Umgekehrt ergeben die primären Körperfarben Cyan, Magenta und Gelb deren Sekundärfarben Rot, Grün und Blau (Violettblau).

Die Zusammenführung von Bildschirm- und Druckgrundfarben in einem einfachen, sich gegenseitig ergänzenden und überschaubaren Modell macht Küppers' Farbenlehre für Mediengestalter besonders interessant. Da es auf RGB als Urfarben aufbaut, ist es deckungsgleich mit dem im HSB-Modell genutzten Farbkreis (worauf wir noch kommen). Deshalb basieren auch die weiter hinten folgenden Erklärungen zur Farbgestaltung auf diesem Modell.

Küppers definiert Rot (Orangerot), Grün und Blau (Violettblau) zusammen mit Cyanblau, Magentarot und Gelb sowie den unbunten Tönen Schwarz und Weiß als acht Grundfarben. Anders als bei Itten neutralisieren sich seine Komplementärfarben tatsächlich zu Grau. Anstatt Rot–Grün finden wir hier Rot–Cyan bzw. Grün–Magenta einander gegenüberliegend.

Es gibt allerdings auch Kritik: Betrachtet man das Farbsechseck, stellt man fest, dass die Unterschiede zwischen den Tönen alles andere als gleichmäßig wirken. Während Gelb zwischen Gelborange und Gelbgrün förmlich hervorsticht, sind die Abstufungen von Magenta nach Rot kaum zu erkennen. Das spiegelt allerdings das generelle Problem der Farbsystematik wider, Physik und Empfindung unter einen Hut zu bringen.

Küppers' Farbmodell spiegelt die Anforderungen von Mediengestalter:innen zwischen Bildschirm-RGB und Druck-CMY. Die verwendeten Grundfarben sind optimal geeignet, ein breites Spektrum an Mischfarben zu erzielen, und die Komplementärfarben löschen sich aus. Weniger perfekt ist das System, wenn es darum geht, Farben nach gestalterischen Kriterien zu ordnen.
Die Helligkeit der Töne des Farbenkreises ist sehr unterschiedlich, und während die Unterschiede zwischen manchen benachbarten Mischfarben deutlich ausfallen, ist andernorts der Übergang von einem Ton zum Nachbarn kaum zu erkennen.

Hering

Auch wenn Itten seine Grundfarben gefühlsmäßig auswählte, ging er doch so wie Küppers vom Mischverhalten der Farben aus. Der Physiologe und Hirnforscher Ewald Hering hingegen definierte seine in den 1870ern veröffentlichte Gegenfarbtheorie rein auf Basis der Empfindungen. Entsprechend geht er von vier Grundfarben aus, nämlich Rot, Grün, Blau und Gelb.

In Herings Modell bilden Rot und Grün sowie Blau und Gelb jeweils Gegenpole. Er erklärt, dass man sich zwar ein gelbliches oder bläuliches Grün, doch niemals ein rötliches vorstellen kann – die beiden Empfindungen schließen sich gegenseitig aus. Ebenso denkbar sind grünliches oder rötliches Blau, doch niemals gelbliches – auch Gelb und Blau schließen sich aus.

Anzumerken ist, dass sich Komplementärfarben generell ausschließen: Es gibt kein rötliches Cyan, kein gelbliches Violettblau und kein grünliches Magenta. Ebenso undenkbar sind bläuliches Orange und grünliches Violett. Komplementärfarben löschen sich als Farbempfindung immer aus – Grau liegt als unüberwindbare Hürde zwischen ihnen.

Ewald Herings Farbkreis basiert auf den psychologischen Grundfarben Rot, Grün, Blau und Gelb. Wie bei Itten werden Rot/Grün und Blau/Gelb als komplementäre Farbenpaare gegenübergestellt, allerdings handelt es sich um gänzlich andere Nuancen der Töne. Das Grün ist hier bläulicher als bei Itten, das Rot eher purpur als orangerot; das Gelb ist rötlicher und das Blau näher am Violettblau denn am Cyanblau. Hier neutralisiert sich die Rot-Grün-Achse ebenso wie die Gelb-Blau-Achse.

Das System spiegelt zwar nicht die Medienwelt zwischen RGB und CMY, dafür wirken die Mischfarben harmonischer als bei Küppers: Wenn Sie die 16 Mischtöne hier mit den 12 von Küppers vergleichen, werden sie feststellen, dass die Farbtöne sowohl gleichmäßiger abgestimmt sind als auch in Helligkeit und Sättigung harmonischer miteinander wirken.

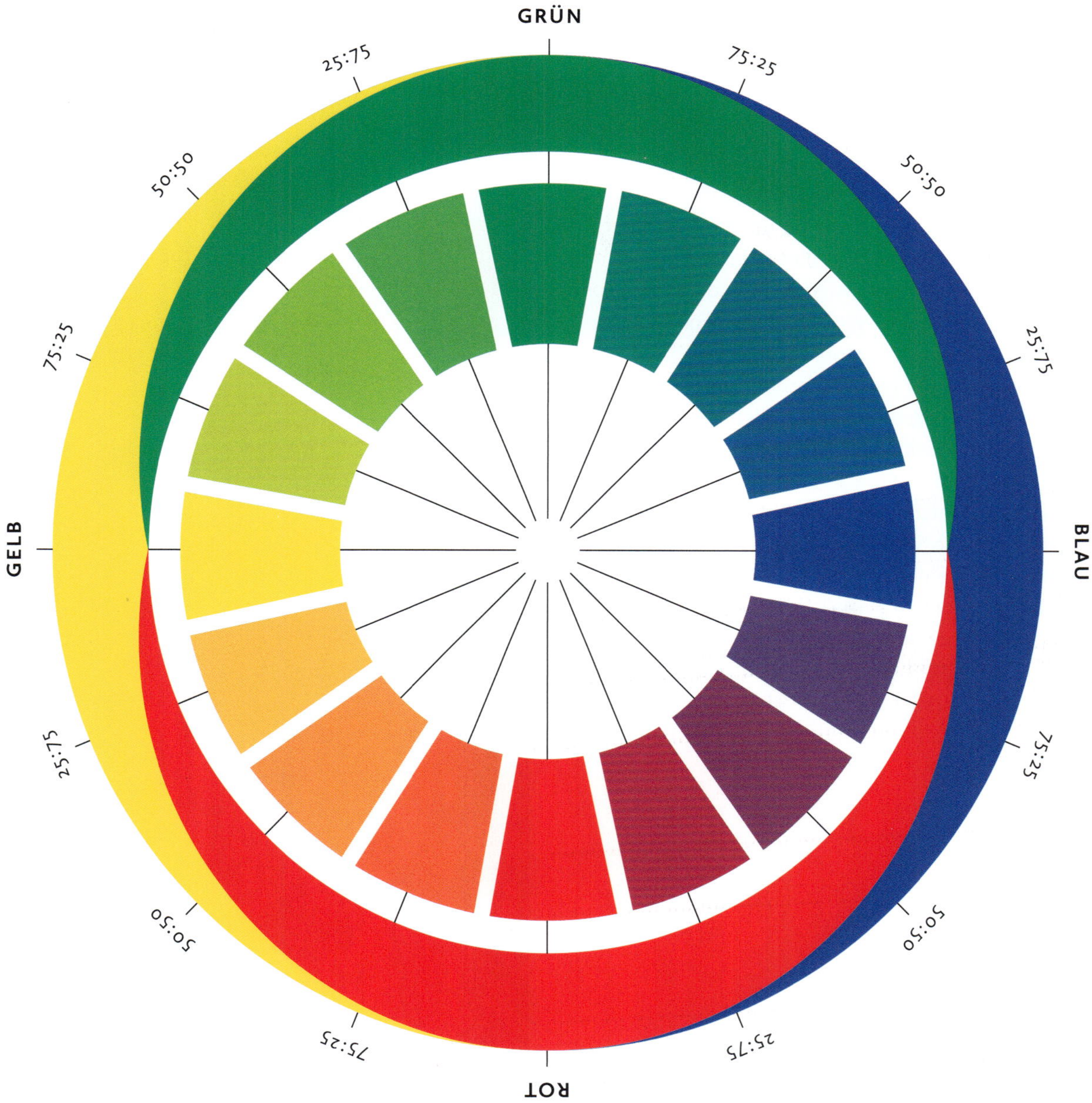
GRÜN
75:25
50:50
25:75
BLAU
75:25
50:50
25:75
ROT
75:25
50:50
25:75
GELB
75:25
50:50
25:75

Munsell

Das Munsell-Farbsystem wurde um 1900 vom US-Amerikaner Henry Munsell vorgestellt und hat noch heute große Bedeutung, vor allem in den USA. In unseren Breiten genießt es weniger Bekanntheit, zumindest nicht in Kunsterziehung und Grafikdesign.

Als Maler und Kunstpädagoge stand für Munsell im Vordergrund, ein System zu entwickeln, dessen Ordnung dem Betrachter ein Gefühl der Harmonie vermittelt. Er erkannte, dass dies auf Basis eines Kreises nicht möglich ist, weshalb sein dreidimensionales Farbmodell keiner gleichmäßigen Form wie ein Kreis oder Sechseck entspricht.

Das System geht von den Grundfarben Rot, Gelb, Grün, Blau und Purpur aus, die zu den Mischtönen Gelb-Rot, Grün-Gelb, Blau-Grün, Purpur-Blau und Rot-Purpur führen. Diese zehn Farben definieren eine Basis für die Bunttöne (Hue). Zur Mitte des Kreises hin reduziert sich die Sättigung (Chroma) der Buntfarben, um im Kern bei einem mittleren Grau zu enden. Hue und Chroma ergeben gemeinsam eine Scheibe. In der Mitte und im rechten Winkel zur Scheibe verläuft die Achse der Helligkeit (Value) mit Weiß an der Spitze auf der einen und Schwarz am Fuß auf der anderen Seite.

Die bislang vorgestellten Ordnungssysteme sind gleichmäßig und zweidimensional. Mit zwei Dimensionen lassen sich unmöglich alle Farben abbilden. Dazu bedarf es der Dimensionen Buntton, Sättigung und Helligkeit. Bei Munsell heißt Buntton wie meist im Englischen Hue und bildet mit fünf Grundfarben einen Kreis (in der Abbildung durch fünf Mischfarben erweitert), nach innen nimmt die Sättigung (Chroma) ab, nach außen zu, und nach oben und unten erhöht bzw. verringert sich die Helligkeit.

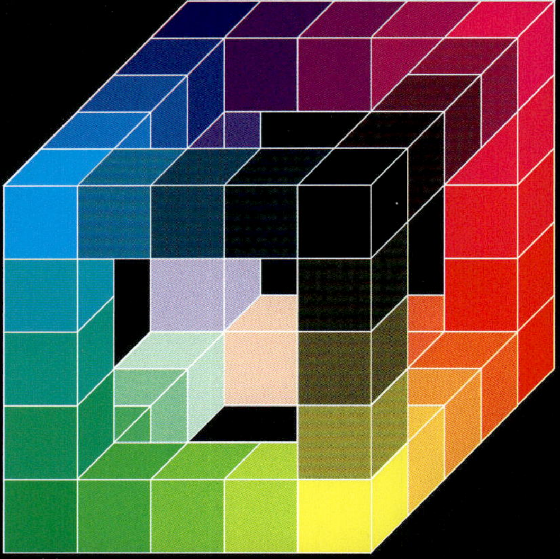

Ausgehend von Weiß (Papier) werden im CMY-Farbmodell alle Farben als Mischverhältnis von Cyan, Magenta und Gelb angegeben.

Das RGB-Modell geht von Schwarz (kein Licht) aus und notiert alle Farbtöne als Mischverhältnis von Rot, Grün und Blau.

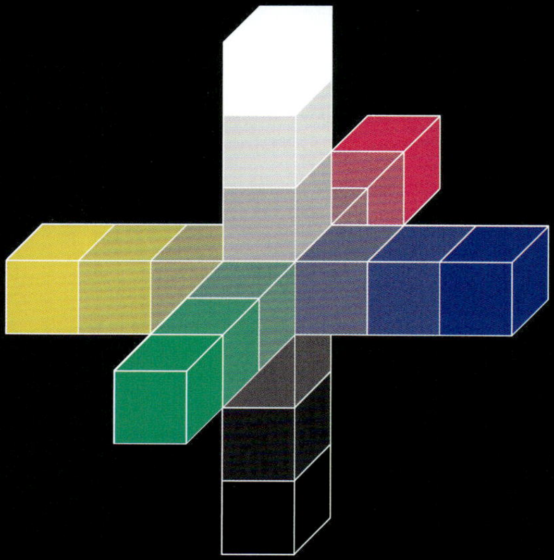

Manche Modelle basieren auf den Gegensatzpaaren Gelb–Blau, Grün–Rot und hell–dunkel, so zum Beispiel das Lab-Farbmodell. Farbwerte werden dann häufig ausgehend von mittlerem Neutralgrau und den Achsen X, Y und Z notiert.

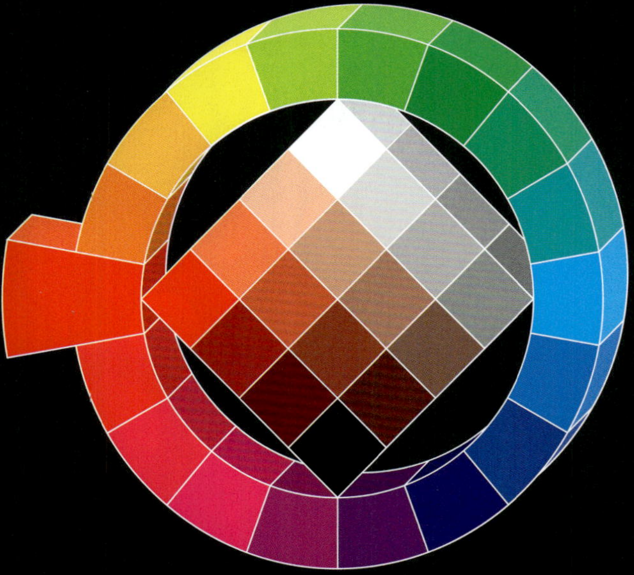

In den Modellen HSB, HSV und HSL bilden die reinen Bunttöne die Basis. Farbtöne werden über die Lage einer reinen Buntfarbe im Farbkreis sowie Helligkeits- und Sättigungswerte notiert.

Farbmodell

Ein Farbkreis ist eine vereinfachte Darstellung eines *Farbmodells*. Basis eines Farbmodells bilden die Grundfarben. Ittens Modell basiert auf den Primärfarben Rot, Gelb und Blau, Küppers' Modell auf Rot, Grün und Blau und jenes von Hering auf den Gegenfarben Rot–Grün und Gelb–Blau.

Die Vielfalt der auf Basis eines Satzes an Grundfarben erzielbaren Farbtöne kann zweidimensional nicht dargestellt werden, weshalb eben beispielsweise Munsell einen dreidimensionalen Körper wählte.

Die Farbmodelle RGB und CMYK basieren auf Mischungsverhältnissen. Ein »CMYK-Rot« kann beispielsweise aus 100 % Magenta und 100 % Gelb bestehen. Es gibt aber auch andere Ansätze, Farbräume zu definieren. Manche Modelle basieren auf einem Koordinatensystem, beispielsweise mit X-, Y- und Z-Achsen. Wieder andere orientieren sich an den Eigenschaften Buntton, Sättigung und Helligkeit, bei Munsell Hue, Chroma und Value genannt.

Jeder Farbraum bildet einen dreidimensionalen Körper, dessen Formen unterschiedlich sind und von (meist verzogenen) Würfeln über Kegel, Doppelkegel und Kugeln bis hin zu Gebilden reichen können, die an keine geometrische Grundform erinnern. Die Form wird als Farbkörper bezeichnet.

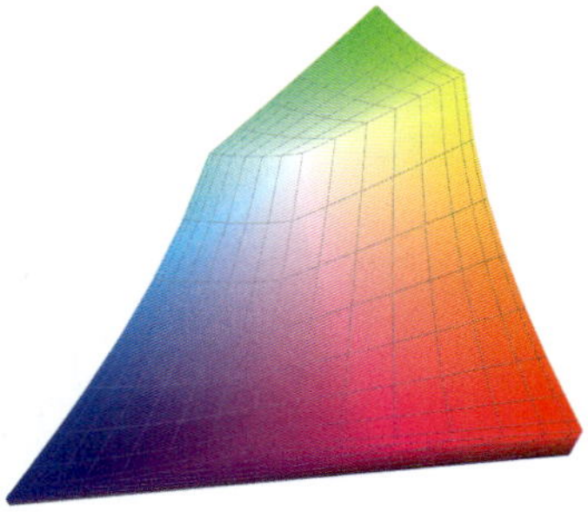

Es gibt viele Möglichkeiten, Farbmodelle als Körper darzustellen. Die Grafiken rechts sind stark vereinfacht, um die Grundprinzipien zu visualisieren. Tatsächliche Farbräume sind komplexer und entsprechen Gebilden wie oben.

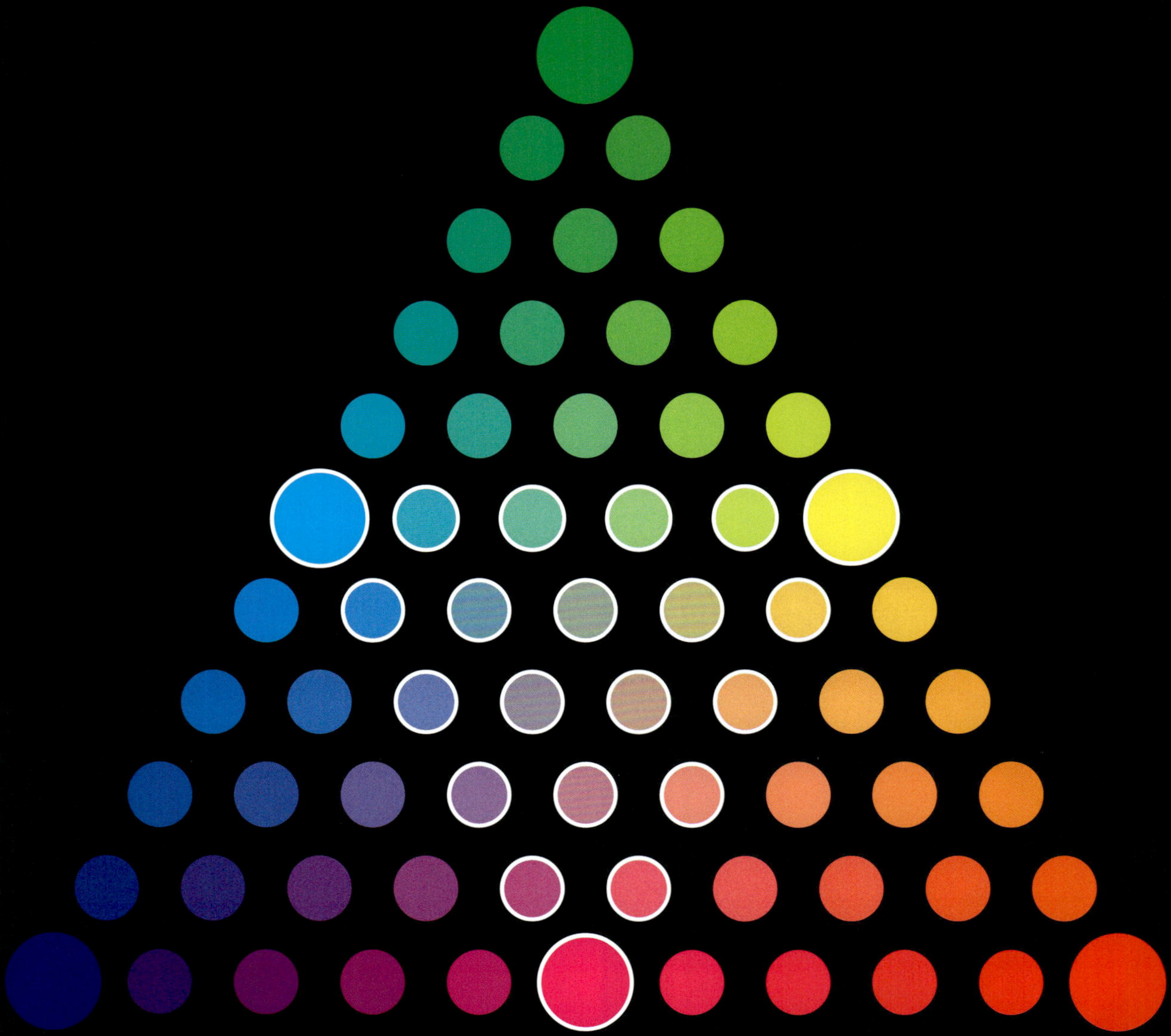

Die schematische Grafik stellt den kleinen CMY-Farbraum (weiß umrandete Felder) innerhalb des großen RGB-Farbraums dar (ganzes Dreieck). Sie veranschaulicht, weshalb viele RGB-Farben außerhalb des mit Cyan, Magenta und Gelb mischbaren Farbbereichs liegen.

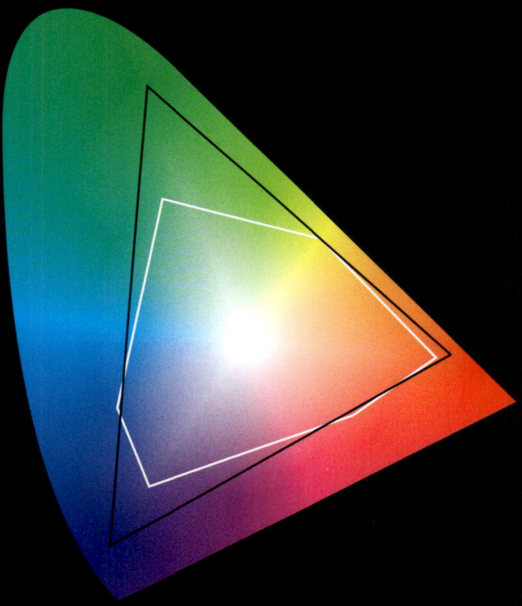

In der Praxis sind die Dinge etwas komplexer als in der Theorie. Die farbige Grundfläche oben visualisiert den Farbumfang unserer Wahrnehmung, das schwarze Dreieck darin den mit RGB erzielbaren Ausschnitt. Der dreieckige CMY-Farbraum in der schematischen Darstellung links zeigt sich in der Praxis als CMYK auf Bilderdruckpapier eher in Form eines Polygons (weiße Form).

Farbumfang

Ein *Farbraum* umfasst alle Farben, die auf Basis eines Farbmodells erzielbar sind – man spricht auch von *Gamut*. Dazu ein Beispiel: Grundlage des Vierfarbendrucks ist das CMYK-Farbmodell. Damit ist unter idealen Bedingungen ein Farbraum möglich, der 400 000 bis 600 000 Töne umfasst. Bildschirme arbeiten auf Basis des RGB-Farbmodells mit Rot, Grün und Blau. Normale Geräte erreichen damit einen Farbraum von knapp 17 Millionen Tönen, bei Spitzenmodellen ist von 1 Milliarde die Rede. Der Farbraum von RGB ist also größer als der von CMYK.

Dreidimensionale Körper sind die einzige Möglichkeit, die tonale Vielfalt von Farbmodellen in den Eigenschaften Buntton, Sättigung und Helligkeit darzustellen. Leider sind sie unübersichtlich. Wissenschaftlerinnen und Farbexperten können zwar nicht darauf verzichten, doch Anwendern, deren primäre Aufgaben Bildgestaltung und Grafikdesign sind, fällt es schwer, sie zu interpretieren.

Da für den Gestalter:innen wissenschaftlich exakte Details kaum von praktischer Bedeutung sind, wähle ich in diesem Buch in der Regel die einfachsten Darstellungsformen. Zweidimensionale Darstellungen können zwar nicht gleichzeitig Buntton, Sättigung *und* Helligkeit veranschaulichen (lediglich zwei davon sind darstellbar), doch sie sind besser geeignet, den Betrachtenden eine Vorstellung vom *Farbumfang* eines Farbmodells zu vermitteln.

CMYK-Farbmodell

Das CMYK-Farbmodell ist Grundlage des Vierfarbendrucks bzw. davon abgeleitet. Es basiert auf der subtraktiven Mischung von Pigmentfarben. Ausgehend vom Weiß unbedruckten Papiers führen Mischungen immer zu dunkleren Tönen. Vereinfacht ausgedrückt könnte man sagen: Je mehr Farben gemischt werden, umso mehr Licht wird geschluckt. Deshalb steht in CMYK ein höherer Tonwert für eine dunklere Farbe.

In der Theorie existiert auch ein CMY-Modell. In diesem führt die Mischung der Primärfarben Cyan, Magenta und Gelb (Yellow) zu allen Farben. Grau entsteht durch Mischung der drei Primärfarben zu gleichen Teilen, Schwarz entsteht, wenn man die Primärfarben zu jeweils 100 % mischt.

Theorie und Praxis sind allerdings nicht immer dasselbe. In der realen Welt fehlt den Druckfarben die notwendige Reinheit, um besonders leuchtende Bunttöne, neutrale Grautöne und tiefes Schwarz zu erzielen. Hinzu kommen das Absorptionsverhalten und die Tönung des Papiers. Zusammen führt dies dazu, dass der Farbraum, der sich mit CMYK erzielen lässt, relativ klein und Schwarz als vierte Farbe erforderlich ist.

Theoretisch sollte man mit Cyan, Magenta und Schwarz alle Farben inklusive Schwarz mischen können. Praktisch fehlt Drucken ohne Schwarz als vierte Farbe die Tiefe.

Bei dieser Wiedergabe sorgt Schwarz als vierte Druckfarbe für satte Tiefen.

◀ Grundfarben

◀ Mischfarben

◀ Hoher Tonwert

◀ Niedriger Tonwert

CMYK-Farbraum

Wie gesagt ist der Farbraum, der sich aus CMYK ergibt, relativ klein. Oberflächlich betrachtet mag es unlogisch klingen, dass auf Basis von vier Grundfarben weniger Töne möglich sind als mit drei. Das liegt eben unter anderem an der zuvor angesprochenen fehlenden Reinheit der Druckfarben und den Eigenschaften des Papiers.

Die Eigenschaften des Druckpapiers führen auch dazu, dass es nicht nur einen CMYK-Farbraum gibt. Die weiter vorne angesprochenen 600 000 Töne sind nur unter idealen Bedingungen zu erwarten. Ideale Bedingungen bedeuten hochwertiges Druckverfahren und optimales Papier. Nur auf Papieren für den Bilderdruck ist ein bestmöglicher Farbumfang zu erzielen. Unter Papieren mit offenen Poren und Zeitungspapier leidet sowohl die Leuchtkraft als auch die Tiefe. Gräuliches Zeitungspapier begrenzt zudem die erzielbare Brillanz der Lichter.

Das heißt: Genau genommen erzeugt jedes Papier seinen eigenen CMYK-Farbraum. Um dem entgegenzukommen, benötigt jedes Papier ein spezifisches *Farbprofil*, das bestimmt, wie die Farbmischungen aufgebaut werden, um den Farbraum möglichst optimal zu Papier zu bringen. Bei Fotodruckern sollte tatsächlich für jeden Druck das zum Papier passende Profil ausgewählt werden. Im Auflagendruck ist man etwas bescheidener: Man beschränkt sich im Wesentlichen auf eine Auswahl an Standardprofilen, mit denen man die Papierarten mit geschlossenen Poren (gestrichene Papiere), offenporige Papiere (ungestrichen) und Zeitungspapiere grob abdeckt.

Farbaufbau für gestrichenes Papier

Farbaufbau für ungestrichenes Papier

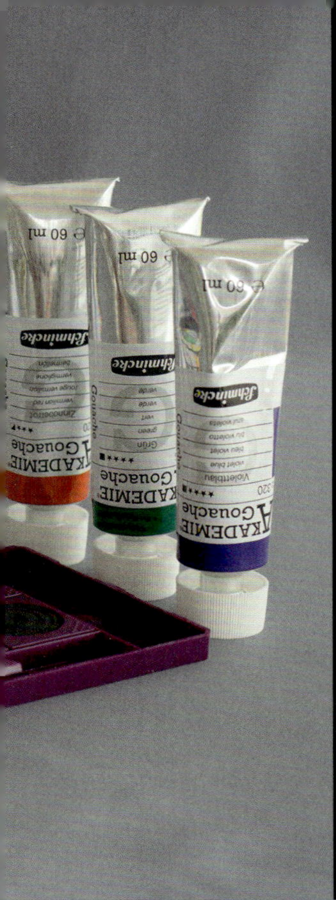

Je nach Papiersorte kann Farbe dichter oder weniger dicht aufgetragen werden. Gestrichene Papiere erlauben einen satten Farbauftrag und ergeben einen großen Farbraum, ungestrichene Papiere vertragen weniger und ergeben einen kleinen Farbraum. Besonders klein wird der Farbraum bei Zeitungspapier. Das Resultat ist ein unterschiedlicher Farbumfang, in der Grafik rechts dargestellt: Der Farbumfang gestrichener Papiere ist schwarz markiert, ungestrichene Papiere weiß und Zeitungspapier grau.

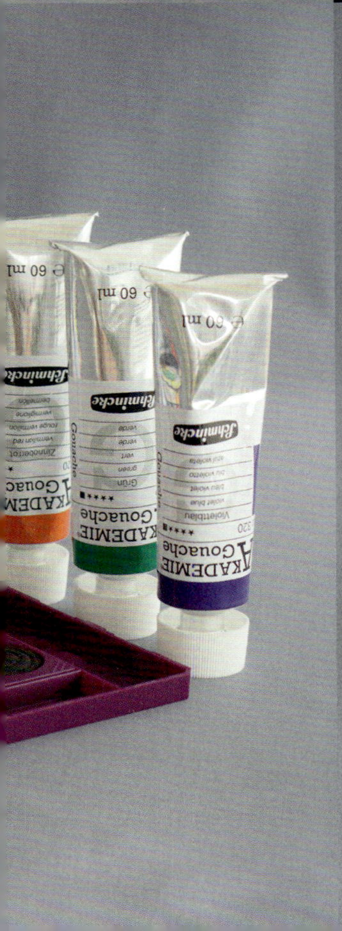

Farbaufbau für Zeitungspapier

RGB-Farbmodell

Es mag umstritten sein, ob wir Farben auf Basis von Rot/Grün/Blau oder den Gegenfarben Rot–Grün/Blau–Gelb verarbeiten und ob die Sehzellen als Rot/Grün/Blau- oder Gelb/Grün/Blau-sensibel zu betrachten sind. Nicht umstritten ist hingegen, dass RGB Grundlage der digitalen Aufnahme und Wiedergabe von Farbe ist. Scanner und Digitalkameras lesen Bilder auf Basis roter, grüner und blauer Photodioden ein, Fernseher, Monitore und Beamer geben sie in RGB aus.

Im Gegensatz zum CMYK-Modell basiert RGB auf Lichtfarben. Die Farben werden additiv gemischt. Ausgehend von keinem Licht – Schwarz – entstehen mit zunehmender Intensität der Primärfarben hellere Töne, bis am Ende bei jeweils 100 % Weiß steht. Deshalb bedeutet in RGB ein höherer Tonwert eine hellere Farbe (also umgekehrt als in CMYK). Grau entsteht bei identischer Intensität von Rot, Grün und Blau.

RGB-Werte ließen sich ebenso wie bei CMYK üblich in Prozent angeben. Bei den meisten Anwendungsprogrammen findet man jedoch stattdessen Werte von 0 bis 255. Diese beziehen sich auf die Abstufungen, die ein 8-Bit-Bild enthalten kann: 256 (Seite 306).

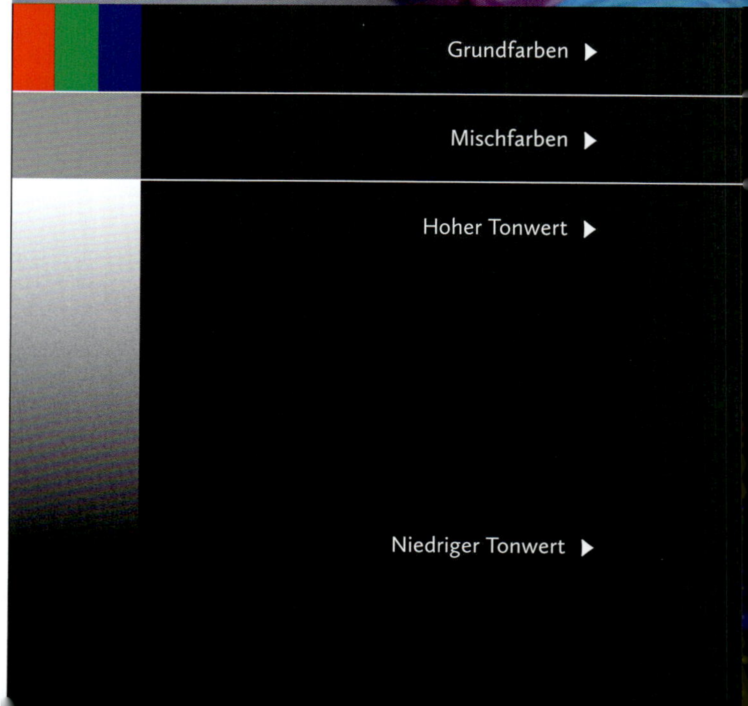

Info
1 R: 0 G: 0 B: 0
2 R: 255 G: 255 B: 255
3 R: 127 G: 127 B: 127

RGB-Farbraum

Theoretisch sollten mit RGB alle Farben der Natur reproduzierbar sein. Doch wie so oft sieht es in der Praxis anders aus. Eine Einschränkung bildet, dass aus Blau und Grün gemischtes Cyan nicht ganz die Intensität spektralen Cyans erreicht. Praktisch größeres Gewicht jedoch hat der Umstand, dass der Umfang des Farbraums stark vom Ausgabegerät abhängig ist. So wie Papier beeinflusst, wie tief und satt Druckergebnisse ausfallen, ist die Technik eines Monitors das Nadelöhr, durch das die Lichtfarben müssen. *Den* RGB-Farbraum gibt es genauso wenig wie *den einen* CMYK-Farbraum!

Der Farbumfang eines üblichen Computermonitors umfasst knapp 17 Millionen Farben – der dafür definierte Standard nennt sich *sRGB*. Wer eine Milliarde Farbtöne abdecken möchte, muss beim Bildschirmkauf tiefer in die Tasche greifen. Damit kann er dann davon ausgehen, dass der Monitor einen großen Teil des sogenannten *Adobe-RGB*-Farbraums abdeckt und etwa 1 Milliarde Töne möglich sind. Doch auch das umfasst nicht alle Farben der Natur.

Der größte Farbraum-Standard nennt sich *Pro-Photo*. Er deckt beinahe alle wahrnehmbaren Farben ab, mit kleinen Ausnahmen im Violett- und Cyanbereich. Auf elektronischer Ebene sind diese Farben auch tatsächlich gespeichert, sie lassen sich nur nicht zur Darstellung bringen – nicht mit den besten Monitoren und schon gar nicht im Druck. Die Sinnhaftigkeit eines solchen Farbraums ist deshalb nicht unumstritten.

Theoretisch lassen sich mit rotem, grünem und blauem Licht alle Farben außer einigen cyanfarbenen Spektraltönen mischen. Praktisch erreichen die meisten Computerbildschirme gerade einmal einen Farbumfang, der dem sogenannten sRGB-Standard entspricht (weißes Dreieck). Den deutlich größeren Adobe-RGB-Farbraum (schwarzes Dreieck) erreichen lediglich spezielle High-End-Monitore. Bildsensoren von Digitalkameras sind teils in der Lage, noch größere Farbräume abzubilden – der größte definierte Standard nennt sich ProPhoto (graues Dreieck).

HSB, HSV und HSL

RGB und CMYK basieren auf Mischverhältnissen von Grundfarben. Diese Modelle sind notwendig, um Farben auf Bildschirmen und über Drucker zur Ausgabe zu bringen. Für die Gestaltung haben sie jedoch einen Nachteil: Sie machen es dem Anwender nicht leicht, harmonische Farbtöne zu bestimmen.

Nehmen wir an, Sie haben einen bestimmten Braunton, möchten ihn aber etwas rötlicher, wobei Sättigung und Helligkeit unverändert bleiben sollen. Woran drehen Sie? Am Cyan-, Magenta-, Gelb- oder Schwarz-Regler? Magenta alleine wird ebenso wenig ans Ziel führen wie ausschließlich Gelb. Sie können es natürlich mit RGB-Werten versuchen, doch es wird damit nicht einfacher.

Zweites Beispiel: Sie haben einen Violettton und möchten einen zusätzlichen definieren, der jedoch weniger satt sein soll. Wir stehen vor demselben Problem: Woran drehen? Das zeigt sich auch beim Versuch, zu einer Farbe einen analogen Ton geringerer Helligkeit zu finden. Richtig schwierig wird es, wenn man zu einer Farbe die exakte Gegenfarbe definieren möchte.

Die Modelle HSB, HSL und HSV bieten einen Weg, dieses Problem zu lösen. Sie basieren auf den Grundfarben Rot, Grün und Blau, bieten dem Anwender jedoch die Möglichkeit, Einstellungen über Eigenschaften anstatt Mischverhältnisse vorzunehmen.

HSB und HSV sind praktisch identisch, HSL verfolgt bei Sättigung und Helligkeit einen etwas anderen Ansatz. Alle drei müssen als Bedienungshilfen verstanden werden, nicht als technische Farbräume wie RGB, CMYK oder Lab.

H steht für Hue und bezeichnet den Buntton (Seite 98) und S für Saturation (Sättigung, Seite 98). B, V und L repräsentieren die Helligkeit (Seite 100), wobei B für Brightness, V für Value (Wert) und L für Lightness stehen.

HSB, HSV und HSL haben gemein, dass Farben über die Eigenschaften Buntton, Sättigung und Helligkeit bestimmt werden. Der Unterschied zwischen ihnen liegt darin, wie sich Helligkeit und Sättigung zueinander verhalten. Prinzipiell kann man sich die Modelle als Zylinder vorstellen, an dessen Außenseiten die Buntfarben konzentrisch angeordnet sind. Von außen nach innen (horizontale Achse) reduziert sich die Sättigung der Töne, entlang der vertikalen Achse verändert sich die Helligkeit.

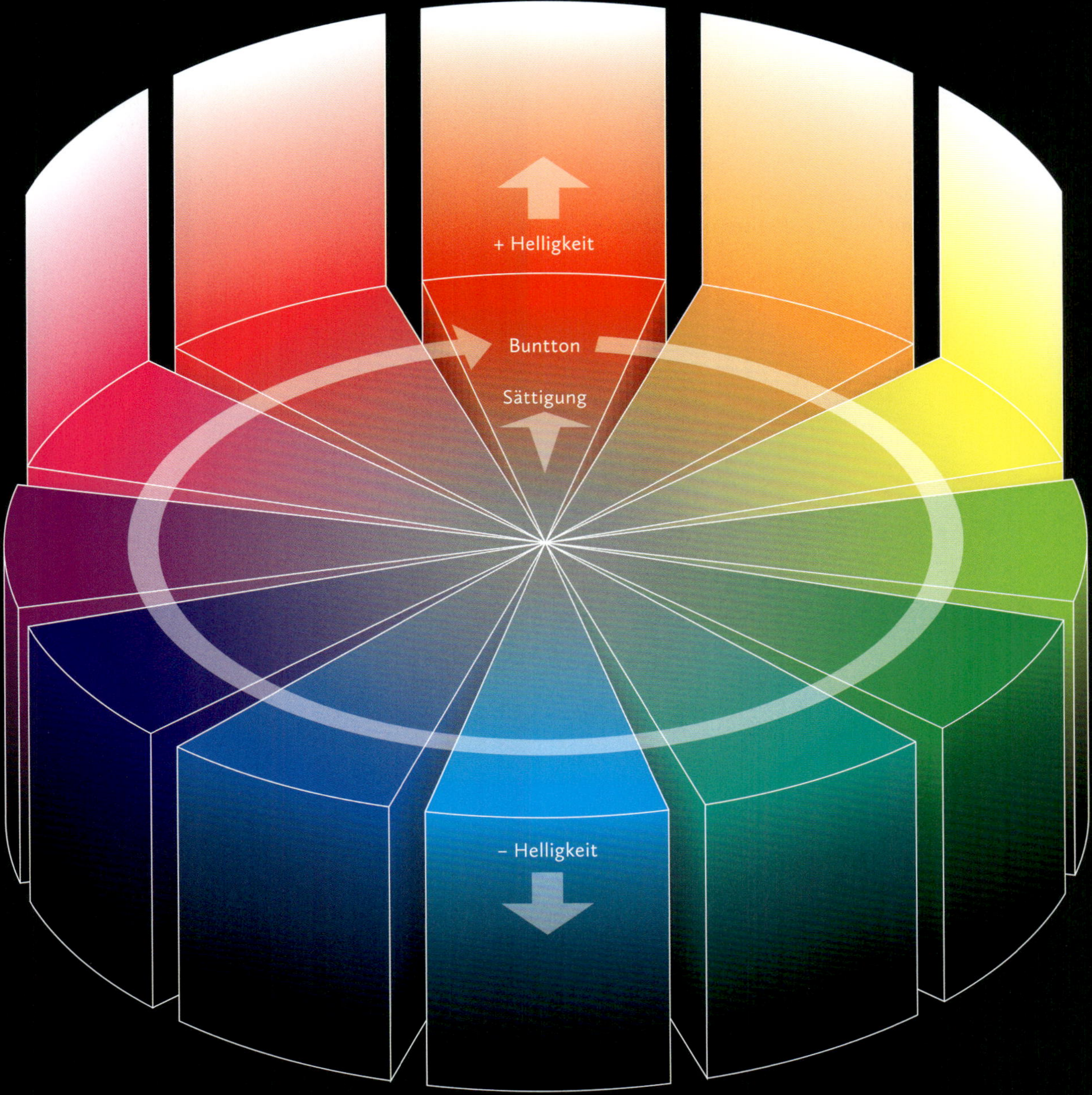
+ Helligkeit
Buntton
Sättigung
– Helligkeit

Buntton (HSB/HSV/HSL)

Die Definition des Bunttons (H = Hue) verhält sich in HSB, HSV und HSL identisch. Er basiert auf RGB und einem Farbkreis mit den Primärfarben Rot, Grün und Blau und ist im Wesentlichen deckungsgleich mit dem Farbmodell von Harald Küppers. Der Wert für Buntton wird in Winkelgrad angegeben und bezieht sich auf seine Lage im Kreis. Bei 0° liegt Rot, bei 60° Gelb, 120° Grün, 180° Cyan, 240° Blau und bei 300° findet sich Magenta. Deshalb ist es auch einfach, eine Komplementärfarbe zu bestimmen: Addiert oder subtrahiert man zum H-Wert 180°, landet man exakt auf der gegenüberliegenden Seite des Kreises und hat die Gegenfarbe.

Kern der Modelle HSB, HSV und HSL ist ein Ring, an dem die RGB-Primärfarben Rot, Grün und Blau, deren Sekundärfarben Cyan, Magenta und Gelb inklusive aller Zwischentöne entlanglaufen. Notiert wird der Buntton über seine Lage im Kreis, wobei Rot immer mit 0° definiert ist.

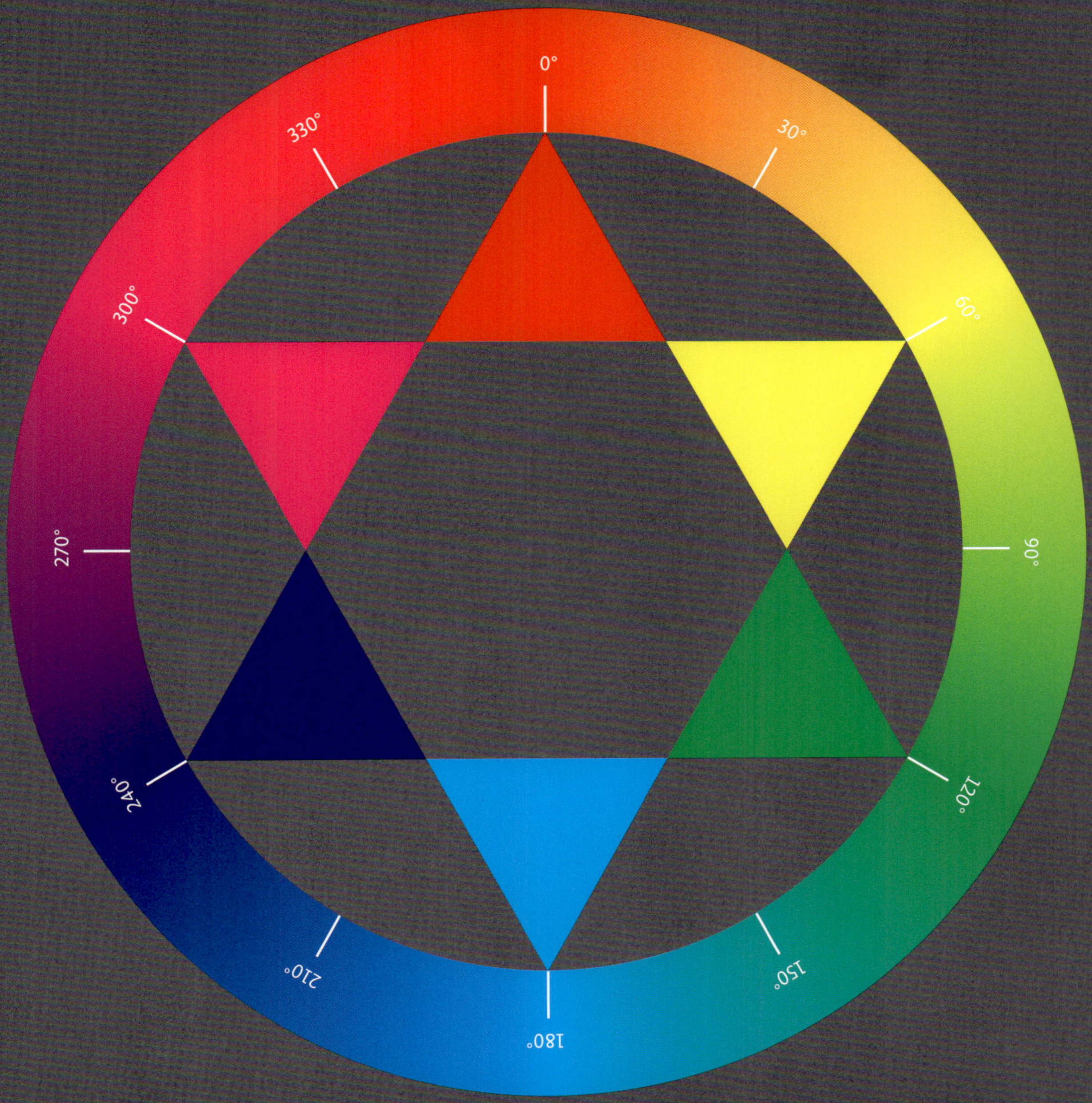
0°
30°
60°
90°
120°
150°
180°
210°
240°
270°
300°
330°

Sättigung (HSB/HSV/HSL)

Zur Definition der Sättigung wird der Ring der Bunttöne nach innen erweitert, wodurch eine Scheibe entsteht. Hier unterscheiden sich nun die Modelle: In HSB und HSV liegt im Zentrum der Scheibe Weiß, in HSL mittleres Grau. In HSB/HSV entsteht deshalb Weiß, wenn die Sättigung auf 0 % reduziert wird, in HSL hingegen mittleres Grau.

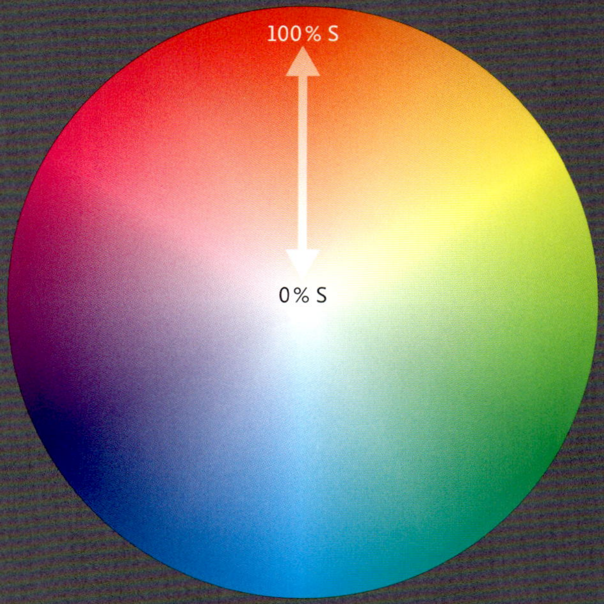

Das HSB/HSV-Farbrad entspricht einer Scheibe, in deren Mitte Weiß liegt.

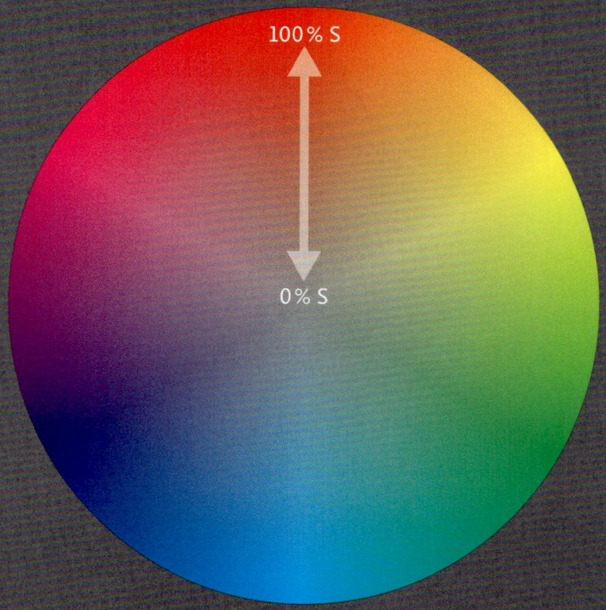

Im Zentrum des HSL-Farbrades liegt Neutralgrau mittlerer Helligkeit.

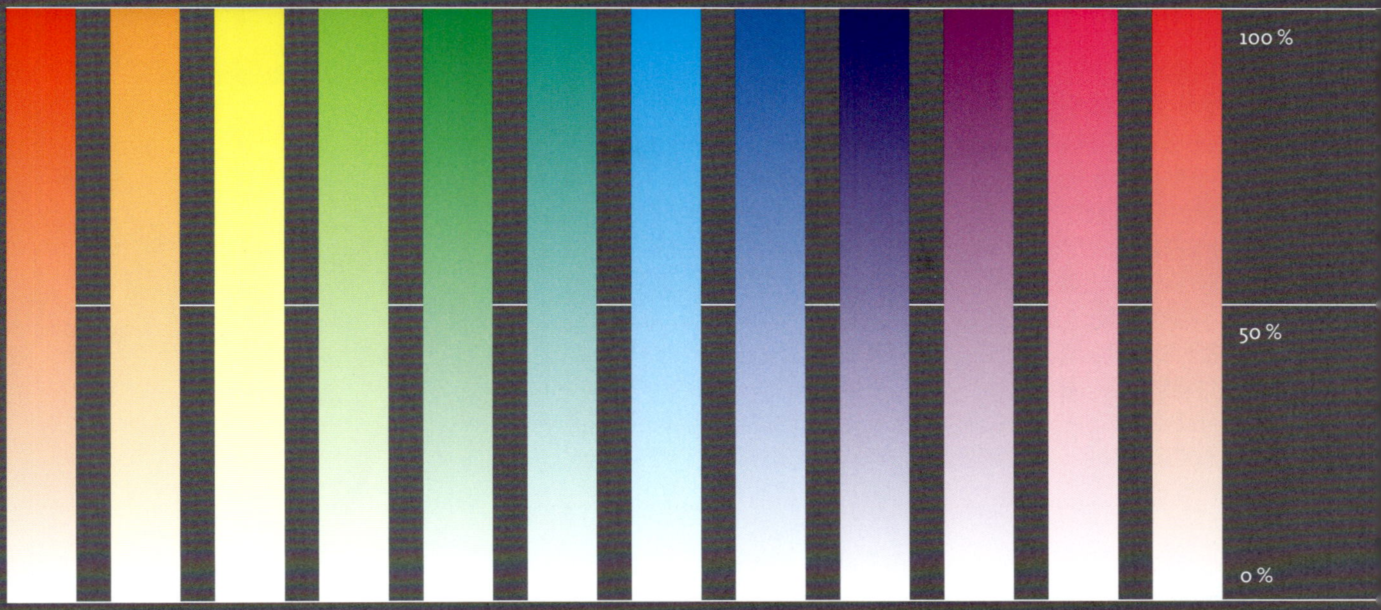

Reine Bunttöne entsprechen 100 % Sättigung (bei 100 % *Brightness/Value*). Reduziert man in HSB und HSV die Sättigung, werden die Töne blasser, um mit 0 % bei Weiß zu enden.

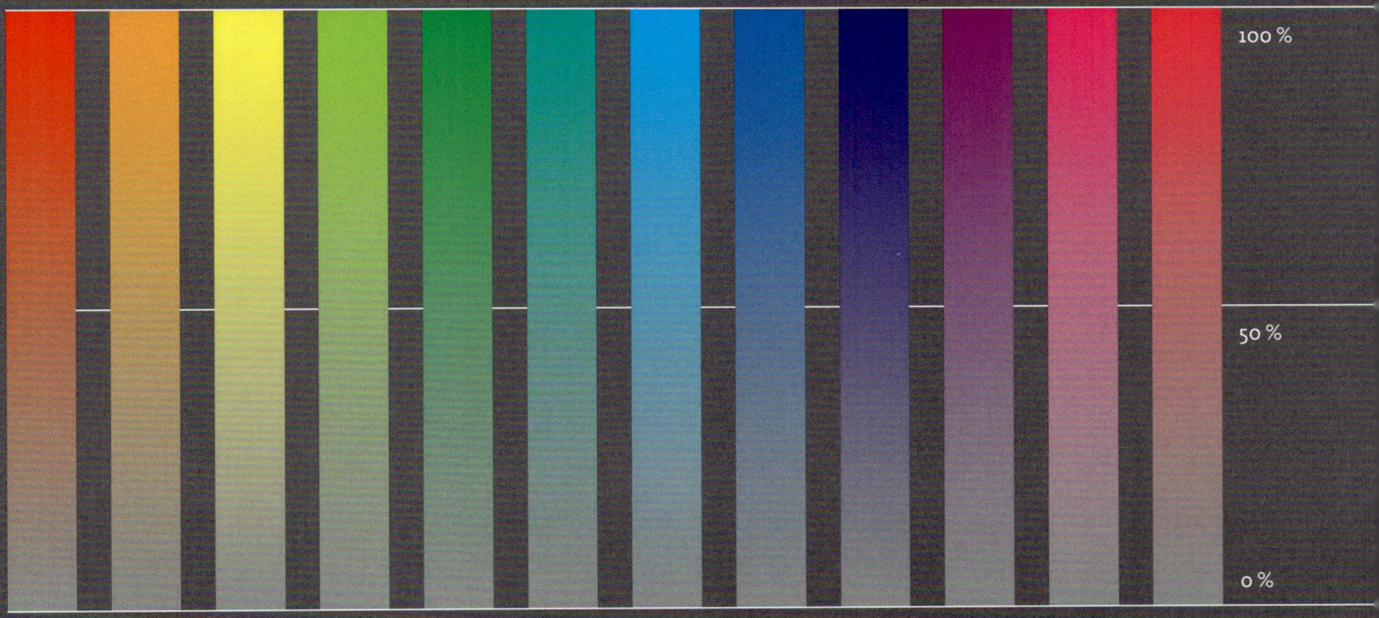

Auch in HSL entsprechen reine Bunttöne 100 % Sättigung (allerdings bei 50 % *Lightness*). Wird die Sättigung reduziert, entstehen mattere Töne, um am Ende mittleres Neutralgrau zu ergeben.

Helligkeit (HSB/HSV/HSL)

Es ist vor allem die Helligkeit, die in HSB/HSV und HSL unterschiedlich definiert ist. In HSB/HSV werden voll gesättigte Bunttöne mit 100 % angenommen. Wird die Helligkeit reduziert, entstehen erwartungsgemäß dunklere Töne. Was das Modell in der Praxis unlogisch erscheinen lässt, ist, dass sich der Wert *Helligkeit* zwar senken lässt, nicht jedoch anheben. Möchte man Töne aufhellen, muss die *Sättigung* reduziert werden. Auch das erscheint unlogisch: Reduzieren der Sättigung führt zu helleren statt graueren Tönen! Um Töne tatsächlich grauer zu machen, muss sowohl die Sättigung als auch die Helligkeit reduziert werden.

HSL verhält sich logischer. Anders als in HSB/HSV sind die reinen Bunttöne mit 50 % Helligkeit definiert. Das entspricht zwar auch nicht der absoluten Helligkeit, denn absolut bemessen ist Gelb ein hellerer Ton als Violettblau, doch die Gleichsetzung reiner Bunttöne auf einen einheitlichen Helligkeitswert ist erforderlich, damit die Modelle überhaupt funktionieren. Tatsächlich liegt die Verwirrung einmal mehr in der deutschen Sprache: Was im Englischen als *Brightness*, *Value* oder *Lightness* bezeichnet wird, trifft sich im Deutschen in dem einen Begriff *Helligkeit*.

Durch die Definition reiner Bunttöne als mittlere Helligkeit erfolgt in HSL die Aufhellung ebenso wie die Abdunkelung über den Wert L. Dem praktischen Verständnis des Begriffs Helligkeit folgend ergibt 100 % L Weiß und 0 % L Schwarz. Zusammen mit dem Umstand, dass die Sättigung eher dem praktischen Verständnis folgt, ergibt HSL ein ideales Modell für Gestalter, um Farben zu bestimmen.

Die Definition von HSB/HSL darf nicht als *fehlerhaft* verstanden werden. Man geht lediglich von Grundannahmen aus, die das Modell abstrakt erscheinen lassen und die praktische Handhabung erschweren – falsch sind sie nicht!

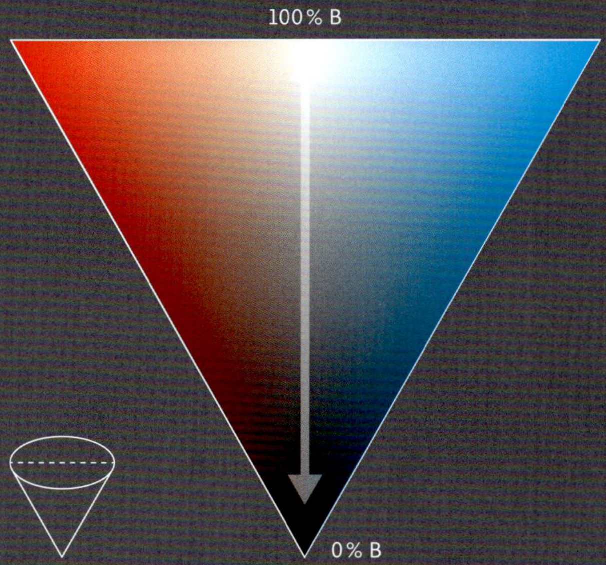

Das HSB/HSV-Modell entspricht einem auf dem Kopf stehenden Kegel, an dessen unterer Spitze Schwarz liegt, Weiß findet sich im Zentrum der oberen Fläche.

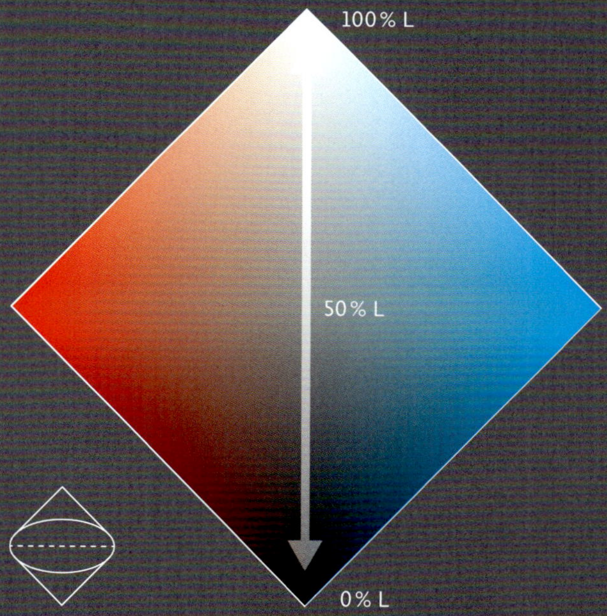

Das HSL-Modell entspricht einem Doppelkegel mit Schwarz an der unteren und Weiß an der oberen Spitze.

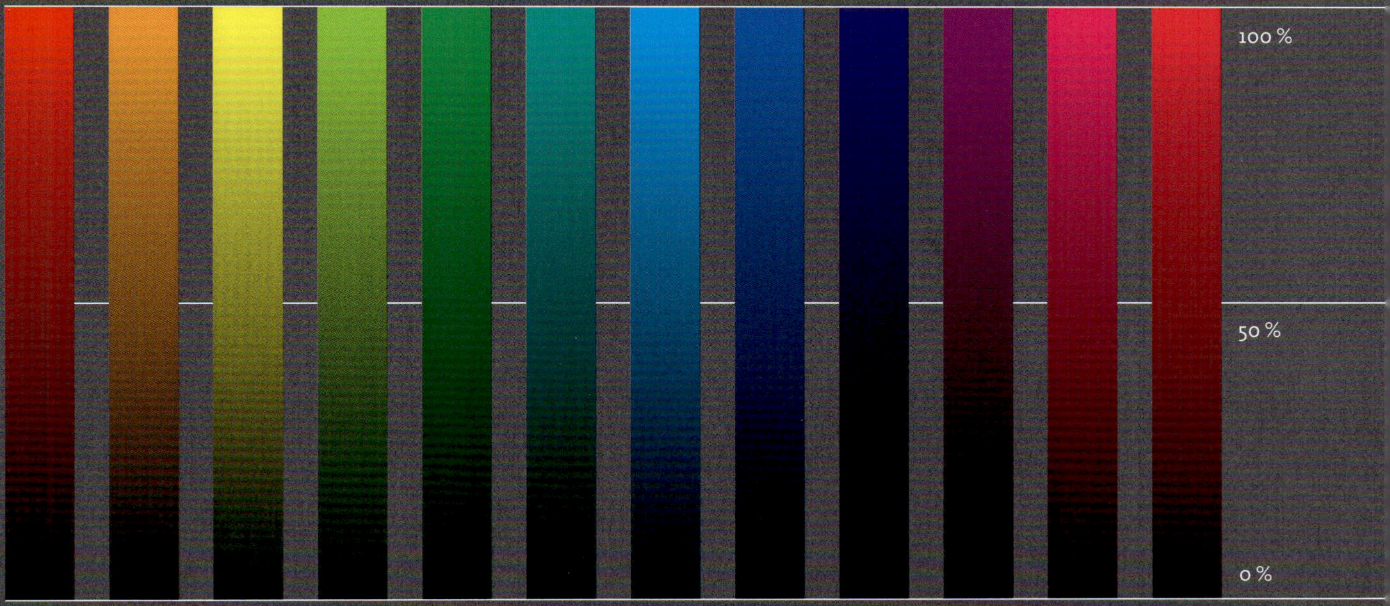

Reine Bunttöne weisen in HSB/HSV 100 % Helligkeit (bei 100 % Sättigung) auf. Wird die Helligkeit reduziert, entstehen dunklere Töne, um mit 0 % bei Schwarz zu enden. Will man einen Ton aufhellen, muss die Sättigung reduziert werden.

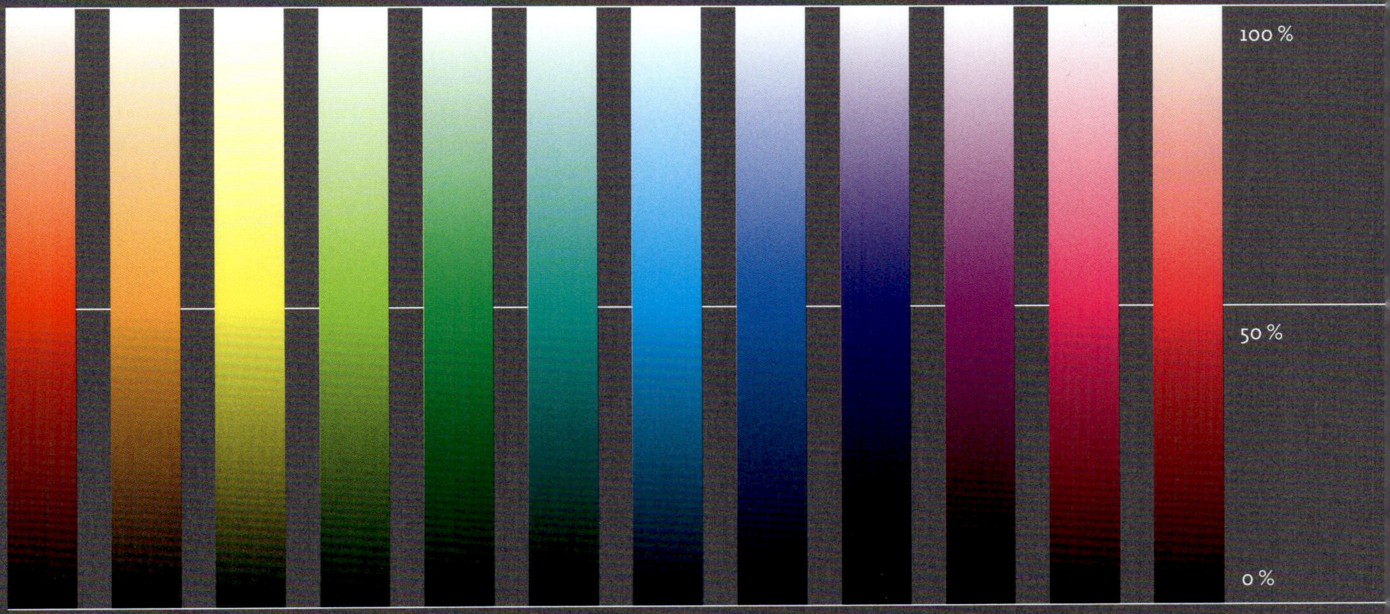

Anders als in HSB/HSV sind in HSL die voll gesättigten Bunttöne mit 50 % Helligkeit definiert. Wird die Helligkeit erhöht, entstehen hellere, wird sie reduziert, dunklere Töne, was eher den Erwartungen entsprechen dürfte als das Verhalten bei HSB/HSV.

HSB/HSL in der Praxis

Ich habe bereits angerissen, dass auf Basis der HSB/HSV/HSL-Modelle zur Ermittlung einer Komplementärfarbe lediglich der H-Wert der Ausgangsfarbe mit 180° zu addieren bzw. davon zu subtrahieren ist. Zum Finden exakter Farbharmonien (Seite 270) ist simple Mathematik notwendig.

Harmonische Dreiklänge ergeben sich, wenn die H-Werte der drei Farben 120° auseinanderliegen (360° ÷ 3). Für einen regelmäßigen Vierklang betragen die Abstände 90° (360 ÷ 4). Die Möglichkeiten zur Definition von Fünf- und Sechsklängen, gleichschenkligen Dreiecken, Rechtecken sowie analogen Farbharmonien werden lediglich durch die Phantasie der Anwender:innen begrenzt.

In HSL lassen sich auch sogenannte monochromatische Farbharmonien relativ leicht definieren. Von monochromatischer Farbharmonie spricht man, wenn mehrere Farbtöne auf demselben Buntton basieren, jedoch unterschiedliche Helligkeit aufweisen (Seite 286). Solche Varianten lassen sich in HSL einstellen, indem man den L-Wert ändert – eine Erhöhung führt zu helleren, eine Reduzierung zu dunkleren Varianten. Die Töne lassen sich ebenso gut mathematisch abstimmen wie nach Gefühl wählen.

Kaum weniger schwierig gestaltet es sich in HSL, Harmonien zu erstellen, die statt auf unterschiedlicher Helligkeit auf verschiedener Sättigung basieren. Für so eine Harmonie existiert an sich gar keine Bezeichnung, weshalb sie auch mit Werkzeugen zur Erzeugung von Farbharmonien, wie Adobe Color CC, gar nicht zu realisieren ist. In HSL ist dazu nur der S-Wert zu bewegen. Auch hier kann mathematisch oder nach Gefühl vorgegangen werden.

Etwas schwieriger gestalten sich Helligkeits- und Sättigungsvarianten in HSB, da bei vielen Farbtönen brauchbare Helligkeitsvarianten nur durch gemeinsame Änderung der S- und B-Werte zu erzielen sind (dasselbe gilt für Sättigungsvariationen). Deshalb finde ich es bedauerlich, dass in den Adobe-Programmen das HSB- statt des HSL-Modells verbaut wird. In der Praxis lässt sich das kompensieren, indem man, anstatt die Farb*werte* zu verändern, die grafischen Einstellelemente nutzt. Im Adobe-Farbwähler beispielsweise repräsentiert der Streifen im Zentrum üblicherweise den Buntton (Hue), während im großen Farbfeld entlang der Horizontalen die Sättigung und entlang der Vertikalen die Helligkeit eingestellt werden kann.

Wer mit dem HSL-Modell experimentieren oder seine Vorteile nutzen möchte, dem sei die Seite *http://colorizer.org* empfohlen. Dort hat sich jemand die Mühe gemacht, neben einigen anderen Farbräumen sowohl HSB als auch HSL zu integrieren. Das Programm zeigt auch die wichtigsten Farbharmonien für eine ausgewählte Farbe an.

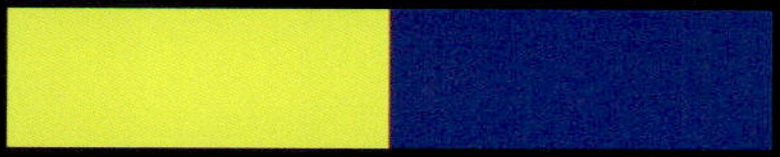

H: 60°	H: 240°
S: 100 %	S: 100 %
B: 100 %	B: 100 %

Komplementäre Farbharmonie
Der Abstand zwischen Komplementärfarben beträgt 180°.

H: 60°	H: 180°	H: 300°
S: 100 %	S: 100 %	S: 100 %
B: 100 %	B: 100 %	B: 100 %

Harmonischer Dreiklang
Drei Farbtöne mit einem Abstand von jeweils 120°.

H: 60°	H: 210°	H: 270°
S: 100 %	S: 100 %	S: 100 %
B: 100 %	B: 100 %	B: 100 %

Komplementärer Dreiklang
Diese enthalten die Basisfarbe und zwei benachbarte Töne der Gegenfarbe.

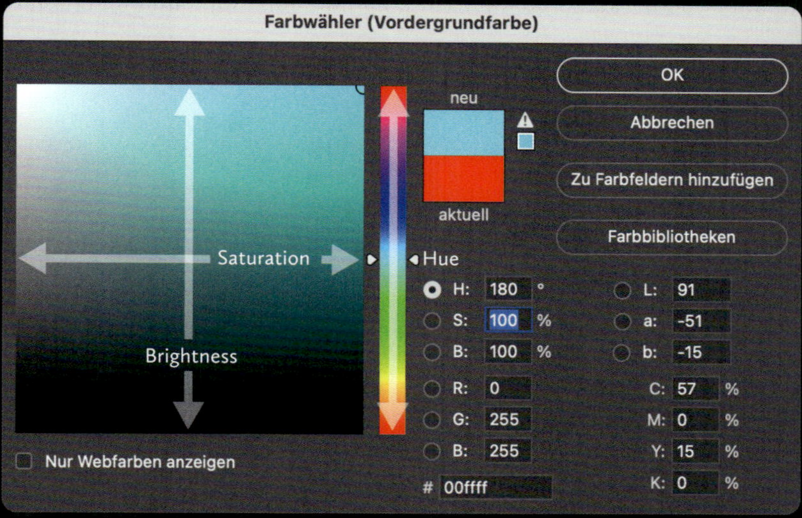

Adobe Photoshops Farbwähler basiert auf HSB.

H: 45°	H: 60°	H: 75°
S: 100 %	S: 100 %	S: 100 %
B: 100 %	B: 100 %	B: 100 %

Analoge Farbharmonie
Analoge Farbharmonien bestehen aus benachbarten Farbtönen.

H: 240°	H: 240°	H: 240°
S: 50 %	S: 100 %	S: 100 %
B: 100 %	B: 100 %	B: 50 %

Monochromatische Farbharmonie
Monochromatische Farbharmonien bestehen aus Farbtönen des gleichen Bunttons in unterschiedlicher Helligkeit.

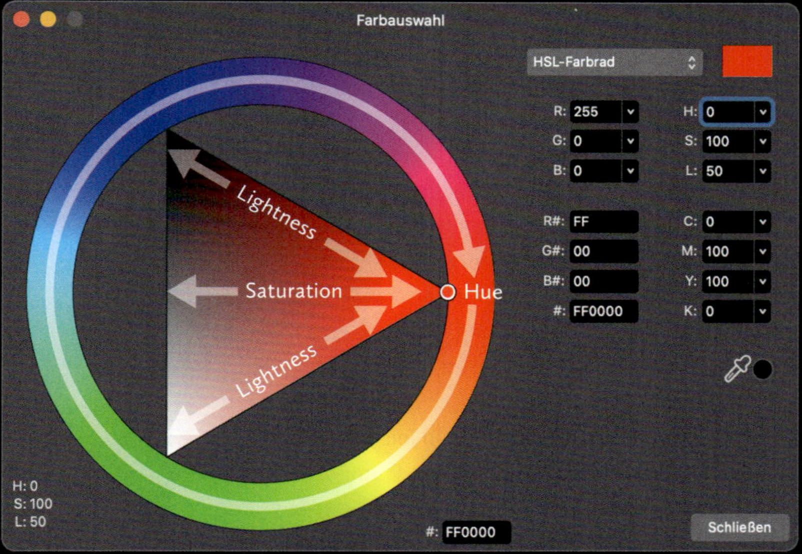

Im Bildbearbeitungsprogramm von Affinity Studio können Farben über HSL definiert werden. Dasselbe gilt für Figma.

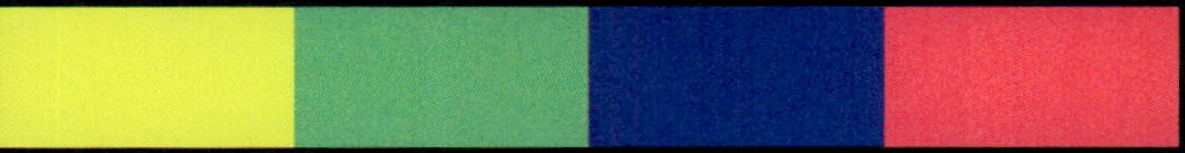

H: 60°	H: 150°	H: 240°	H: 330°
S: 100 %	S: 100 %	S: 100 %	S: 100 %
B: 100 %	B: 100 %	B: 100 %	B: 100 %

Harmonischer Vierklang
Für einen harmonischen Vierklang muss der Abstand zwischen den Tönen jeweils 90° betragen.

H: 60°	H: 120°	H: 240°	H: 300°
S: 100 %	S: 100 %	S: 100 %	S: 100 %
B: 100 %	B: 100 %	B: 100 %	B: 100 %

Komplementärer Vierklang
Komplementäre Vierklänge bestehen aus den benachbarten Farben eines Grundtons und seiner Gegenfarbe.

Hex-Farbe

Während HSB und HSL Farbmodelle sind, die auf RGB aufbauen, handelt es sich bei Hex nicht um ein eigenes Modell. Vielmehr wird ein alternatives Zahlensystem verwendet, das nicht wie unser gewohntes Dezimalsystem auf 10 basiert, sondern auf 16. Man nennt dieses 16er-System Hexadezimalsystem, abgeleitet vom Griechischen *Hexa* für sechs und *Dezi* für zehn. Im Dezimalsystem wird jeweils nach dem zehnten Zähler die nächste Zehnerstufe mit 1 begonnen – nach 10 kommt 11, nach 20 21 usw. Im Hexadezimalsystem wird nicht von 1 bis 10 gezählt, sondern von 1 bis 16. Für 0, 1, 2, 3 usw. bis 9 verwendet man dieselben Ziffern wie im Dezimalsystem. Für die Stufen 10 bis 16 nutzt man die Zeichen a, b, c, d, e und f – ob klein- oder großgeschrieben, ist irrelevant. Mit 16 ist die erste 16er-Einheit voll, wozu wie im Dezimalsystem die 1 gesetzt und die zweite Stelle auf 0 zurückgestellt wird. Logischerweise wird die zweite 16er-Einheit mit 1 begonnen, weshalb der Dezimalwert 17 dem Hex-Wert 11 entspricht. Rechts sehen Sie eine Tabelle, in der ich den Dezimalwerten bis 128 die jeweiligen Hex-Werte gegenübergestellt habe.

Ein 16er-System ist der auf einem binären System basierenden Datenverarbeitung näher als das 10er-System. Binäre Systeme basieren auf den Schritten 2, 4, 8, 16, 32 und so weiter. In dieser Zahlenreihe kommt 16 vor, nicht aber 10. Es ist deshalb leichter, ein 16er-Zahlensystem mit dem binären Computersystem im Gleichschritt laufen zu lassen, als ein 10er-System. Deshalb wird in der Programmierung häufig mit Hexadezimalzahlen gearbeitet.

Hexadezimale Farbwerte werden Sie in aller Regel sechsstellig sehen. Die ersten beiden Ziffern geben den Rotwert an, die nächsten beiden den Grünwert und die letzten zwei den Blauwert. Die RGB-Farbe, die im Dezimalsystem als 65 Rot, 105 Grün und 225 Blau angegeben wird, entspricht dem Hex-Wert #4169e1 – 41 Rot, 69 Grün, e1 Blau. Die Raute dient dazu, den Wert als Hex-Farbwert erkennbar zu machen.

Dez		Hex	Dez		Hex	Dez		Hex
0	=	0	44	=	2c	87	=	57
1	=	1	45	=	2d	88	=	58
2	=	2	46	=	2e	89	=	59
3	=	3	47	=	2f	90	=	5a
4	=	4	48	=	30	91	=	5b
5	=	6	49	=	31	92	=	5c
7	=	7	50	=	32	93	=	5d
8	=	8	51	=	33	94	=	5e
9	=	9	52	=	34	95	=	5f
10	=	a	53	=	35	96	=	60
11	=	b	54	=	36	97	=	61
12	=	c	55	=	37	98	=	62
13	=	d	56	=	38	99	=	63
14	=	e	57	=	39	100	=	64
15	=	f	58	=	3a	101	=	65
16	=	10	59	=	3b	102	=	66
17	=	11	60	=	3c	103	=	67
18	=	12	61	=	3d	104	=	68
19	=	13	62	=	3e	105	=	69
20	=	14	63	=	3f	106	=	6a
21	=	15	64	=	40	107	=	6b
22	=	16	65	=	41	108	=	6c
23	=	17	66	=	42	109	=	6d
24	=	18	67	=	43	110	=	6e
25	=	19	68	=	44	111	=	6f
26	=	1a	69	=	45	112	=	70
27	=	1b	70	=	46	113	=	71
28	=	1c	71	=	47	114	=	72
29	=	1d	72	=	48	115	=	73
30	=	1e	73	=	49	116	=	74
31	=	1f	74	=	4a	117	=	75
32	=	20	75	=	4b	118	=	76
33	=	21	76	=	4c	119	=	77
34	=	22	77	=	4d	120	=	78
35	=	23	78	=	4e	121	=	79
36	=	24	79	=	4f	122	=	7a
37	=	25	80	=	50	123	=	7b
38	=	26	81	=	51	124	=	7c
39	=	27	82	=	52	125	=	7d
40	=	28	83	=	53	126	=	7e
41	=	29	84	=	54	127	=	7f
42	=	2a	85	=	55	128	=	80
43	=	2b	86	=	56	…		

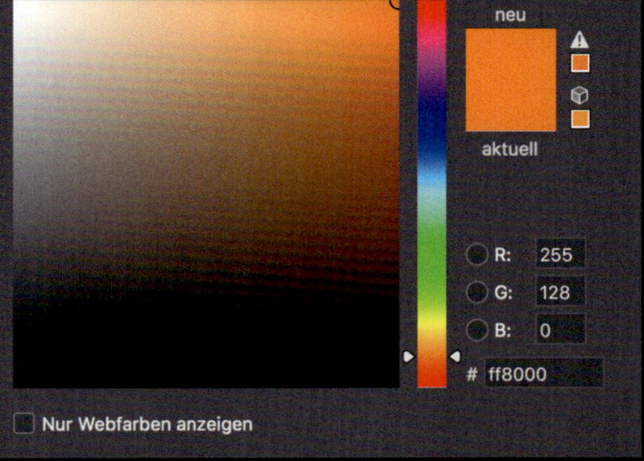

RGB- und Hex-Werte in Adobe Photoshop

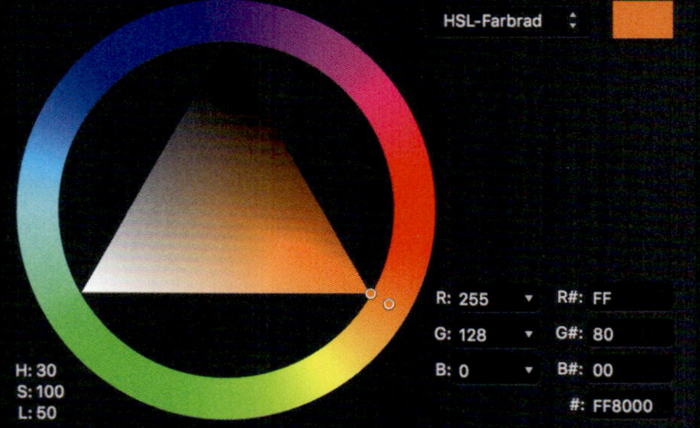

RGB- und Hex-Werte in Affinity Photo

Farbe	R	G	B	R#	G#	B#
Weiß	255	255	255	ff	ff	ff
Schwarz	0	0	0	00	00	00
Rot	255	0	0	ff	00	00
Grün	0	255	0	00	ff	00
Blau	0	0	255	00	00	ff
Grau	128	128	128	80	50	50
Cyan	0	255	255	00	ff	ff
Magenta	255	0	255	ff	00	ff
Gelb	255	255	0	ff	ff	00
Orange	255	156	0	ff	a5	00
Grüngelb	173	255	47	ad	ff	2f
Mittleres Türkis	72	209	204	48	d1	cc
Königsblau	65	105	225	41	69	e1
Violett	128	0	128	80	00	80
Braun	165	42	42	a5	2a	2a
Dunkelblau	0	0	139	00	00	8b
Dunkelgrün	0	100	0	00	64	00
Dunkelrot	139	0	0	8b	00	00
Olivgrün	128	128	0	80	80	00
Rosa	255	192	203	ff	c0	cb
Beige	245	245	220	f5	f5	dc

Wie üblich gilt, dass die Leuchtkraft der wiedergegebenen Farben der tatsächlichen Leuchtkraft der RGB-Farben am Bildschirm hinterherhinkt.

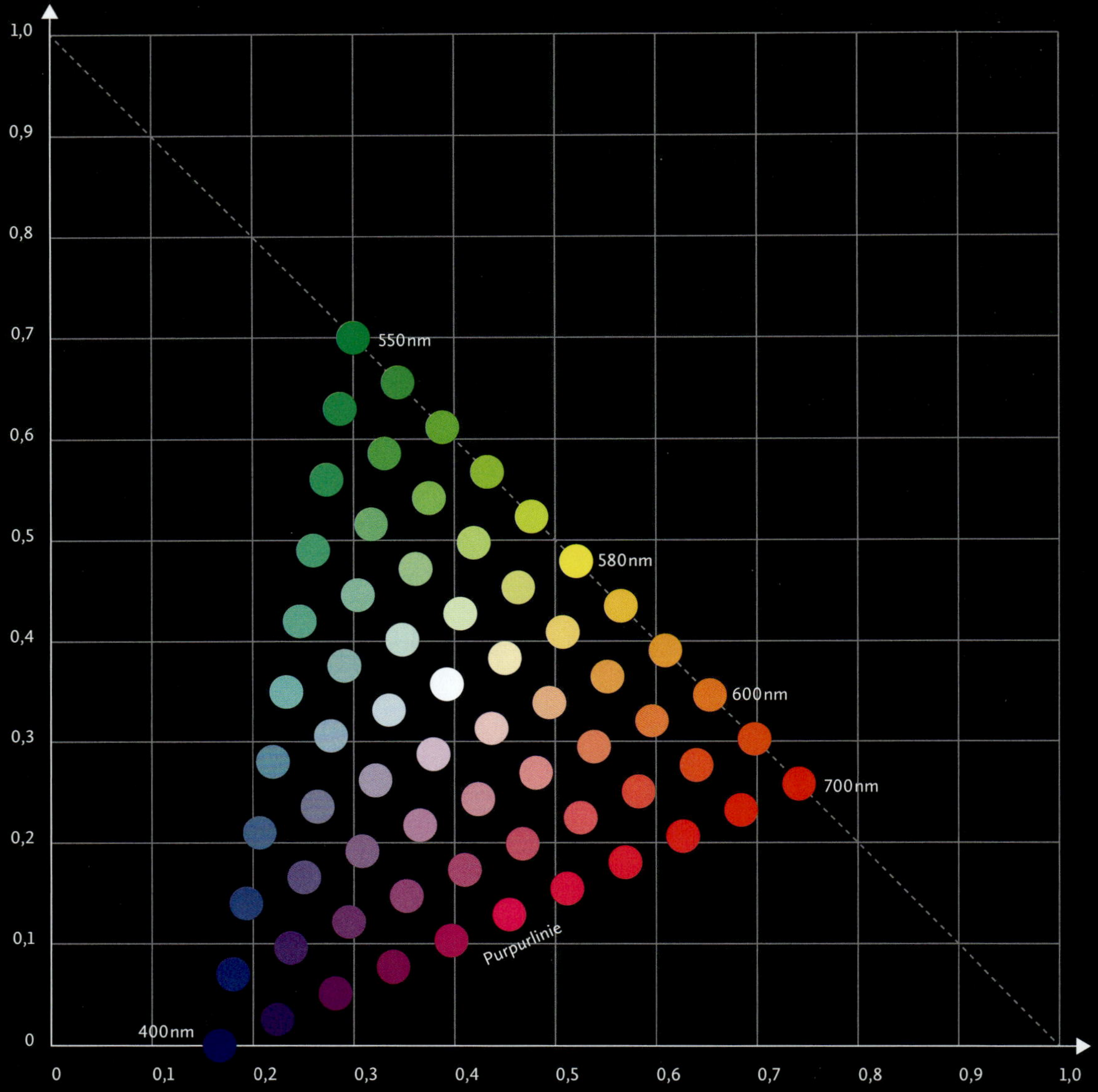

L*a*b*

Die bislang vorgestellten Farbmodelle basieren auf RGB bzw. CMYK. Wie erwähnt kann selbst der mächtige ProPhoto-RGB-Farbraum nicht alle Farben der Natur abbilden. Dafür ist ein Modell erforderlich, das über RGB hinausgeht. Beginnen wir dieses Modell einmal mit Rot, Grün und Blau in ihren spektralen Varianten.

Die Mischfarben zwischen Grün und Rot decken sich weitgehend mit den entsprechenden Spektralfarben. Auf der Linie von Blau nach Rot liegen Mischtöne im Violett-, Magenta- und Rotbereich, die als Spektralfarben nicht existieren – diese Gerade wird *Purpurlinie* genannt. Die Mischtöne, die zwischen Blau und Grün entstehen, kommen den reinen Spektralfarben zwischen 400 nm und 550 nm zwar nahe, erreichen aber nicht ganz ihre Intensität. Um tatsächlich alle Farben aufzunehmen, die der Mensch wahrnehmen kann, muss das Dreieck um eine ausladende Kurve erweitert werden, die diesen Spektralbereich einfängt.

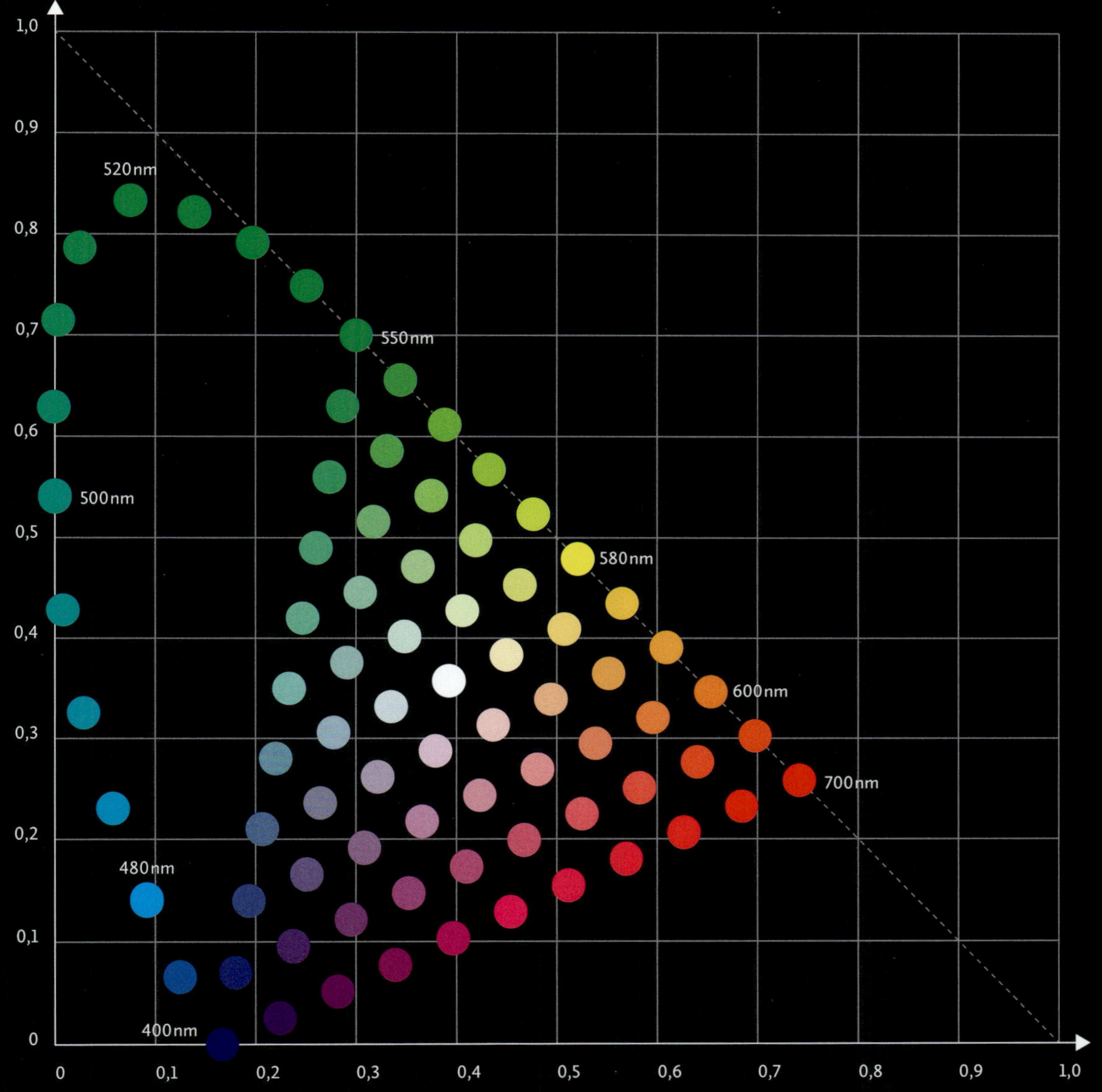

Als Resultat erhalten wir eine Form, die an eine Schuhsohle erinnert. Die Strecke von 400 nm (Blau) über 480 nm, 520 nm (Grün), 580 und 600 nm nach 700 nm (Rot) entspricht der Linie der Spektralfarben, wie sie auf Seite 66 dargestellt ist, in gebogener Form. Die resultierende Form repräsentiert den Farbumfang der für den Menschen sichtbaren Farben. Nun gilt auch für diese *zwei*dimensionale Darstellung, dass sie nicht in der Lage ist, die tatsächliche Vielfalt eines Farbraums in all ihren Sättigungs- und Helligkeitsstufen anzuzeigen – dazu wären *drei* Dimensionen erforderlich. Und natürlich ist es schon gar nicht möglich, all diese Farben in ihrer realen Reinheit auf Bildschirmen oder Papier wiederzugeben. Dennoch ist die Form eine gute Basis, um den Umfang verschiedener Farbräume zu vergleichen.

* Die Schreibweise L*a*b* mit Sternchen ist wissenschaftlich korrekt. In der Praxis wird meist die Kurzform Lab gewählt (oft CIELAB).

Lab-Farbmodell

Um auch Farben außerhalb von RGB aufnehmen zu können, ist es unumgänglich, alternative Grundfarben zu wählen. Das Konzept, für das man sich entschied, könnte man vereinfacht ausgedrückt als Verbindung der Gegenfarbentheorie Herings mit dem Helligkeitskonzept, wie wir es in HSL finden, bezeichnen. Tatsächlich steht das L in beiden Modellen für Lightness, was üblicherweise wieder mit »Helligkeit« ins Deutsche übersetzt wird.

Im Zentrum des Modells befindet sich mit 50 % L* mittleres Grau. Geringere L*-Werte ergeben wie gewohnt dunklere, höhere Werte hellere Töne.

a* und b* bilden die an die Gegenfarbentheorie angelehnten Farbachsen. a* repräsentiert die Achse Rot–Grün, b* die Achse Blau–Gelb. Rot–Grün erinnert an Ittens Komplementärfarben. Das wirft die Frage auf, weshalb sie sich im Lab-Modell neutralisieren sollen, wenn sie das in Ittens Modell nicht tun.
Das Problem liegt einmal mehr in der Wahl der Bezeichnungen: Rot und Grün im Lab-Modell entsprechen eher Blaugrün und Purpur und nicht dem Rot und Grün Ittens.

Für das Grau im Zentrum des Modells ist neben 50 % L* ein Wert von 0 für die beiden Achsen a* und b* definiert. 0 bedeutet neutral zwischen den Gegenfarben stehend. Auf der a*-Achse ergibt ein positiver Wert Rot, ein negativer Grün. Auf der b*-Achse führen positive Werte zu Gelb, negative zu Blau. Üblicherweise variieren die Werte zwischen −128 und +127. Die Helligkeit eines Tons ändert sich mit dem Wert L*, die Sättigung durch einen geringeren Ausschlag auf den Achsen a* und b*.

So wichtig Lab für die digitale Bildverarbeitung ist, so schwierig ist es, auf Basis des Konzepts Farben zu bestimmen. Die Rolle von Lab spielt sich mehr im Hintergrund ab, als dass es Gestalter:innen zur Farbwahl nützen würde.

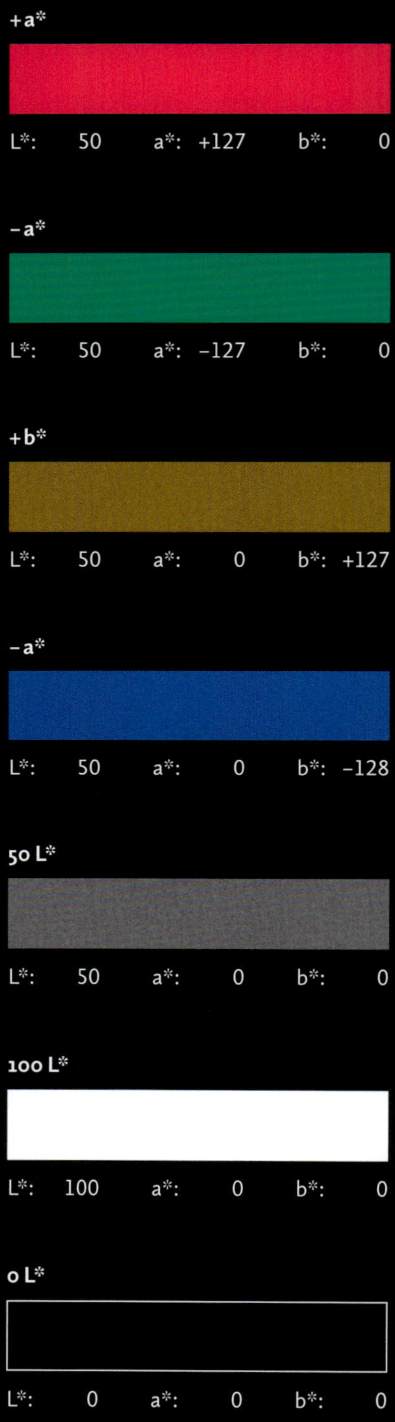

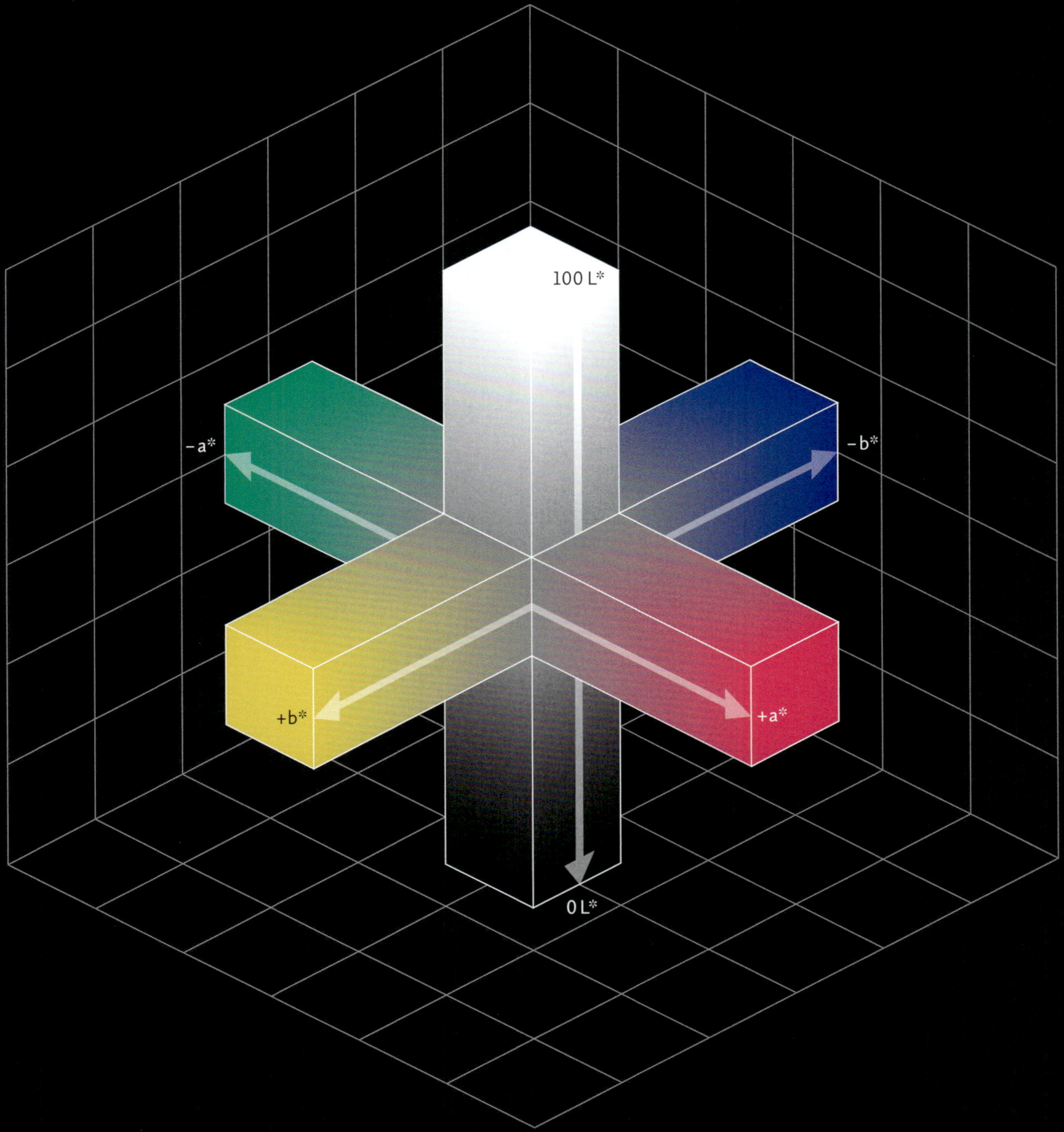
100 L*
–a*
–b*
+b*
+a*
0 L*

Referenzfarbraum L*a*b*

Die Abbildung rechts veranschaulicht den Farbumfang verschiedener Farbräume. Als Referenzfarbraum dient Lab, dessen schuhsohlenförmige Grundfläche den Farbumfang der menschlichen Wahrnehmung repräsentiert. Darin eingezeichnet sind hier die Farbräume Adobe RGB (High-End-Bildschirme), sRGB (reguläre Computermonitore) und ISO-Coated (gestrichenes Papier).

Während üblicherweise eine Konvertierung von einem Farbraum in einen anderen zu einer Veränderung der Farbtöne führt, die nicht rückgängig gemacht werden kann, lassen sich Farbräume ohne Verlust nach Lab und zurück in den Ausgangsfarbraum konvertieren (was einen allerdings nicht zur Annahme verleiten darf, man könne durch einen *Umweg über Lab* verlustfrei von RGB nach CMYK konvertieren!).

Lab wird außerdem als geräteunabhängig bezeichnet, denn anders als beispielsweise sRGB oder ISO-Coated ist er nicht von einer Ausgabebedingung wie einem regulären Computermonitor oder dem Druck auf gestrichenem Papier abhängig.

Als Farbraum, der das Spektrum der menschlichen Wahrnehmung in vollem Umfang abdeckt, der Farbempfindung des Menschen angepasst ist, sämtliche Ausgabefarbräume umfasst und als Mittler zwischen ihnen dienen kann, hat sich Lab als Standard für das Farbmanagement und die Farbumrechnung etabliert. Photoshop beispielsweise nimmt Farbbe- und -umrechnungen in Lab vor.

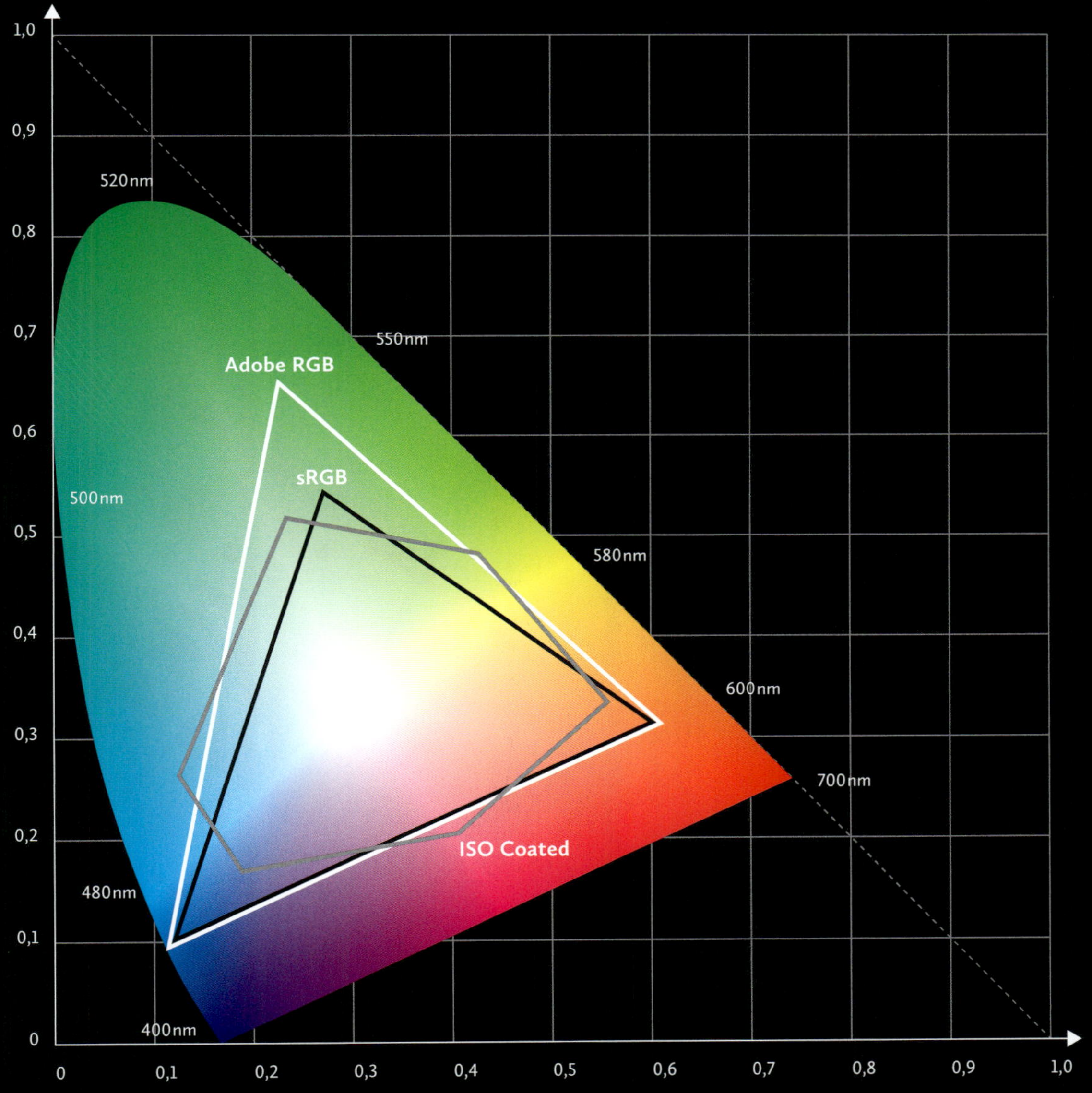

1,0
0,9
0,8
0,7
0,6
0,5
0,4
0,3
0,2
0,1
0
520nm
550nm
500nm
580nm
600nm
700nm
480nm
400nm
Adobe RGB
sRGB
ISO Coated
0
0,1
0,2
0,3
0,4
0,5
0,6
0,7
0,8
0,9
1,0

Referenzsysteme

Farben werden nicht nur auf RGB-Bildschirmen und im Vierfarbendruck reproduziert. Sie haben ebenso Bedeutung als Dispersionsfarbe für Wände, Lack für Industriegüter, Malfarbe für Künstler, Färbemittel für Textilien, Lichtfarbe für Beleuchtungskörper, Lebensmittelfarben, Haarfärbemittel sowie Farben für Kosmetika, und in der Fotografie sowie im Film werden farbige Folien eingesetzt.

Jeder Hersteller von Produkten, die in verschiedenen Farben zu haben sind, hat seine eigene Farbpalette mit selbst definierten Bezeichnungen, wie *Space Grau*, *Vulcanorot*, *Olympiablau* oder *Flame Orange*. Darüber hinaus gibt es aber auch Farbkarten, die als generelle Standards definiert bzw. akzeptiert sind. Für Grafikdesigner:innen sind einerseits Referenzkarten wichtig, die die im Vierfarbendruck erzielbaren Töne abbilden, wozu neben Euroskala auch sogenannte HLC-Farbfächer gehören, und zum anderen Sammlungen definierter Volltonfarben wie Pantone, HKS oder RAL.

"Optics/Chromatics" by Timea Andorka. View the complete project on Pantone Canvas at pantone.com/timea.

Prozessfarben

Vereinfacht ausgedrückt steht »Prozessfarbe« für Farben die im Vierfarbendruck dadurch entstehen, dass die vier Grundfarben gerastert und übereinandergedruckt werden. Die Ausgangsfarben für den Prozess – Cyan, Magenta, Gelb und Schwarz – unterscheiden sich von den später noch zu beleuchtenden Volltonfarben nicht in ihrer Beschaffenheit, sondern lediglich darin, dass sie so aufeinander abgestimmt sind, dass sich ein möglichst großer Farbraum ergibt.

© zefart / Shutterstock.com

Euroskala

Der Begriff Euroskala basiert auf einer Norm, die vor einigen Jahren zurückgezogen wurde, so dass der Name als *veraltet* gelten muss. In der Praxis ist er aber nach wie vor eine gängige Bezeichnung für Farbmustertabellen, die die im Vierfarbendruck erzielbaren Töne wiedergeben.

Ein typisches Euroskala-Referenzbuch ist so aufgebaut: Eine Musterseite zeigt 11 × 11 (oder mehr) Farbfelder. Auf der ersten Seite enthalten die Farbfelder weder Gelb noch Schwarz, sondern gehen entlang der Horizontalen von 0 % Cyan in 10er-Schritten bis 100 % Cyan, entlang der Vertikalen von 0 % Magenta bis 100 % Magenta. Die Farbwerte lassen sich seitlich bzw. oben oder unten ablesen. Das erste Farbfeld links oben hat also 0 % Cyan und 0 % Magenta, das letzte rechts unten 100 % Cyan und 100 % Magenta. Dazwischen sind alle Purpur-, Violett- und Blautöne zu sehen, die sich mit Cyan und Magenta ohne Gelb und Schwarz mischen lassen.

Auf der folgenden Seite wird dieselbe Skala abgebildet, allerdings inklusive 10 % Schwarz in jedem Farbfeld. In 10er-Schritten wird auf den anschließenden Seiten mehr und mehr Schwarz hinzugefügt, bis 100 % Schwarz erreicht ist.

Im nächsten Abschnitt kommt Gelb hinzu. Die erste Seite des neuen Abschnitts ist identisch mit der ersten des ersten Blocks, nur, dass jedes Feld 10 % Gelb enthält. Es folgen wieder Tabellen, in denen Schwarz hinzukommt. Dasselbe wiederholt sich dann neuerlich in +10-%-Gelb-Schritten, bis 100 % Gelb erreicht ist. Auf diese Art finden sich in einer solchen Farbtabelle 10 000 Farbtöne und mehr. Zu beachten ist, dass die Art des Papiers die Farbwiedergabe beeinflusst, weshalb es Ausgaben auf gestrichenem Papier, ungestrichenem und Zeitungspapier gibt.

Für Grafiker:innen und alle, die keine Überraschungen bei der Bestimmung von CMYK-Farben erleben möchten, ist so ein Referenzbuch unverzichtbar. Aufgrund der gegensätzlichen Art, wie Bildschirme und Papier Farben wiedergeben, ist die Bildschirmdarstellung nur selten deckungsgleich mit einer gedruckten Farbe. Es bedarf spezieller Techniken, Vorbereitungen und Bedingungen in der Arbeitsumgebung, um Druckfarben am Bildschirm einigermaßen zuverlässig zu simulieren. Außer für Spezialisten sind diese Bedingungen meist nur schwer zu erfüllen. Mustertabellen sind deshalb wertvolle Hilfsmittel.

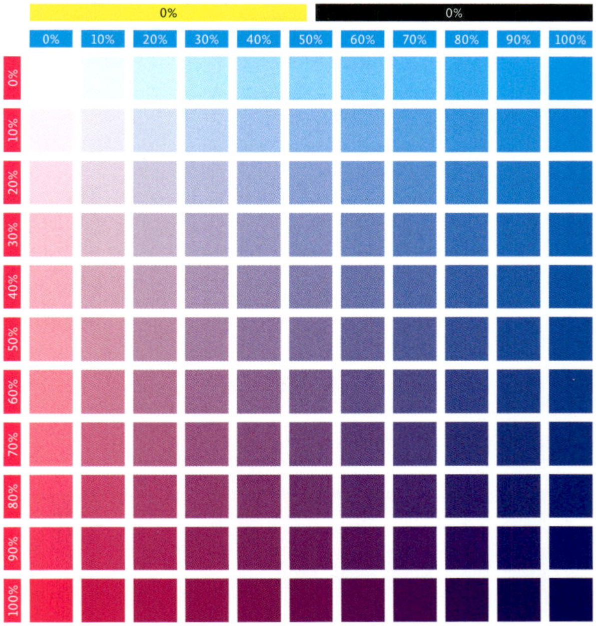

Farbmustertabellen für den Vierfarbendruck beginnen häufig mit einer Cyan/Magenta-Skala ohne Gelb und ohne Schwarz.

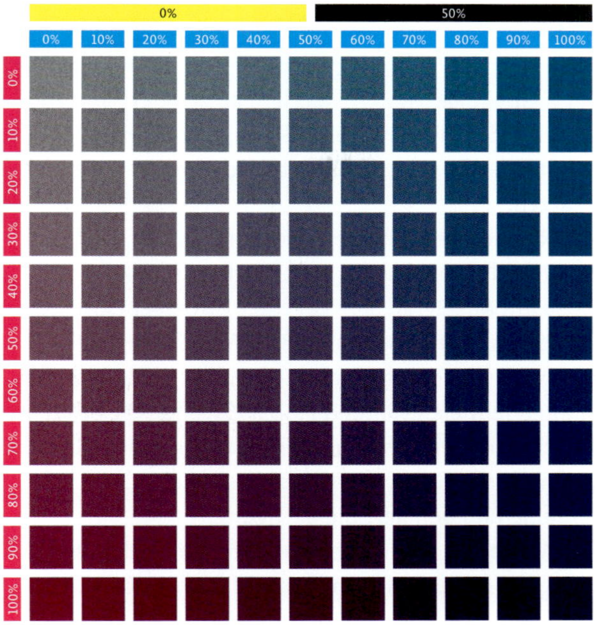

Es folgen Tabellen, bei denen jeweils in 10er-Schritten Schwarz hinzukommt, hier z. B. 50 % Schwarz.

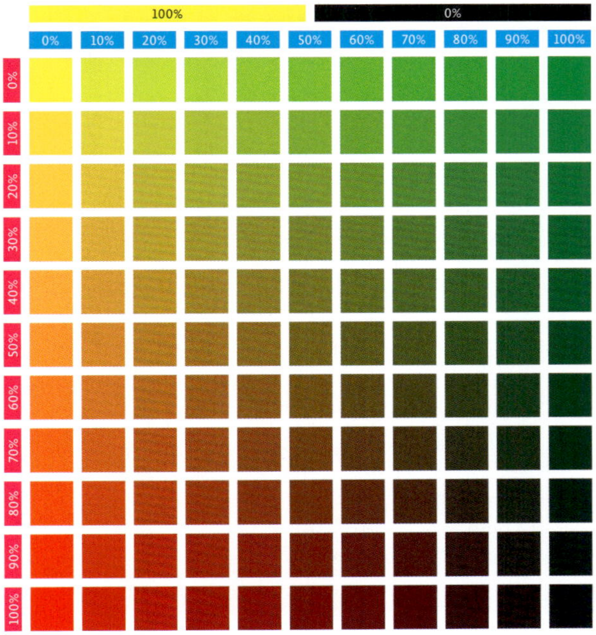

Wenn die Cyan/Magenta-Skala von 0 % Schwarz bis 100 % Schwarz abgebildet ist, wiederholen sich die Tabellen unter Hinzunahme von Gelb, hier mit 100 % Gelb und 0 % Schwarz.

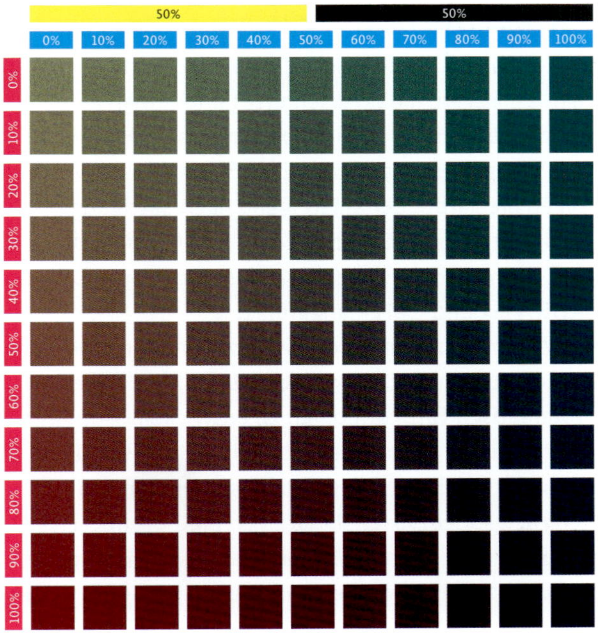

Auch die Cyan/Magenta/Gelb-Tabellen werden in 10-%-Stufen mit Schwarz angereichert dargestellt, in der Abbildung oben enthalten die Farbfelder neben Cyan und Magenta jeweils 50 % Gelb und 50 % Schwarz.

HLC

HLC ist ein Farbsystem, das an Lab angelehnt wurde, so wie HSB/HSV/HSL an RGB angelehnt sind. Es dient wie diese dazu, die Farbgestaltung zu unterstützen.

H (Hue) steht wie gewohnt für Buntton. Der H-Wert definiert die Lage des Farbtons im HLC-Farbkreis in Winkelgrad. Die Lage der Farben entspricht allerdings nicht jener im HSB/HSV/HSL-Farbkreis und verläuft entgegengesetzt. HLC ist an der Empfindung orientiert, während HSB, HSV und HSL aus dem Mischverhalten von Grundfarben hervorgehen. L steht einmal mehr für *Lightness*, also Helligkeit. C steht für *Chroma* und definiert die Sättigung.

Während Lab ein wichtiger internationaler Standard ist, ist die Bedeutung von HLC eher überschaubar. Dennoch ist ein HLC-Farbfächer, wie er vom »dtp studio oldenburg« herausgegeben wird, nicht uninteressant. Da er nach harmonischen Gesetzen aufgebaut ist, bildet er eine gute Alternative zum streng nach Farbmischung strukturierten Euroskala-Buch.

Entsprechend dem aus 36 Farben bestehenden HLC-Farbkreis ist der Fächer in 36 Abschnitte eingeteilt. Zu Beginn jedes Abschnittes findet man eine Übersicht der für den Buntton erzielbaren Helligkeits- und Sättigungsvarianten in 10-%-Schritten. Danach folgen die Farbfelder aufsteigend nach Sättigung und Helligkeit geordnet. Unter jedem Farbfeld sind die HLC-Formel sowie die entsprechenden Werte für Lab, sRGB, Hex und CMYK angeführt.

Man muss sich mit dem System befassen, doch wer sich darauf einlässt, dem bietet es die Möglichkeit, systematisch Farbharmonien zu entwickeln – etwas, das mit einem Euroskala-Farbbuch nur schwer zu verwirklichen ist. Die Ergebnisse sollten vom wahrnehmungsorientierten Ansatz von HLC profitieren.

Leider gibt es kaum Möglichkeiten, direkt in einer Software mit HLC-Farben zu arbeiten. Lediglich in der Open-Source-Publishing-Software Scribus ist mir das System begegnet.

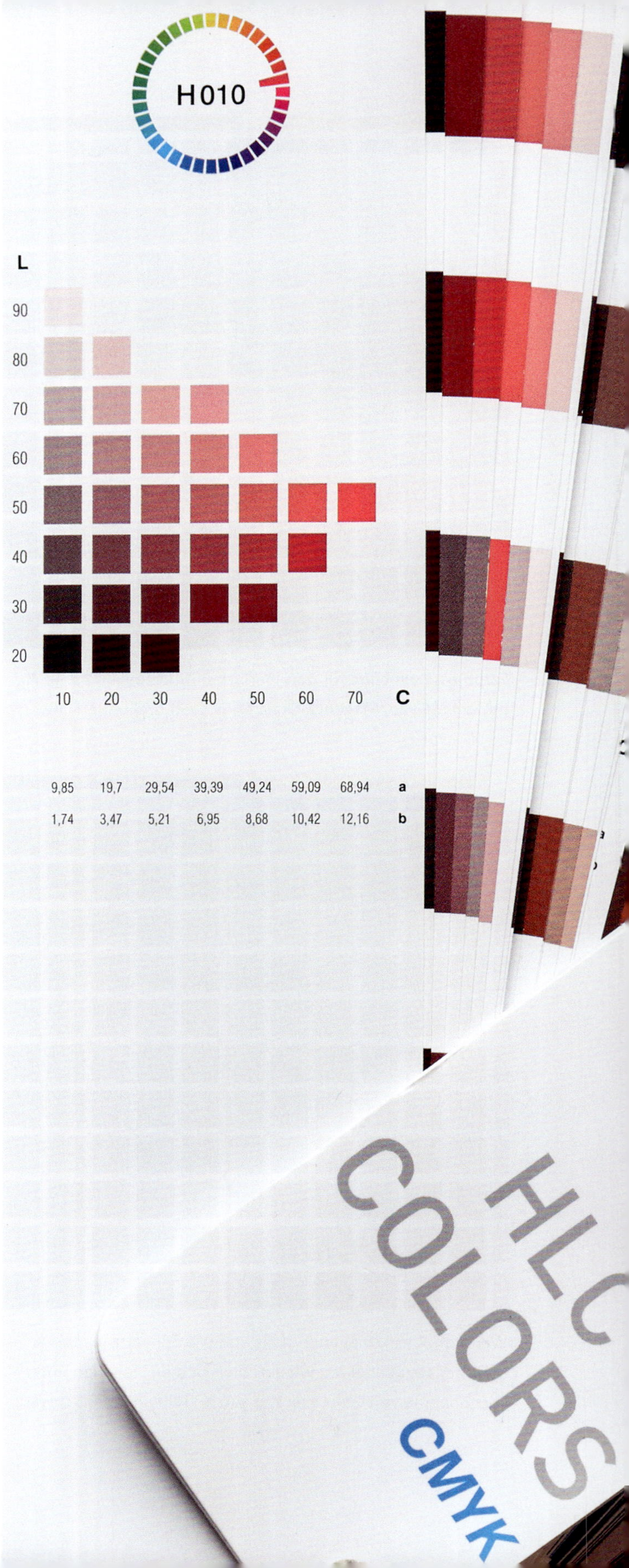

Das 36-teilige Farbrad von HLC basiert auf den Wahrnehmungsgegensätzen Rot–Grün und Gelb–Blau. Auch hier gilt, dass Rot eher Purpur entspricht und Grün Richtung Türkis tendiert; die Grundfarbe Gelb fällt etwas rötlich aus.

Jeder Buntton wird in die Achsen Lightness (Helligkeit) und Chroma (Sättigung) aufgeschlüsselt. Entsprechend den tatsächlichen Helligkeitswerten der Farben liegt das Rot (030 H) bei maximaler Sättigung (80 C) im Bereich mittlerer Helligkeit (50 L), das Gelb (090 H) bei maximaler Sättigung (80 C) im oberen Bereich der Helligkeit (80 L), und das Blau (270 H) befindet sich bei maximaler Sättigung (50 C) im unteren Bereich (40 L) der Helligkeitsachse.

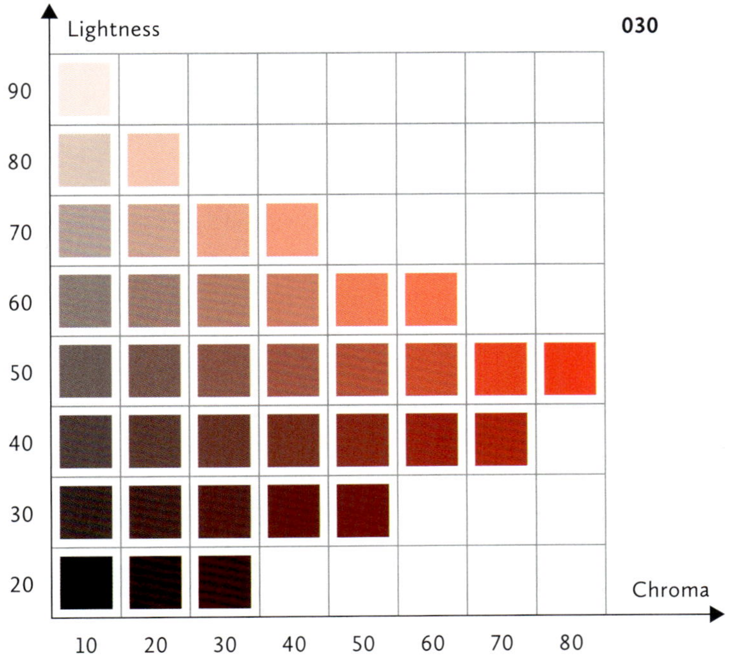

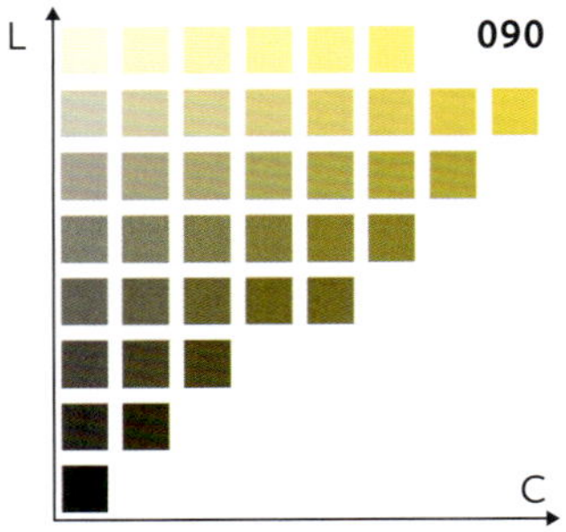

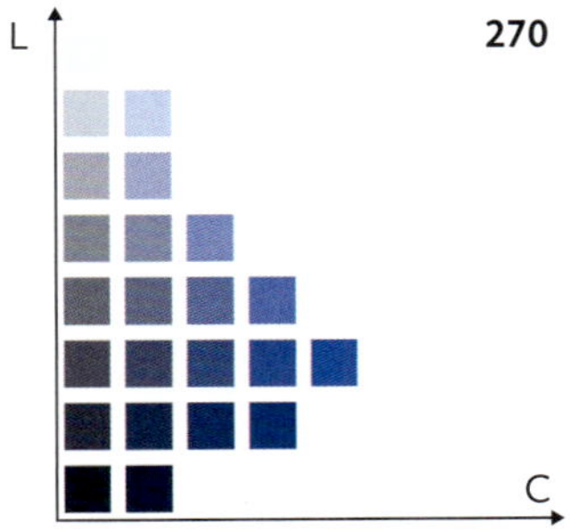

Volltonfarben

Wiederholt sind wir auf Begriffe gestoßen, die für verschiedene Dinge stehen. Hier treffen wir auf den umgekehrten Fall, in dem verschiedene Begriffe für die gleiche Sache stehen: Volltonfarbe, Buchfarbe, Schmuckfarbe, Sonderfarbe und Zusatzfarbe – das alles hat 1:1 dieselbe Bedeutung. Die Begriffe stehen schlicht für jede Druckfarbe, die nicht durch den Vierfarbenprozess mit Cyan, Magenta, Gelb und Schwarz entsteht.* Volltonfarben kommen quasi direkt aus dem Farbtopf in die Druckmaschine.

Werden nur ein oder zwei Farben benötigt, können Volltonfarben im Druck preiswerter sein: Es sind weniger Druckplatten und weniger Druckwerke notwendig. Allerdings nur dann, wenn die Druckerei auch über Druckmaschinen mit weniger als vier Farben verfügt und die Auflage nicht zu groß ist.

Notwendig sind Volltonfarben vor allem, wenn man Farben erzielen möchte, die im Vierfarbendruck nicht möglich sind. Dies gilt insbesondere für Silber, Gold und andere Metallic-Töne sowie Leuchtfarben mit der Intensität von Textmarkern.

Ein weiterer Vorteil von Volltonfarben: Bunttöne sind erzielbar, ohne dass eine Fläche zu rastern ist. Das ist wichtig, wenn es darum geht, feine Details farbig und gleichzeitig präzise wiederzugeben. Wer beabsichtigt, ein Buch drucken zu lassen, in dem Text nicht schwarz, sondern beispielsweise dunkelblau auf weiß gedruckt werden soll, sollte eine Volltonfarbe statt einer gerasterten 4C-Farbe in Betracht ziehen. Selbst feine Raster können die kaum mehr als haarfeinen Details mancher Schriften ausgefressen aussehen lassen. Das heißt übrigens nicht, dass man Volltonfarben nicht auch rastern kann. Ein gerastertes Vollton-Blau wird zum Hellblau.

Gold, Bronze, Kupfer, Silber sowie Metallic-Töne lassen sich in 4C kaum authentisch simulieren.

Auch die Intensität von Leucht- und Signalfarben lässt sich in CMYK nicht annähernd erreichen.

* Bzw. andere erweiterte Farbenprozesse wie der Siebenfarbendruck oder jene von Digitaldruckern, die mit drei bis zu mehr als einem Dutzend Farben arbeiten können.

HKS
N
Farben für Naturpapier
Inks for uncoated paper
Encres pour papier nature
Colori per carta naturale
Tintas para papel natural
HKS
K
Farben für Kunstdruckpapier
Inks for gloss art paper
Encres pour papier couché
Colori per carta patinate
Tintas para papel cuché
THE PLUS SERIES
PANTONE®
“Optics/Chromatics” by Timea Andorka. View the complete project on Pantone Canvas at pantone.com/timea.
PANTONE 7662 U
PANTONE 7663 U
80%

Pantone

Viele setzen Volltonfarbe mit Pantone gleich, was allerdings nicht richtig ist. Vielmehr ist Pantone ein Volltonsystem unter anderen.

Wenn man von Pantone spricht, meint man meist das »Pantone Matching System«, das 1963 vom US-amerikanischen Unternehmen Pantone LLC vorgestellt wurde. Dieses System hat sich seither als Quasi-Standard für Volltonfarben etabliert. Es enthielt ursprünglich 1114 Farbtöne, jeder mit einer eigenen Nummer. Alle Farbtöne ließen sich auf Basis von 14 Basistönen mischen. Im Farbfächer bzw. Farbmusterbuch findet sich in der Regel neben jedem Farbfeld das Mischrezept.

Seither hat es mehrere Überarbeitungen gegeben, das System ist auf 1867 Farbtöne gewachsen, basiert auf 18 Basistönen und nennt sich in der aktuellsten Ausgabe Pantone Plus.

Da das Papier großen Einfluss auf das Aussehen der Farben hat, gibt es Farbmuster auf gestrichenem und ungestrichenem Papier. Den Farbtönen ist je nach Papiersorte ein C für Coated (gestrichen) oder ein U für Uncoated (ungestrichen) angehängt. Das suggeriert, es handle sich um unterschiedliche Mixturen. Tatsächlich handelt es sich aber um exakt die gleiche Druckfarbe. Für das Corporate Design ergibt sich dadurch ein nicht zu unterschätzendes Problem: Wenn ich Pantone 485 einmal auf gestrichenes und einmal auf ungestrichenes Papier drucke, erhalte ich zwei unterschiedliche Rottöne. Möchte ich auf gestrichenem und ungestrichenem Papier tatsächlich möglichst identische Ergebnisse erzielen, muss ich zwei verschiedene Pantone-Farben mit entsprechend unterschiedlichen Nummern wählen – die Anhängsel C und U sind praktisch belanglos! Leider ist das Management von Corporate-Design-Vorgaben, die die unterschiedlichen Eigenschaften von gestrichenen und ungestrichenen Papieren separat berücksichtigen, kompliziert und eigentlich nur für Experten zu handhaben, und es würde noch aufwändiger, wenn man zusätzlich auch noch die Klasse der Zeitungspapiere berücksichtigen wollte.

Viele Pantone-Töne lassen sich schlecht bis gar nicht in 4C reproduzieren. Wer aus einem Pantone-Fächer eine Farbnummer aussucht, die Farbe am Computer auswählt und in Prozessfarben umwandelt, muss damit rechnen, dass das Ergebnis aus der Druckerei wenig mit der Farbe im Fächer oder am Bildschirm zu tun hat. Um die Ergebnisse einer Umwandlung von Pantone nach CMYK vorhersehbar zu machen, bietet Pantone unter der Bezeichnung ColorBridge Farbfächer an, die sowohl die Pantone-Farbe als auch ihre 4C-Repräsentanz inklusive der CMYK-Werte anzeigen.

Das über die Jahre in die Breite gegangene Angebot an Pantone-Fächern macht es etwas schwierig herauszufinden, welcher für den eigenen Bedarf ideal ist. Generell nennt sich alles zusammen »Pantone Matching System«, abgekürzt PMS. Die neuste Generation des PMS heißt »Plus Series«. Die gebräuchlichsten Fächer in diesem System sind »Solid Coated« und »Solid Uncoated«. »ColorBridge Coated & Uncoated« entspricht im Wesentlichen den beiden eben genannten, zeigt aber neben den Pantone-Farben auch ihre 4C-Entsprechungen an.

»CMYK Coated & Uncoated« enthält keine Vollton-, sondern Prozessfarben mit Angaben zu den CMYK-Werten. Der Fächer dürfte einen ähnlichen Sinn haben wie der HLC-Fächer: harmonische Farbkombinationen finden. Darüber hinaus gibt es Fächer mit Pastell-, Neon- und Metallic-Tönen.

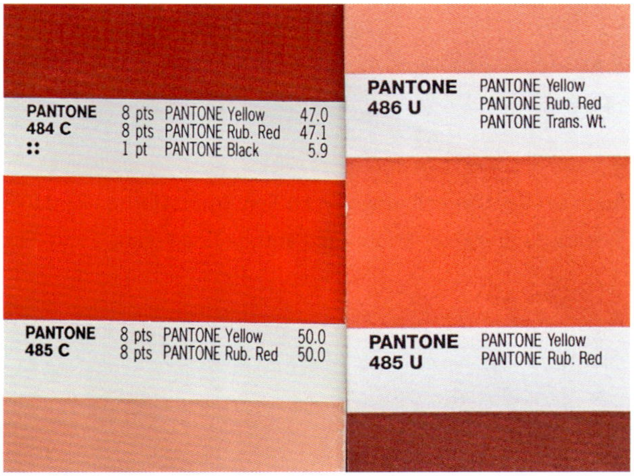

Eine Pantone-Farbnummer repräsentiert dieselbe Farbe, egal ob dahinter ein C oder U steht. Auf unterschiedliche Papiere gedruckt können die Abweichungen durchaus auch eklatant ausfallen.

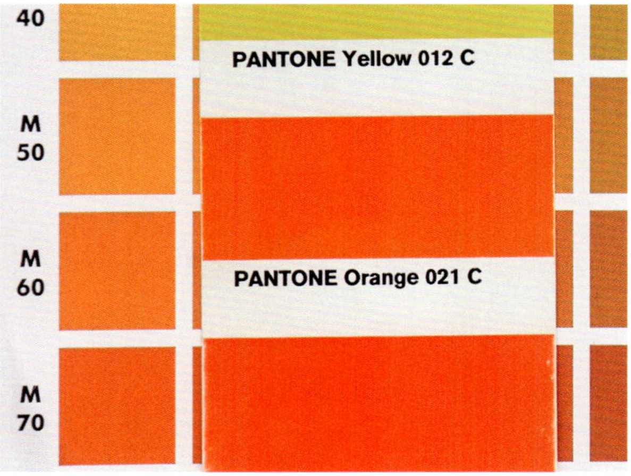

Viele Pantone-Farben lassen sich kaum oder nur annähernd in 4C reproduzieren.

HKS

HKS ist ein alternatives System zu jenem von Pantone, hinter dem die Farbenhersteller Hostmann-Steinberg Druckfarben, Kast+Ehinger Druckfarben und H. Schmincke & Co stehen. Auf 88 Basisfarben bauen 3520 Volltonfarben auf. Farbfächer werden auf Bilderdruckpapier (K wie Kunstdruck), Naturpapier (N), Endlos mattgestrichenes Papier (Ek) und Endlos Naturpapier (En) angeboten. Den jeweiligen HKS-Nummern werden die genannten Buchstaben angehängt. Anders als bei Pantone beziehen sich bei HKS 14K und 14N tatsächlich auf zwei verschiedene Farbmischungen, die jedoch so aufeinander abgestimmt sind, dass der Eindruck, den HKS 14K auf gestrichenem Papier erweckt, im Rahmen des Möglichen mit der Wirkung von HKS 14N auf ungestrichenem Papier übereinstimmt – aus Sicht des Corporate Designs ein sehr guter Gedanke.

HKS glänzt darüber hinaus mit vergleichsweise guten Resultaten bei der Konvertierung in 4C-Farben. Der Nachteil des Systems ist seine im Verhältnis zu Pantone geringe Verbreitung – vor allem international spielt HKS kaum eine Rolle.

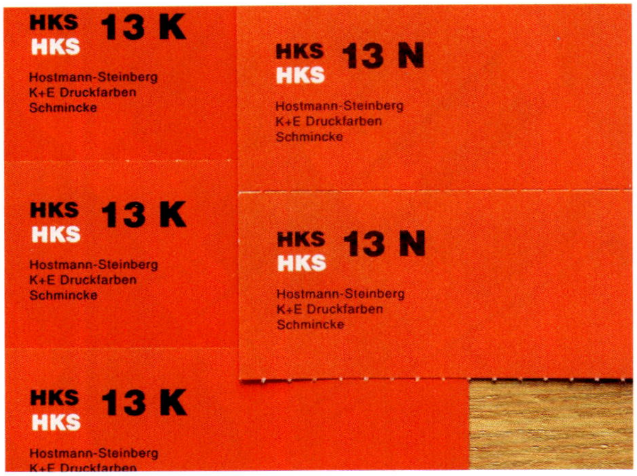

HKS 14K und 14N sind unterschiedliche Mixturen, die jeweils auf gestrichenem bzw. ungestrichenem Papier eine recht gut übereinstimmende Farbwirkung erzielen.

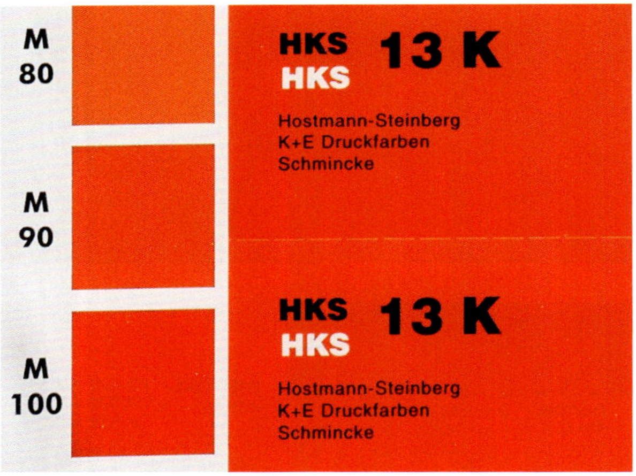

Auch bei der Umrechnung von HKS in Prozessfarben ist das System nach meiner Erfahrung Pantone überlegen.

HKS
K
Farben für Kunstdruckpapier
Inks for gloss art paper
Encres pour papier couché
Colori per carta patinate
Tintas para papel cuché
HKS®
3 K
HKS®
K+E Novavit® Offset
4 K
Offset
70 %
80 %
90 %
100 %
HKS
N

RAL

RAL ist eine Sammlung von heute 213 standardisierten Farbtönen, die durch vierstellige Zahlen repräsentiert werden, denen jedoch auch Farbnamen zugewiesen sind. Anders als die bisher vorgestellten Farbsysteme werden die Farbmuster nicht in Druckfarben, sondern Lacken ausgeführt. Es ist ein System, das weniger in der Druckindustrie als vielmehr bei der Herstellung industrieller Produkte sowie im Bau eine Rolle spielt. Somit ist RAL an sich auch kein Volltonfarbensystem.

RAL
CLASSIC
RAL-K5
ORIGINAL RAL
seidenmatt
semi gloss finish
finition satinée

NCS

Das aus Schweden stammende Natural Colour System genießt in den skandinavischen Ländern den Status eines Standards und hat so wie RAL internationale Bedeutung. Es ist allerdings ebenso kein Volltonfarbensystem für die Medienbranche wie Pantone oder HKS, sondern kommt vor allem in Architektur, Innenarchitektur, Möbeldesign und anderen Industriezweigen zum Einsatz. Die definierten Gegenfarben neutralisieren sich nicht zu Grau, und die reinen Buntfarben erreichen oft nicht die Intensität, die CMYK an sich erlauben würde (RGB schon gar nicht), weshalb das System für Mediengestalter kaum von Bedeutung ist.

Anders als bei RAL, dessen Farbauswahl einen etwas willkürlich zusammengewürfelten Eindruck vermittelt, soll NCS ein als harmonisch empfundenes System bilden. Grundlage dafür bildet auch hier Herings Gegenfarbentheorie. Heute sind in diesem System 1950 Farben geordnet.

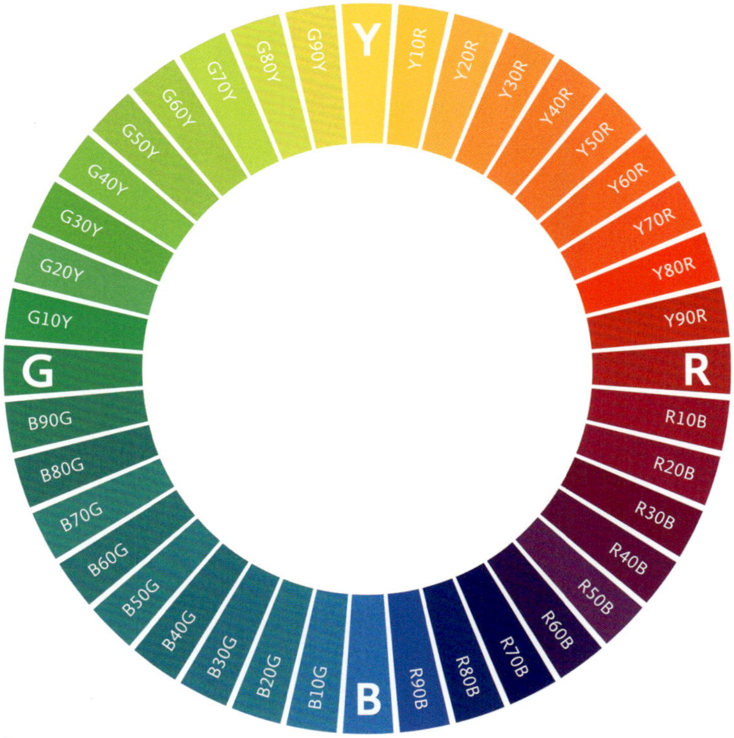

Das NCS-Farbsystem ist ähnlich aufgebaut wie HLC – bzw. umgekehrt, da das System deutlich früher entstanden ist. Das zugrundeliegende Farbrad ist in insgesamt 40 Buntfarben aufgeteilt, basierend auf den Achsen Grün–Rot und Gelb–Blau. Auch hier werden die einzelnen Bunttöne in Nuancen aufgeschlüsselt, angeordnet in einem Dreieck zwischen den Ecken Weiß (W), Schwarz (S) und Sättigung (C = Chromaticness).

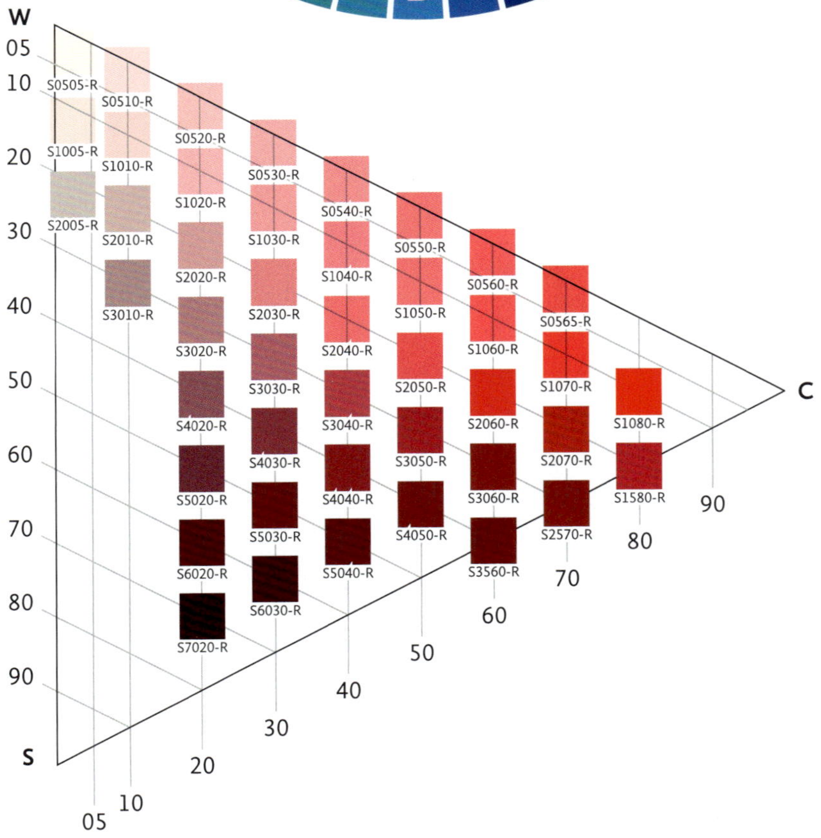

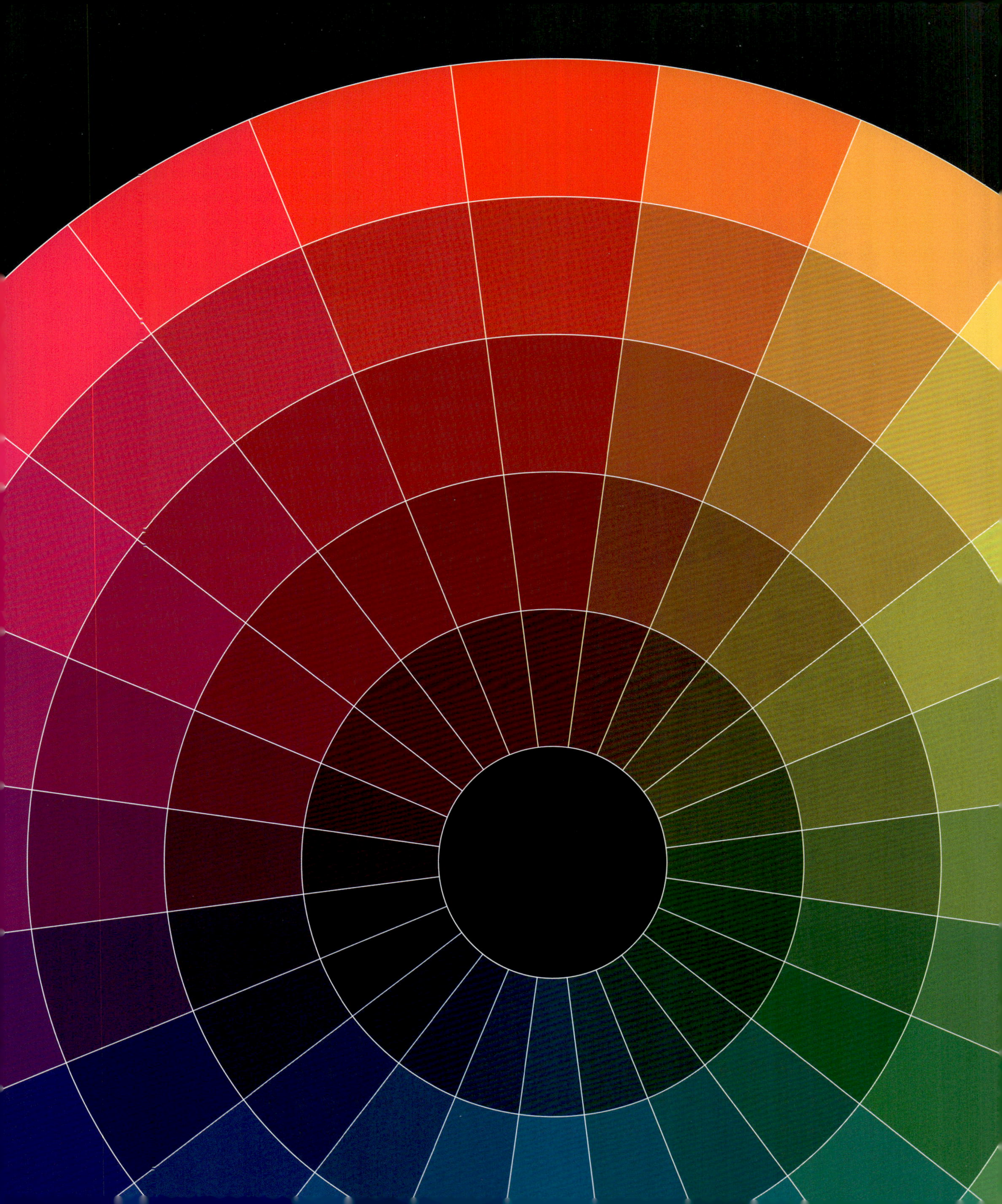

Kapitel 6: **Farbgestaltung**

24-teiliger Farbkreis + Weiß

Es gibt Kunstwerke, beispielsweise des US-amerikanischen Künstlers Mark Rothko, die bestehen aus einer einzigen Farbe. Keine Linien, keine Schattierungen, keine Verläufe, keine Kontraste. Nur eine homogene Fläche. Solche Werke bilden allerdings seltene Ausnahmen. Üblicherweise geschieht Gestaltung in einem Spannungsfeld aus Harmonie und Kontrast. Zwar mag man Gemälde aus einer einzigen Farbfläche harmonisch finden können, in der Regel jedoch bestehen Harmonien aus mehreren Farben, so wie eine Klangharmonie aus mehreren Tönen besteht. Kontraste entstehen sogar *nur* dort, wo sich Unterschiedliches begegnet, und erfordern definitiv mindestens zwei verschiedene Töne.

An sich sind Harmonie und Kontrast zwei Seiten derselben Medaille. Farbharmonien bestehen aus zwei oder mehr zusammenpassenden, aber doch unterschiedlichen Farbtönen, und unterschiedlich bedeutet Kontrast. *Zu* ähnliche Töne harmonieren selten oder beißen sich sogar.

Ein komplementäres Farbenpaar kann sowohl als komplementäre Farb*harmonie* als auch als Komplementär*kontrast* bezeichnet werden – zwei Seiten einer Medaille!

Oft wird der Eindruck vermittelt, Harmonieregeln und Kontrastformeln spiegelten quasi Naturgesetze. Ich für meinen Teil kann keine belastbaren Fakten entdecken, die solche Gesetze stützen würden. Stattdessen gibt es verschiedene Standpunkte, die zu unterschiedlichen Auslegungen von Regeln führen. Itten wählte andere Komplementärfarben als Küppers, RGB hat andere Grundfarben als CIELab, und in HSL ist die Lage der Bunttöne im Kreis nicht identisch mit jener in HLC.

Die in weiterer Folge gezeigten Kontraste und Harmonien basieren auf dem HSB/HSV/HSL-Modell. Dieselben Regeln auf Ittens Farbkreis, HLC oder NCS angewendet, würden zu anderen Resultaten führen.

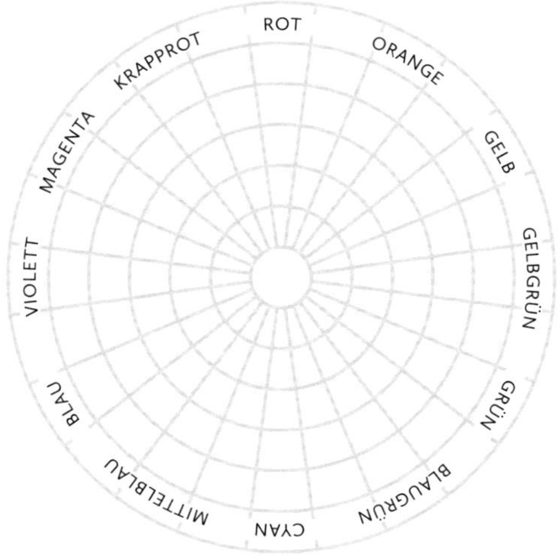

Der Farbkreis rechts und die beiden auf den folgenden Seiten bestehen aus den zwölf Farben, wie sie in der Grafik oben verzeichnet sind, sowie ihren Mischfarben. Die offenen Ringe darum herum zeigen die Anteile der Grundfarben im Einzelnen.
In der Abbildung gegenüber verblassen die Töne nach innen zu Weiß. Die Stufen sind in Tonwerten (T) angelegt, die unter Rot angegeben Prozentwerte gelten ebenso für die anderen Bunttöne.
Zur Erklärung:

- Für Rot (0 C, 100 M, 100 Y) bedeutet das:
  T 80 % = 80 M, 80 Y; T 60 % = 60 M, 60 Y;
  T 40 % = 40 M, 40 Y; T 20 % = 20 M, 20 Y.
- Rotorange (0 C, 75 M, 100 Y): T 80 % = 60 M, 80 Y;
  T 60 % = 45 M, 60 Y; T 40 % = 30 M, 40 Y;
  T 20 % = 15 M, 20 Y.
- usw.

Für RGB erreicht man über HSB vergleichbare Nuancen, indem man die Sättigung (S) in 20-%-Schritten reduziert bzw. über HSL die Helligkeit (L) ausgehend von 50 % in 10-%-Schritten erhöht.
Über *www.gug.direct/farbkreise* bzw. den QR-Code rechts können Sie eine Seite in meinem Blog aufrufen, auf der Sie die CMY-Farbkreise in RGB betrachten können. Darüber hinaus finden Sie die Farbkreise in reinen RGB-Farben sowie Farbkreise mit optimierten RGB-Varianten der CMY-Farbtöne. Die Farbkreise lassen sich als PDF herunterladen, wenn Sie sie für Ihre praktische Arbeit oder Experimente damit nutzen möchte.

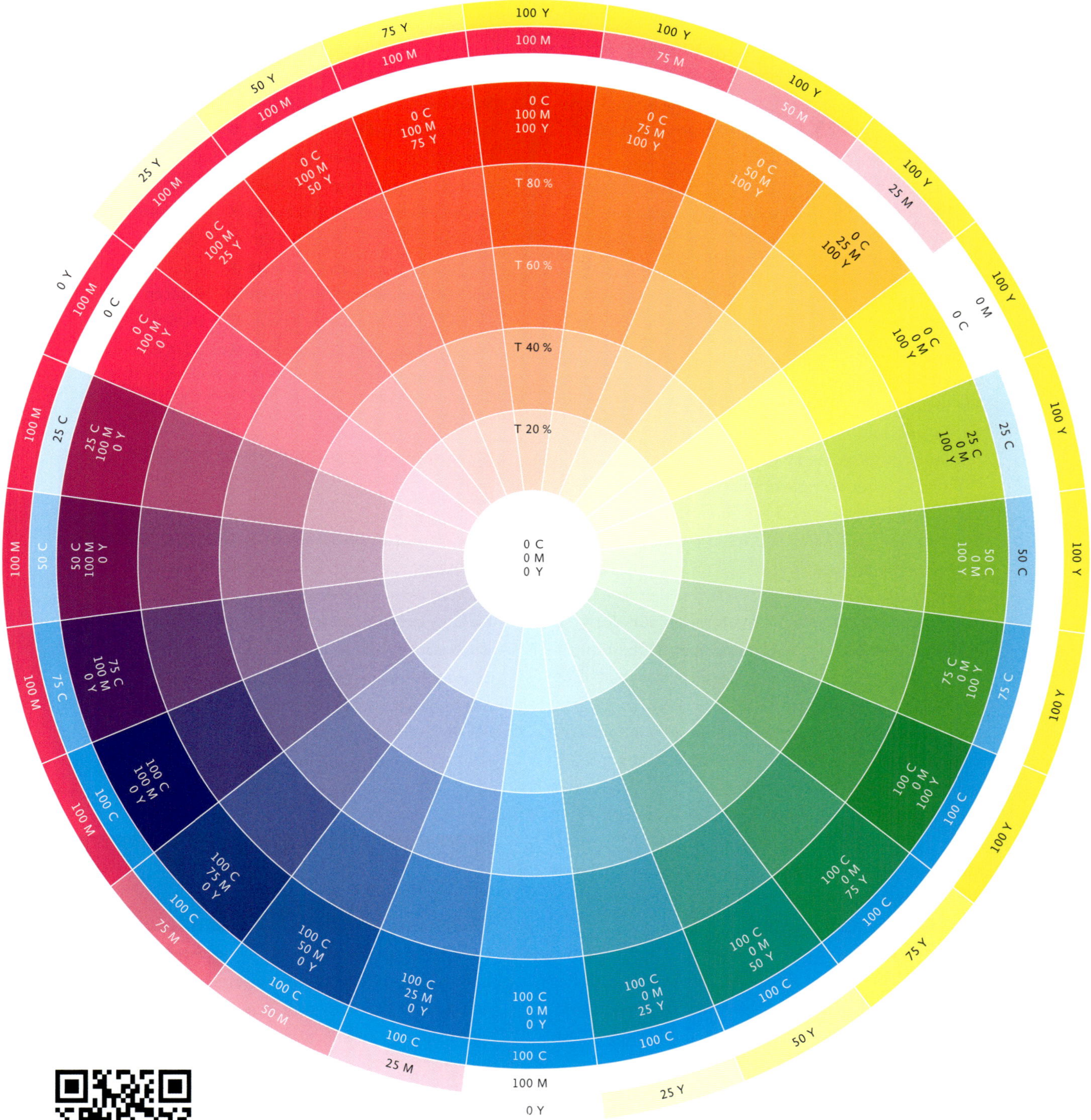
0 C 0 M 0 Y
T 20 %
T 40 %
T 60 %
T 80 %
0 C 100 M 100 Y
0 C 75 M 100 Y
0 C 50 M 100 Y
0 C 25 M 100 Y
0 C 0 M 100 Y
25 C 0 M 100 Y
50 C 0 M 100 Y
75 C 0 M 100 Y
100 C 0 M 100 Y
100 C 0 M 75 Y
100 C 0 M 50 Y
100 C 0 M 25 Y
100 C 0 M 0 Y
100 C 25 M 0 Y
100 C 50 M 0 Y
100 C 75 M 0 Y
100 C 100 M 0 Y
75 C 100 M 0 Y
50 C 100 M 0 Y
25 C 100 M 0 Y
0 C 100 M 0 Y
0 C 100 M 25 Y
0 C 100 M 50 Y
0 C 100 M 75 Y
100 Y
100 M
75 Y
75 M
50 Y
50 M
25 Y
25 M
0 Y
0 M
0 C
25 C
50 C
75 C
100 C

24-teiliger Farbkreis + Schwarz

Weshalb soll man sich nun überhaupt die Mühe machen, Harmonien systematisch zu bestimmen, und Farben nicht einfach nach Gefühl zusammenstellen? Ich biete folgende Argumente:

1. Mehr Vielfalt: Es kann nur aus uns heraus, was in uns ist. Jeder hat seine bevorzugten Farbtöne, Farben, die er ablehnt, sowie Farben, die auszuprobieren ihm nie einfallen würde. Bei der systematischen Arbeit mit Farbharmonien existieren diese persönlichen Beschränkungen nicht, so dass Harmonien entstehen, die wir aus uns heraus kaum andenken würden.
2. Mehr Effizienz: Während es meist relativ leichtfällt, ein Farbenduo *frei Schnauze* zu bestimmen, wird es mit jeder zusätzlichen Farbe schwieriger. Bei der Definition einer komplexen Farbgestaltung mit mehreren Tönen können schon einmal Stunden verstreichen. Auf Basis einfacher Berechnungen im Rahmen eines Modells wie HSB/HSV/HSL kann dasselbe in einigen Minuten erledigt werden. Computer- und Onlineprogramme können den Weg zusätzlich erleichtern: Grundfarbe einstellen und Harmonieregel auswählen – das Programm schlägt systematisch ermittelte Zusatztöne vor.
3. Bessere Resultate: Auf Harmonieregeln aufgebaute Farbzusammenstellungen wirken oft stimmiger als willkürlich gewählte.

Auf das Gefühl darf am Ende nicht verzichtet werden. Der kritische Blick der Gestaltenden darf als prüfende Instanz keinesfalls fehlen – bei Bedarf muss nachgebessert oder geändert werden.

Auf der vorangegangenen, dieser und der folgenden Seite sehen Sie drei 24-teilige Farbkreise, auch wenn ich mich bei den nachfolgenden Beschreibungen von Farbkontrasten und -harmonien wieder auf einen zwölfteiligen beschränken werde. Wenn Sie die beschriebenen Regeln verstanden haben, können Ihnen die drei umfangreicheren Kreise hier bei der Suche nach Harmonien helfen.

Der Farbkreis gegenüber zeigt die Bunttöne und ihre Schattierungen bis Schwarz. Der Praxis in der Druckvorstufe folgend habe ich den reinen Buntfarben Schwarz hinzugefügt, und zwar in 20-%-Schritten. Das heißt, die erste Rotschattierung enthält 0 % Cyan, 100 % Magenta, 100 % Gelb (Y) und 20 % Schwarz (K), die benachbarte Rotorangeschattierung 0 % Cyan, 75 % Magenta, 100 % Gelb (Y) und 20 % Schwarz (K).
Für RGB sind über HSB vergleichbare Nuancen zu erzielen, indem man die Helligkeit (B) in 20-%-Schritten reduziert bzw. über HSL die Helligkeit (L) in 10-%-Schritten reduziert.

Wichtig ist, dass beim Abdunkeln eines Bunttons der Buntton selbst nicht reduziert werden darf. Wenn Sie in einem Gestaltungsprogramm, egal ob InDesign, Illustrator oder Photoshop, einen Verlauf von 100 M/100 Y zu 100 K erstellen, reduziert sich der Buntton in dem Verhältnis, in dem Schwarz zunimmt, was im Falle von Rot in der Mitte einen matten Braunton aus 50 M, 50 Y und 50 K ergibt.

Bei diesem Verlauf enthält das Schwarz den kompletten Buntton und besteht dementsprechend aus 100 M, 100 Y und 100 % K. Die Farbe wird dadurch tatsächlich dunkler und nicht zur Mitte hin blasser – der Ton in der Mitte entspricht 100 M, 100 Y und 50 K.

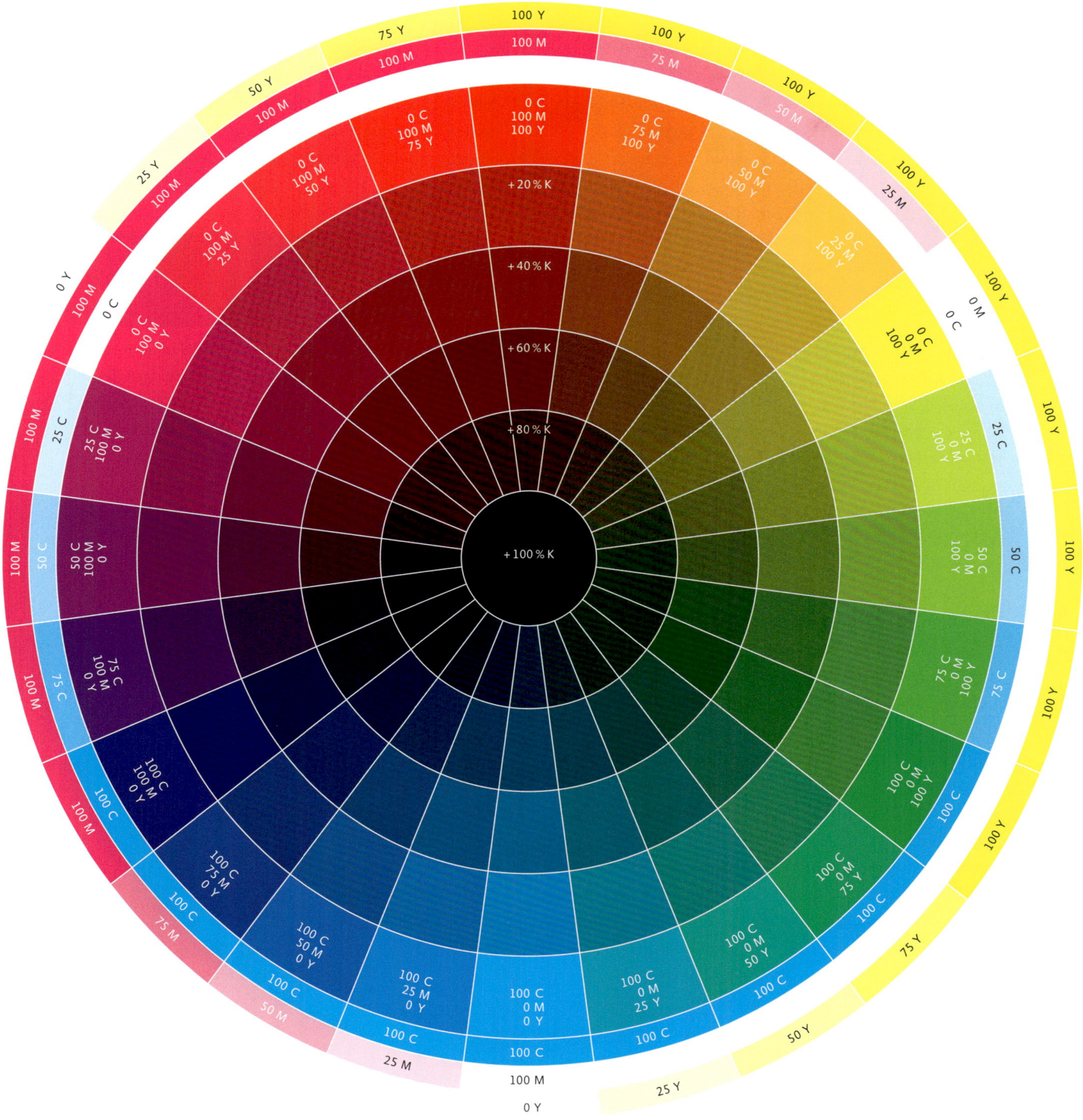

0 C 100 M 100 Y
0 C 75 M 100 Y
0 C 50 M 100 Y
0 C 25 M 100 Y
0 C 0 M 100 Y
25 C 0 M 100 Y
50 C 0 M 100 Y
75 C 0 M 100 Y
100 C 0 M 100 Y
100 C 0 M 75 Y
100 C 0 M 50 Y
100 C 0 M 25 Y
100 C 0 M 0 Y
100 C 25 M 0 Y
100 C 50 M 0 Y
100 C 75 M 0 Y
100 C 100 M 0 Y
75 C 100 M 0 Y
50 C 100 M 0 Y
25 C 100 M 0 Y
0 C 100 M 0 Y
0 C 100 M 25 Y
0 C 100 M 50 Y
0 C 100 M 75 Y
+20 % K
+40 % K
+60 % K
+80 % K
+100 % K
100 Y
100 M
75 M
50 M
25 M
0 M
0 C
25 C
50 C
75 C
100 C
75 Y
50 Y
25 Y
0 Y

24-teiliger Farbkreis + Grau

Die drei Farbkreise zeigen neben den Bunttönen zur Mitte hin die Eigenschaften Sättigung und Helligkeit. Die Helligkeit habe ich in den vorangegangenen beiden dargestellt, einmal mit Weiß im Zentrum und einmal mit Schwarz. Häufig wird beides *in einem* Kreis wiedergegeben, was dem Umstand Rechnung trägt, dass Aufhellung und Abdunkelung zwei Seiten derselben Eigenschaft sind: Helligkeit. Aus Gründen der Übersichtlichkeit ist die Aufteilung dieser Eigenschaft auf zwei Kreise hier aber sinnvoller.

Naturgemäß ist die Abbildung von Farben im Druck auf den kleinen CMYK-Farbraum beschränkt. Wenn Sie Screendesigner sind und/oder in erster Linie in RGB arbeiten, erhalten Sie umfangreichere und präzisere Harmonien und Kontraste, wenn Sie Berechnungen auf Basis von HSB/HSV/HSL ausführen, wie es auf Seite 210 erklärt ist, oder Programme nutzen, wie ich sie auf Seite 290 vorstelle. Die folgenden Seiten liefern Ihnen die Grundlagen, wie Harmonien und Kontraste funktionieren und welche es gibt, die Farbauswahl sollten Screendesigner allerdings in RGB treffen.

Dem Druckfarbraum des Buches entsprechend habe ich Farbkreise, Harmonie- und Kontrastbeispiele durchgängig in CMYK definiert. Sämtliche Farben basieren rein auf mathematischen Berechnungen und nicht wie beispielsweise in HLC auf dem Versuch, Abstufungen der Empfindung folgend anzulegen. Eine Schwäche einer rein mathematischen Aufschlüsselung zeigt sich unter anderem daran, dass die Unterschiede zwischen Magenta, Krapprot und Rot dermaßen gering sind, dass sie beispielsweise nicht zur analogen Harmonie taugen, weil sie kaum einen Buntkontrast aufweisen. Trotz dieser Schwächen ist das Farbsystem geeignet, die Grundlagen zu beschreiben, einen brauchbaren Wegweiser zu Harmonie und Kontrast zu bieten und wegen der Verankerung in CMY und RGB bestens den praktischen und technischen Anforderungen von Mediengestalter:innen zu entsprechen.

Der dritte Farbkreis im Bunde enthält Grau im Zentrum und zeigt die matter werdenden Munttöne auf dem Weg dahin. Die Vergrauung entsteht durch die Abnahme des Bunttons und die parallele Zunahme der Komplementärfarbe.

Theoretisch sollte in der Mitte ein neutrales Grau stehen, das sich aus Cyan, Magenta und Gelb zu gleichen Teilen zusammensetzt. In der Praxis jedoch würde sich daraus ein gräulicher Braunton ergeben, wie er oben abgebildet ist (50 % Cyan, 50 % M und 50 % Y).
Stattdessen habe ich einen Ton in die Mitte gesetzt, bestehend aus 45 % C, 35 % M und 37 % Y, der ziemlich genau 50 % K entspricht.
Für die Arbeit in RGB bietet HSL die Möglichkeit, einfach die Sättigung zu reduzieren. In HSB sind vergleichbare Anpassungen etwas komplizierter, da Sättigung und Helligkeit parallel reduziert werden müssen.

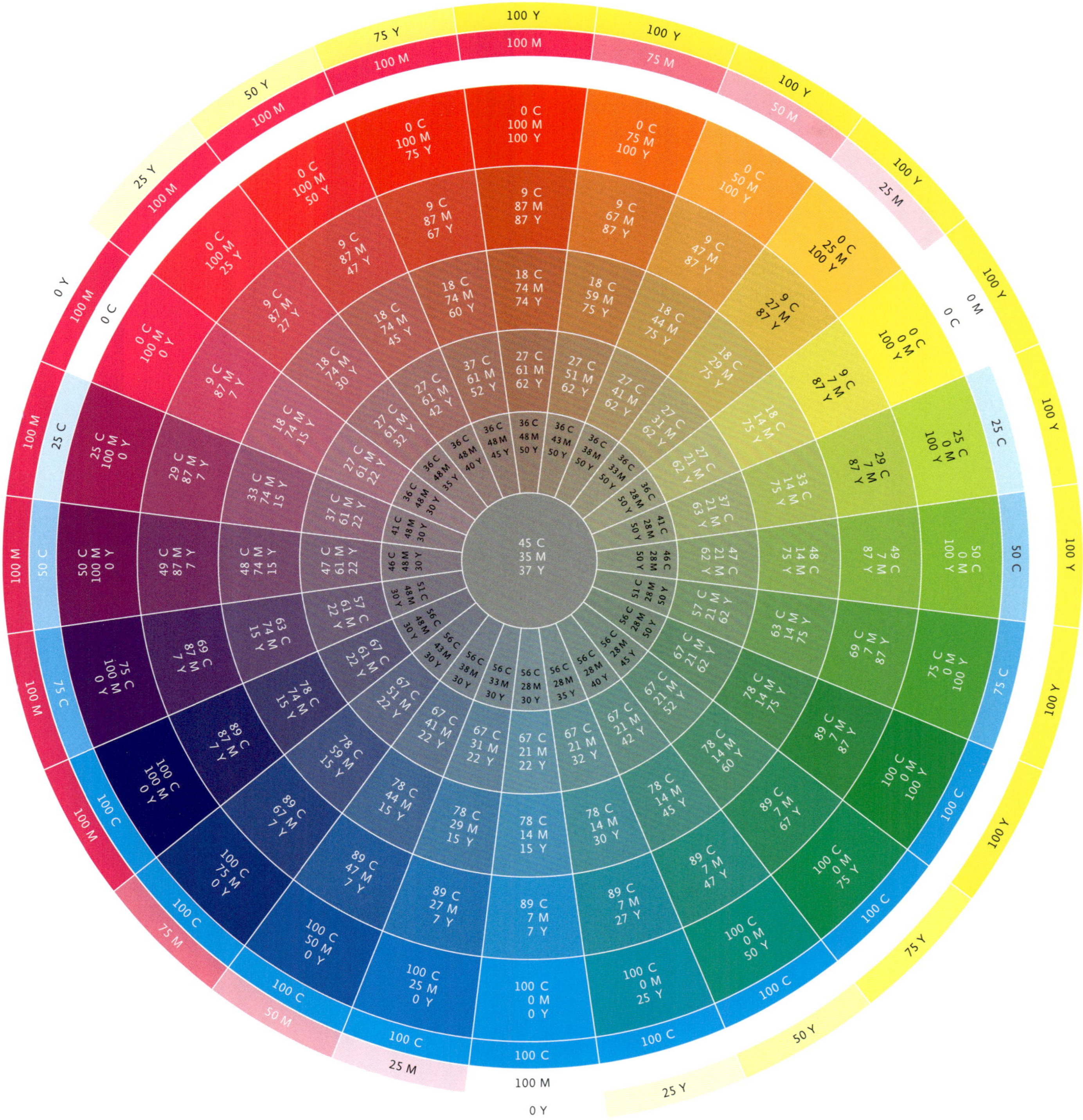
100 Y
100 M
100 Y
75 M
100 Y
50 M
100 Y
25 M
100 Y
0 M
0 C
100 Y
25 C
100 Y
50 C
100 Y
75 C
100 Y
100 C
75 Y
100 C
50 Y
100 C
25 Y
100 C
100 M
0 Y
100 C
25 M
100 C
50 M
100 C
75 M
100 C
100 M
100 M
75 C
100 M
50 C
100 M
25 C
100 M
0 C
0 Y
100 M
25 Y
100 M
50 Y
100 M
75 Y
100 M
0 C 100 M 100 Y
9 C 87 M 87 Y
18 C 74 M 74 Y
27 C 61 M 62 Y
36 C 48 M 50 Y
0 C 75 M 100 Y
9 C 67 M 87 Y
18 C 59 M 75 Y
27 C 51 M 62 Y
36 C 43 M 50 Y
0 C 50 M 100 Y
9 C 47 M 87 Y
18 C 44 M 75 Y
27 C 41 M 62 Y
36 C 38 M 50 Y
0 C 25 M 100 Y
9 C 27 M 87 Y
18 C 29 M 75 Y
27 C 31 M 62 Y
36 C 33 M 50 Y
0 C 0 M 100 Y
9 C 7 M 87 Y
18 C 14 M 75 Y
27 C 21 M 62 Y
36 C 28 M 50 Y
25 C 0 M 100 Y
29 C 7 M 87 Y
33 C 14 M 75 Y
37 C 21 M 63 Y
41 C 28 M 50 Y
50 C 0 M 100 Y
49 C 7 M 87 Y
48 C 14 M 75 Y
47 C 21 M 62 Y
46 C 28 M 50 Y
75 C 0 M 100 Y
69 C 7 M 87 Y
63 C 14 M 75 Y
57 C 21 M 62 Y
51 C 28 M 50 Y
100 C 0 M 100 Y
89 C 7 M 87 Y
78 C 14 M 75 Y
67 C 21 M 62 Y
56 C 28 M 50 Y
100 C 0 M 75 Y
89 C 7 M 67 Y
78 C 14 M 60 Y
67 C 21 M 52 Y
56 C 28 M 45 Y
100 C 0 M 50 Y
89 C 7 M 47 Y
78 C 14 M 45 Y
67 C 21 M 42 Y
56 C 28 M 40 Y
100 C 0 M 25 Y
89 C 7 M 27 Y
78 C 14 M 30 Y
67 C 21 M 32 Y
56 C 28 M 35 Y
100 C 0 M 0 Y
89 C 7 M 7 Y
78 C 14 M 15 Y
67 C 21 M 22 Y
56 C 28 M 30 Y
100 C 25 M 0 Y
89 C 27 M 7 Y
78 C 29 M 15 Y
67 C 31 M 22 Y
56 C 33 M 30 Y
100 C 50 M 0 Y
89 C 47 M 7 Y
78 C 44 M 15 Y
67 C 41 M 22 Y
56 C 38 M 30 Y
100 C 75 M 0 Y
89 C 67 M 7 Y
78 C 59 M 15 Y
67 C 51 M 22 Y
56 C 43 M 30 Y
100 C 100 M 0 Y
89 C 87 M 7 Y
78 C 74 M 15 Y
67 C 61 M 22 Y
56 C 48 M 30 Y
75 C 100 M 0 Y
69 C 87 M 7 Y
63 C 74 M 15 Y
57 C 61 M 22 Y
51 C 48 M 30 Y
50 C 100 M 0 Y
49 C 87 M 7 Y
48 C 74 M 15 Y
47 C 61 M 22 Y
46 C 48 M 30 Y
25 C 100 M 0 Y
29 C 87 M 7 Y
33 C 74 M 15 Y
37 C 61 M 22 Y
41 C 48 M 30 Y
0 C 100 M 0 Y
9 C 87 M 7 Y
18 C 74 M 15 Y
27 C 61 M 22 Y
36 C 48 M 30 Y
0 C 100 M 25 Y
9 C 87 M 27 Y
18 C 74 M 30 Y
27 C 61 M 32 Y
36 C 48 M 35 Y
0 C 100 M 50 Y
9 C 87 M 47 Y
18 C 74 M 45 Y
27 C 61 M 42 Y
36 C 48 M 40 Y
0 C 100 M 75 Y
9 C 87 M 67 Y
18 C 74 M 60 Y
27 C 61 M 52 Y
36 C 48 M 45 Y
45 C 35 M 37 Y

Farbkontraste

Geht es um Farbe, werden meist sieben Kontraste nach Johannes Itten genannt: Hell/Dunkel-Kontrast, Farbe-an-sich-Kontrast (Buntkontrast), Komplementärkontrast, Kalt/Warm-Kontrast, Qualitätskontrast (Sättigungskontrast bzw. Intensitätskontrast), Quantitätskontrast (Flächenkontrast) und Simultankontrast.

Sechs dieser sieben Kontraste werden auf den folgenden Seiten beschrieben. Der Simultankontrast ist kein Gestaltungskontrast, sondern ein optisches Phänomen und wurde bereits auf Seite 130 beschrieben. Von Bedeutung scheint mir stattdessen der Bunt/Unbunt-Kontrast, eine Sonderform von Ittens Qualitätskontrast.

Hell/Dunkel-Kontrast

Kalt/Warm-Kontrast

Buntkontrast

Komplementärkontrast

Sättigungskontrast

Bunt/Unbunt-Kontrast

Hell/Dunkel-Kontrast

Hell/Dunkel ist der wichtigste Kontrast. Auf die Spitze getrieben begegnet er uns in Schwarz auf Weiß. Schwarzweiß*bilder* leben ausschließlich von diesem Kontrast.

Bilder und Designs in *einer* Farbe nennt man »monochrom«. *Mono* steht für »eine«, und *chrom* ist vor »Chroma« (Farbe) abgeleitet. Gemeint sind damit nicht nur Bilder und Layouts in Schwarz und seinen Nuancen, sondern auch solche in *einem* Buntton und dessen Schattierungen.

Hell/Dunkel-Kontraste finden wir aber nicht nur in monochromer Gestaltung. Jeder Farbton hat seine spezifische Helligkeit. Von den reinen Bunttönen ist Gelb der hellste, Blau der dunkelste. Die absolute Helligkeit eines Gelbs beträgt oft über 90 %, bei Blau hingegen kann es 20 % und weniger sein. Rot, Grün, Cyan und Magenta liegen im mittleren Bereich.

Soll ein Element vor einem Hintergrund klar erkennbar sein, ist Gelb und Blau die einzige Kombination reiner Bunttöne, die gut funktioniert. Andere bilden zu geringe Kontraste und führen zu visueller Irritation. Ausreichender Kontrast ist vor allem bei Text auf Farbe wichtig, ebenso jedoch für Piktogramme, Symbole und Logos.

Wo Farbtöne mit geringem Hell/Dunkel-Kontrast direkt aufeinander treffen und miteinander in Konflikt geraten, lässt sich dieser meist mit einer schwarzen oder weißen Trennlinie dazwischen schlichten.

Ausgeprägte Hell/Dunkel-Kontraste können genutzt werden, um Akzente zu setzen. Wie schon erwähnt, zieht Helles das Auge an. Ein Gestaltungselement heller und satter Farbe in einem gedeckten dunklen Umfeld wirkt besonders prägnant.

Schwarzweißbilder sind »monochrom« und leben von Hell/Dunkel-Kontrasten.

Monochrom muss nicht zwingend schwarzweiß heißen – alles, was einfarbig Ton in Ton angelegt ist, ist monochrom.

Schwarz und Weiß bilden den größtmöglichen Hell/Dunkel-Kontrast.

Gelb und Blau weisen den größten Hell/Dunkel-Kontrast zwischen reinen Bunttönen auf. Die grauen Streifen unten entsprechen der Helligkeit der Farben darüber und verdeutlichen den Unterschied.

Rot entspricht etwa der Helligkeit von 67 % Schwarz (K), Grün 65 % K, Cyan 60 % K und Magenta 67 % K. Treffen Bunttöne mit ähnlichen Helligkeitswerten aufeinander, entsteht oft eine irritierende Wirkung.

Orange entspricht ungefähr 45 % K, Gelbgrün 41 % K, Blaugrün 64 % K, Mittelblau 75 % K, Violett 79 % K und Krapprot 68 % K.

Nur Gelb und Blau bieten ausreichend Kontrast zu anderen Primär- und Sekundärfarben, um direkt aneinandergestellt nicht in Konflikt zu geraten. Je größer der Helligkeitsunterschied, desto eher funktioniert die unmittelbare Nachbarschaft.

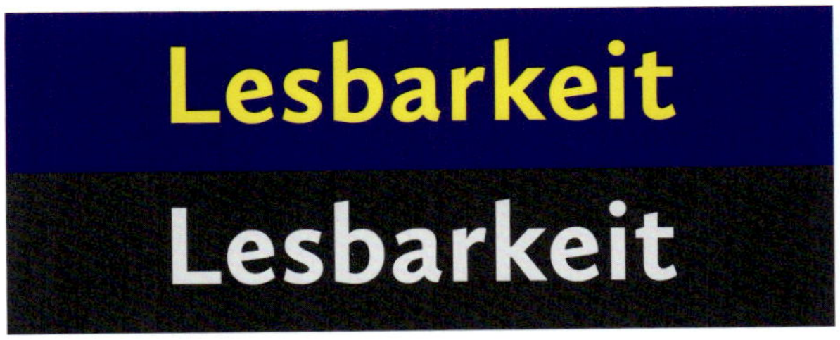

Farben mit ausgeprägtem Helligkeitsunterschied bieten ausreichend Kontrast, um eine gewisse Lesbarkeit zu gewährleisten (Gelb ≈ 10 % K, Blau ≈ 89 % K).

Bei geringem Helligkeitskontrast kann der Farbunterschied noch so drastisch sein, die Erkennbarkeit ist schlecht (Rot ≈ 67 % K, Grün ≈ 65 % K).

Buntkontrast

Von Buntkontrast – bei Itten *Farbe-an-sich-Kontrast* – spricht man, wenn verschiedene Bunttöne zusammenspielen. Das können Töne gleicher, aber auch unterschiedlicher Helligkeit oder Sättigung sein.

Je weiter zwei Farben auf einem Farbkreis voneinander entfernt liegen, desto größer ist ihr Buntkontrast – den größten bilden Komplementärfarben (siehe nachfolgende Doppelseite). Sie sind so gegensätzlich, dass man sich unmöglich eine Farbe mit Anteilen ihrer Gegenfarbe vorstellen kann (siehe Herings Gegenfarbtheorie, Seite 194). Nebeneinander verstärken sie ihre Intensität (siehe Simultankontrast, Seite 130), gemischt neutralisieren sie sich zu Grau.

Vergleichbar kräftige Kontraste finden sich bei harmonischen Dreiklängen. Sie teilen den Farbkreis in drei gleiche Segmente. Der Unterschied zwischen zwei komplementären Farben ist zwar größer, doch da bei Dreiklängen mehr Töne zusammenspielen, ist die Wucht solcher Harmonien kaum geringer. Die plakativste Kombination bilden die Urfarben Rot, Grün und Blau, gefolgt von den primären Körperfarben Cyan, Magenta und Gelb. Mischfarben spielen moderater zusammen, in reinen Bunttönen wirken sie aber dennoch sehr lebendig. Beruhigen lassen sich Buntkontraste, wenn man die Helligkeit erhöht oder verringert bzw. die Sättigung reduziert.

Soll ein Farbton einen Hintergrund für den anderen bilden, ist in jedem Fall, wie bereits auf der vorangegangenen Seite beschrieben, ein ausreichender Hell/Dunkel-Kontrast erforderlich, um eine problemlose Unterscheidbarkeit zu gewährleisten.

Drei Primärfarben erzeugen einen ebenso extremen Kontrast wie komplementäre Farbenpaare.

Etwas moderater spielen Dreiklänge aus Mischfarben zusammen.

Aufgehellte, abgedunkelte und vergraute Töne wirken weniger aufdringlich als reine Bunttöne.

Benachbarte Farben bilden zueinander einen geringen Farbkontrast. Die analogen RGB-Töne zu diesen CMY-Farben weisen am HSB-Farbkreis einen Abstand von 30° auf.

Im zwölfteiligen Farbkreis liegt zwischen diesen Tönen jeweils eine Mischfarbe, der Abstand am HSB-Farbkreis beträgt 60°. Der Buntkontrast ist mit Ausnahme von Magenta/Krapprot deutlich, aber nicht überdreht.

Zwischen diesen Farbkombinationen liegen jeweils drei Mischstufen bzw. 120° am HSB-Farbkreis. Die Kontraste sind aktiv und plakativ ohne die Aufdringlichkeit von Komplementärkontrasten.

Komplementärkontrast

Der Komplementärkontrast ist eine Sonderform des Buntkontrasts. Komplementärfarben bilden die lauteste und plakativste Farbkombination. Das liegt nicht zuletzt daran, dass zwei Gegenfarben ihre Intensität gegenseitig steigern.

Violettblau und Gelb sind das Komplementärfarbenpaar mit dem größten Helligkeitsunterschied, Rot und Cyan weisen den ausgeprägtesten Kalt/Warm-Unterschied auf, und bei Magenta und Grün wird der Gegensatz der Bunttöne am ausgeprägtesten empfunden. Letztere vermitteln den Eindruck, in besonders heftigem Konflikt zu stehen – etwas, was man von Gelb und Blau nicht behaupten kann.

Grundfarben bilden auch bei Komplementärfarben ausgeprägtere Gegensätze als Mischfarben. Der Gegensatz zwischen Orange und Mittelblau wirkt beispielsweise milder als jener zwischen Blau und Gelb und deutlich weniger extrem als bei Rot und Cyan sowie Magenta und Grün.

Kalt/Warm-Kontrast

Richtet man einen Farbkreis so aus, dass sich Cyan oben und Rot unten befinden, entspricht sein Temperaturklima den Himmelsrichtungen der nördlichen Erdhalbkugel. Im Norden ist es kalt, im Süden liegen die warmen Regionen. Im Osten und Westen hingegen ist das Klima gemäßigt. Ein messerscharfer Schnitt, der die zwei Hemisphären in kalt und warm aufteilt, wird der tatsächlichen Wirkung von Farben nicht gerecht. Der Übergang von kalt zu warm verläuft so kontinuierlich wie der von Farbe zu Farbe generell.

Eindeutig als warm werden Krapprot, Rot und Orange assoziiert, mit Rot als Hitzepol. Dem stehen die eindeutig kalten Töne Blaugrün, Cyan, Mittelblau und Blau gegenüber. Bei Violett und Magenta hingegen ist die Zuordnung kalt/warm ebenso zwiespältig und unklar wie bei Grüntönen. Häufig hängt es vom Farbklima des Umfelds ab, ob diese Töne eher warm oder eher kalt assoziiert werden.

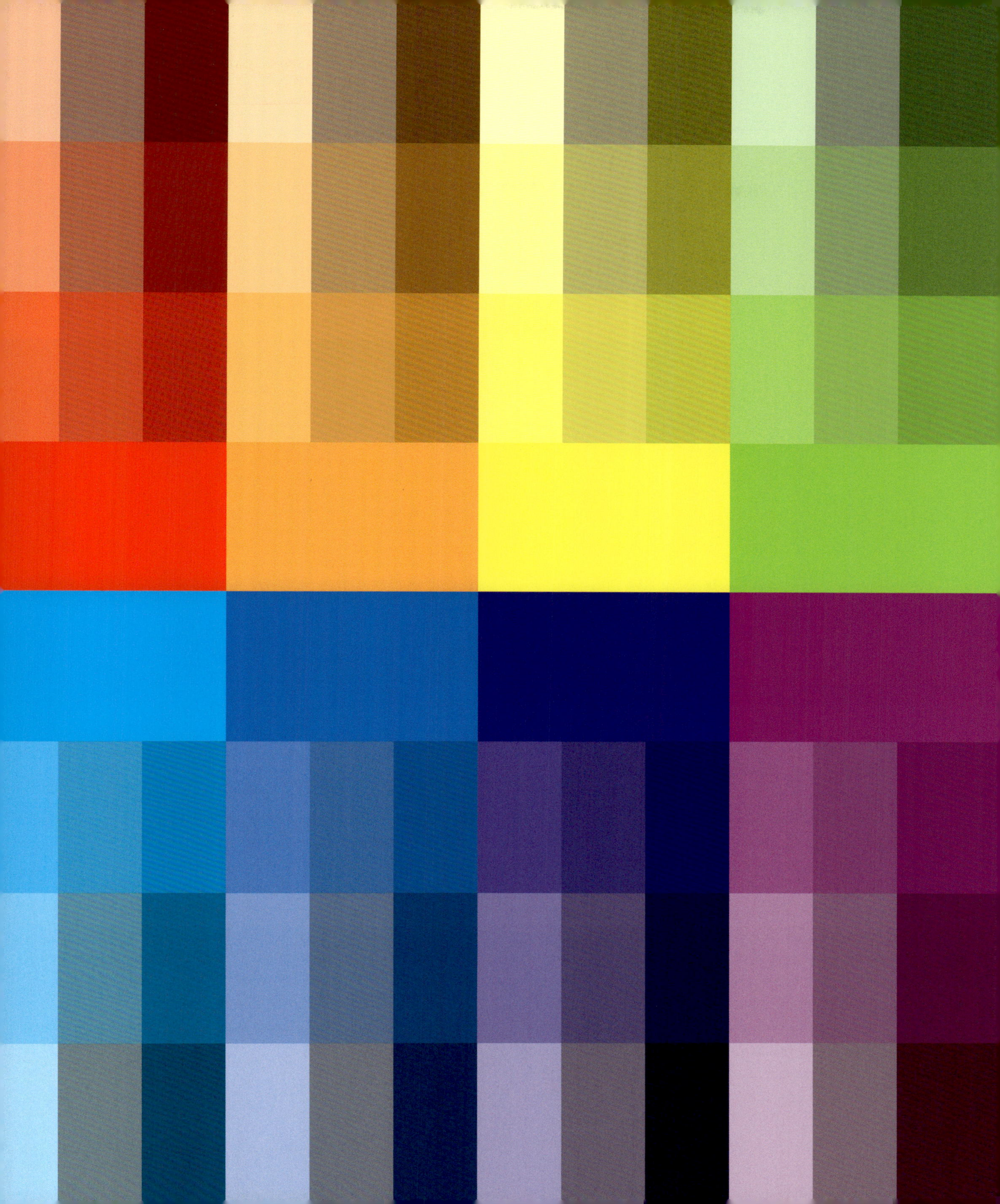

Sättigungskontrast

Itten spricht hier von »Qualitätskontrast«. Man kann Sättigungskontraste auf Basis eines Bunttons anlegen und beispielsweise ein reines Mittelblau mit Varianten geringerer Sättigung kombinieren. Die daraus entstehenden Kombinationen wirken zurückhaltend und wenig plakativ (abgesehen von der Plakativität des reinen Bunttons). Einsetzbar sind solche Kontraste, wenn Farbe in den Hintergrund treten soll, was beispielsweise in der Architektur oft gewünscht ist. Für die visuelle Kommunikation sind diese Kombinationen oft zu wenig plakativ, doch auch in Grafikdesign und Fotografie sind manchmal ruhige Farbkombinationen gefragt, und dann kann man darauf zurückgreifen.

Da die Farbtöne in den zwölf Beispielen oben über zwei Zwischenstufen vom Buntton zu einem Grau *mittlerer* Helligkeit führen, ist ihr Helligkeitskontrast gering. Lediglich die dunkelsten Töne Blau und Violett sowie die hellsten Gelb, Gelbgrün und Orange bieten ausreichend Unterschied, um deutliche Kontraste zu mittlerem Grau zu ergeben. Es gilt deshalb auch hier für ausreichend Helligkeitsunterschied zu sorgen, so wie es die beiden Beispielen rechts zeigen: Cyan vergraut in der Grafik in Richtung 75 % K, das Rot in Richtung 25 % K.

Bunt/Unbunt-Kontrast

Der Bunt/Unbunt-Kontrast ist die extreme Form des Sättigungskontrasts. Man spricht davon, wenn Bunttöne mit unbuntem Schwarz, Weiß oder Grau kombiniert werden. Das heißt, dass beispielsweise jeder Buntton auf Weiß einen Bunt/Unbunt-Kontrast repräsentiert. Schwarz und Weiß lassen Bunttöne besonders gut zur Geltung kommen. Wichtig ist allerdings wieder ausreichend Kontrast. Gelb bildet zu Weiß kaum Kontrast und geht unter, es wirkt dafür vor Schwarz umso kräftiger. Ebenso bringt Schwarz Orange und Gelbgrün gut zur Geltung – zwei Töne, die im Gegensatz zu Gelb auch stark genug sind, vor Weiß zu bestehen. Dafür kann sich Blau (Violett- und Dunkelblau) vor Schwarz nicht durchsetzen.

Während die meisten Bunttöne auf Schwarz kräftig leuchten (mit Ausnahme tiefer Blau- und Violetttöne, die durchaus düstere Stimmung entfalten können), wirken sie auf Weiß freundlich. Kritisch kann die Kombination Bunt/Unbunt werden, wenn ein Grauton etwa der Helligkeit des Bunttons entspricht (siehe auch vorangegangene Doppelseite). Zwar funktioniert eine solche Kombination in aller Regel besser als bei reinen *Bunt*kontrasten gleicher Helligkeit, doch bei den nahe 50 % K liegenden Tönen Türkis und Cyan auf 50 % Schwarz oder dem 75 % K entsprechenden Violett auf 75 % Schwarz ist die Erkennbarkeit alles andere als optimal.

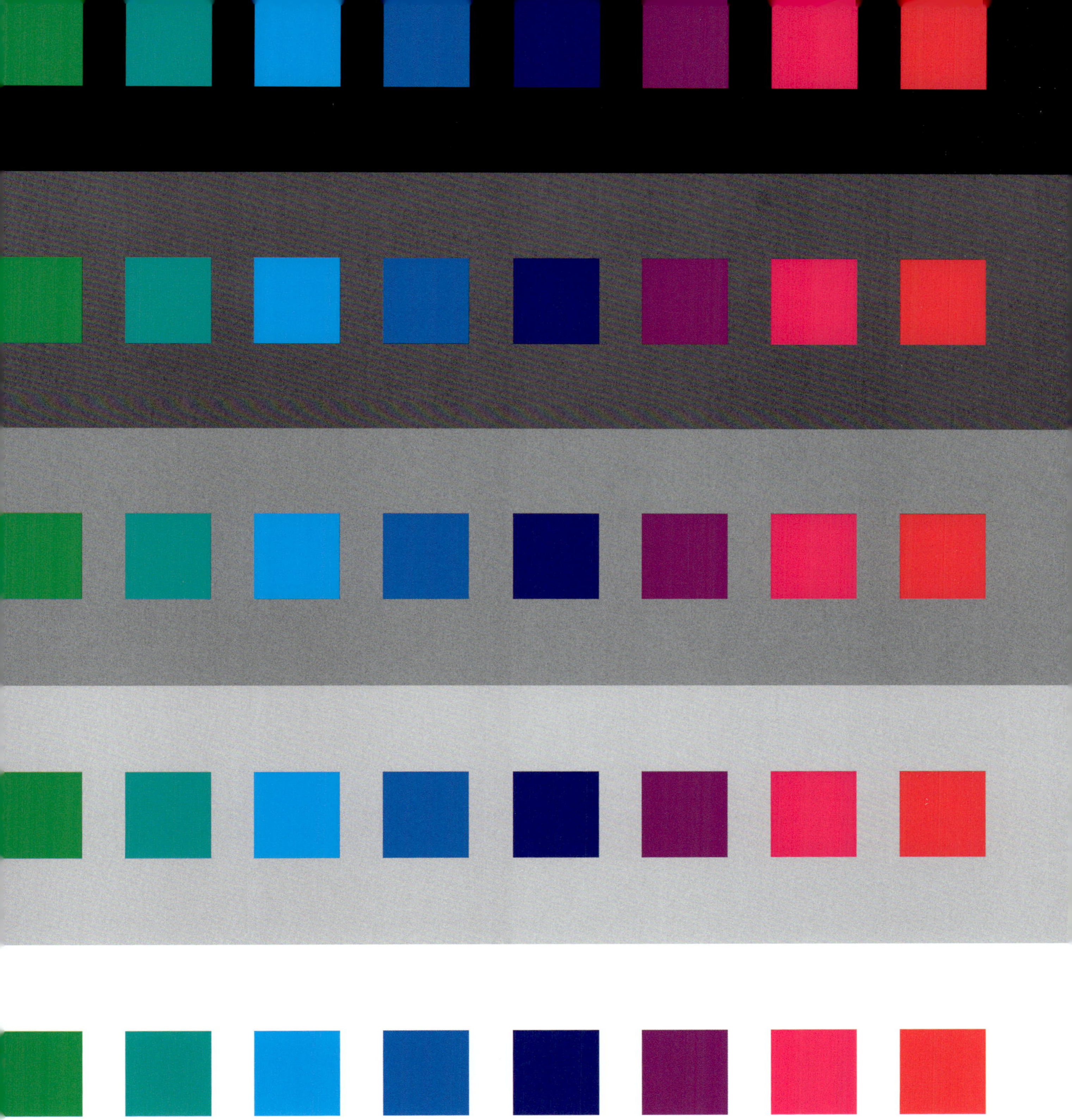

Flächenkontrast

Der Flächenkontrast – bei Itten »Quantitätskontrast« genannt – ist an sich kein Farbkontrast, sondern betrifft die Größenverhältnisse, in denen Farben an einer Gestaltung beteiligt sind. Schopenhauer definierte für die Flächenverhältnisse einen Schlüssel: Gelb : Orange : Rot : Violett : Blau : Grün = 3:4:6:9:8:6. Eine Art Goldener Schnitt der Farbverhältnisse.

Ich halte solche Ansätze für etwas weit hergeholt. Dennoch sind die Flächenverhältnisse, in denen verschiedene Farben Anteil an einer Gestaltung haben, natürlich von wesentlicher Bedeutung. Aufmerksamkeit lässt sich nur lenken, wenn gewisse Bereiche betont werden und andere zurücktreten. Markante Punkte, die sich farblich von großen Flächen abheben, ziehen den Blick an. Kräftige Bunttöne sind am besten als Kontrapunkt geeignet.

Die Zahl der markanten Punkte muss dabei überschaubar bleiben. Ein bis drei ist ein guter Richtwert. Je mehr dominante Punkte über ein Design verteilt sind, desto weniger findet das Auge einen Ansatzpunkt – die Gestaltung wird dann als unruhig empfunden. Zu viele um Aufmerksamkeit ringende Punkte wirken selten einladend.

Gutes Design verlangt nach klarer Gliederung, und das betrifft auch die Farbakzente. Systematisch entwickelte Flächenkontraste geben Struktur und führen den Blick des Betrachters – nach Möglichkeit dahin, wo die Gestalterin bzw. der Gestalter ihn haben möchte. Am Ende kann aber nur das Gefühl des erfahrenen Gestalters über die Qualität des Flächenkontrasts entscheiden. Design ist in der Regel zu komplex, um nach einfachen 3:4:6-Schlüsseln gelöst werden zu können.

Die Kreisausschnitte sind nach Schopenhauers Schlüssel für den Quantitätskontrast aufgeteilt. Die Idee dahinter: Eine Farbe benötigt umso mehr Fläche, um sich durchzusetzen, je dunkler sie ist. Demnach benötigt das helle Gelb nur die halbe Fläche von Rot bzw. Grün, um vergleichbar wirken zu können, wohingegen Violett die dreifache Ausdehnung von Gelb haben sollte.
Auf schwarzem Grund ist die Idee einigermaßen nachvollziehbar. Doch wie sieht es mit weißem Hintergrund aus, vor dem Gelb in der Regel untergeht und Blau kräftig wirkt? Warum sollte das besonders aktive Rot mehr Fläche zur Wirkung benötigen als das fragile Gelb? Zuletzt ist die Idee auch ganz stark von den gewählten Farben abhängig: Wähle ich Mittelblau oder Indigo? Rotviolett, Blauviolett oder Purpur? Und wo zwischen Gelb und Blau wird das Grün festgelegt?

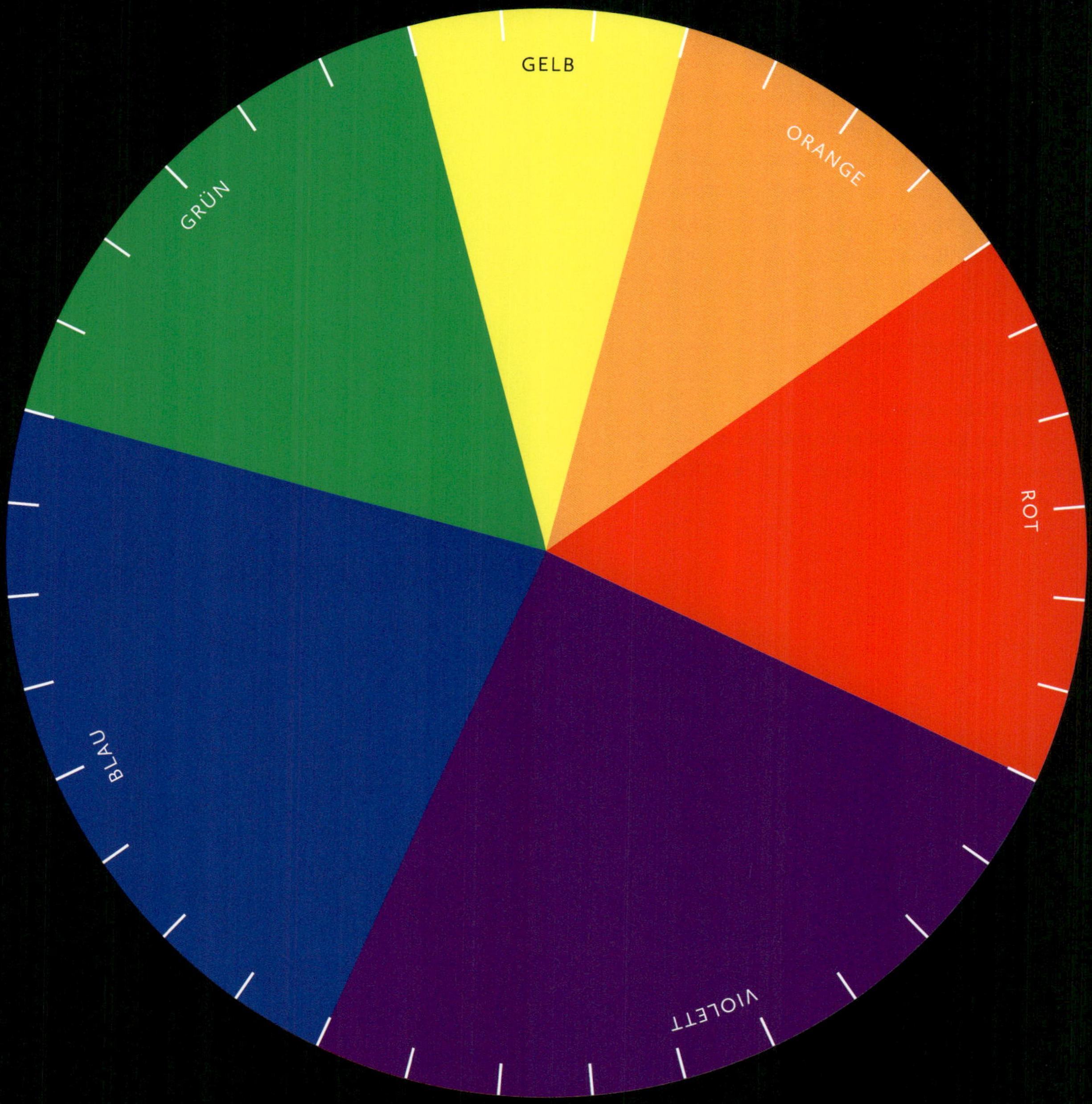
GELB
ORANGE
ROT
VIOLETT
BLAU
GRÜN

Farbharmonien

Betrachten wir nun nach den Kontrasten die andere Seite der Medaille: die Harmonien.

Harmonie ist eine etwas relative Bezeichnung für alles, was zwei oder mehr Farbtöne systematisch aufeinander abgestimmt in Einklang bringt. Verbinden wird man damit wahrscheinlich Begriffe wie Übereinstimmung, Ruhe und Frieden. Doch nicht alle Harmonien vermitteln den Eindruck von Ruhe und Frieden. Vor allem Komplementärfarben vermitteln eher das Bild visuellen Lärms und dass sich die Paare wenig zu sagen haben bzw. in heftigem Clinch miteinander liegen. Man kann sie allerdings auch als Gegensätze betrachten, die sich anziehen und Gestaltung spannend machen.

Der Farbkreis rechts inkludiert neben den reinen Bunttönen sowohl die Aufhellung (nach innen) als auch die Abdunkelung (nach außen) der Helligkeitsachse. Darüber liegen sechs Farbharmonien:

Harmonischer Dreiklang

Komplementärer Dreiklang

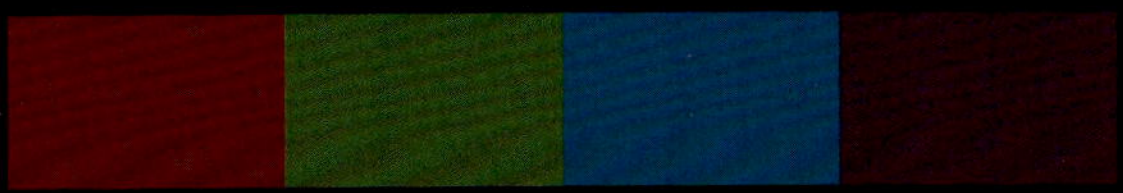

Harmonischer Vierklang

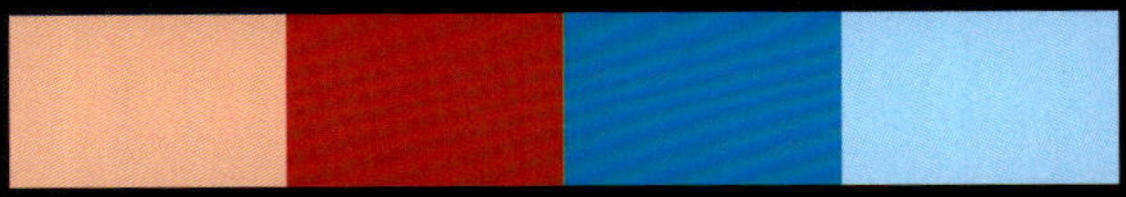

Komplementäre Farbharmonie

Analoge Farbharmonie

Monochromatische Farbharmonie

Harmonischer Dreiklang

Harmonische Dreiklänge sind besonders plakative Farbharmonien, vorallem dann, wenn sie aus den Primärfarben Rot, Grün und Blau bzw. Cyan, Magenta und Gelb bestehen.

Moderater werden sie auf Basis von Sekundärfarben, wie Orange, Blaugrün und Violett oder Gelbgrün, Mittelblau und Krapprot, sowie allen weiteren Stufen dazwischen, wie sie in den Farbkreisen zu Beginn dieses Kapitels dargestellt sind.

Eine andere Möglichkeit, harmonischen Dreiklängen die Aggressivität zu nehmen, ist es, statt reiner Farben aufgehellte, abgedunkelte oder gebrochene Nuancen zu verwenden.

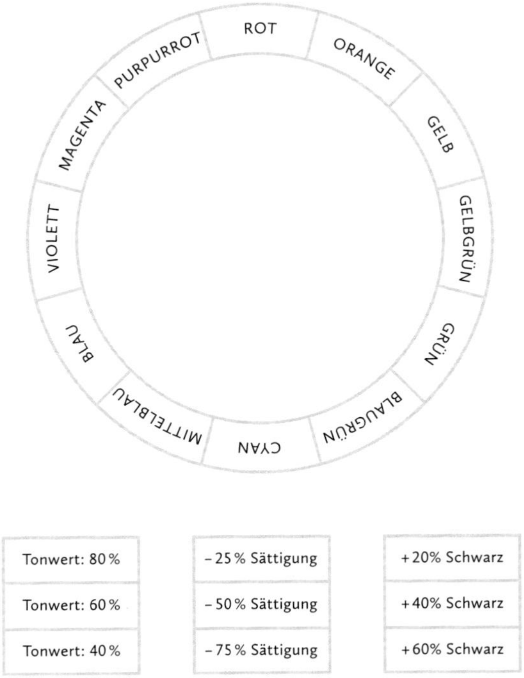

Den Farbkreisen rechts und auf den folgenden Seiten liegt wie gehabt ein zwölfteiliger Farbkreis zugrunde. Die quadratischen Felder repräsentieren die im Kreis dargestellte Harmonie in den Nuancen 80 % Tonwert, 60 % Tonwert und 40 % Tonwert, 25 % Vergrauung, 50 % Vergrauung und 75 % Vergrauung sowie 20 % Abdunkelung, 40 % Abdunkelung und 60 % Abdunkelung.

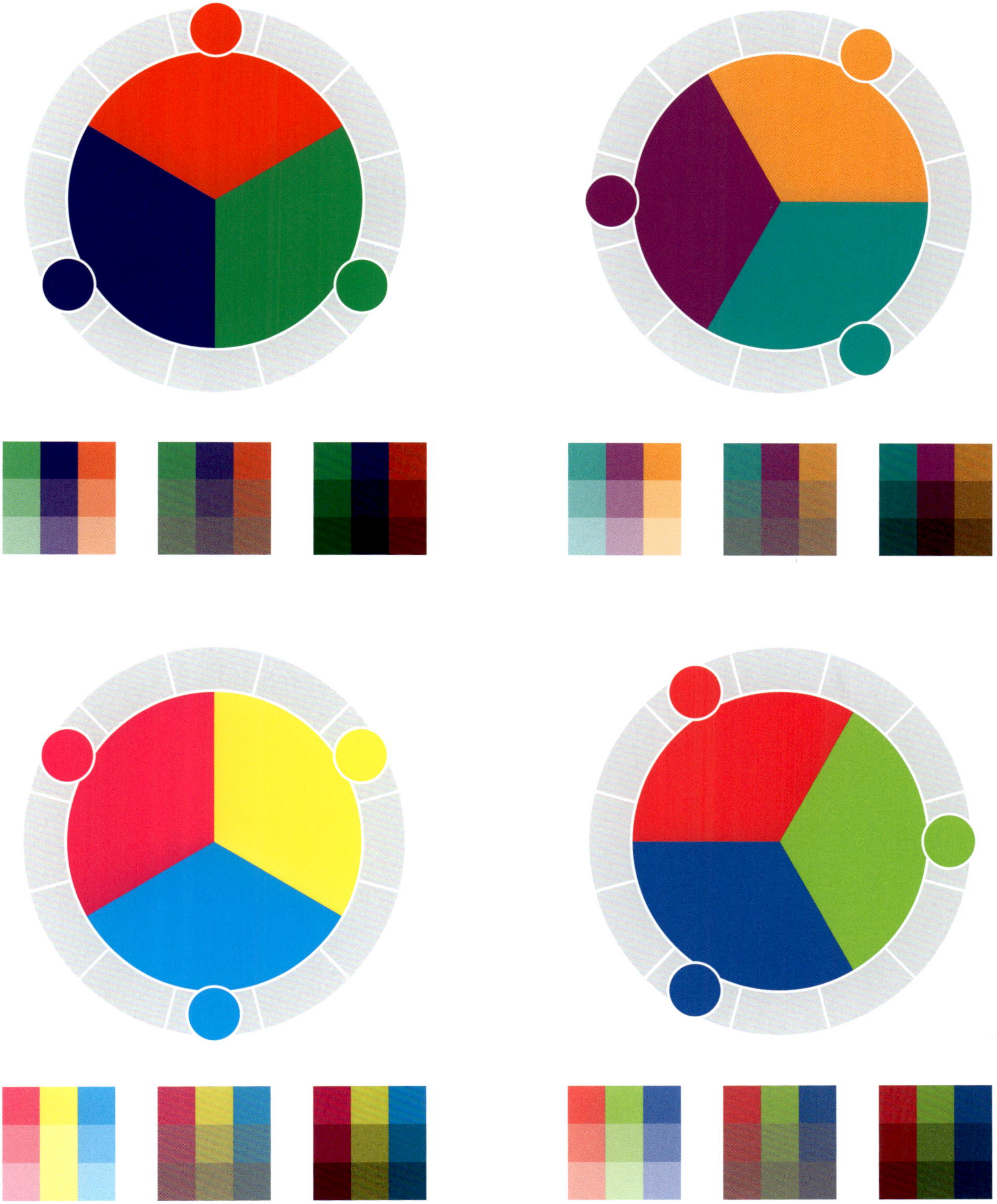

Harmonischer Vierklang

Obwohl hier mehr Farben beteiligt sind als beim Dreiklang, wirken harmonische Vierklänge weniger aufdringlich als diese. Kunterbunt und quietschlebendig, aber nicht so nervös und hektisch. Auf Basis eines zwölfteiligen Farbkreises ergeben sich (lediglich) drei Harmonien.

Komplementäre Farbharmonie

Eine komplementäre Farbharmonie ist dasselbe wie ein komplementärer Farbkontrast – Harmonie und Kontrast sind wie gesagt zwei Seiten derselben Medaille.

Anders als bei harmonischen Drei- und Vierklängen, die in erster Linie bunt sind, lassen sich komplementären Harmonien konkrete Eigenschaften und Assoziationen zuordnen.

- In Rot/Cyan trifft glühend heiß auf eiskalt – einen extremeren Kalt/Warm-Gegensatz gibt es nicht.
- Kalt/Warm in gemäßigter Ausführung begegnet uns in der Kombination Orange/Mittelblau. Hier treffen sich positive Energie und emotionale Intelligenz.
- In Gelb/Blau trifft der hellste Buntton auf den dunkelsten, Sonnenschein auf Mitternacht und Lebensfreude auf Seriosität – einen extremeren Kontrast mit weniger Konflikt findet man kaum in anderen Komplementärkombinationen.
- Violett/Gelbgrün stellt das rare, geheimnisvolle, extravagante und oft als künstlich empfundene Violett erfrischendem und natürlichem *Grasgrün* gegenüber.
- In Magenta/Grün wird der farbliche Gegensatz als besonders extrem empfunden – eine plakative und gewagte Farbharmonie.
- In Blaugrün/Krapprot begegnen wir noch einmal einem Kalt/Warm-Kontrast. *Beeriges* Rot trifft auf steriles Türkis. Die Kombination ist dem Magenta/Grün-Gegensatz nicht unähnlich, wirkt aber weniger aufdringlich hektisch.

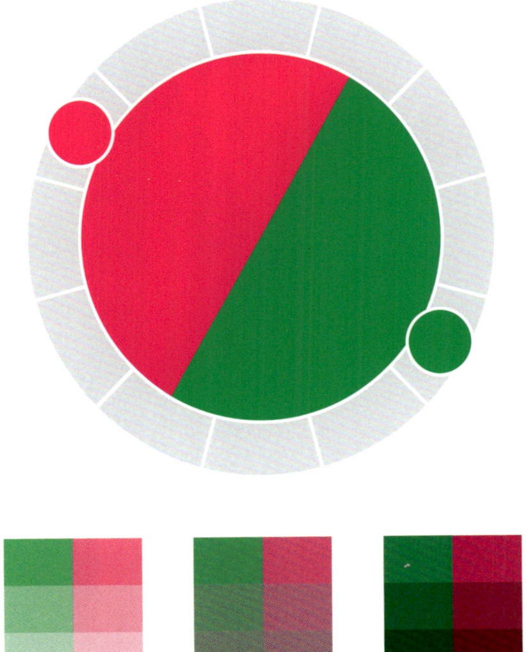

Komplementärer Dreiklang

Komplementäre Dreiklänge bestehen aus einer Ausgangsfarbe und den benachbarten Tönen ihrer Komplementärfarbe. *Komplementäre* Dreiklänge sind weniger vieldeutig als *harmonische* Dreiklänge.

- Rot/Blaugrün/Mittelblau ist ein Dreiklang mit Kalt/Warm-Gegensatz, doch mit Mittelblau und Blaugrün weniger frostig angehaucht als die Komplementärharmonie mit Cyan. Die ruhigen und in den Hintergrund tretenden Blautöne bieten dem aktiven Rot eine optimale Plattform zur Entfaltung.
- Auch in Orange/Cyan/Blau treffen sich Kalt und Warm. Cyan steht das warmherzige Orange gegenüber statt des hitzigen Rots. Orange und Cyan neigen zur Aktivität und lassen sich plakativ inszenieren, wenn sie als Kontrapunkt in flächenmäßig dominierendes Blau gesetzt werden. Umgekehrt wird Blau als Kontrapunkt hoffnungslos untergehen.
- In Gelb/Mittelblau/Violett finden wir Gelb als Vertreter von Licht, Sonne und – so man will – *Erleuchtung*, Mittelblau als Farbe von Geist, Freiheit und Spiegel der Töne, die uns nach Sonnenuntergang in der blauen Stunde begegnen, sowie Violett als Farbe des Geheimnisvollen.
- Gelbgrün/Blau/Magenta bildet ein buntes Kaleidoskop sehr unterschiedlicher Farbcharaktere: Grün für Natur und frisches Gras, Blau als Schatten der Nacht und dazu das poppige Pink.
- Grün/Violett/Krapprot erzeugt ein etwas künstliches Farbklima, wozu Violett ebenso beiträgt wie Grün mit seinem hohen Cyananteil.
- Blaugrün/Magenta/Rot schwächelt am geringen Kontrast zwischen Magenta und Rot, eine Kombination, die eigentlich nur genutzt werden kann, um zu irritieren bzw. zu provozieren.

- Cyan/Krapprot/Orange stellt den Kontrast von Rot/Blaugrün/Mittelblau auf den Kopf und vereint bodenständige Wärme (Krapprot) mit Freundlichkeit (Orange) und Frische (Cyan).
- Mittelblau/Rot/Gelb entspricht dem traditionellen und landläufig als Grundfarben empfundenen Dreiklang der klassischen Malerei bzw. den von Itten definierten Grundfarben (Seite 190). Nehmen Sie noch Grün hinzu, und Sie erzielen die archetypische Vorstellung von Buntheit.
- In Blau/Orange/Gelbgrün verbindet sich die Fruchtigkeit von Orange mit der Saftigkeit frischen Grases. Das zurückhaltende Blau bildet in diesem Trio das dritte Rad am Wagen und fungiert am ehesten zur Verstärkung der beiden frischen Farben.
- Violett/Gelb/Grün vereint das *esoterische* (transzendentale) Violett mit dem Gelb der Sonne. Gemeinsam mit Grün eine kunterbunte Mischung, die nicht für jede Aufgabe tauglich ist.
- Magenta/Gelbgrün/Blaugrün stellt die zwei Pole von Grün – natürliches Grasgrün und steriles Blaugrün – nebeneinander und kontrastiert sie zur Schockfarbe Pink.
- Auch Krapprot/Grün/Cyan gehört zu den eher provozierenden Harmonien – sie vermittelt ein bisschen den Eindruck, dass zwischen diesen Farben nur Gegensätze und Spannungen existieren.

Analoge Farbharmonie

Harmonische Drei- und Vierklänge leben mehr von Spannung als von Harmonie. Demgegenüber spielen analoge Harmonien besonders harmonisch zusammen. Bei ihnen werden benachbarte Farben kombiniert, und in Farbkreisen haben Nachbarn immer etwas gemeinsam. Sie bilden das exakte Gegenteil zu komplementären Gegensätzen, die *genau nichts* miteinander teilen. In Wirkung und Assoziation können Harmonien kaum eindeutiger sein als analoge.

- Krapprot/Rot/Orange: *Die* absolut warme Harmonie – heiß, plakativ, mit der Trockenheit einer Sandwüste und dem irritierend geringen Kontrast zwischen Krapprot und Rot.
- Rot/Orange/Gelb: Freundlich, warm und mit Gelb erfrischender und lebendiger als Krapprot/Rot/Orange.
- Orange/Gelb/Gelbgrün: Das wohl *natürlichste* Trio der Harmonielehre. Orange ist fruchtig wie die gleichnamige Frucht, Gelb erfrischend wie eine Zitrone und Gelbgrün saftig wie frisches Gras. Gleichzeitig handelt es sich um das hellste Trio.
- Gelb/Gelbgrün/Grün: Sonne, frisches Gras und dichtes Blätterwerk lassen sich in diese Kombination hineinassoziieren – eine Harmonie des Frühlings oder frühen Sommers.
- Gelbgrün/Grün/Blaugrün – die drei Seiten von Grün: einmal frisch und saftig, einmal reif und dicht und einmal steril und kühl. Der Kontrast zwischen den Farben ist moderat und dennoch eindeutig, was den Dreiklang *besonders harmonisch* wirken lässt.
- Grün/Blaugrün/Cyan: Mit Türkis – Farbe der klinischen Sauberkeit sowie der Eitelkeit – in der Mitte strahlt diese Kombination die gemütliche Atmosphäre eines sterilen Operationssaals aus. Das macht die Kombination aber umso passender, wenn antiseptische Reinigung und tadellose Sauberkeit assoziiert werden sollen.

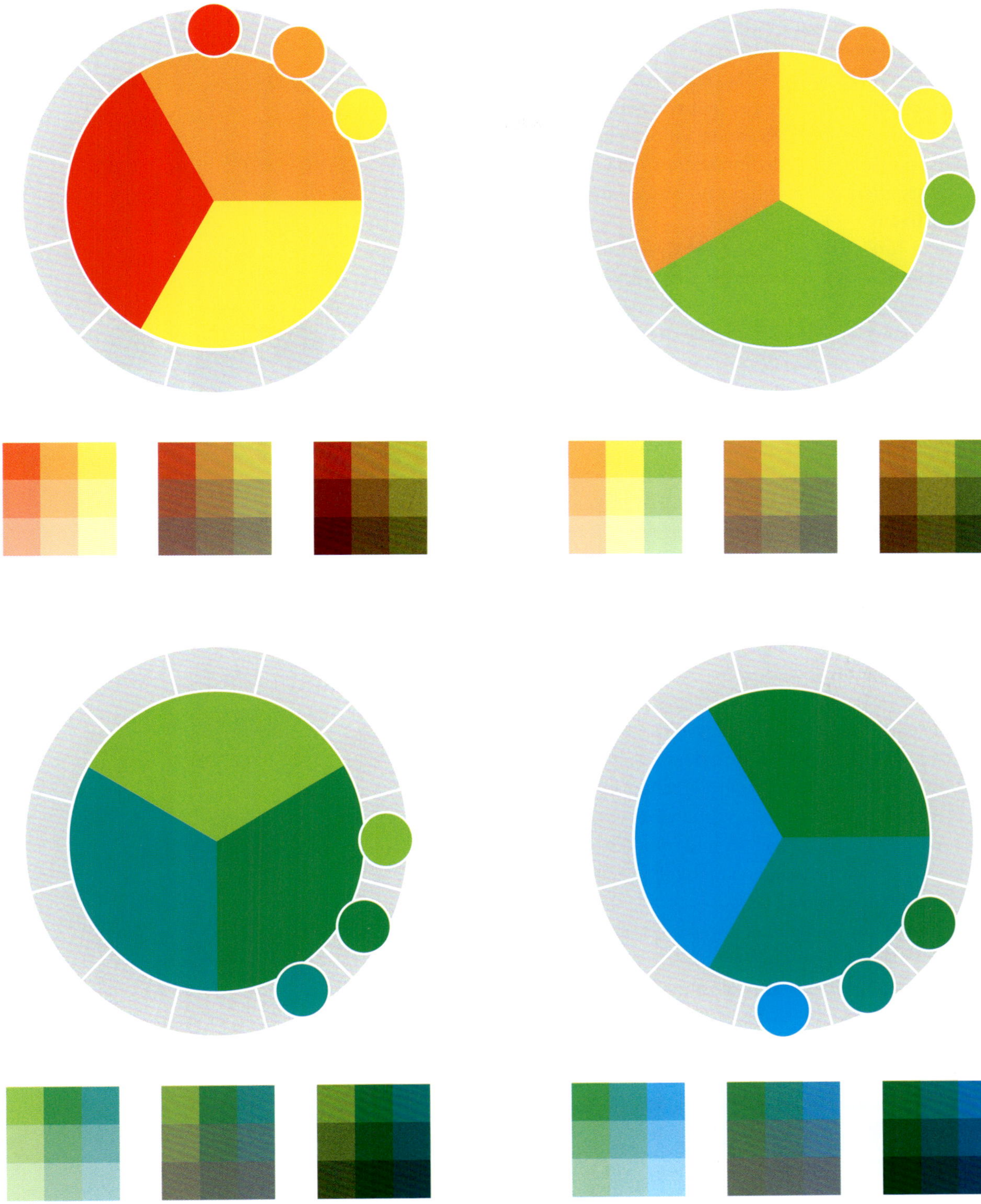

- Mit Türkis/Cyan/Mittelblau erreichen wir den Krapprot/Rot/Orange gegenüberliegenden Kältepol. Hier treffen Sterilität und Sauberkeit auf die Präzision intellektueller Innovation – Blau (hier repräsentiert durch Mittelblau) ist die Farbe des Geistigen!
- Ohne Türkis und mit Blau wirkt Cyan/Mittelblau/Blau ernsthafter und weniger steril als die vorangegangene Harmonie. Hier finden wir nur Blautöne, und Blau ist die Farbe der Technik und der Innovation. Blau (Violettblau) sorgt dabei für Autorität und Seriosität. Daneben finden wir in der Harmonie aber auch die Nuancen der Nacht und blicken auf Töne, die ruhiger nicht sein könnten.
- Mit Mittelblau/Blau/Violett erreichen wir den tiefsten und dunkelsten Bereich des Farbkreises – Düsterkeit ist nur einen Hauch entfernt. Dies ist die Harmonie des Unergründlichen, der Magie, zwielichtiger und einschlägiger Etablissements sowie der fadenscheinigen Esoterik. Keine Harmonie ist schlecht, doch einige sind mehr mit Bedacht einzusetzen als andere.
- Mit Blau/Violett/Magenta lässt sich die Fruchtigkeit reifer Beeren ebneso wie ein Farbklima, das die Kosmetikindustrie liebt, verbinden. Magenta löst Mittelblau ab und verdrängt die schattenhafte Dunkelheit der vorangegangenen Harmonie – der Ton ist zu schrill, zu lebhaft und freundlich, um die Gesamtharmonie geheimnisvoll, magisch oder überirdisch wirken zu lassen.
- Am Ende des Farbkreises liegen die beiden Harmonien Violett/Magenta/Krapprot und Magenta/Krapprot/Rot. Beide kranken am geringen Kontrast der Töne Magenta, Krapprot und Rot. Vor allem das letztere Trio scheint sich in keinster Weise zu vertragen und sich nur ineinander zu verbeißen. Das ist nicht Harmonie, sondern Provokation. Wer Trash sucht, wird hier fündig.

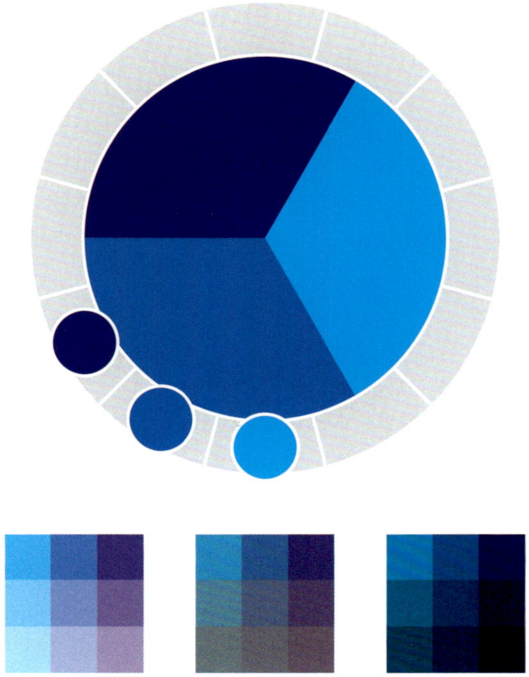

Monochromatische Farbharmonie

Monochromatische Farbharmonien bestehen aus einem Buntton in verschiedenen Helligkeitsstufen. Wirkung und Assoziationen lassen sich im Wesentlichen von jenen der Farben ableiten, wie sie ab Seite 148 beschrieben werden, weshalb ich hier auf eine Wiederholung verzichte.

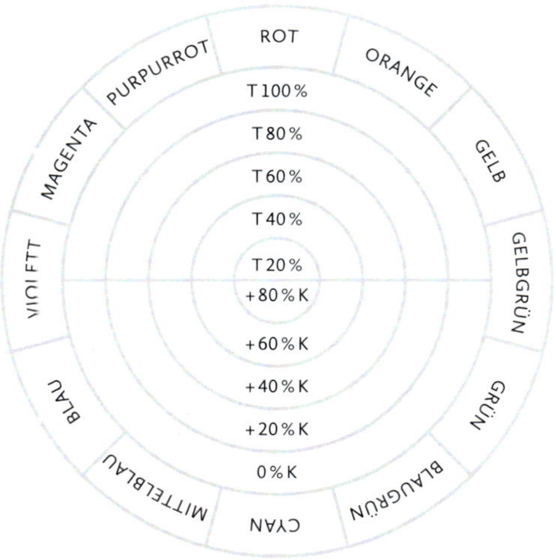

+ Schwarz	– 25 % Sättigung	– Tonwert
+ Schwarz	– 50 % Sättigung	– Tonwert
+ Schwarz	– 75 % Sättigung	– Tonwert

Bei den bisherigen Beispielen fanden sich unterhalb der Harmonie drei Quadrate mit den Varianten Aufhellung, Vergrauung und Abdunkelung. Da Aufhellung und Abdunkelung Kern monochromatischer Harmonien sind, ist es nicht sinnvoll, sie unter der Harmonie zu wiederholen, weshalb ich hier drei Streifen abbilde, in denen ich die vergrauten Grundfarben aufgehellt und abgedunkelt habe.

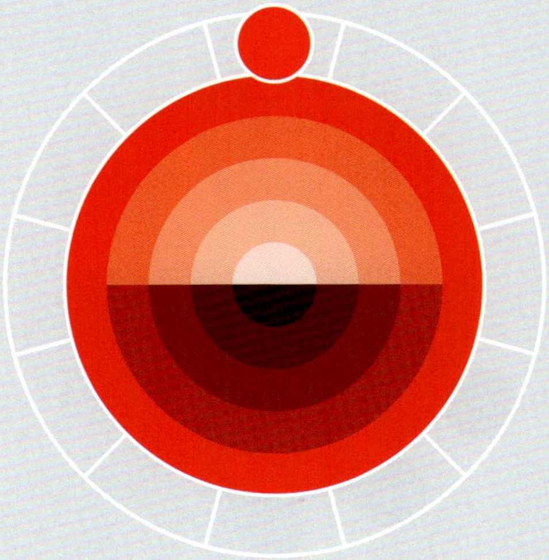

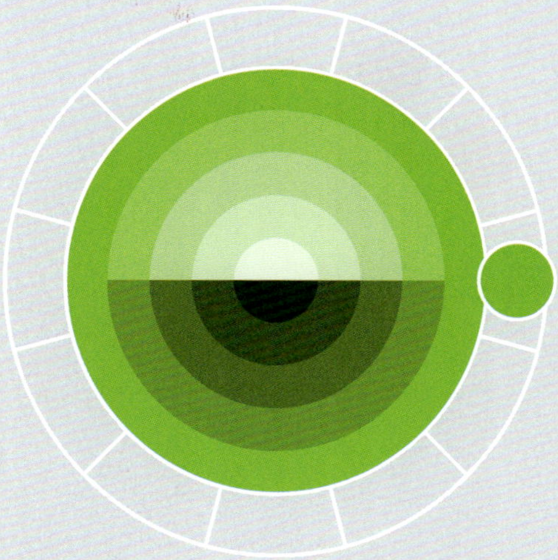

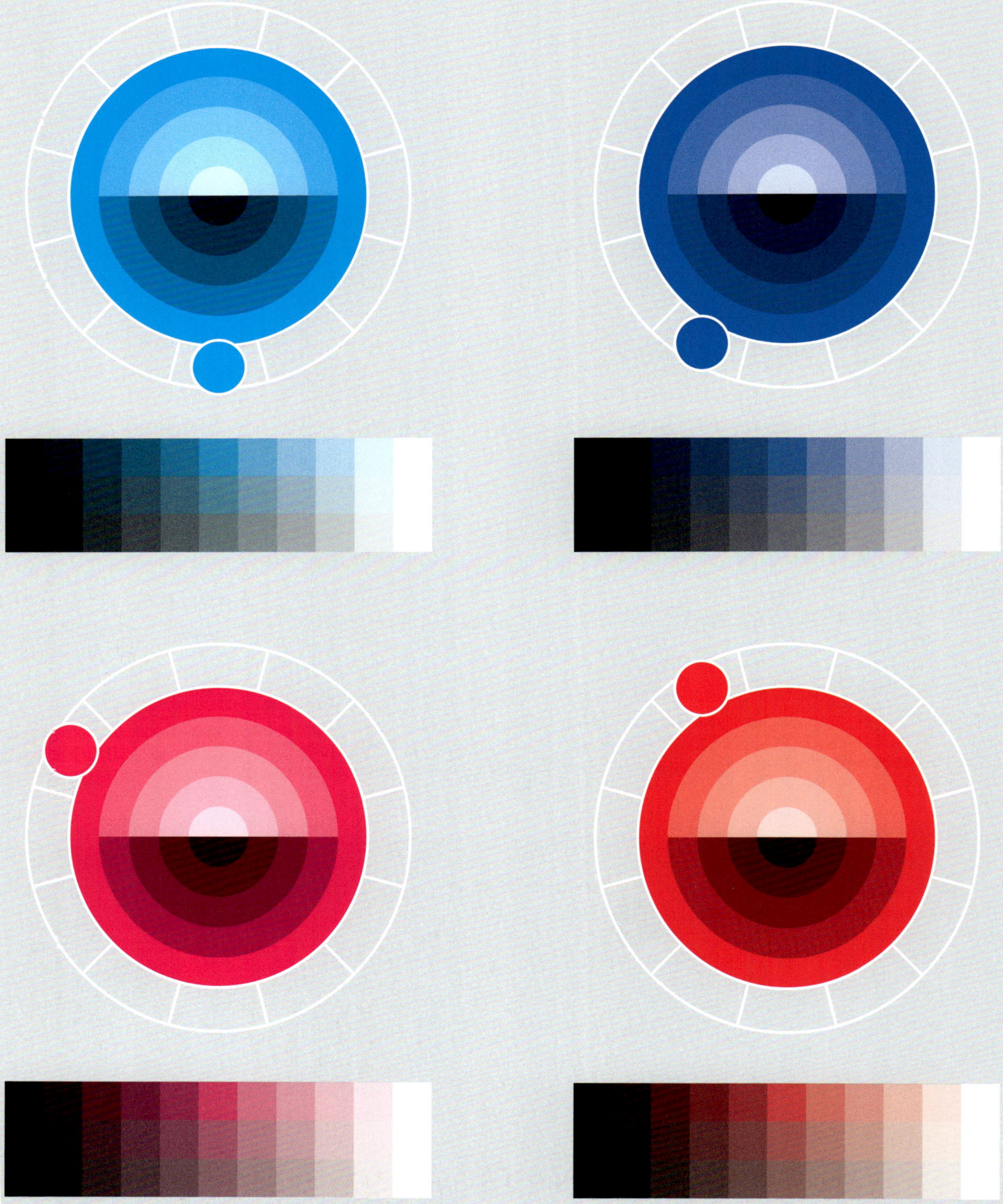

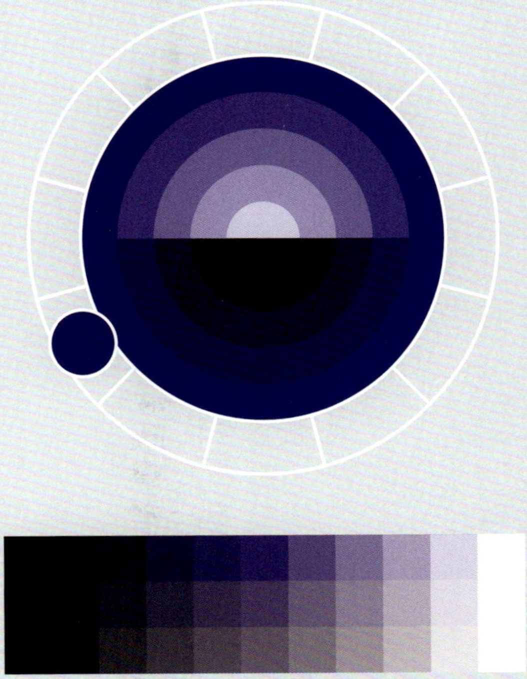

Farbhilfen

Software kann den Weg, Farbharmonien zu finden, erleichtern. Entsprechende Werkzeuge gibt es für den Desktop und online. Das bekannteste Tool dürfte wohl Adobe Color (*color.adobe.com*) sein. Ich persönlich konnte mich allerdings nie so recht damit anfreunden, aber das mag Geschmacksache sein.

Ähnlich wie Adobe Color ist *paletton.com* angelegt, mit dem ich besser zurecht komme, da ich die Logik dahinter besser nachvollziehen kann.

Während sich mit Adobe Color und Paletton Farben gezielt anhand der Harmonieregeln, die Sie in diesem Kapitel kennengelernt haben, bestimmen können, geschieht die Farbwahl mit Coolors eher intuitiv. Wenn Sie wissen möchten, wie die Arbeit damit funktioniert, können Sie sich mein Erklärvideo dazu auf YouTube ansehen, das Sie über diesen Link erreichen: *www.gug.direct/coolors*.

goodpalette richtet sich mehr als die anderen Tools an UI/UX-Designer:innen. Es basiert generell auf einer Harmonie aus dreie Farben und wird so wie Coolors eher intuitiv bedient.

Colorizer ist an sich kein Werkzeug zum Finden von Farbkombinationen und Farbharmonien, sondern bietet vorrangig die Möglichkeit Farbwerte einer Farbe in verschiedene andere Farbmodelle umzurechnen – eine Art Farbübersetzungstool also. Im unteren Bereich werden darüberhinaus Farbharmonien zur gewählten Basisfarbe angezeigt, sodass es sich auch als Werkzeug für die Farbgestaltung einsetzen lässt.

Accessible color palette builder schließlich ist definitiv kein Hilfsmittel um Farbharmonien zu finden, sondern dient dazu zu prüfen, wie man gewählte Farben kombinieren kann – insbesondere für Text auf Hintergrund – damit sie den Kriterien der Barrierefreiheit gerecht werden.

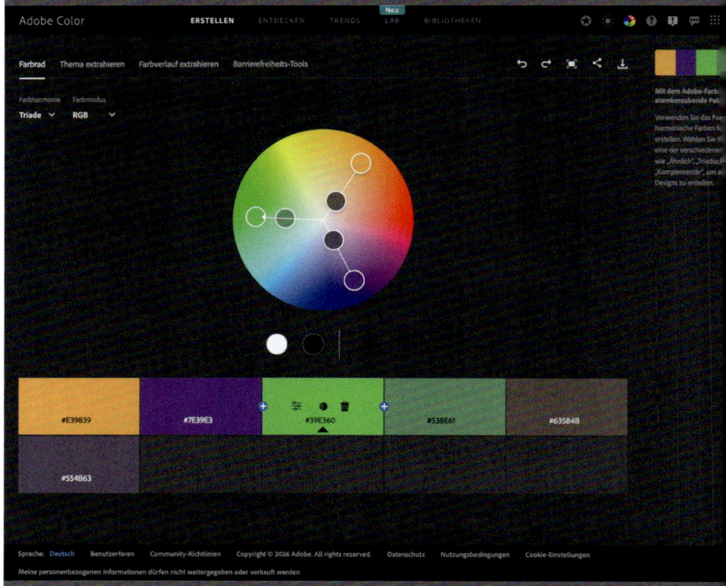

Adobe Color CC (*color.adobe.com*)

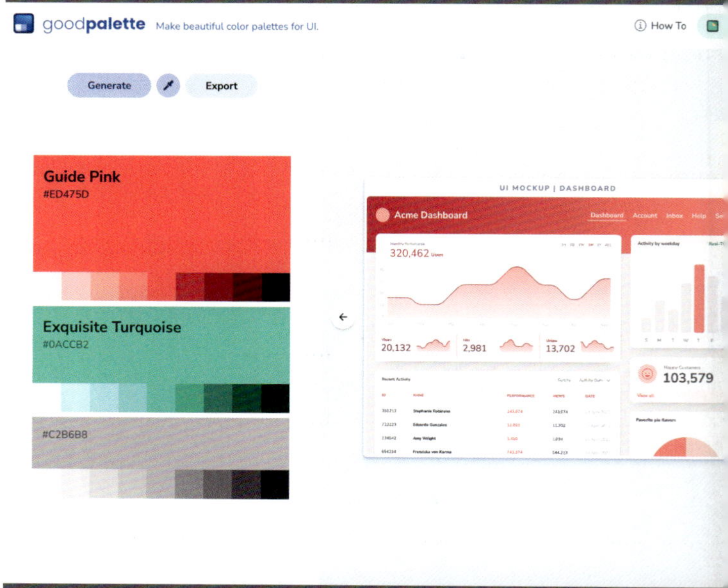

goodpalette (*goodpalette.io*)

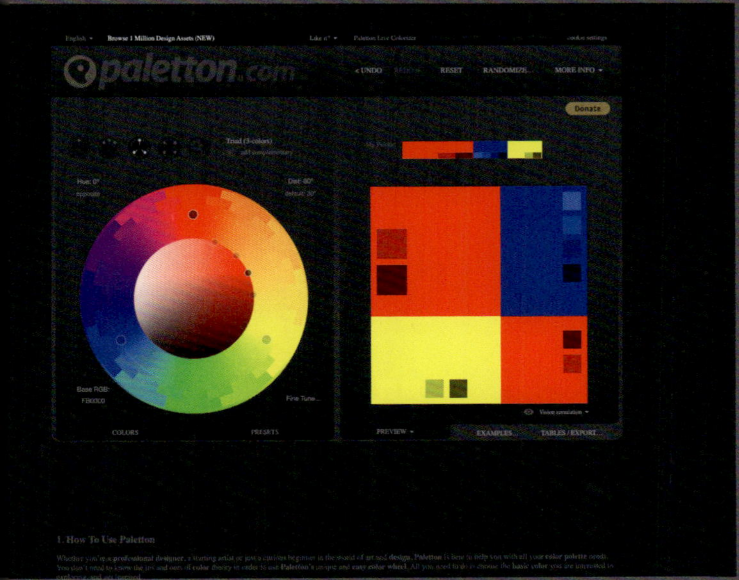

paletton.com

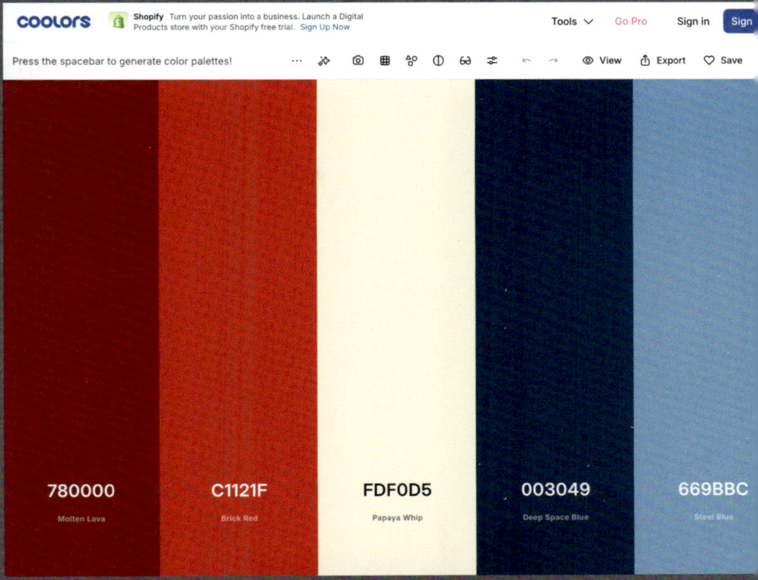

Coolors (*coolors.co*)

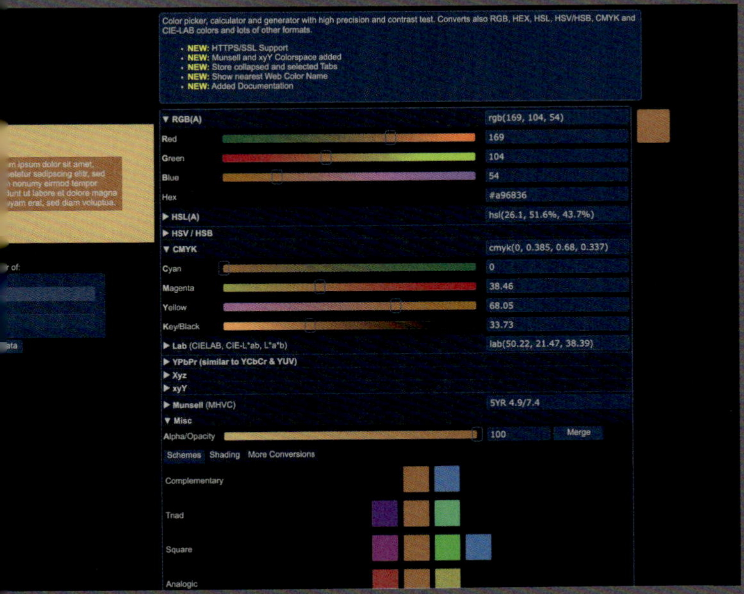

www.colorizer.org

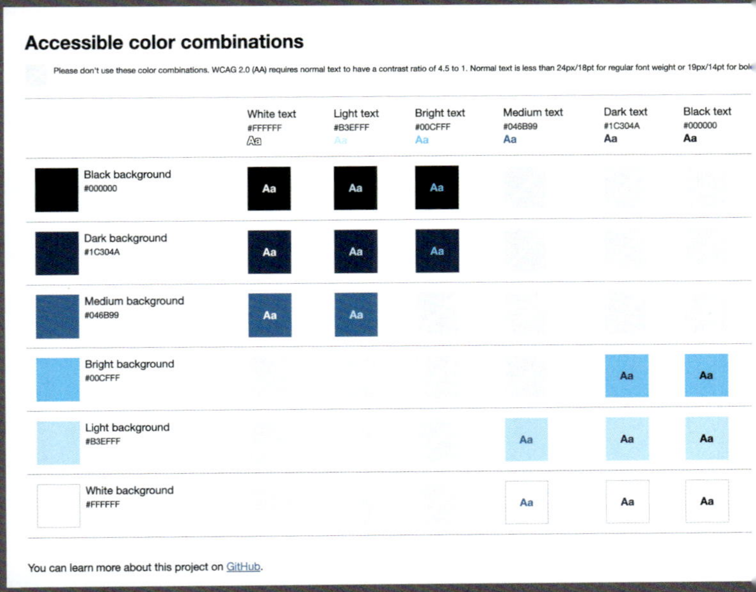

Accessible color palette builder (*wcagcolorpicker.teamtam.net*)

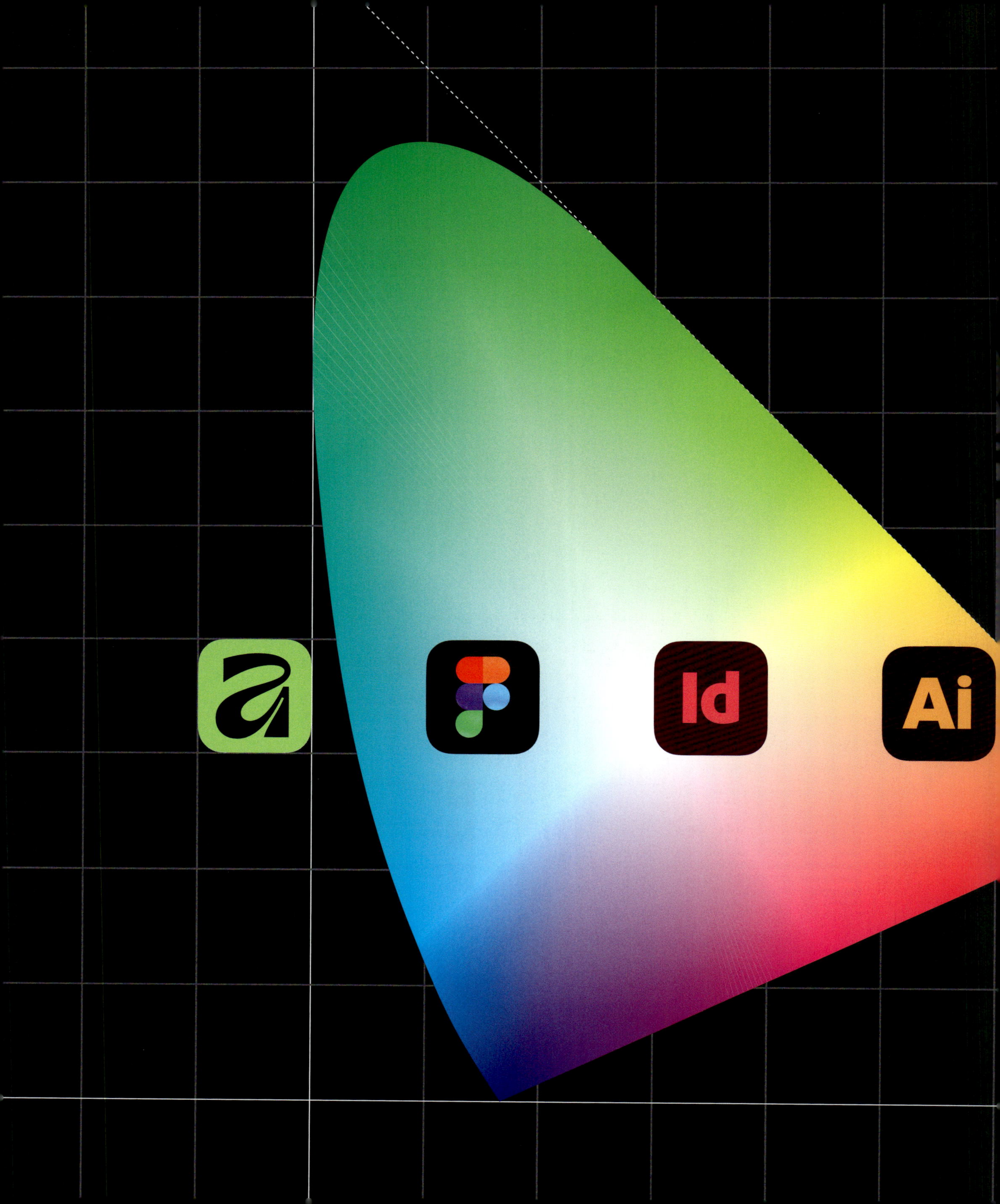
Id
Ai

Kapitel 7: **Farbe in der Praxis**

Farbe in der Praxis

Für Fotograf:innen haben elektronische Pixel chemischen Film abgelöst. Das Fotonegativ ist dem *digitalen Negativ* gewichen. Fotos sollen aber nicht nur aufgenommen, sondern auch wiedergegeben werden. Dass das, was auf Bildschirmen und Papieren zu sehen ist, nicht mit dem Original identisch sein kann, sollte aus den vorangegangenen Kapiteln hervorgegangen sein. Dieses Kapitel dreht sich um Farbe in der Bearbeitung und Reproduktion sowie die damit verknüpften technischen Aspekte.

Während für Fotografen Farbe meist Pixel bedeutet, arbeiten Grafikdesignerinnen parallel auch mit Vektorobjekten. Bei diesen ist die Sache einfach: Man aktiviert ein Element per Klick und bestimmt die Flächen- oder Konturfarbe, oft indem man Farbwerte eingibt. Wenn man von vornherein im richtigen Farbraum arbeitet – also für den Bildschirm in RGB und für den Druck in CMYK – und sich bewusst ist, dass RGB-Werte nur in RGB-Dokumenten sinnvoll sind und CMYK nur in CMYK-Dokumenten, hat man schon vieles richtig gemacht. Farbräume umwandeln ist bei Vektordateien eher die Ausnahme, und unerwünschte Abweichungen sind meist leicht zu korrigieren. Bei Pixelbildern ist die Sache komplizierter.

Wir werden uns in diesem Kapitel mit den Themen befassen, die für die Reproduktion von Farbe wichtig sind. Einige ergäben Stoff für ein eigenes Kapitel oder ein ganzes Buch. Überall in die Tiefe zu gehen, würde den Rahmen dieses Buches sprengen. Allerdings ist es für das Gros der Anwender:innen auch nicht von Bedeutung über die Details Bescheid zu wissen.

Die auf Bildentwicklung und -bearbeitung bezogenen Erklärungen beziehen sich vorwiegend auf Photoshop und Adobe Camera Raw, lassen sich aber in der Regel relativ direkt auf Programme wie Affinity, GIMP oder Lightroom übertragen.

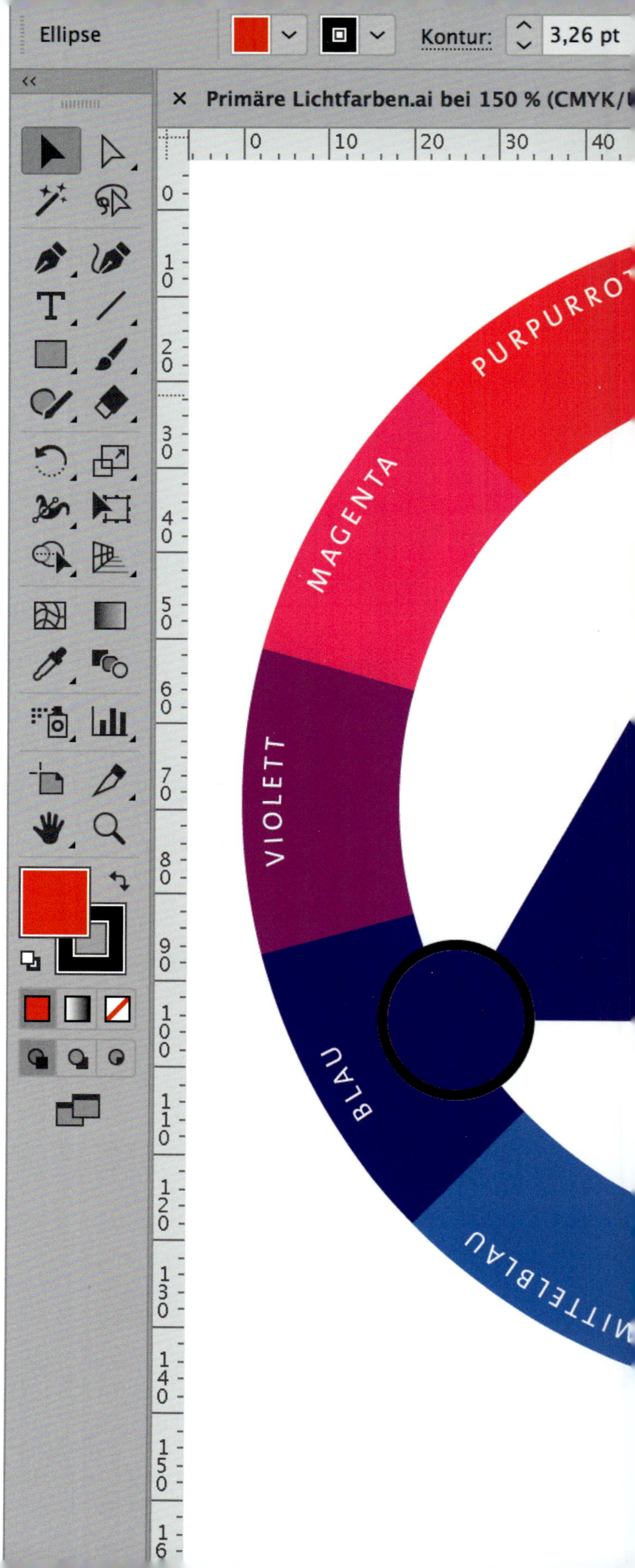

In einem Vektorprogramm wie Adobe Illustrator ist das Ändern von Farben einfach: Element anklicken und über die Farbe-Palette die Farbe einstellen oder über »Farbfelder« zuweisen.

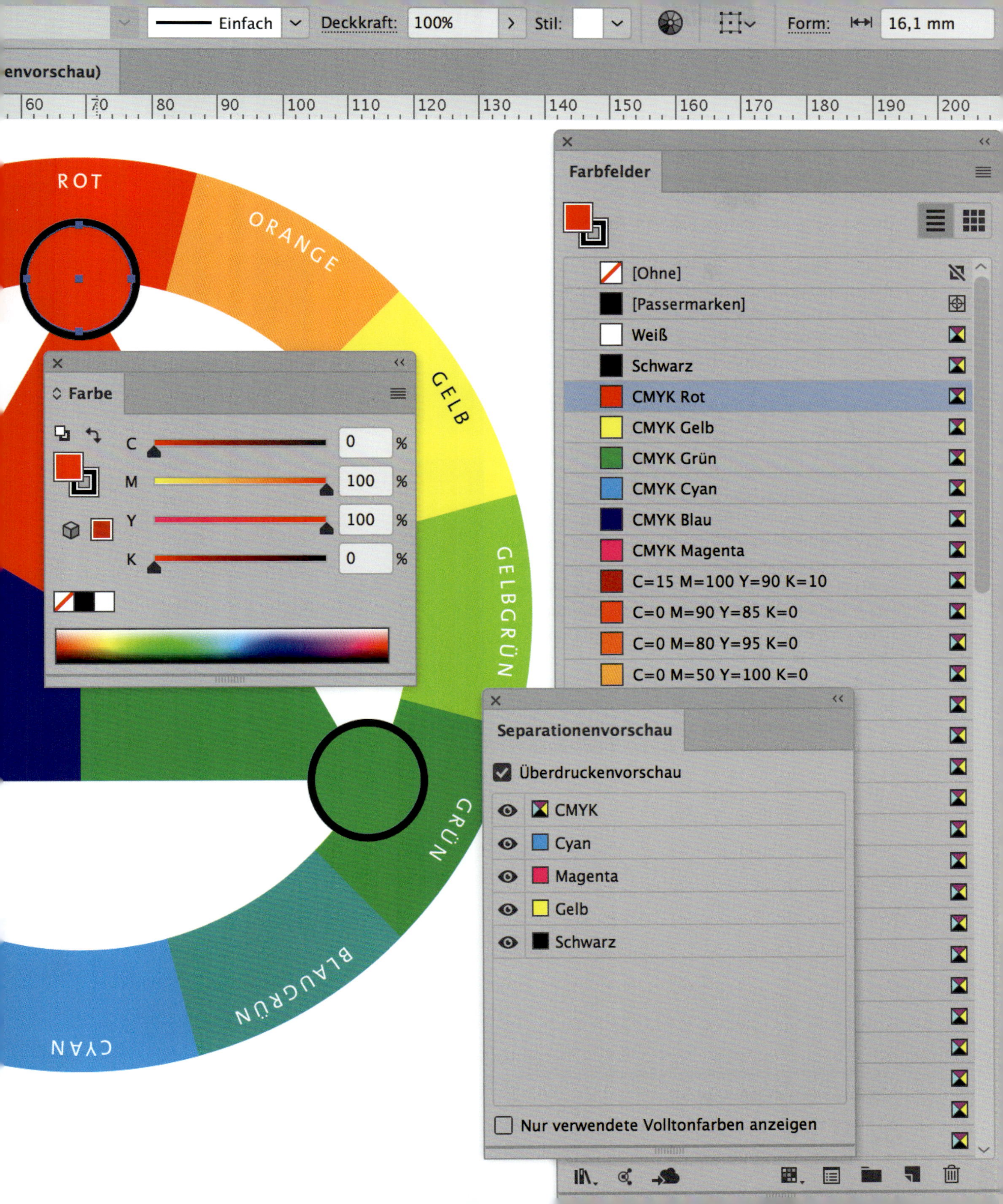
Einfach
Deckkraft: 100%
Stil:
Form: 16,1 mm
envorschau)
ROT
ORANGE
GELB
GELBGRÜN
GRÜN
BLAUGRÜN
CYAN
Farbe
C 0 %
M 100 %
Y 100 %
K 0 %
Farbfelder
[Ohne]
[Passermarken]
Weiß
Schwarz
CMYK Rot
CMYK Gelb
CMYK Grün
CMYK Cyan
CMYK Blau
CMYK Magenta
C=15 M=100 Y=90 K=10
C=0 M=90 Y=85 K=0
C=0 M=80 Y=95 K=0
C=0 M=50 Y=100 K=0
Separationenvorschau
Überdruckenvorschau
CMYK
Cyan
Magenta
Gelb
Schwarz
Nur verwendete Volltonfarben anzeigen

Kanäle

Pixel ist ein Kunstwort aus den englischen Begriffen »Picture« und »Element«. Es steht für die kleinste Einheit, aus der ein Digitalfoto besteht. Bei reinen Grafiken sind mathematische Beschreibungen auf Basis von Vektoren sinnvoll, nicht aber für Fotos.

Digital betrachtet hat ein Pixel, wie auf Seite 121 erwähnt, weder Größe noch Farbe. Es ist nur ein Schnipsel Code in einer Bilddatei. Erst die Ausgabe auf einem Bildschirm oder Drucker erweckt die Farben zum Leben und gibt den Flächen Dimensionen. Dennoch sprechen wir von Pixeln, als wären sie real existierende Mosaiksteinchen, gelagert in Ordnern auf Festplatten.

Ein Pixel kann je nach Farbtiefe (Seite 306) eine von mehreren Hundert oder Millionen Farben haben. Bei Schwarzweißbildern ist dafür *ein* Kanal erforderlich – in den sogenannten »Kanälen« befinden sich die Farbinformationen von Bildern. Farbbilder setzen sich aus mehreren Grundfarben zusammen, und jede Farbe wird mittels eines Kanals wiedergegeben. RGB-Bilder haben drei Kanäle, CMYK-Bilder vier. Mithilfe der Kanäle lassen sich die Anteile der jeweiligen Grundfarben auch sichtbar machen.

Im Druck kann man neben CMYK auch Volltonfarben (Seite 238) nutzen, womit sich unter anderem farbige Duplexbilder anlegen lassen. Duplexbilder bestehen aus zwei Farben und somit zwei Kanälen.

Die linke Palette zeigt Photoshops RGB-Kanäle des Beispielbildes, die rechte die CMYK-Kanäle.

Kanäle
RGB ⌘2
Rot ⌘3
Grün ⌘4
Blau ⌘5
Kanäle
CMYK ⌘2
Cyan ⌘3
Magenta ⌘4
Gelb ⌘5
Schwarz ⌘6

Graustufen

Laien kennen Graustufenbilder als »Schwarzweißbilder«. In den Fachdisziplinen bedeuten aber Schwarzweiß und Graustufen nicht unbedingt dasselbe. Von Schwarzweiß spricht man, wenn ein Bild oder eine Grafik nur aus Grau*tönen* besteht. Das muss allerdings nicht heißen, dass es sich dabei auch um eine Grau*stufen*datei handelt.

Wenn Sie in einem RAW-Konverter oder einem Bildbearbeitungsprogramm ein Bild schwarzweiß entwickeln, bleibt es in der Regel trotzdem RGB. Visuell ist das Bild schwarzweiß, technisch jedoch *kein* Graustufenbild. Nur wenn ein Bild tatsächlich aus dem RAW-Konverter als Graustufe exportiert oder in Photoshop in den Graustufen-Modus umgewandelt wird, erhält man eine Datei mit nur einem Kanal: ein 8-Bit-Graustufenbild.

Um ansprechende Schwarzweißbilder zu erzielen, sollte ein Farbbild zunächst mit einer SW-Einstellung entwickelt (in Photoshop z. B. über »Schwarzweiß« oder »Kanalmixer«) und erst dann in den Graustufen-Modus konvertiert werden.

Auf Seite 256 habe ich erklärt, dass die meisten reinen Bunttöne mittlerer Helligkeit entsprechen. Wandelt man ein Bild direkt in Graustufen um, werden aus ihnen Grautöne meist mittlerer Helligkeit. Das heißt, dass Aufnahmen mit wunderbaren Farbkontrasten zur *mittelgrauen Suppe* mit geringem Helligkeitskontrast geraten können. Eine vorangestellte Schwarzweißentwicklung erlaubt es hingegen, beispielsweise Rot zu einem dunkleren Grauton und Grün zu einem helleren werden zu lassen. Wandeln Sie Bilder erst danach um – Sie erzielen bedeutend wirkungsvollere Schwarzweißbilder!

Farbige Vorlage

Diese Wiedergabe ist ein Graustufenbild, das tatsächlich ausschließlich mit Schwarz auf Weiß gedruckt wurde.

Direkte Konvertierung von RGB nach Graustufen über »Bild • Modus • Graustufen« in Adobe Photoshop.

Hier wurde die Vorlage vor der Konvertierung nach Graustufen mittels einer individuellen Schwarzweiß-Einstellung (Kanalmixer) entwickelt.

Diese Wiedergabe sieht zwar nach Schwarzweißbild aus. Technisch betrachtet ist es aber kein Graustufenbild. Es wurde nicht nach Graustufen konvertiert, der Druck erfolgt in den in der Palette abgebildeten Farben Cyan, Magenta, Gelb und Schwarz.

RGB-Kanäle

RGB-Bilder bestehen aus drei Kanälen, und ihre Funktionsweise lässt sich so zusammenfassen: Die Basis der Kanäle ist Schwarz – kein Licht. Mit zunehmender Intensität werden die Farben der Kanäle intensiver, um mit 255 bzw. 100 % beim reinen Buntton der Primärfarbe anzukommen. 0 % ist der geringste Tonwert und Schwarz, 100 % der höchste Tonwert und im einzelnen Kanal reine Primärfarbe. 100 % in allen drei Kanälen ergibt Weiß.

Bildbearbeitungsprogramme erlauben es, die Farbkanäle einzeln anzeigen zu lassen, wobei ihre Wiedergabe nicht unbedingt farbig erfolgen muss. In Photoshop werden sie standardmäßig schwarzweiß und *verkehrt* angezeigt. Verkehrt, weil 0 % Farbe (eigentlich Schwarz) als Weiß und 100 % Farbe (je nach Kanal eigentlich Rot, Grün oder Blau) als Schwarz wiedergegeben wird. Diese verkehrte SW-Darstellung bietet den Vorteil, dass sich Tonwerte besser erkennen und editieren lassen – vor allem im Blaukanal wäre das ansonsten wegen des geringen Helligkeitsunterschieds zu Schwarz schwierig, wie hier in seiner Abbildung rechts zu sehen ist.

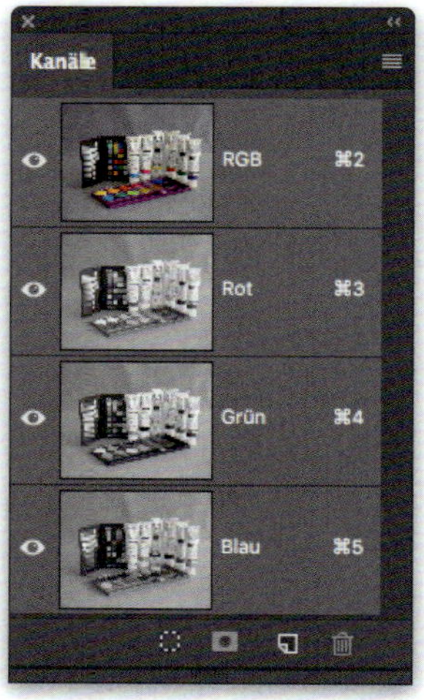

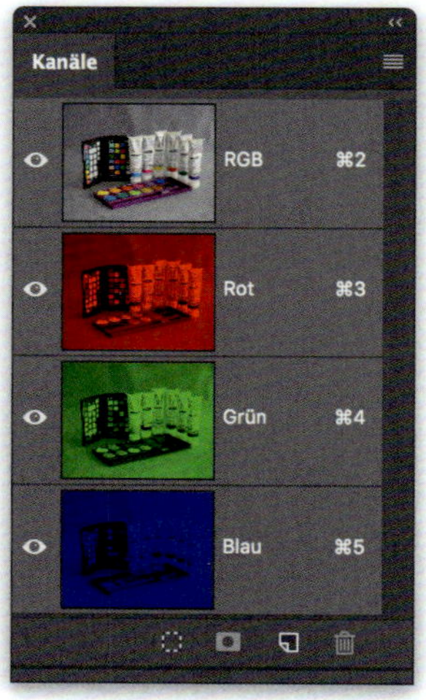

Vorlage

Grünkanal

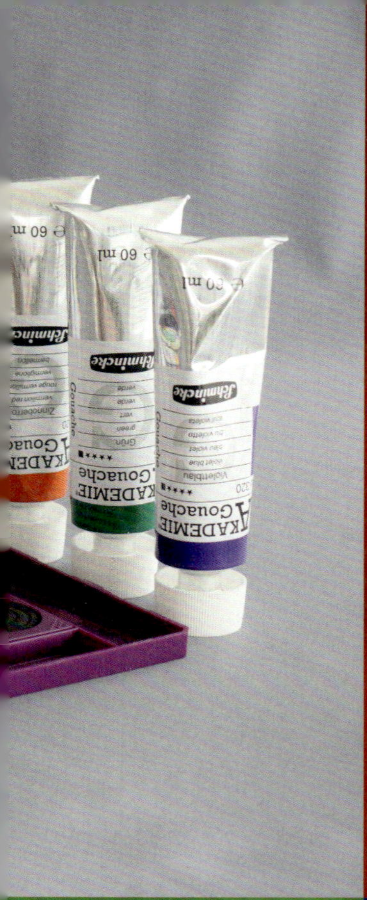

Rotkanal

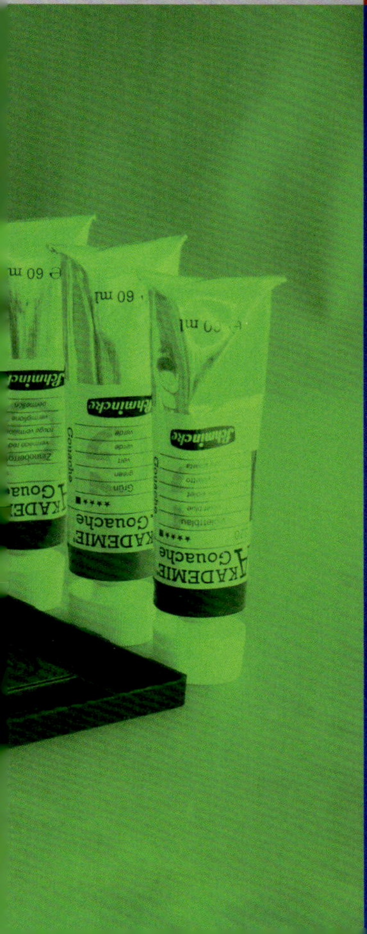

Blaukanal

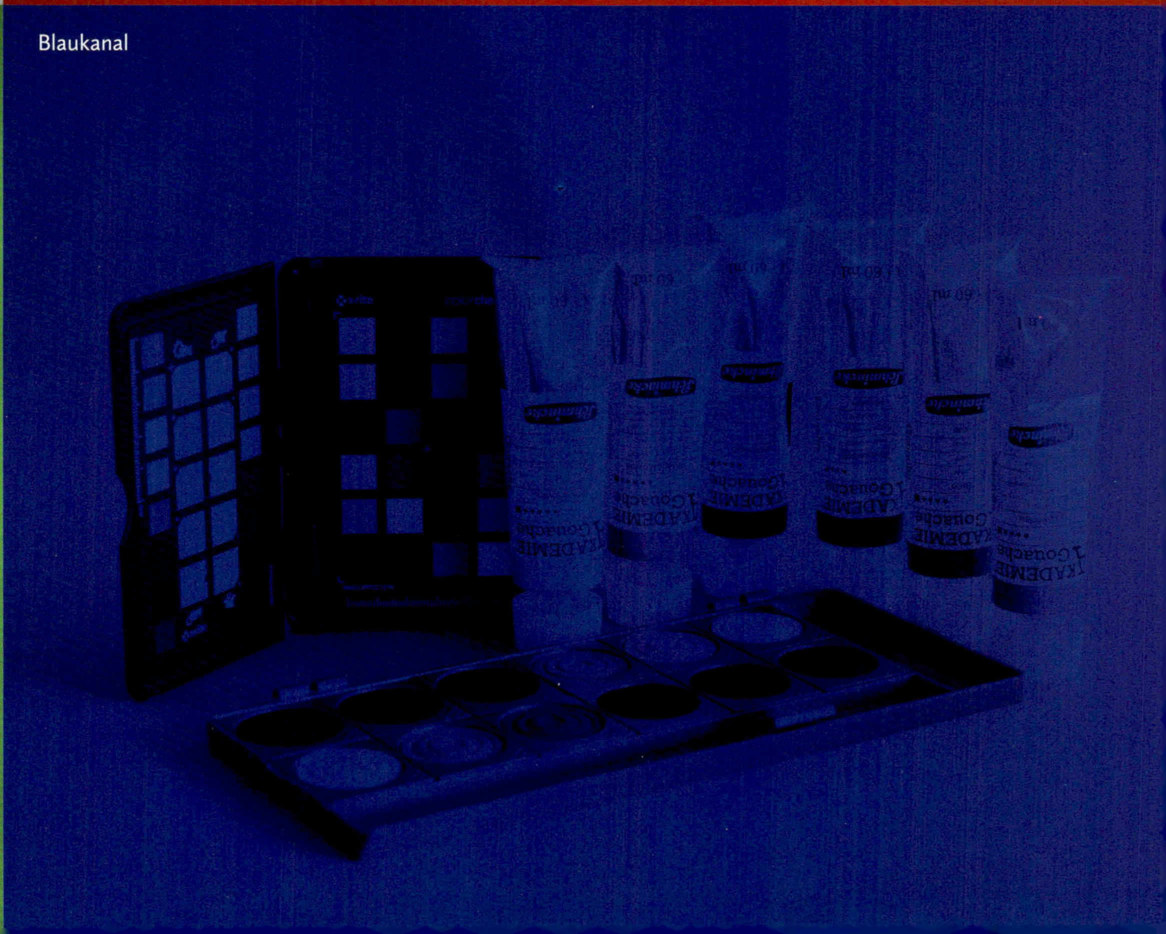

CMYK-Kanäle

CMYK-Bilder bestehen aus vier Kanälen. Auch sie werden in Photoshop laut Voreinstellung schwarzweiß angezeigt, da eine farbrichtige Darstellung im Gelbkanal einen zu geringen Kontrast für die Beurteilung und Bearbeitung ergäbe.

Jeder Kanal einer CMYK-Datei ergibt bei der Belichtung einen Farbauszug bzw. eine Druckplatte. Wie CMYK funktioniert, lässt sich so zusammenfassen: Die Basis ist Weiß (Papier), und im Gegensatz zu RGB ergeben höhere Tonwerte dunklere Farben. Wie schon mehrfach erwähnt, ließen sich mit Cyan, Magenta und Gelb alle Farben mischen. Praktisch ist das eben nicht möglich, weshalb das Farbmodell um Schwarz ergänzt wurde.

Früher war es üblich, Bildbearbeitung überwiegend in CMYK vorzunehmen. Seit der Einführung von Farbmanagement jedoch sollte so lange als möglich der RGB-Farbraum beibehalten werden. Ein medienneutraler Workflow verlangt, dass Bilder nicht in der Bildbearbeitung von RGB nach CMYK umgewandelt werden, sondern erst bei der Ausgabe eines Druck-PDFs

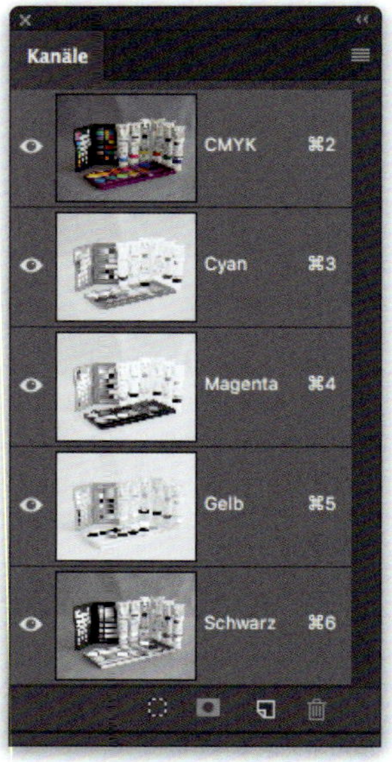

Cyanauszug

Gelbauszug

Magentaauszug

Schwarzauszug

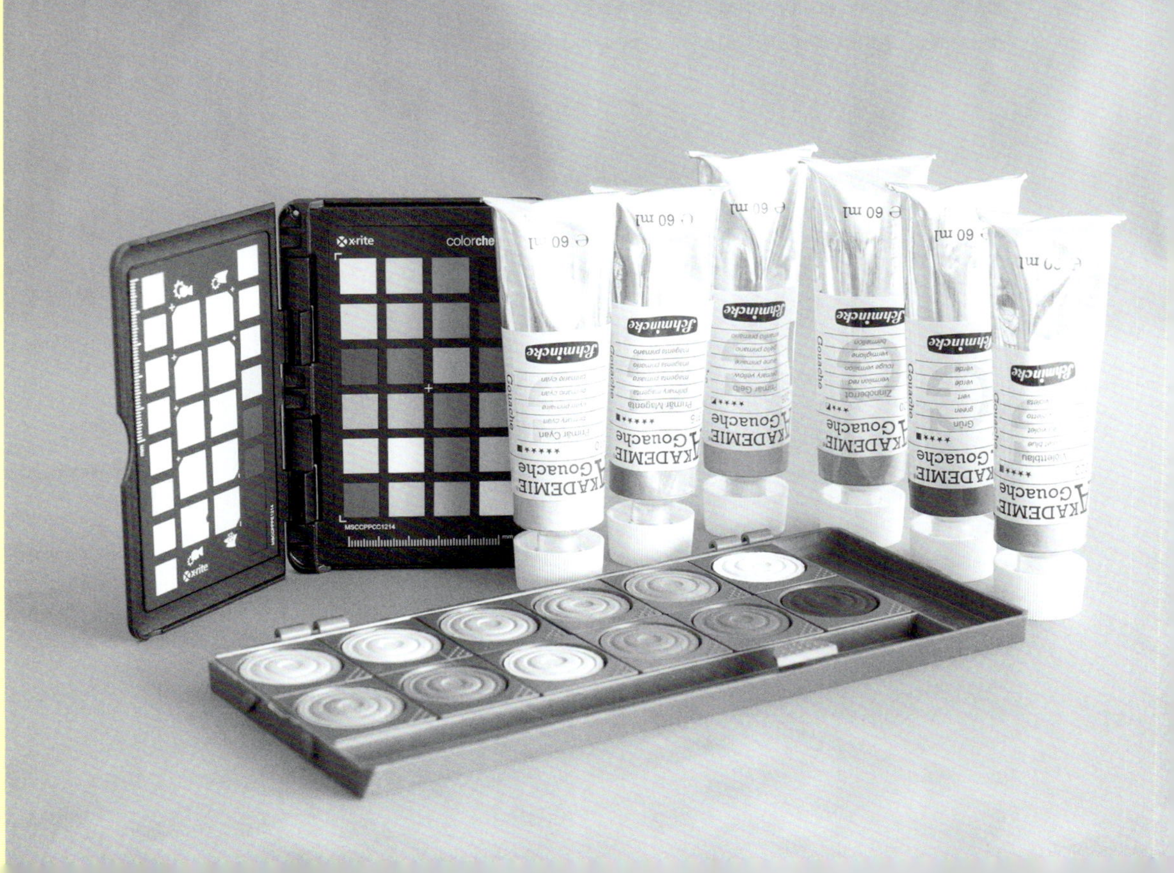

Lab-Kanäle

Der Lab-Farbraum spielt seine Rolle im Hintergrund. In Photoshop ist er der Regisseur, der eine Aufführung gestaltet, ohne selbst auf der Bühne in Erscheinung zu treten. Während RGB und CMYK drei bzw. vier Farbkanäle haben, die das *Mischverhältnis* der Primärfarben enthalten, gibt es in Lab nur zwei Farbkanäle – der dritte Kanal enthält die Helligkeitsinformationen. Die beiden Farbkanäle beschreiben Bunttöne anhand der Position zwischen den Gegenfarbenpaaren Rot–Grün sowie Blau–Gelb (Seite 306).

Lab lässt sich direkt weder drucken noch am Bildschirm umsetzen – für den Druck muss nach CMYK, für den Bildschirm nach RGB umgerechnet werden. Lab ist ein theoretisches Farbmodell! Der Grund, dass es trotzdem unverzichtbar ist, liegt darin, dass RGB und CMYK nicht jede Farbe des jeweils anderen Modells enthalten und beide schon gar nicht in der Lage sind, alle real möglichen Farben abzubilden. Viele Volltonfarben beispielsweise ließen sich weder mit dem einen noch mit dem anderen beschreiben. Lab nimmt alle Farben auf, die der Mensch wahrnehmen kann, und dient als Referenz, wenn Farbtöne von einem Farbraum in den anderen umgerechnet werden.

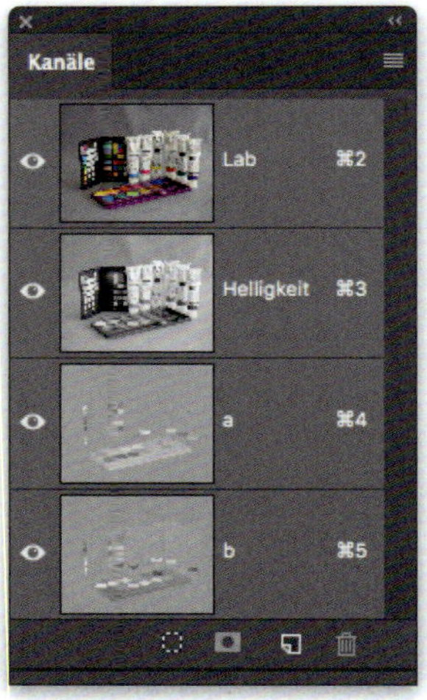

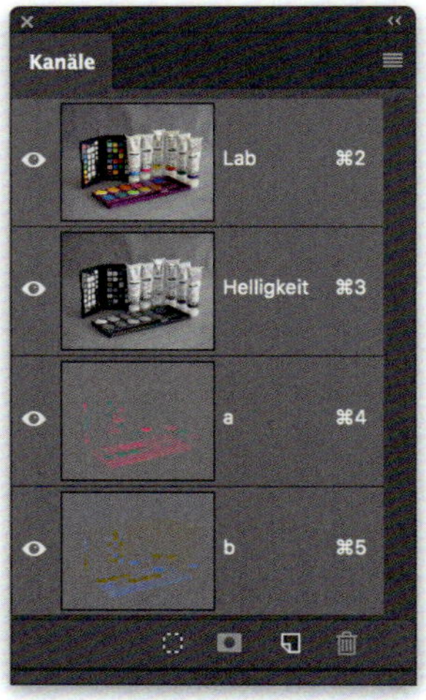

Vorlage

a*-Kanal: Rot-Grün-Achse

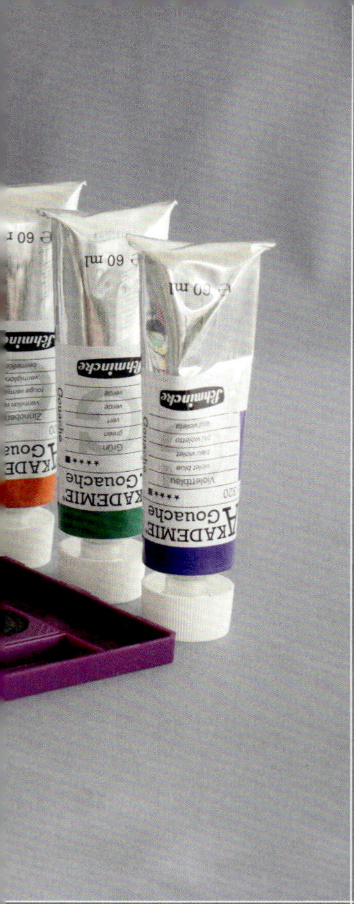

L*-Kanal: Helligkeit

b*-Kanal: Blau-Gelb-Achse

1 Bit = 2 Farbtöne

2 Bit = 4 Farbtöne

Farbtiefe

Die Farbtiefe besagt, *wie viele* Farben ein Digitalbild enthalten kann. Das darf nicht mit dem Farbumfang (Seite 201) verwechselt werden, der definiert, *wie leuchtend* Farben ausfallen können. Angegeben wird die Farbtiefe in Bit.

Computersprache basiert auf Bits und Bytes. Bit ist – so wie Pixel – ein Kunstwort und aus den Begriffen »Binary« und »Digit« zusammengesetzt, was man mit *Binär-Einheit* übersetzen kann. 1 Bit ermöglicht einen von zwei Zuständen: Strom/kein Strom, ein/aus, 0/1, Schwarz/Weiß. Ein Pixel in einem 1-Bit-Bild ist entweder schwarz oder weiß.

Um mehr als zwei Töne zu erzielen, braucht es mehr Bit. Nimmt man ein zweites hinzu, lassen sich vier Töne notieren: $2 \times 2 = 4$. Ein 2-Bit-Bild hat eine Farbtiefe von vier Stufen. Ein weiteres Bit erweitert die möglichen Abstufungen auf acht Tonwerte: $2 \times 2 \times 2 = 8$. Dreifaches Multiplizieren von 2 mit sich selbst lässt sich auch so notieren: 2^3. Bei 4 Bit – also 2^4 – werden 16 Tonwerte möglich. Und so weiter.

Bei einem 8-Bit-Bild lautet die Formel 2^8, das ergibt 256 Tonwerte. Ein 8-Bit-Bild kann also 256 Tonwertstufen enthalten. Für Graustufenbilder (Schwarzweißbilder) ist das ausreichend, für Farbe nicht.

Farbbilder in RGB haben üblicherweise 8-Bit-Farbe je Kanal. In RGB ergibt das eine Farbtiefe von 24 Bit (3 Kanäle à 8 Bit). Genau genommen hat ein 8-Bit-Farbe-Bild also 24-Bit.

RAW-Bilder werden meist mit 12-Bit-Farbe (Farbtiefe: 36 Bit), 14-Bit-Farbe (Farbtiefe: 42 Bit) oder 16-Bit-Farbe (Farbtiefe: 48 Bit) aufgenommen. 12-Bit-Farbe ermöglicht 4096 Stufen je Farbkanal (2^{12}), 14 Bit 16384 Stufen (2^{14}) und 16 Bit 65536 Stufen (2^{16}). Manche Scanner und einige Bildbearbeitungsprogramme ermöglichen sogar 32 Bit und damit pro Kanal über 4 Milliarden Stufen.

Das rechts abgebildete Farbbild mit 24 Bit Farbtiefe könnte also theoretisch 16,8 Millionen unterschiedliche Farbtöne enthalten. Praktisch wird man aber in kaum einem Bild alle möglichen Farbtöne finden. Deshalb fällt auf den ersten Blick auch gar nicht auf, dass die Abbildung ganz rechts nur auf 256 Tönen basiert. Das ist natürlich auch darauf zurückzuführen, dass der Druck einige Mängel in der Bildqualität schluckt. Zum Beispiel darf man im Vierfarbendruck nicht von 16,8 Millionen Tönen ausgehen. Auf Papier reduziert sich die Farbtiefe digitaler 24-Bit-Bilder auf bestenfalls etwa 600 000 Töne.

3 Bit = 8 Farbtöne

4 Bit = 16 Farbtöne

8-Bit-Graustufen
= 256 Grautöne möglich

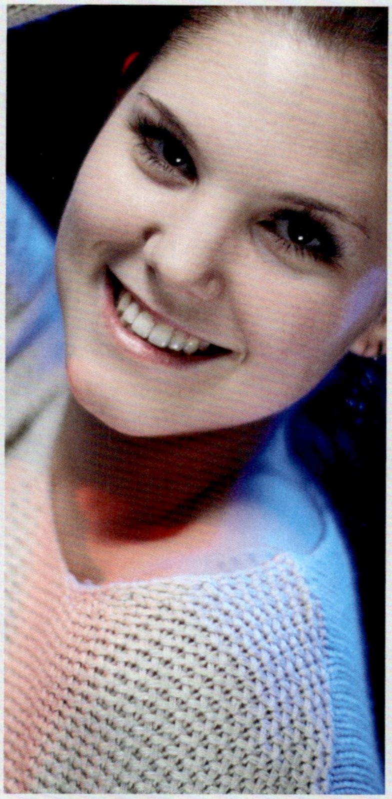

Farbbild mit 24-Bit-Farbe
≈ 17 Millionen Farbtöne möglich

Farbbild mit 8-Bit-Farbe
= 256 Farbtöne möglich

Auflösung

Die Auflösung beschreibt, wie fein die Details sein können, die ein optisches System zu erfassen bzw. wiederzugeben in der Lage ist. Unsere Augen sind ein optisches System. Auf Seite 123 habe ich erklärt, dass sie bei einem Betrachtungsabstand von 25 cm noch etwa acht Linienpaare pro Millimeter unterscheiden können. Das entspricht einer Feinheit von 0,0625 mm. Was kleiner ist, wird nicht mehr wahrgenommen bzw. unterschieden. Auf derselben Seite haben Sie erfahren, dass auch bei Objektiven von Auflösung die Rede ist. Hochwertige Linsen haben eine höhere Schärfeleistung als weniger präzise gefertigte und können deshalb feinere Details auflösen.

Auf dem Bildsensor hinter den Linsen befinden sich üblicherweise mehrere Millionen Pixel (px), die die Motive erfassen und aus deren Daten das Digitalbild errechnet wird (Seite 324). Je mehr Pixel der Sensor trägt, desto feiner sind die abbildbaren Details. Ein Sensor mit 6000 px × 4000 px beispielsweise erfasst 24 Millionen Pixel (6000 × 4000 = 24000000 = 24 Megapixel). Bildsensoren mit mehr Auflösung können allerdings nur dann feinere Details erfassen, wenn die

10 ppcm = 25,4 ppi

30 ppcm = 76,2 ppi

60 ppcm = 152,4 ppi

120 ppcm = 304,8 ppi

Linsen davor ausreichend Auflösung liefern. Das heißt, dass mehr Auflösung nicht automatisch bessere Resultate liefert. Der Schluss »mehr Auflösung = mehr Qualität« ist also so nicht richtig. Dennoch gilt, dass Bilder mit höherer Auflösung mehr Details enthalten *können*.

Die Bildauflösung errechnet sich aus der Anzahl der Pixel in der Breite mal der Höhe. Ein Bild mit 1000 px Breite und 1000 px Höhe enthält 1000 000 px, kurz: 1 Megapixel (MP). Das Gros der digitalen Kameramodelle weist heute Auflösungen zwischen 20 und 26 Megapixel auf. 24 MP bedeuten beim dominanten Kleinbildformat, wie weiter oben schon beschrieben, 6 000 px × 4 000 px.

Für die Wiedergabe eines Bildes auf einem Display bzw. Bildschirm ist ausschließlich die Bildauflösung relevant. Auf Bildschirmen werden Digitalbilder in der Regel so wiedergegeben, dass ein Pixel des Digitalbildes einem Pixel des Displays entspricht. Jedenfalls sofern die Wiedergabeanweisung – zum Beispiel in der HTML-Auszeichnung einer Webseite – keine abweichende Größe vorgibt. Das heißt, ein Bild mit einer Breite von 500 px nimmt auf einem 1000 px breiten Display die halbe Breite ein.

Anders sieht es aus, wenn ein Digitalbild gedruckt werden soll. Zum Drucken muss definiert werden, wie groß ein Pixel auf das Blatt kommt. Das macht man allerdings nicht, indem man die Pixelgröße vorgibt, sondern indem man festlegt, wie viele Pixel auf eine bestimmte Länge verwendet werden. Die erste Abbildung auf der linken Seite weist zehn Pixel pro Zentimeter – 10 ppcm – auf. Anhand des Lineals auf der rechten Seite können Sie nachzählen. Bei zehn Pixel pro Zentimeter misst ein Pixel 0,1 cm (1 ÷ 10 = 0,1) bzw. 1 mm. In dieser Größe treten Pixel deutlich hervor und die Aufnahme sieht eher aus wie ein Mosaik denn wie ein Foto.

Die Abbildung rechts daneben weist 30 ppcm auf. Bei 30 Pixel pro Zentimeter ist ein Pixel nur rund 0,03 cm (1 ÷ 30 = 0,333) bzw. 0,3 mm groß. Bei genauem Hinsehen sind die Pixel im Druckraster gerade noch zu erkennen. Bei 60 Pixel pro Zentimeter reduziert sich die Pixelgröße auf 0,0167 cm (1 ÷ 60 = 0,0167) bzw. 0,167 mm. Damit ist die pixelige Struktur praktisch vollständig verschwunden. Lediglich, wenn man das Bild ganz genau unter die Lupe nimmt, erkennt man eine leicht krisselige Struktur, die in der letzten Abbildung mit 120 ppcm – Pixelgröße 0,0083 cm bzw. 0,083 mm – so nicht auszumachen ist. Die wahrnehmbare Struktur in der 120 ppcm-Abbildung rührt nicht mehr von den Digitalpixeln her, sondern vom Druckraster.

Die Ausgabeauflösung muss für den Druck so hoch definiert werden, dass die Pixel so klein ausfallen, dass sie im Druckraster untergehen. Bei 120 ppcm ist das in aller Regel der Fall. Eine noch höhere Auflösung bringt danach keine weitere Qualitätsverbesserung. Ob auf einen Rasterpunkt des Druckrasters ein oder zehn Digitalpixel kommen, macht in der Praxis kaum einen relevanten Unterschied, wobei es auch von der Auflösung des Druckrasters abhängig ist. Da haben wir ihn wieder, den Begriff »Auflösung«. Nach dem Objektiv, dem Bildsensor, der Pixelmenge des Digitalbildes, dem Bildschirm und der Ausgabeauflösung für den Druck ist auch beim Druckraster von Auflösung die Rede – dazu gleich auf der folgenden Seite mehr.

Nun haben Sie vielleicht noch nie von Pixel pro Zentimeter bzw. ppcm gehört, doch wenn Sie bereits mit der Druckvorstufe in Berührung gekommen sind, möglicherweise von dpi. dpi heißt dots per inch. Inch ist eine Maßeinheit, die in den USA üblich ist. Ein Inch entspricht 2,54 cm – überschlagsmäßig wird meist mit 2,5 umgerechnet. Manchmal wird Inch als »Zoll« übersetzt, so ist etwa in den Adobe-Programmen von »Pixel pro Zoll« die Rede.

»Dots« heißt »Punkte«. Bezogen auf Digitalbilder ist »Punkte pro Zoll« nicht ganz korrekt, da man deren Elemente »Pixel« und nicht »Punkt« nennt. Landläufig werden allerdings »Pixel per Inch« und »Dots per Inch« synonym füreinander verwendet, und letzteres ist sogar geläufiger. Am Ende ist es egal, bei welchem Namen man das Kind nennt, solange alle wissen, was gemeint ist.

Da das Gros der Gestaltungsprogramme aus den USA kommt und darin in der Regel von Pixel per Inch ausgegangen wird anstelle von Pixel pro Zentimeter, haben sich auch hierzulande ppi (bzw. dpi) anstelle von ppcm durchgesetzt.

Grobes Schwarzweißdruckraster

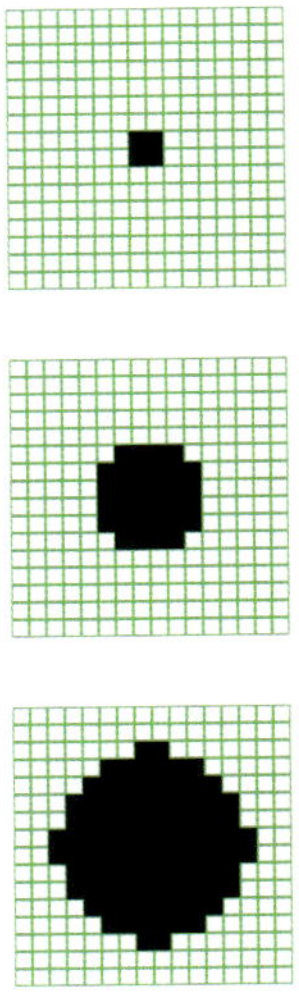

Links: Rasterzellen und Rasterpunkte; Oben: Rasterweite

Der weiße Rahmen über dem Auge markiert den Bereich, der in den anderen Abbildungen vergrößert zu sehen ist.

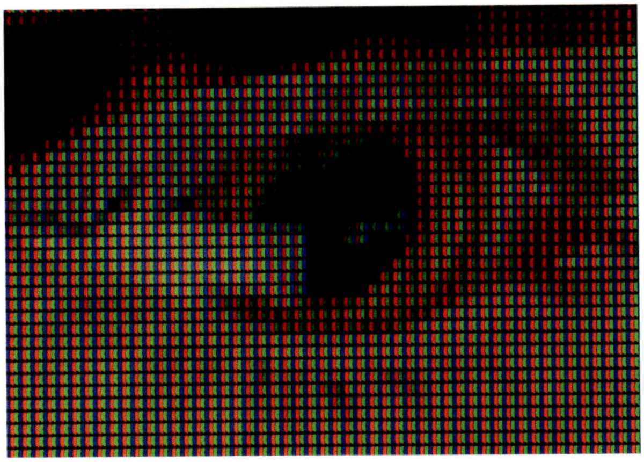

Vergrößerung des Bildausschnitts in der Wiedergabe auf einem Computermonitor.

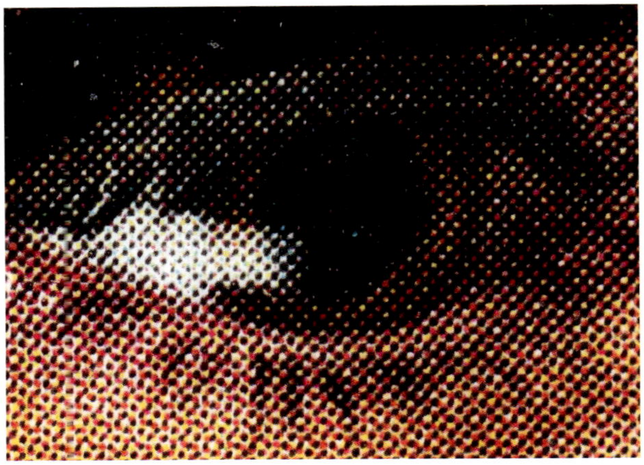

Simulation eines Bildes mit 60 ppcm (≈ 150 ppi) in einem 60er-Raster = ein Pixel auf einen Rasterpunkt

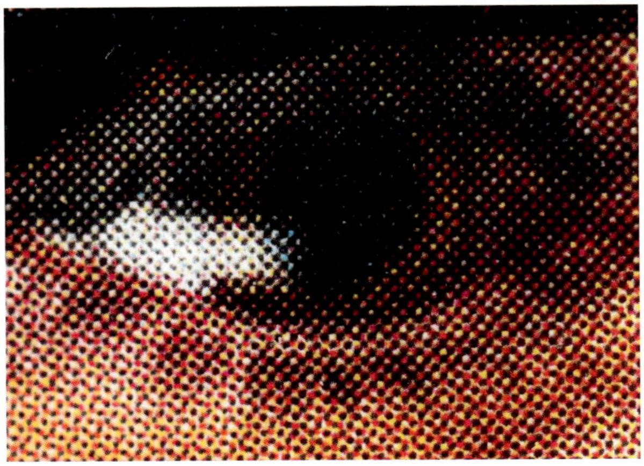

Simulation eines Bildes mit 30 ppcm (≈ 76 ppi) in einem 60er-Raster = ein Pixel auf zwei Rasterpunkten

Druckraster

In der ersten Abbildung links sehen Sie das Beispielbild in einem groben Schwarzweißraster. Bei den gängigsten Druckrastern sind die Rasterpunkte regelmäßig verteilt und unterschiedlich groß. Die Basis für die Punkte bilden Rasterfelder, die in eine Matrix aus üblicherweise 16 × 16 Zellen aufgelöst sind, so wie in den grün karierten Feldern dargestellt. Für einen geringen Farbanteil werden wenige Zellen gefüllt, was kleine Rasterpunkte ergibt. Je mehr Zellen gefüllt werden, desto größer fällt der Rasterpunkt aus.

Die Größe der Rasterfelder definiert, wie grob oder fein das Druckraster ausfällt und wird Rasterweite genannt. Messen lässt sich die Rasterweite von Mitte zu Mitte der Rasterpunkte. Angegeben wird sie in Linien pro Zentimeter (L/cm) oder Lines per Inch (lpi). Von Linien spricht man, weil die Anordnung der Rasterpunkte regelmäßigen Linien folgt. Ein gebräuchlicher Standard im Offsetdruck sind 60 L/cm – man spricht dann von einem 60er-Raster. Im hochwertigen Druck kommen auch 90 L/cm und mehr vor.

Laut Faustregel sollte die Ausgabeauflösung digitaler Bilder das Doppelte der Rasterweite betragen. Bei einem 60er-Raster bedeutet das 120 ppcm. Das sind rund 300 ppi. Daher rührt die übliche Empfehlung, dass Bilder für den Offsetdruck 300 ppi haben sollten und soweit möglich sollte man sich an diese Regel halten. Es muss allerdings nicht gleich Panik ausbrechen, wenn ein Bild nicht genau diese 300 ppi hergibt.

Bei 120 ppcm in einem 60er-Raster kommen 2 × 2 Pixel auf einen Rasterpunkt. Bei 60 ppcm ist das Verhältnis 1:1, was bei den meisten Fotos kaum zu einem offensichtlichen Qualitätsmangel führen wird. Geht man noch weiter hinunter, leidet die Bildqualität allerdings. Bei einem Bild mit 30 ppcm kommen im 60er-Raster auf einen Pixel 2 × 2 Rasterpunkte, und dadurch werden die Pixel als krisselige Struktur sichtbar. Hat ein Bild nur 15 ppcm, werden Pixel in 4 × 4 Rasterpunkten wiedergegeben, was dann klar als pixelige Struktur zu erkennen ist.

Wichtig ist die Faustregel, dass ein Bild 300 ppi haben sollte, allerdings vorwiegend bei Drucksachen, die in Händen gehalten und aus etwa 25 cm Abstand betrachtet werden. Ein Poster wird man eher aus ein oder zwei Metern Distanz anschauen, und aus dieser Entfernung würde ein Bild auch dann nicht mehr als pixelig wahrgenommen, wenn seine Auflösung nur 15 ppcm bzw. 38 ppi betragen würde. Bei Großflächenplakaten geht man sogar von fünf Metern Betrachtungsabstand und mehr aus, weshalb diese mit sehr groben Rastern gedruckt werden, für die auch eine Ausgabeauflösung von 30 ppi oft ausreichend ist.

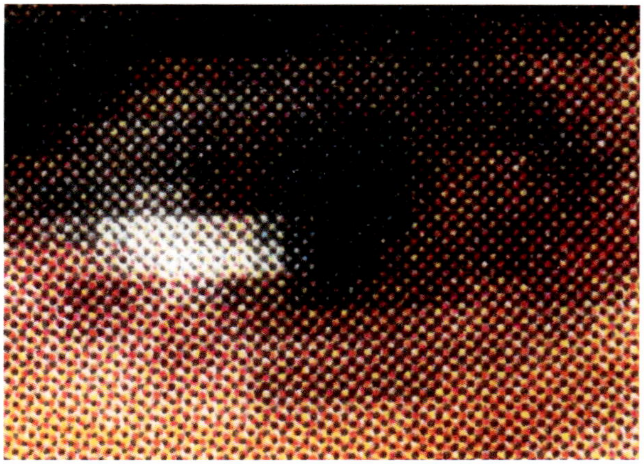

Simulation eines Bildes mit 15 ppcm (≈ 38 ppi) in einem 60er-Raster = ein Pixel auf vier Rasterpunkte

Simulation eines Druckrasters mit einer Rasterweite von 10 L/cm, wie es für Großplakate üblich ist, in Originalgröße.

Druckverfahren

Für die Produktion von Drucksachen werden unterschiedliche Methoden eingesetzt. Spätestens seit den 1980er-Jahren ist der Offsetdruck das dominierende Druckverfahren. In ihm werden Bücher, Zeitungen und Zeitschriften, Broschüren, Folder und Kataloge, Geschäftsdrucksachen, Poster und Plakate bis A1, Verpackungen und vieles mehr gedruckt, wobei im Verpackungsbereich der sogenannte Flexodruck dominiert. Bei Auflagen von wenigen Hundert Expemplaren überwiegt heute der Digitaldruck, in dem auch Großflächenplakate und andere großformatige Werbeträger produziert werden. Für Textilien, Kunststoffe und andere Nicht-Papier-Materialien und dort, wo spezielle Druckfarben erforderlich sind, kommt häufig Siebdruck zum Einsatz. Für Magazine und Verpackungen spielt neben dem Offsetdruck auch noch der Tiefdruck eine gewisse, allerdings abnehmende Rolle.

Druckraster, wie sie in diesem Buch beschrieben werden sind Standard im Offsetdruck und kommen ebenso im Flexo- und Siebdruck zum Einsatz, wobei dort weniger fein aufgelöst, als im Offset. Digital- und Tiefdruck arbeiten mit anderen Rastermethoden.

In allen Verfahren werden Farbfotos üblicherweise in CMYK gedruckt. Alternativ gibt es Systeme, die mit sechs oder sieben Basisfarben einen größeren Farbumfang erzielen, doch im Offsetdruck erfordert das mehr Druckplatten und größere Druckmaschinen, weshalb sie eher im Digitaldruck zum Einsatz kommen. Bei Fotodruckern können es auch mehr als sieben Grundfarben sein.

Wo mit mehr als vier Farben gedruckt wird, erfolgt üblicherweise der Bilderdruck in CMYK, während für homogene Flächen, Texte und Zierelemente Volltonfarben zum Einsatz kommen, um etwa besonders satte Farben, Leuchtfarben oder Metallictöne – z. B. Gold oder Silber – zu erzielen. Im Flexo- und Siebdruck spielen Volltonfarben häufig die Hauptrolle, im Siebdruck ist der Vierfarbendruck sogar eine Seltenheit, da sich mit ihm nur sehr grobe Raster drucken lassen und es schwierig ist, den Farbauftrag im korrekten Verhältnis hinzubekommen.

Während die Farben im Digitaldruck direkt auf die Druckträger übertragen werden, müssen für die anderen Druckverfahren Druckvorlagen erstellt werden. Für den Offsetdruck werden Aluminiumplatten eingesetzt, auf denen mittels Belichtung das Druckbild in einer chemischen Substanz festgehalten wird. Die beschichteten Bereiche nehmen Farbe an, die anderen stoßen sie ab.

Auf der rechten Seite sehen Sie eine schematische Abbildung der Funktionsweise des Offsetdrucks. Bei einer Offsetdruckmaschine gibt es für jede Druckfarbe ein turmartiges Druckwerk. In diesem werden die Druckplatten auf Zylinder gespannt. An der Oberseite der Druckwerke befinden sich Farbwannen – Farbwerke genannt –, in die die Druckfarbe gegeben wird. Diese gelangt daraus auf ein Werk mehrerer Walzen, die für eine gleichmäßige Verteilung der Farben sorgen, und diese dann auf die Druckplatte bringen. Die Druckplatte überträgt das Druckbild auf einen Zylinder, der mit einem Gummituch bespannt ist, und dieses bringt die Farbe schließlich zu Papier. Die Druckbogen werden zwischen Gummituch- und Druckzylinder durchgeführt – Letzterer sorgt dafür, dass die Farbe mit Druck auf das Papier gepresst wird.

Für den Digitaldruck gibt es verschiedene Verfahren. In Büros werden meist Laserdrucker eingesetzt, für den Druck von Fotos sind Tintenstrahldrucker sowohl bei Privatanwendern als auch in professionellen Fotostudios im Einsatz. Diese und ähnliche Techniken setzen auch Digitaldruckereien zur Produktion von Drucksachen ein. Zu den Vorteilen digitaler Druckverfahren zählen hohe Flexibilität, die Möglichkeit der Individualisierung jedes einzelnen Drucks und bessere Kosteneffizienz bei weniger großen Stückzahlen.

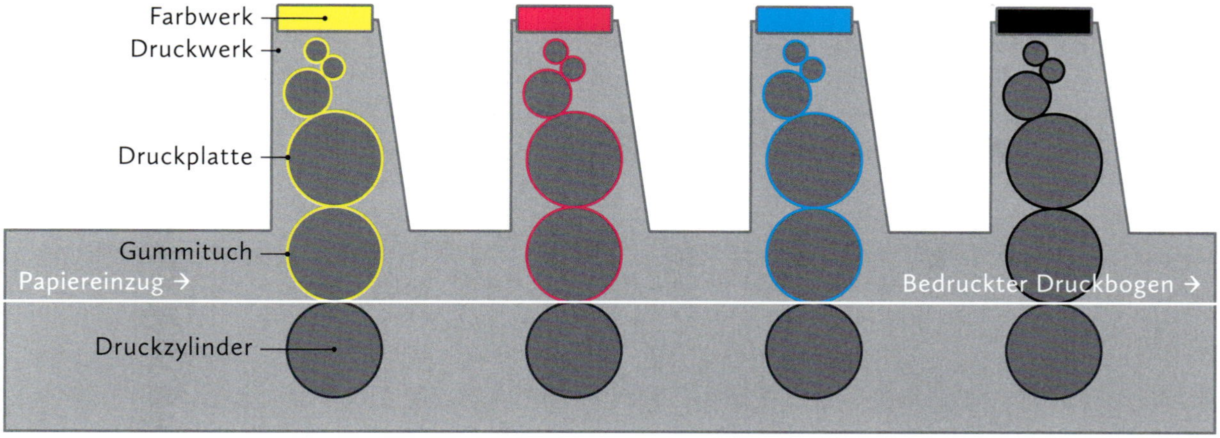

Schema einer Offsetdruckmaschine

Offsetdruckmaschine für den Fünffarbendruck (CMYK + Zusatzfarbe)

Einrichten einer Druckplatte in einer Offsetmaschine

Digitale Druckmaschine

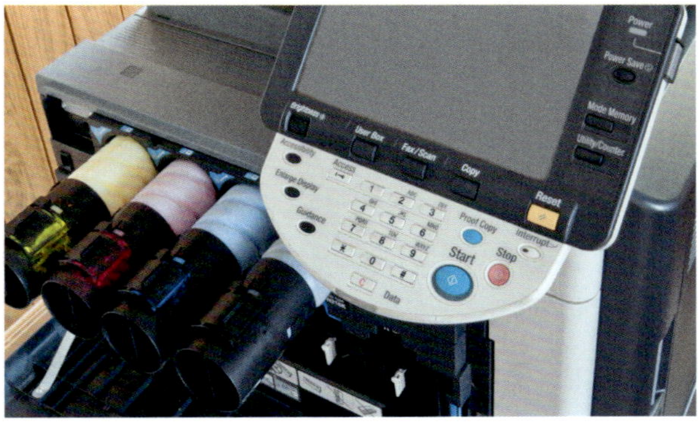

Office-Farblaserdrucker

Tonwertzuwachs

Tonwertzuwachs – auch Punktzuwachs oder Dot Gain genannt – ist ein Problem der Druckvorstufe. Druckfarben sind je nach Verfahren pastös oder flüssig – lediglich Laserdrucker verwenden Farben in Pulverform. Flüssige und pastöse Druckfarben laufen auf der Papieroberfläche leicht aus, wodurch die gedruckten Rasterpunkte etwas größer ausfallen, als sie auf der Druckplatte sind.

Gemessen wird der Tonwertzuwachs in Prozent. Ein Rasterpunkt, der im Datensatz mit 50 % angelegt ist, kann im Druck eine Fläche von 65 % einnehmen – der Tonwertzuwachs beträgt dann 15 %. Im mittleren Tonbereich, also bei Tonwerten um 50 %, fällt er am stärksten aus. In den Lichtern und Tiefen ist er geringer.

Wie stark der Tonwertzuwachs ausfällt, hängt von mehreren Faktoren ab. Das Papier spielt die entscheidende Rolle: Saugfähige, ungestrichene Papiere, insbesondere Zeitungspapier, saugen Farben auf, was einen Tonwertzuwachs von bis zu 30% und mehr zur Folge haben kann. Gestrichene Papiere, deren Oberfläche versiegelt ist, sind weniger saugfähig, die Druckfarbe bleibt überwiegend auf der Oberfläche haften und der Punktzuwachs ist geringer. Auf sehr glatten Papieren kann der Zuwachs unter 10 % sinken.

Auch die Drucktechnik beeinflusst das Ergebnis: Im Offsetdruck ist der Tonwertzuwachs gut kalkulierbar und liegt bei gestrichenem Papier typischerweise zwischen 10 und 20 %. In anderen Druckverfahren gelten andere Werte. Da der Tonwertzuwachs unvermeidlich ist, wird er in der Druckvorstufe für die Erstellung der Druckvorlagen einberechnet. Das Ziel ist, das gedruckte Ergebnis so nah wie möglich an die vorgegebenen Farbwerte heranzuführen. Die Kompensation erfolgt, indem die Tonwerte im Druckdatensatz gezielt abgesenkt werden – also heller angelegt werden, als die Werte es vorsehen. Wenn ein Rasterpunkt im Druck um 15 % zuwächst, wird er im Datensatz entsprechend kleiner angelegt, sodass er nach dem Zuwachs die gewünschte Größe erreicht. Diese Anpassung kann manuell in der Bildbearbeitung vorgenommen oder durch entsprechend korrigierte Eingabe von Werten bei der Farbdefinition bestimmt werden. Das ist allerdings seit der Einführung von Farbmanagementstandards in den 1990er Jahren selten der Fall. In der Regel erfolgt die Berechnung der Farbwerte über sogenannte ICC-Profile, die das Druckverhalten unter Berücksichtigung von Druckverfahren, Druckfarbe und Art des Papiers beschreiben – bei Digitaldruckern kann sich das Profil auch auf ein spezifisches Druckermodell beziehen, ja sogar auf die spezifische Druckmaschine inklusive der konkreten Papiersorte.

Grafikdesigner und Gestalterinnen müssen sich über den Tonwertzuwachs üblicherweise keine Gedanken machen oder besser gesagt: Wer nicht genau weiß, was er tut, sollte von entsprechenden Einstellmöglichkeiten in den Anwendungsprogrammen besser die Finger lassen. Tonwertzuwachs ist ein Thema für die Expert:innen in den Druckvorstufenabteilungen der Druckereien.

Mit einem Spektralfotometer werden die Farbfelder des Kontrollstreifens am Bogenrand gemessen. Die ermittelten Werte zeigen, ob sich Farbe, Tonwertzuwachs und Graubalance im Rahmen der vorgegebenen Normen befinden.

© oigro / stock.adobe.com

Gesamtfarbauftrag

Die Druckfarben des Offsetdrucks sind pastös. Sie enthalten Öle und Lösungsmittel und kommen feucht zu Papier. Papier saugt Feuchtigkeit auf. Das »Wegschlagen« genannte Aufsaugen führt dazu, dass die Farben bereits während die Druckbogen die Druckmaschinen durchlaufen, oberflächlich so weit trocknen, dass sie sich am Ende aufeinander ablegen lassen. Die Durchtrocknung dauert länger, kann aber im Stapel erfolgen.

Wird auf Flächen nennenswerter Größe zu viel Farbe aufgetragen, trocknet sie nicht rasch genug, was zum Verkleben der Druckbogen führt; bei größeren Flächen kann die Feuchtigkeit zum Wellen des Papiers führen. Deswegen ist zu beachten, dass Flächen nicht zu dicht mit Farbe bedruckt werden – es gilt, einen maximalen Gesamtfarbauftrag einzuhalten.

Der Gesamtfarbauftrag gibt an, wie viel Farbe sich auf einer Fläche aufeinandergedruckt befindet. Wird ausschließlich 100 % Cyan aufgetragen, beträgt der Farbauftrag 100 %. 50 % Cyan und 50 % Magenta bedeuten ebenso 100 % Gesamtfarbauftrag, 100 % Cyan und 50 % Magenta ergeben 150 %. Auf Seite 179 habe ich ein Tiefschwarz gezeigt, das aus 60 % Cyan, 60 % Magenta, 60 % Gelb und 100 % Schwarz besteht und dessen Gesamtfarbauftrag somit 280 % beträgt. Gestrichenes Papier verkraftet üblicherweise so einen hohen Farbauftrag, für ungestrichenes kann er zu hoch sein, für Zeitungspapier ist er viel zu hoch.

Auch wenn gestrichenes Papier unter optimalen Bedingungen deutlich über 300 % verträgt, sollte den Wert als Obergrenze einhalten, wer auf Nummer sicher gehen möchte. Bei ungestrichenem Papier beträgt die sichere Grenze in der Regel 280 %, bei Zeitungspapier kann sie bei 220 % liegen.

So wie beim Punktzuwachs sorgen auch hier die Farbprofile, in denen Farbräume umgewandelt werden, dafür, dass die Grenzwerte nicht überschritten werden. Wo üblicherweise keine Umrechnung erfolgt, etwa wenn ich in einem Gestaltungsprogramm den CMYK-Wert selbst definiere, muss hingegen ich darauf achten, die Grenzwerte nicht zu überschreiten.

Überdrucken, Aussparen und Überfüllen

Offsetdruckfarben sind lasierend (mit Ausnahme von Deckweiß und Metallicfarben). Lasierende Farben sind durchscheinend. Übereinandergedruckt mischen sich Farben zu einer neuen. Magenta über Cyan etwa führen zu Blau. In der Druckvorstufe nennt man diese Form der Farbmischung »Überdrucken«.

Soll ein cyanfarbenes Objekt über einer magentafarbenen Fläche liegen, muss das vordere Objekt aus der Fläche dahinter herausgeschnitten werden. Das wird »Aussparen« genannt.

Moderne Druckmaschinen sind zwar sehr präzise Anlagen, dennoch sind der Genauigkeit Grenzen gesetzt, und winzige Abweichungen lassen sich nie vollständig vermeiden. Dabei führen schon kleinste Ungenauigkeiten in der Ausrichtung der Grundfarben – sogenannte »Passerungenauigkeiten« – zu Lücken zwischen Objekten und dem Hintergrund, aus dem sie ausgespart sind. Durch die Lücken blitzt dann das Weiß des Papiers durch, was sehr auffällig ist und »Blitzer« genannt wird.

Um Blitzer zu vermeiden, wird die hellere Farbe geringfügig in die dunklere Farbe hinein erweitert. Man nennt das Ausdehnen der helleren Farbe in die dunklere »Überfüllen«. Die dunklere Farbe wird dabei »unterfüllt«. Über- und Unterfüllen ist dasselbe, nur aus unterschiedlichen Perspektiven betrachtet. Beides fällt unter den englischen Begriff »Trapping«.

Zwar ergibt sich durch das Trapping rund um das ausgesparte Element ein Rand in der Mischfarbe der aufeinandertreffenden Farben, doch dieser ist weniger auffällig als weiße Blitzer. In der Praxis beträgt der Wert für Überfüller etwa 0,05 mm bis 0,1 mm, je nach Dienstleister und Genauigkeit des Druckverfahrens. Abgesehen davon, dass bei einem Trapping von 0,1 mm und weniger die dunklen Ränder kaum auffallen, gibt es auch Trappingtechniken, bei denen der Überfüller in einem reduzierten Tonwert vorgenommen wird.

In der Praxis sorgen die Gestaltungsprogramme automatisch für die Aussparungen, und die Einstellungen für das Trapping werden von der Druckerei vorgenommen – dort weiß man am besten, wie präzise das Druckverfahren ist und wie viel Überfüllung es braucht, um Passerungenauigkeiten ausreichend auszugleichen. Das heißt allerdings nicht, dass Grafiker:innen sich gar keine Gedanken darüber machen müssen. Zwar sind sie im Normalfall nicht für die Einstellungen verantwortlich, wo und wie viel überfüllt werden muss, doch sie müssen vermeiden, Layouts zu gestalten, deren Umsetzung in Bezug auf das Trapping problematisch sind.

Problematisch ist es, wenn feine Elemente ausgespart und überfüllt werden müssen. Eine cyanfarbene Kontur mit einer Stärke von einem Punkt oder weniger auf einer magentafarbenen Fläche wäre ein solcher Problemfall. Ohne Überfüllen wären Blitzer kaum zu vermeiden, mit Überfüllung würde die Linie sichtbar stärker – bei 0,353 mm (1 Pt.) machen 0,1 mm mehr oder weniger einen bedeutenden Unterschied aus.

Besonders drastische Auswirkung hätte Trapping auf Lesetext. Bei einer Schriftgröße von 10 pt enthalten Buchstaben Bestandteile, die deutlich feiner sind als 1 Pt. Überfüllen würde aus einer Schrift normaler Stärke Fettdruck machen. Allerdings wäre ein Text in Cyan auf einem Hintergrund in Magenta ohnehin eine Zumutung für die Augen, und wo zwei Grundfarben nicht rein aufeinandertreffen, ist das Problem in der Regel überschaubar. Sobald Vorder- und Hintergrundfarben nennenswerte Anteile voneinander aufweisen, relativiert sich das Problem der Blitzer.

Was allerdings durchaus vorkommen kann, ist, dass schwarzer Text auf einer farbigen Fläche stehen soll. Da könnten Blitzer sehr wohl zum Problem werden, wenn ausgespart wird. Doch da Schwarz sich ohnehin nicht (bzw. kaum) mit anderen Farben mischt und Schwarz bleibt, ob es auf Cyan, Magenta, Gelb oder welcher Farbe auch immer steht, muss man schwarzen Text oder andere schwarze Elemente wie Konturen auch nicht aussparen. Schwarz muss in der Regel, besonders für feine Elemente, auf Überdrucken eingestellt sein. Zwar wird eine falsche Einstellung üblicherweise in der Druckerei automatisch korrigiert, aber besser, sicherer und professioneller ist es, wenn ich als Designer gleich bei der Gestaltung darauf achte.

Wird Magenta über Cyan gedruckt, mischen sich die Farben zu Blau.

Stelle ich in meinem Gestaltungsprogramm ein cyanfarbenes X über eine magentafarbene Fläche, sieht das Resultat so aus wie nach dem Gleichheitszeichen.

Würde das X mit Überdrucken auf das Rechteck dahinter angewendet, sähe das gedruckte Resultat aus wie hier nach dem Gleichheitszeichen.

Um das Ergebnis hier zu erhalten, muss der Teil des X, der über der magentafarbenen Fläche liegt, aus ihr ausgespart werden.

Kommt es zu einer Ungenauigkeit in der Ausrichtung der Druckfarben, entstehen Lücken zwischen den Flächen – die sogenannten Blitzer.

Um Blitzer zu verhindern, wird die hellere Farbe etwas in die dunklere hinein ausgedehnt. Man spricht vom Überfüllen bzw. Trapping.

Trapping kann auch mit einem reduzierten Teil der Grundfarbe ausgeführt werden, hier mit 50 %.

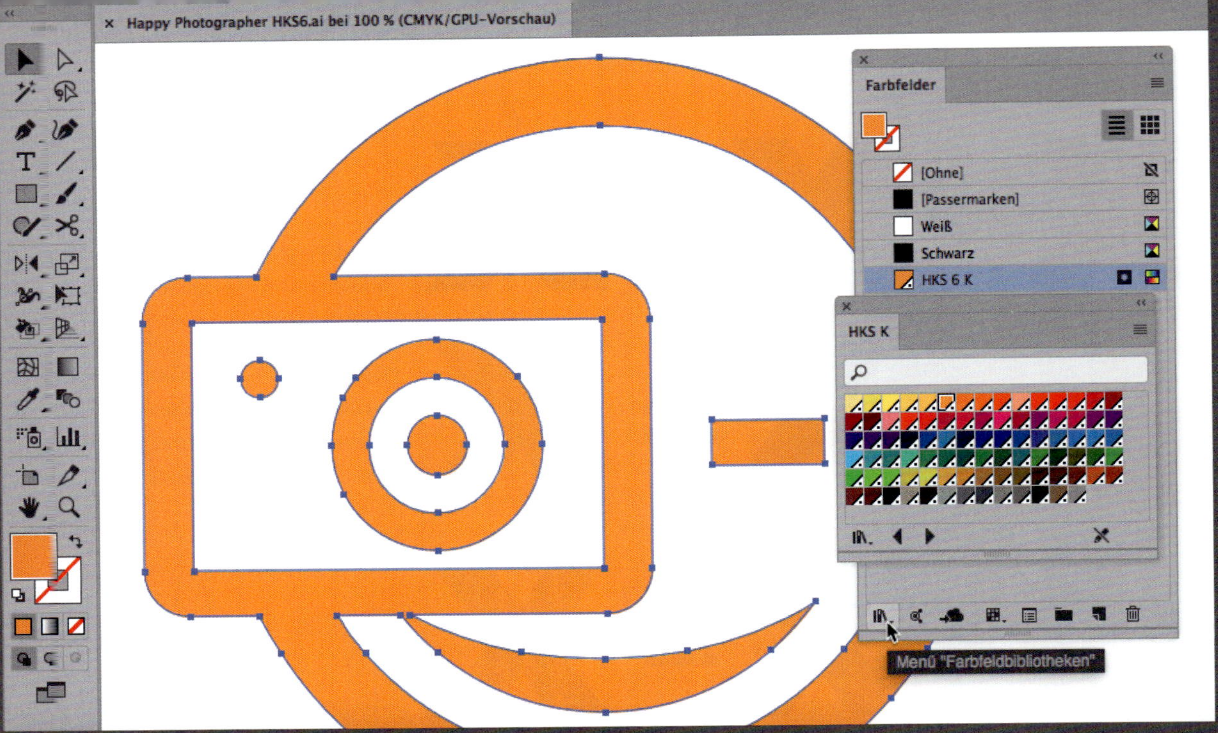

Dem ausgewählten Logo ist die Volltonfarbe HKS 16 K zugewiesen worden. In Adobe Illustrator geht das über das Menü »Fenster • Farbfeldbibliotheken • Farbtafeln« oder das entsprechende Symbol an der Farbfelder-Palette.

Hier ist das Logo in Adobe InDesign auf einer Visitenkarte platziert worden. Dem Hintergrund wurde die Volltonfarbe HKS 93 K zugewiesen, was in InDesign über »Neues Farbfeld« im Menü der Farbfelder-Palette geschieht.

Volltonkanäle

Vollton (Seite 236) heißt für Grafiker:innen meist »Pantone« (Seite 238). Volltonfarben erlauben Farbtöne wie Gold, Silber und Metallic sowie leuchtstarke Neonfarben.

In einem Layout- oder Vektorprogramm erzeugte Rahmen und Objekte lassen sich simpel per Klick mit Volltonfarben einfärben. Dazu muss die entsprechende Volltonfarben-Bibliothek geöffnet und die gewünschte Farbe ausgewählt werden – das Dokument wird dann um die entsprechende Zusatzfarbe erweitert, es wird ein Farbkanal für die Volltonfarbe hinzugefügt, und bei der Belichtung entsteht eine zusätzliche Druckplatte.

In Photoshop lassen sich neben den bereits beschriebenen Duplexbildern auch Mehrkanalbilder mit Volltonfarben anlegen. Im Mehrkanal-Modus können ein oder mehrere Volltöne als Farbkanäle angelegt und unabhängig voneinander bearbeitet werden. Auch hier ergibt sich bei der Belichtung jeweils eine Druckplatte pro Kanal. Die Arbeit mit Mehrkanalbildern ist aber nicht unkompliziert und erfordert einiges an Erfahrung.

Layoutprogramme erlauben darüber hinaus, 8-Bit-Graustufenbilder sowie sogenannte Bitmaps (1-Bit-Bilder) mittels Volltonfarben einzufärben.

Die drei Abbildungen zeigen die Farbauszüge der mit Adobe InDesign gestalteten Visitenkarte: Oben der HKS-6-K-Auszug, in der Mitte der HKS-93-K-Auszug und unten die beiden Auszüge kombiniert (auch hier enthalten die Abbildungen keine echten Volltonfarben, sondern sind lediglich mittels CMYK simuliert).

Duplex

Als Duplex bezeichnet man Bilder, die aus zwei Farbkanälen bestehen und als Basis für einen Zweifarbendruck dienen. Meist wird Schwarz mit einer Volltonfarbe kombiniert. Möglich sind jedoch beliebige Farbkombinationen. Beide Kanäle enthalten exakt die gleiche Information – im Grunde zweimal das gleiche Graustufenbild. Die beiden Kanäle werden dann in den gewählten Farben übereinandergedruckt. Das Ergebnis ist ein Bild aus zwei Tönen, das einen monochromen Eindruck vermittelt.

Den beiden Kanälen lassen sich unterschiedliche Gradationskurven zuweisen, so dass beispielsweise eine Farbe in den Tiefen, die andere in den Lichtern dominiert.

Verwendet man dieselbe Technik mit drei Farben, spricht man von Triplex, bei vier von Quadruplex – beides kommt jedoch eher selten zum Einsatz.

Streng genommen gilt nur die beschriebene *Technik* als echtes Duplex. In der Praxis bezeichnet man allerdings auch Bilder so, die einen entsprechenden *Look* aufweisen, auch wenn sie tatsächlich in RGB oder CMYK vorliegen. Die Abbildungen auf dieser Seite sind beispielsweise keine echten Duplex. Vielmehr wurden sie in Photoshop als Duplex entwickelt, anschließend aber nach CMYK konvertiert, um sie auch ohne Zusatzfarbe drucken zu können.

Die beiden kleinen Abbildungen zeigen den gelben und den blauen Farbauszug, aus dem sich das große Bild zusammensetzt. Der Screenshot rechts zeigt den Einstelldialog in Photoshop. Alle Wiedergaben wurden hier für den Vierfarbendruck nach CMYK konvertiert.

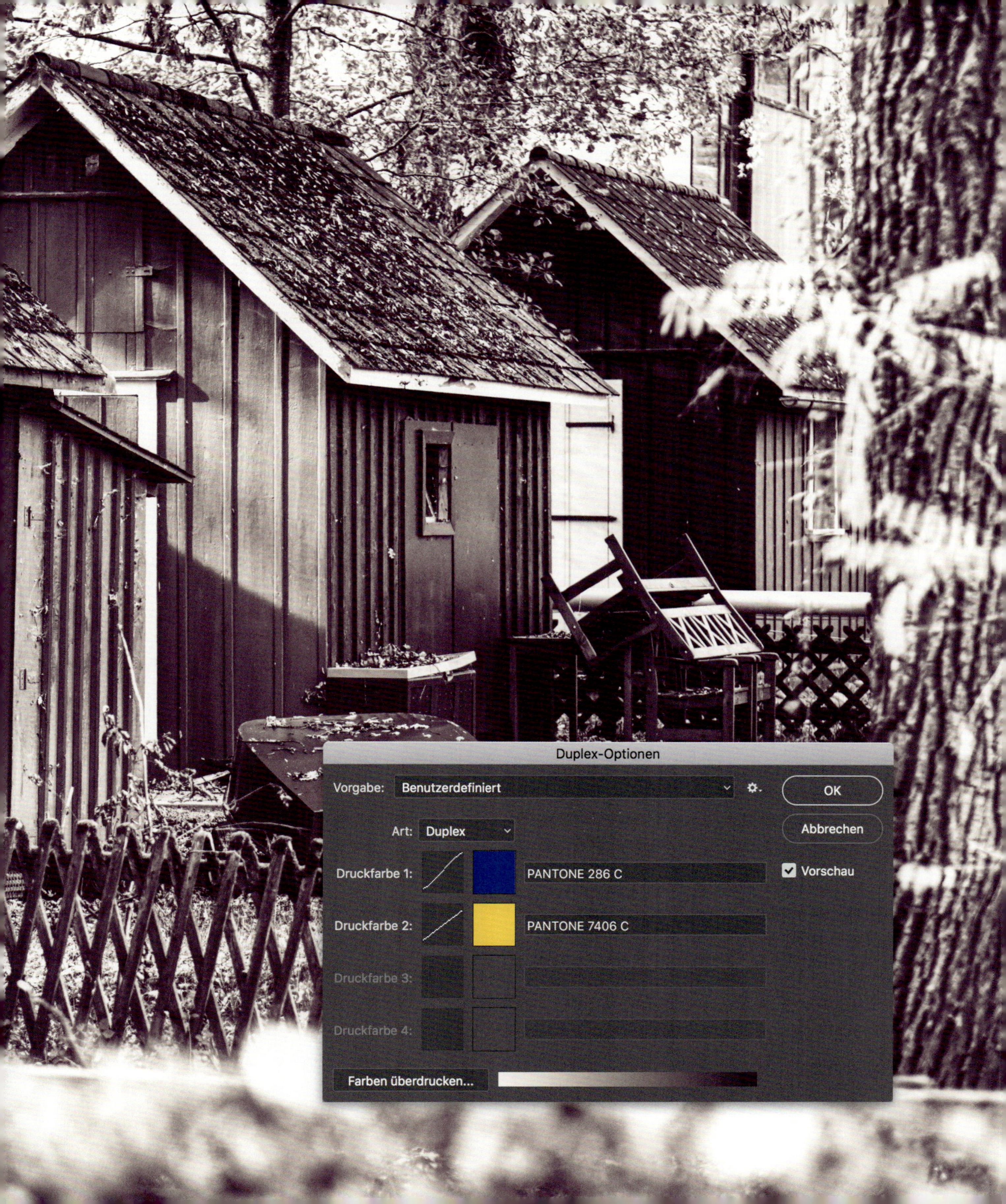
Duplex-Optionen
Vorgabe: Benutzerdefiniert
OK
Abbrechen
Art: Duplex
Vorschau
Druckfarbe 1: PANTONE 286 C
Druckfarbe 2: PANTONE 7406 C
Druckfarbe 3:
Druckfarbe 4:
Farben überdrucken...

Digitale Dunkelkammer

Als Fotografie noch chemischer Film bedeutete, war jedem klar, dass Aufnahmen vor der Betrachtung entwickelt werden müssen. Das geschah in der Dunkelkammer von Fotograf:innen oder in Auftragslaboren. Dass Digitalbilder ebenso entwickelt werden müssen wie analoge, ist dem Laien heute kaum mehr bewusst.

Der Film des 21. Jahrhunderts – der Bildsensor – besitzt Photodioden, die jeweils kurze, mittlere oder lange Wellenlängen aufnehmen. Meist erfolgt die Anordnung der Dioden nach dem Muster der sogenannten Bayer-Matrix, bei der je eine rot-, zwei grün- und eine blausensible Diode zum Quadrat angeordnet das Sensorformat füllen. Das Resultat ist ein Muster aus unterschiedlich hellen roten, grünen und blauen Punkten, die in einer Datei in Form von Code notiert sind. Wir wollen aber kein Mosaik aus unterschiedlich hellen Steinchen in drei Primärfarben sehen, sondern ein Bild aus Millionen homogenen Farben. Dazu muss eine Umrechnung der rohen Aufnahme, die der Sensor aufgenommen hat, in eine Form erfolgen, die für unsere Augen ein brauchbares Bild ergibt. Diesen Prozess bezeichnet man eben auch in der Digitalfotografie als Entwicklung.

Wenn Sie im JPEG-Format fotografieren, wird diese Entwicklung von der Software der Kamera vorgenommen. Neben der Neuverteilung der *nebeneinander*liegenden Primärfarben in die *übereinander*liegenden Farbkanäle werden auch Weißabgleich, Kontrastverbesserung, Farbanpassungen, Nachschärfung, Rauschreduzierung sowie sofern möglich Korrekturen von Vignettierung und Verzeichnung eingerechnet. Wenn Sie hingegen das sogenannte RAW-Format nutzen, entwickelt die Kamera die Aufnahmen nicht. Stattdessen werden die rohen Daten als sogenanntes *digitales Negativ* gespeichert, und die Entwicklung erfolgt in der *digitalen Dunkelkammer* am Computer.

Beispielbild

So etwa sähe ein analoges Negativ unseres Beispielbildes aus.

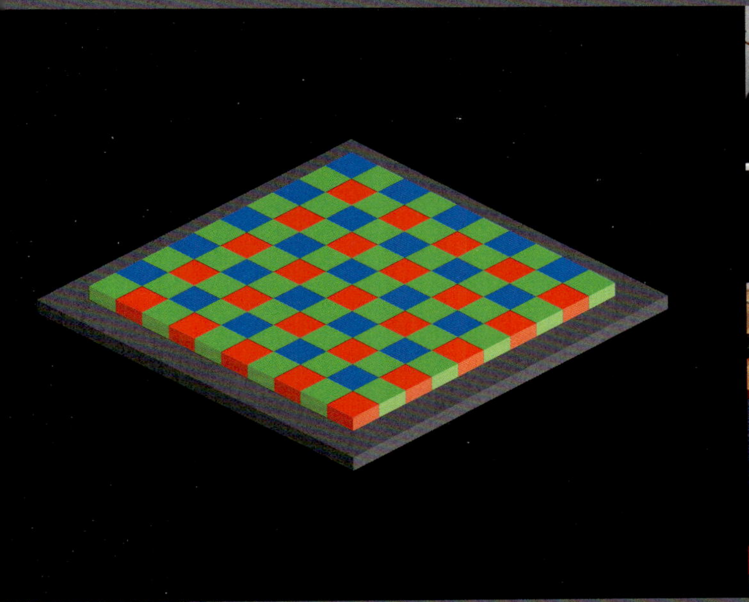

Das Muster der Bayer-Matrix

In der digitalen Dunkelkammer haben Computer und Monitore Schalen und Chemikalien verdrängt.

Auch wenn tatsächliche RAW-Dateien ausschließlich Code enthalten, kann man sich das, was die Kamera aufnimmt, im übertragenen Sinn etwa so vorstellen.

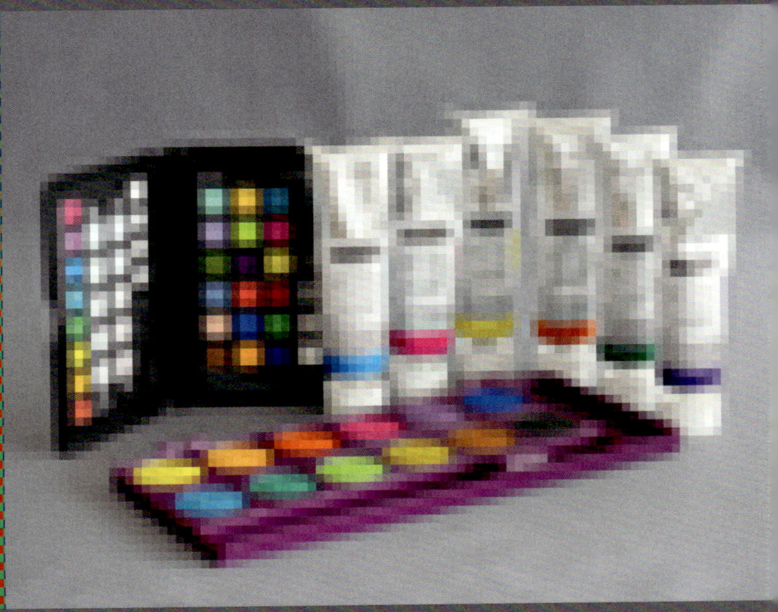

Bei der Entwicklung werden die nebeneinander aufgezeichneten Rot-, Grün- und Blauinformationen auf die übereinanderliegenden Farbkanäle verteilt und die je nach Bit-Tiefe Millionen oder Milliarden Farbtöne der RGB-Datei berechnet.

Digitales Negativ

Um digitale Negative betrachten zu können, brauchen wir einen digitalen Abzug, der meist in Form einer JPEG-Datei erstellt wird, so wie auch vom analogen Negativ ein Abzug erstellt werden muss. Das Bild, das Sie nach einer Aufnahme am Display der Kamera sehen, ist nicht das rohe Negativ, sondern eine Vorschau, die von der Kamera-Software entwickelt und in die RAW-Datei eingebettet wird. Die eigentliche Entwicklung geschieht in der Regel am Computer.

RAW ist an sich kein eigenes Dateiformat wie JPEG, PNG, TIF oder PSD, sondern ein Sammelbegriff für alle Formate, die Aufnahmen so speichern, wie der Sensor der Kamera sie aufzeichnet. Tatsächlich hat jeder Kamerahersteller sein eigenes RAW-Format: Bei Canon heißt es CR2, bei Nikon NEF, bei Sony ARW, bei Olympus ORF, bei Panasonic RW2 und bei Pentax PEF. Leica nutzt das von Adobe entwickelte DNG-Format – ein RAW-Format, in das sich bei Bedarf auch andere RAWs konvertieren lassen.

Da diese Dateien spezifisch kamerabezogen und keine Standards wie JPEG & Co sind, kann sie auch nicht jedes Programm anzeigen. Es bedarf spezieller Software, deren Anbieter für die RAW-Formate Rezepte schreiben müssen, um sie interpretieren und darstellen zu können.

Da eine Software RAW-Bilder nicht im eigentlichen Sinn *anzeigen* kann (vor der Entwicklung gibt es noch nichts anzuzeigen), ist es auch nicht ganz richtig, von *Anzeige* zu sprechen. Vielmehr spricht man von einer *Interpretation*. Jedes Programm zur RAW-Entwicklung – RAW-Konverter genannt – wird ein RAW etwas anders wiedergeben, da jedes seine eigenen Interpretationsroutinen nutzt. Sogar verschiedene Versionen *einer* Software können abweichende Ergebnisse liefern.

Standard-Entwicklung von Adobe Camera Raw

Standard-Entwicklung von Skylum Luminar

Standard-Entwicklung von Capture One Pro

Standard-Entwicklung von DxO PhotoLab

Standard-Entwicklung von Affinity Photo

Standard-Entwicklung von Olympus Workspace

RAW

Anders als andere Dateiformate werden RAW-Dateien nicht verändert, da sie von der RAW-Software lediglich eingelesen, interpretiert und dann entsprechend den Standard- oder Ihren Individualeinstellungen als JPEG, TIF, PSD oder in einem anderen Format ausgegeben werden. Die Rohdaten bleiben immer als digitale Negative erhalten, aus denen sich jederzeit beliebig entwickelte digitale Abzüge erstellen lassen.

Während Standard-JPEGs je Kanal maximal 8 Bit Farbtiefe und damit jeweils 256 Tonwerte sowie 8 Lichtwerte Kontrastumfang haben können, werden im RAW-Format je nach Kamera 12 Bit je Kanal mit jeweils über 4000 Tonwerten und 12 LW Kontrastumfang möglich, 14 Bit mit über 16000 Tonwerten und 14 LW Kontrastumfang und bei 16 Bit sogar 65000 Tonwerte je Kanal.

Während der Kontrast realer Szenen den Kontrastumfang von 8 Bit je Kanal schnell einmal sprengt, decken 12 oder 14 Bit die Helligkeitsunterschiede der meisten Motive ab. Was im JPEG hoffnungslos unter- bzw. überbelichtet ausfällt, lässt sich bei RAW weitreichend korrigieren.

Neben einem deutlich höheren Kontrastumfang ist in RAW auch der Weißabgleich noch nicht fix eingerechnet. Während beim Fotografieren in JPEG der Weißabgleich vor der Aufnahme einigermaßen adäquat eingestellt werden muss (geschieht meist automatisch), lässt er sich im RAW auch im Nachhinein in vollem Umfang ändern bzw. korrigieren. Korrekturen sind bei entwickelten JPEGs zwar möglich, allerdings deutlich begrenzter als durch Einstellung vor der Aufnahme. In RAW hingegen lässt sich durch nachträgliche Korrektur dieselbe Qualität erreichen wie durch eine Weißabgleichsmessung vor der Aufnahme.

Ebenfalls vor der Aufnahme ist bei JPEG der Farbraum zu wählen. Kameras bieten dafür in aller Regel eine Auswahl zwischen sRGB und Adobe RGB. Der tatsächliche Farbumfang, den der Sensor eventuell ermöglichen würde, lässt sich mit diesen Farbräumen gar nicht nutzen. Dazu bedürfte es eines großen Farbraums wie ProPhoto-RGB, der sich aber mit einem 8-Bit-Farbe-JPEG kaum sinnvoll nutzen ließe.

Bei dieser Aufnahme hat der automatische Weißabgleich der Kamera eine völlig falsche Einstellung vorgenommen. Beim JPEG-Format sind solche Fehler unmöglich zu korrigieren.

Im RAW-Format erforderte diese Korrektur lediglich einen Klick.

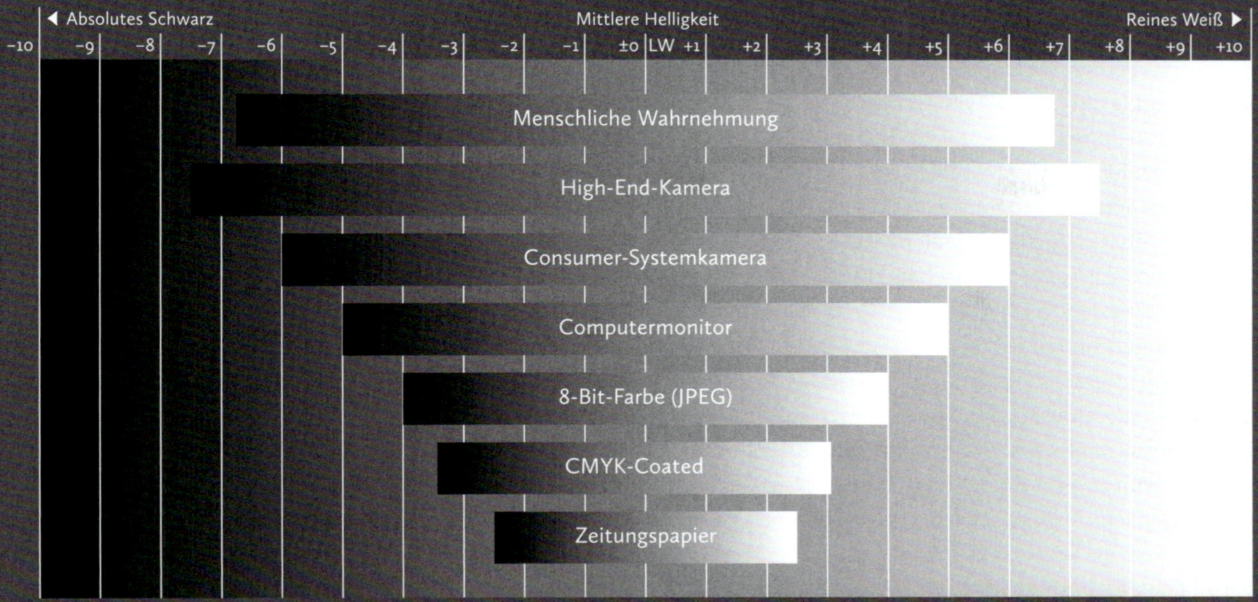

Unter extremen Bedingungen kommt in der Natur ein Helligkeitsunterschied bis zu 20 Lichtwerten vor, was einem Kontrastverhältnis von 1 Million : 1 entspricht. Der Mensch ist in der Lage, etwa 13,5 LW bzw. einen Kontrast von 10 000:1 zu verarbeiten. Durchschnittliche Digitalkameras schaffen im RAW-Format etwa 12 LW (4 000:1), Spitzenmodelle 15 LW (32 000:1). Im JPEG-Format hingegen werden nur 8 LW erreicht (256:1). Das ist zwar noch immer weitaus mehr, als zu Papier zu bringen ist, doch der höhere Dynamikumfang ermöglicht weitaus größere Korrekturen, die auch dem Druck auf Papier zugutekommen.

Zu viel Kontrast sorgt für ausgefressene Lichter in den Fenstern und zeichnungsfreie Schatten in den Tiefen. Bei einem JPEG wäre nur eine mäßige Korrektur der unter- und überbelichteten Bereiche möglich.

Das RAW-Format hat Reserven, die bei Weitem über den Kontrastumfang eines JPEG hinausragen und es möglich machen, die verlorene Zeichnung in den Tiefen und Lichtern wiederherzustellen.

RAW-Konverter

Wie gesagt lassen sich RAW-Bilder nicht einfach wie JPEGs auf jedem Computer, Handy oder Tablet anzeigen, sondern bedürfen einer Software, die sie interpretieren kann. Ein Programm, das dazu in der Lage ist, bezeichnet man als RAW-Konverter. Er ist das digitale Gegenstück zum chemischen Labor. Er macht aus dem digitalen Codemuster der RAW-Datei ein für unsere Augen sinnvolles Bild.

Der wichtigste Vorgang der Entwicklung ist das sogenannte *Demosaicing*, bei dem die Rot-, Grün- und Blauinformationen des Bildsensors in die RGB-Kanäle der gängigen Pixelformate umgerechnet werden. Was Sie am Bildschirm zu sehen bekommen, ist meist ein als Vorschau generiertes JPEG oder etwas Vergleichbares. Damit ein Programm wie Photoshop die RAW-Datei verarbeiten kann, muss die Entwicklung erst mit dem RAW-Konverter vorgenommen werden. Photoshop ist ein Bildbearbeitungsprogramm, kein RAW-Konverter. Es kann keine RAWs interpretieren. Es wird aber mit einer Erweiterung namens Adobe Camera Raw installiert, das beim Öffnen eines RAWs zwischengeschaltet wird und die Datei für Photoshop zugänglich macht.

Die verbreitetsten Programme zur RAW-Entwicklung bieten meist auch die Möglichkeit, Bildbestände zu verwalten. Adobes Lightroom beispielsweise ist eine Synthese aus Adobe Camera Raw und dem Datei-Browser Bridge. Alternativen bilden die Programme der Kamerahersteller, Capture One Pro, DxO PhotoLab, Skylum Luminar Neo, On1 Photo, Photomator, Open-Source-Programme wie RAW Therapee und einige mehr.

Adobe Camera Raw

Adobe Lightroom

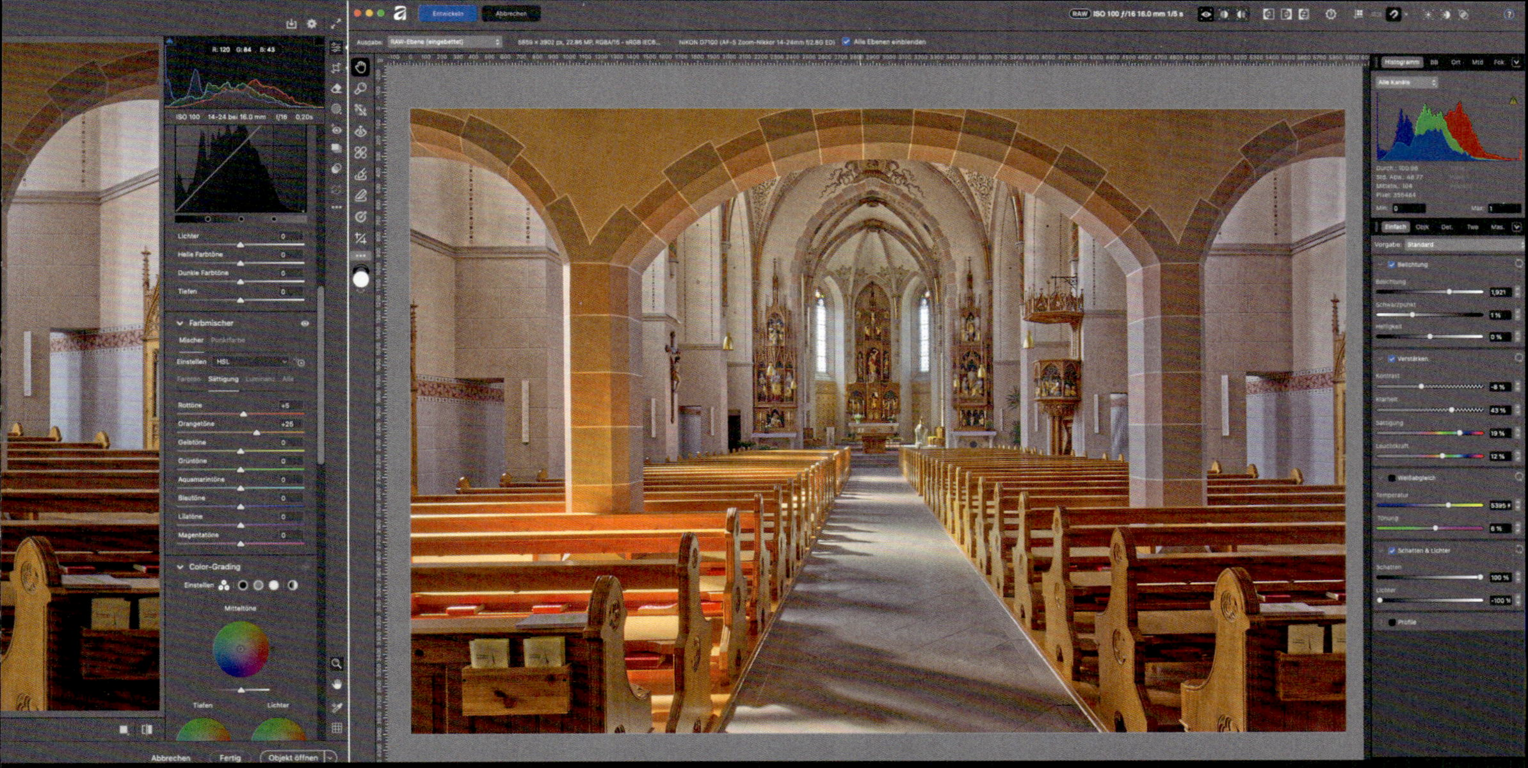

Affinity

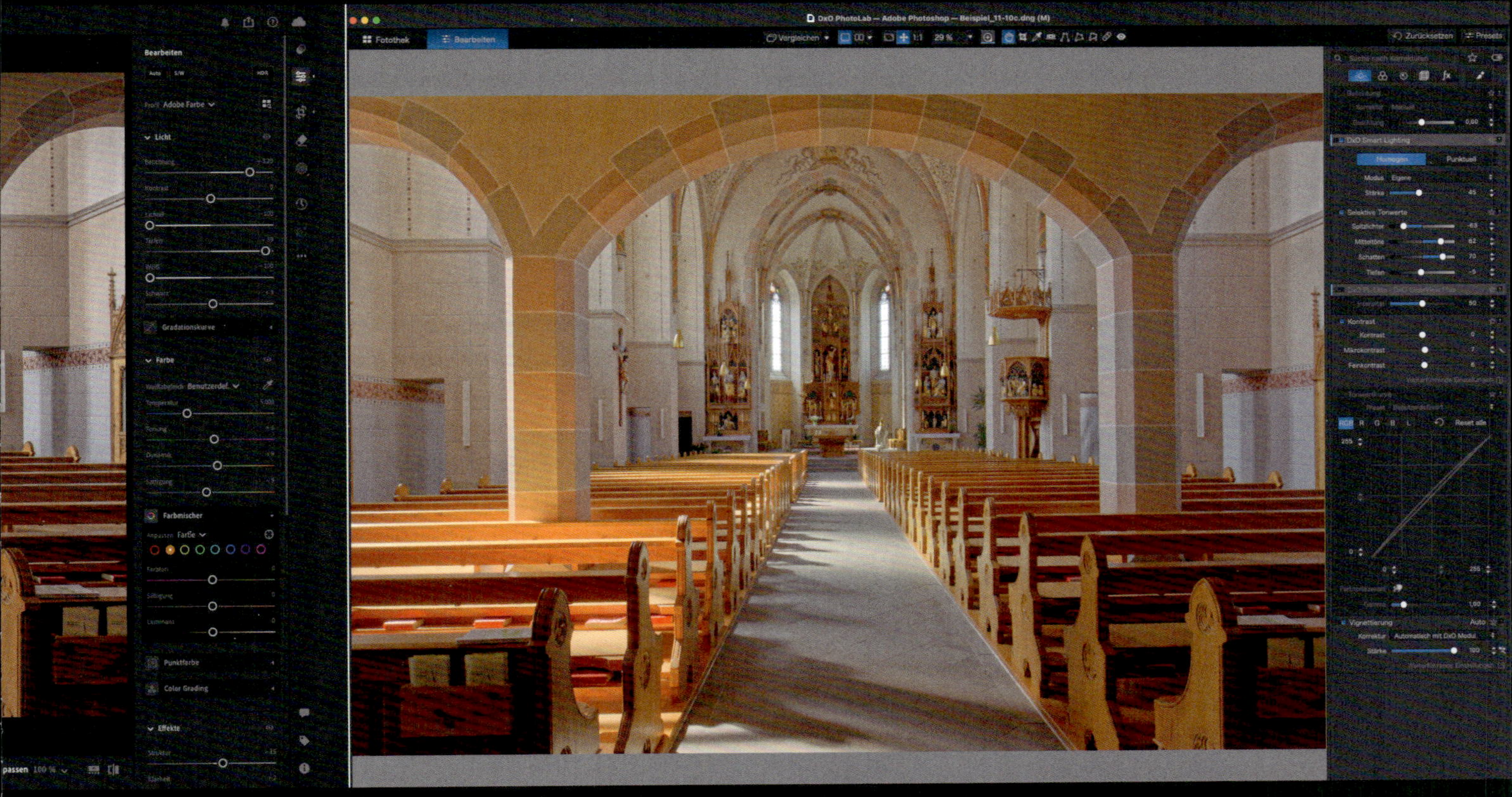

DxO PhotoLab

Bildentwicklung

Die vorrangige Aufgabe des RAW-Konverters ist es, rohe Daten in darstellbare Bilder umzurechnen, was er im Hintergrund und ohne Zutun der Anwender:innen macht. An der Oberfläche erhalten Benutzer:innen die Möglichkeit, zentrale Einstellungen vorzunehmen, bevor die Datei exportiert oder an die Bildbearbeitung übergeben wird. Die wichtigsten sind:

Weißabgleich: Der Weißabgleich lässt sich in vollem Umfang und ohne Qualitätsverlust in der digitalen Dunkelkammer vornehmen. Üblicherweise gliedert er sich in eine Blau-Gelb-Korrektur und eine Grün-Magenta-Korrektur. Ersteres bietet die Möglichkeit, unterschiedliche Farb- bzw. Lichttemperaturen (Seite 102) zwischen gelblichem Glühbirnen- und bläulichem Abendlicht auszugleichen, und trägt in der Regel Namen wie *Farbtemperatur*, *Temperatur* oder *Kelvin*. Die Magenta-Grün-Einstellung liegt bei natürlichem Licht in der Regel nahe ±0. Deutliche Korrekturen sind am ehesten bei künstlichen Lichtquellen erforderlich. Die Bezeichnungen dafür lauten *Farbton*, *Färbung*, *Tönung* oder Englisch *Tint*.

Belichtung: Die Belichtungskorrektur im RAW-Konverter kann eine optimale Einstellung an der Kamera zwar nicht ersetzen, erlaubt aber Korrekturen im Umfang von 2 bis 4 Lichtwerten, je nach Kamera auch darüber hinaus. Kräftiges Anheben der Belichtung führt früher oder später zu ausbrechenden Bereichen (Überbelichtung), deutliches Senken zum Versumpfen der Tiefen (Unterbelichtung).

Helligkeit: Die meisten RAW-Konverter bieten neben der Belichtungseinstellung auch eine für die Helligkeit. Während Belichtung zu einer globalen Aufhellung bzw. Abdunkelung *aller* Helligkeitsbereiche führt, was eben Über- bzw. Unterbelichtung provozieren kann, setzen Korrekturen der Helligkeit eher im mittleren Bereich an und haben wenig Einfluss auf tiefste Schatten und Spitzlichter. Klingt gut, hat aber meist auch flachere und kontrastärmere Resultate zur Folge.

Kontrast: Kontrast verdichtet bzw. verstärkt den Unterschied vom hellsten zum dunkelsten Ton der Aufnahme. Durch Erhöhung des Kontrasts wirken Aufnahmen härter. Je kräftiger angehoben wird, desto mehr steigt die Wahrscheinlichkeit, dass über- und/oder unterbelichtete Bereiche zunehmen.

Mittenkontrast: Im Gegensatz zum globalen Kontrast hat der Mittenkontrast wenig Einfluss auf die Spreizung zwischen dunkelstem und hellstem Ton. Seine Anhebung verstärkt Kontrastkanten innerhalb des gegebenen Kontrastumfangs. Praktisch bedeutet das, dass Kanten und Strukturen betont werden und kräftiger hervortreten. Gleichzeitig steigt aber das Auftreten von Lichter- und Schattensäumen. Die gängigste Bezeichnung dafür ist *Klarheit*.

Lichter: Mit *Lichter* lässt sich Überbelichtung korrigieren. Häufig lässt sich damit in scheinbar weißen Flächen Zeichnung und Struktur sichtbar machen. In Lightroom bzw. Adobe Camera Raw steuert man die hellsten Lichter über *Weiß*, die darunterliegenden hellen Bereiche mittels *Lichter*. Gängig sind auch die Bezeichnungen *Spitz-* und *Glanzlichter*.

Tiefen: *Tiefen* ist das Gegenstück zu *Lichter*. Anheben der Tiefen lässt Details in Bereichen sichtbar werden, die zuvor Schwarz und unterbelichtet aussahen. Leider führt kräftiges Anheben meist zur Verstärkung des Bildrauschens, was allerdings generell eine Begleiterscheinung kräftigen Anhebens von Helligkeitswerten ist. Lightroom gliedert auch diesen Helligkeitsbereich in zwei Teile, *Tiefen* und *Schwarz*. Alternative Bezeichnungen lauten *Schatten* und/oder *Schwarzpunkt*.

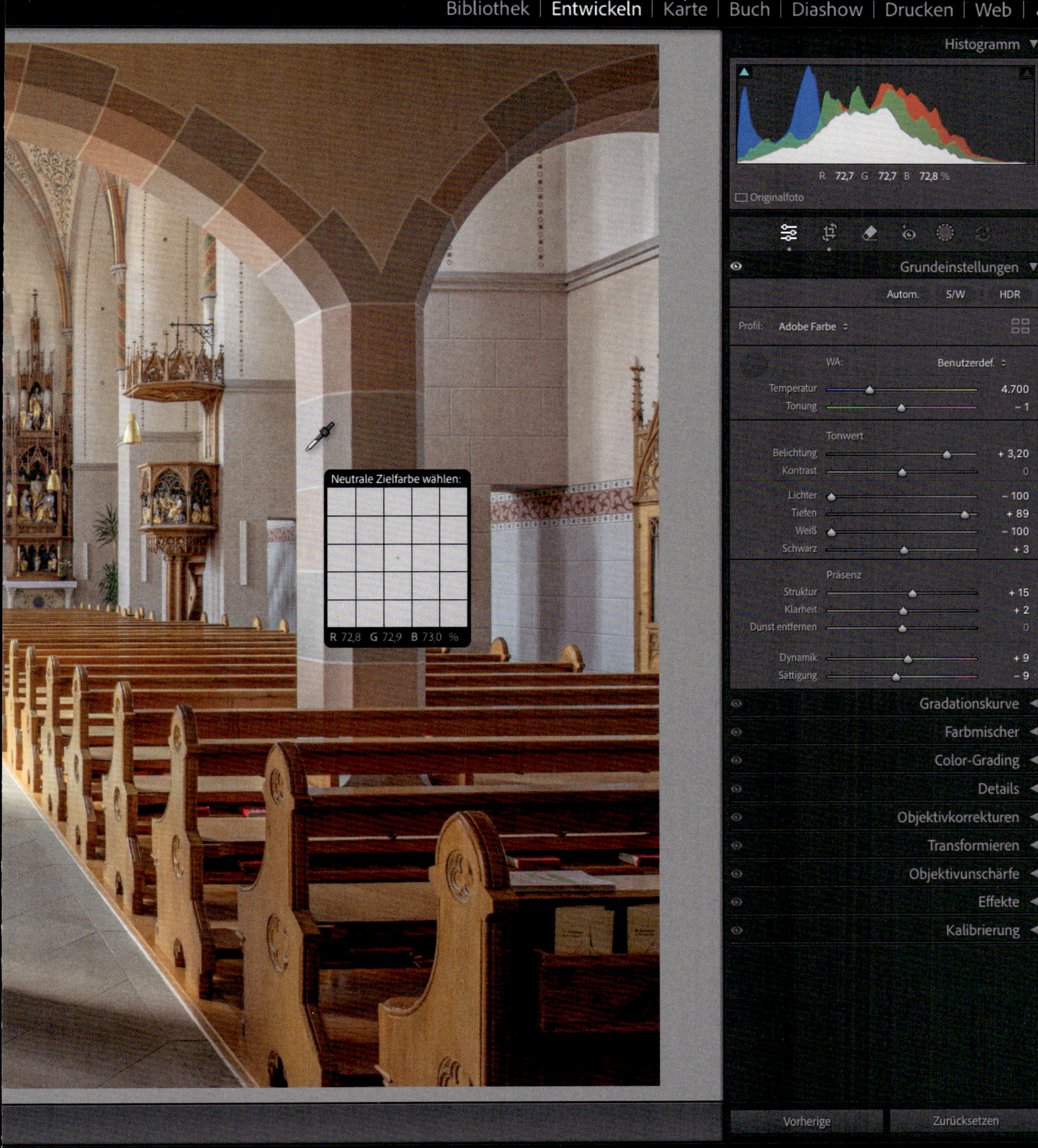
Bibliothek | Entwickeln | Karte | Buch | Diashow | Drucken | Web
Histogramm
R 72,7 G 72,7 B 72,8 %
Originalfoto
Grundeinstellungen
Autom. S/W HDR
Profil: Adobe Farbe
WA: Benutzerdef.
Temperatur 4.700
Tonung – 1
Tonwert
Belichtung + 3,20
Kontrast 0
Lichter – 100
Tiefen + 89
Weiß – 100
Schwarz + 3
Präsenz
Struktur + 15
Klarheit + 2
Dunst entfernen 0
Dynamik + 9
Sättigung – 9
Gradationskurve
Farbmischer
Color-Grading
Details
Objektivkorrekturen
Transformieren
Objektivunschärfe
Effekte
Kalibrierung
Vorherige
Zurücksetzen
Neutrale Zielfarbe wählen:
R 72,8 G 72,9 B 73,0 %

Bildbearbeitung

Zur Ausrüstung des Analogfotografen zählen Kamera, Film und Dunkelkammer. Heute ergänzt der RAW-Konverter die Digitalkamera als digitales Labor. Ein Bildbearbeitungsprogramm ist zur Entwicklung und Grundeinstellung digitaler Aufnahmen eigentlich nicht notwendig. Erst dort, wo Entwicklung endet und Manipulation beginnt, werden Bildbearbeitungsprogramme unverzichtbar.

Neben Helligkeits-, Kontrast- und Farbanpassungen, die auch ein RAW-Konverter beherrscht, lassen sich im Bildbearbeitungsprogramm komplexe Retuschen ausführen (was inzwischen auch die emisten RAW-Konverter zumindest in Ansätzen können), Objekte freistellen und mit anderen zu Montagen und Collagen zusammenfügen, Elemente bemalen, umfärben und kolorieren, Texte einbauen und Aufnahmen via Filter verfremden.

Der unangefochtene Platzhirsch unter den Bildbearbeitungsprogrammen ist Adobe Photoshop, gegen das seit vielen Jahren die Open-Source-Software GIMP antritt. Als leistungsstarke und preiswerte Alternative ging 2009 Affinity Photo an den Start. 2024 wurde das Unternehmen dahinter von Canva aufgekauft und im Herbst 2025 wurde bekanntgegeben, dass das Programm zukünftig kostenlos genutzt werden darf, lediglich KI-Funktionen erforden Credits, die über den Canva-Account abgerechnet werden. Mit Photopea (*photopea.com*) steht außerdem ein Bildbearbeitungsprogramm zur Verfügung, für das keine App auf den Computer geladen werden muss, sondern das im Browser betrieben wird. Auch dieses kann kostenlos genutzt werden, für die Nutzung von KI und das Abschalten von Werbung ist allerdings ein Abo notwendig.

Adobe Photoshop

Gimp

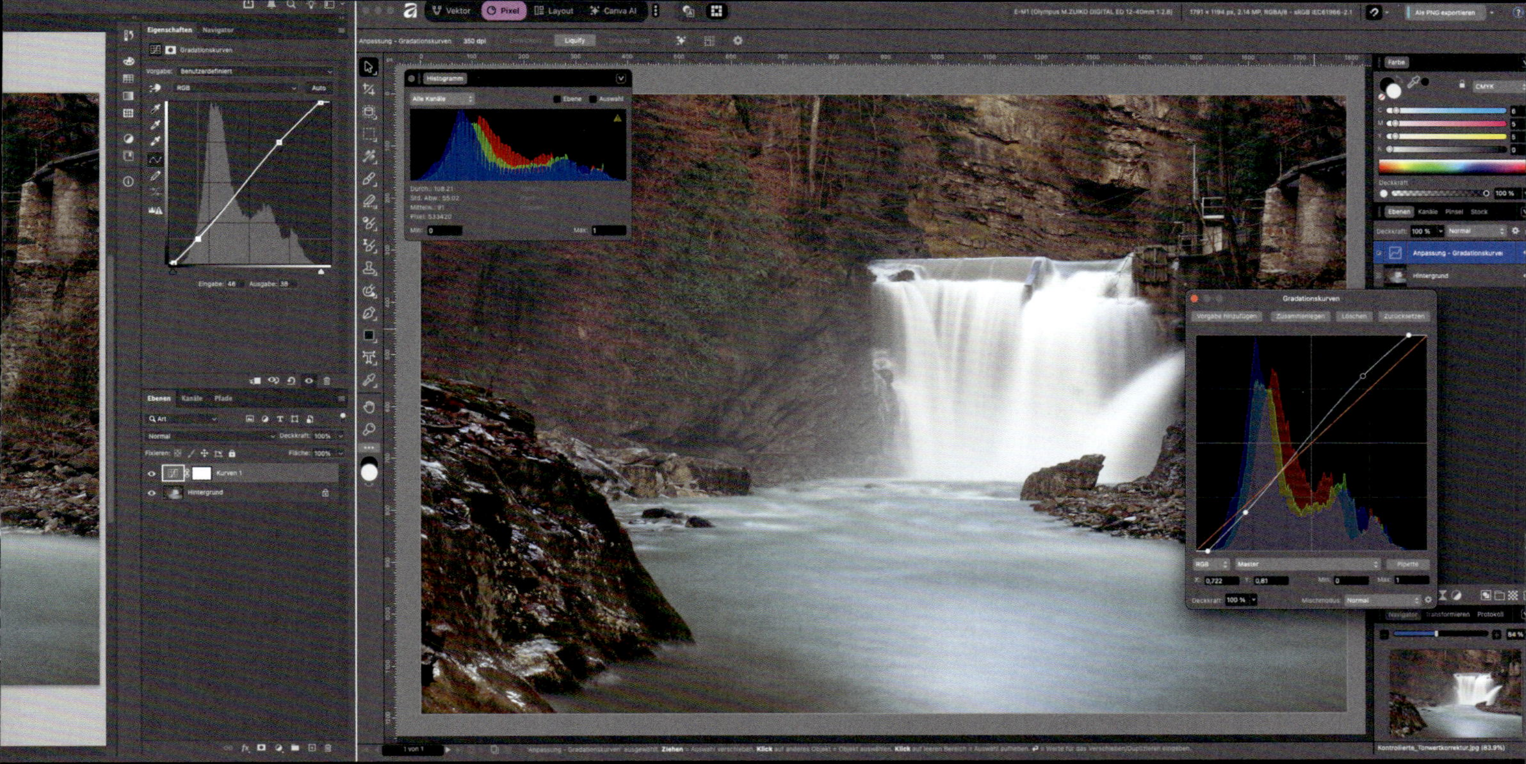

Affinity

Photopea

Histogramm

Histogramme machen die Tonwertverteilung eines Bildes sichtbar. Sie sind an der Kamera zur Überprüfung der Belichtung ebenso wichtig wie in der Bildbearbeitung zur Kontrolle und Einstellung von Tonwert- und Farbkorrekturen.

Im Grunde ist ein Histogramm ein Balkendiagramm. Jeder Balken repräsentiert durch seine Position eine Helligkeitsstufe und durch seine Höhe die Anzahl der Pixel. Da das Histogramm 256 Stufen auf kleinstem Raum unterbringen muss, werden die Balken als dünne Linien angezeigt. Ohne Abstand aneinandergesetzt verschmelzen sie zu einem Gebilde, das an eine gebirgige Insel erinnert.

Die wichtigsten Informationen, die sich aus dem Histogramm ablesen lassen, sind:

Helligkeit: Eine relativ gleichmäßige Verteilung der Tonwerte über die gesamte Breite zeigt eine ausgewogene Helligkeitsverteilung an. Befinden sich die meisten und höchsten Erhebungen links, haben wir es mit einem dunklen Bild (Low-key) zu tun, ein Dominieren des Ausschlags rechts gehört zu einem hellen Bild (High-key).

Kontrast: Ein Bild mit *optimalem* Kontrast beginnt ganz links auf der Null-Linie, hebt sich von da aus an und sinkt am rechten Ende wieder auf Null ab. Deutliche Abstände von den *Ufern der Histogramminsel* zu den Rändern des Feldes, in dem sie angezeigt wird, sprechen für ein kontrastarmes Bild.

Unter- und Überbelichtung: Unterbelichtung zeigt sich daran, dass das Histogramm auf der linken Seite nicht bis zur Null-Linie absinkt, sondern in den Rand hineinläuft und durch ihn wie eine Steilküste vertikal abgeschnitten erscheint. Demgegenüber wird Überbelichtung daraus ersichtlich, dass die Histogramminsel rechts in den Rand läuft und abgeschnitten erscheint.

Die Grafik rechts besteht aus 15 × 15 Pixel: 15 blaue, 30 grüne, 60 violette, 75 gelbe, 45 orange. Ein Balkendiagramm würde die Verhältnisse wie unten abgebildet visualisieren.

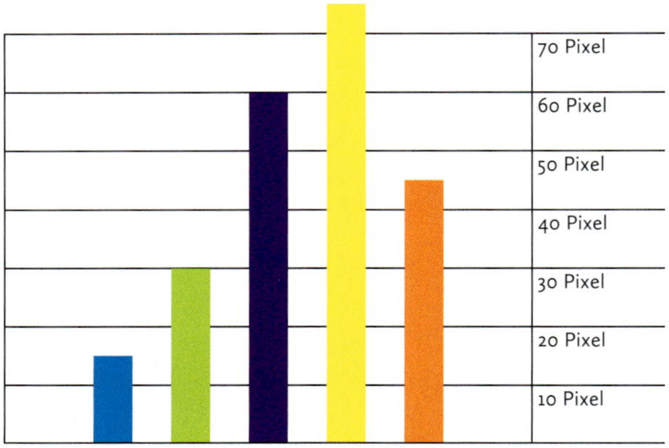

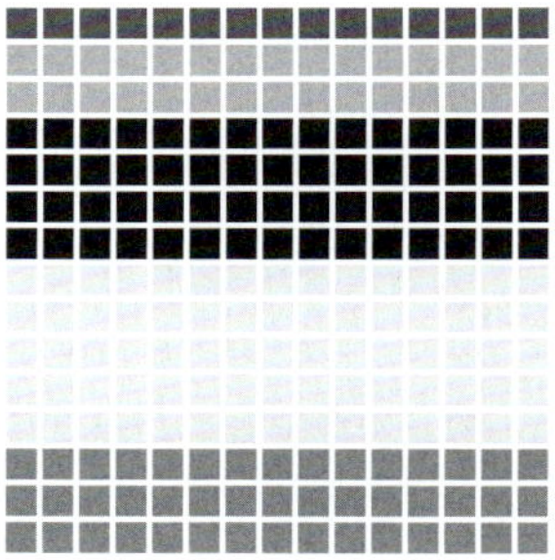

Histogramme zeigen die Helligkeitsverteilung, beginnend mit Schwarz und endend bei Weiß. Je höher der Ausschlag, desto mehr Pixel in der entsprechenden Helligkeit sind im Bild vorhanden.

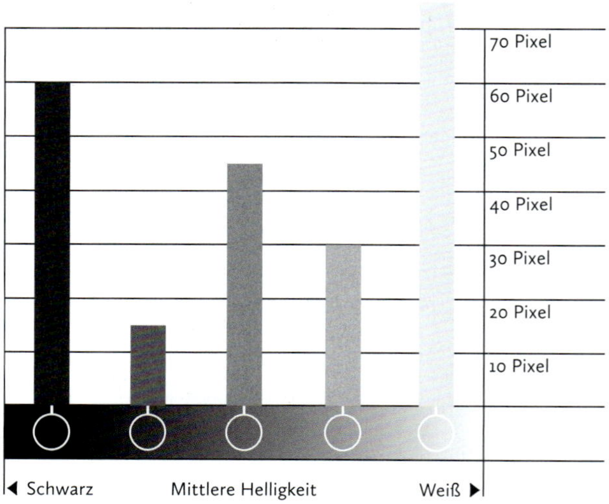

Das Histogramm zeigt einen guten Kontrast und eine etwa durchschnittliche Helligkeitsverteilung mit dem höchsten Ausschlag leicht über mittlerer Helligkeit, großteils verursacht durch den Geysir.

Die Reduzierung der Aufnahme auf 11 Tonwerte lässt in etwa erkennen, wie hell die Tonwerte der Bildbereiche sind. Analog zu den 11 Tonwerten zeigt das Histogramm 11 *Balken*.

Low-key

High-key

Geringer Kontrast

Hoher Kontrast inklusive Unter- und Überbelichtung

Tonwertumfang

Im ersten Kapitel haben wir uns mit dem Thema Kontrastumfang befasst (Seite 48). Es geht dabei um den Unterschied zwischen hellstem und dunkelstem Punkt einer Szene. Manche definieren Kontrastumfang streng als Kontrast des Motivs (Motivkontrast), im Gegensatz zum *Dynamikumfang,* der die Fähigkeit eines Bildsensors bezeichnet, Kontraste zu verarbeiten. Der *Tonwertumfang* ist nach diesem Verständnis der Kontrast des resultierenden Digitalbildes. Bei der Wiedergabe auf Bildschirmen und im Druck spricht man dann wieder von *Kontrastumfang*.

Ein 8-Bit-Bild hat einen Tonwertumfang von 256 Stufen und einen Kontrast von 256:1 – der hellste Ton kann 256-mal heller sein als der dunkelste.

In der Natur können wie weiter vorne erwähnt Kontraste mit einem Verhältnis von 1 000 000:1 und mehr vorkommen. Der Mensch kann etwa 10 000:1 verarbeiten (siehe Seite 42). Von beidem ist 256:1 weit entfernt.

Für den Fotografen bedeutet 8 Bit einen Kontrastumfang von 8 Lichtwerten. Da JPEGs generell nur 8 Bit haben (es gibt zwar einen Standard für 16-Bit-JPEGs, doch dieser wird nur von wenigen Programmen unterstützt), erreichen sie auch nicht den Kontrastumfang der analogen Fotografie, wo man für Negativfilm von 10 LW ausgeht (1000:1).

Wer hingegen in RAW fotografiert, kann einen deutlich höheren Dynamikumfang nutzen: Bei 12 Bit wie bereits beschrieben 12 LW und 4 096:1 (2^{12}), bei 14 Bit 14 LW und 16 384:1 (2^{14}) und bei 16 Bit 16 LW und 65 536:1 (2^{16}). Das stellt die Möglichkeiten der analogen Fotografie klar in den Schatten und liefert viel Spielraum für Tonwertkorrekturen.

Reale Szenen, beispielsweise im Gegenlicht, können schon einmal 13 Lichtwerte und mehr umfassen.

Der Kontrastumfang in JPEG beträgt 8 LW. Alles, was darüber hinausgeht, verlieren wir in diesem Format an Unter- und/ oder Überbelichtung.

Das RAW-Format enthält je nach Kamera einen zusätzlichen Kontrastumfang von +2 LW bis +6 LW. Zwar müssen auch diese Aufnahmen in der Regel in beschränkter 8-Bit-Farbtiefe als JPEG, TIF oder PSD ausgegeben werden, doch der Kontrastumfang lässt sich im RAW-Konverter reduzieren, so dass deutlich mehr Details in Tiefen und Lichtern sichtbar werden.

Tonwertkorrektur

Tonwertkorrektur ist ein allgemeiner Begriff für *Bearbeitung von Helligkeit und Kontrast*. Gleichzeitig ist er eine gängige Bezeichnung einer bestimmten *Methode* der Helligkeitsanpassung. Einstellen lässt sich eine Tonwertkorrektur über einen gleichnamigen Dialog oder mit Methoden wie *Helligkeit/Kontrast*, *Gradationskurven* und anderen.

Die am häufigsten ausgeführte Tonwertkorrektur betrifft die Anhebung des Kontrasts. Ein kontrastarmes Bild zeigt eine Histogramminsel mit mehr oder weniger deutlichen Abständen zu den Rändern des Histogrammfeldes. Die Anpassung ist einfach: Werkzeuge wie Tonwertkorrektur und Gradationskurven bieten Regler zur Einstellung von Schwarz- und Weißpunkt. Werden diese an die Ufer der Histogramminsel gezogen, führt das zu einer *Spreizung* der Tonwerte: Der dunkelste Ton wird Schwarz, der hellste Weiß – die Tonwerte dazwischen werden neu verteilt.

Erfolgreich ist das bei so gut wie jedem Bild, da es nur wenige Motive gibt, die nicht zumindest Schwarz- und Weißanteile in winzigen Dosen enthalten bzw. enthalten sollten. Nehmen wir als Beispiel ein Personenporträt: Egal, welche Hautfarbe die Person hat, welche Farbe die Kleidung, die Haare und der Hintergrund aufweisen – zumindest die Pupille ist schwarz und ein irgendwo auftauchendes Spitzlicht weiß. Bilder, in denen Schwarz und Weiß überhaupt nicht vorkommen, sind selten. Ausgenommen sind Motive wie Landschaften im Nebel. Nebel legt sich wie ein Schleier über die Szenen und macht aus Schwarz einen dunklen, aus Weiß einen hellen Grauton. Eine Kontrasterhöhung würde bei so einem Motiv die Stimmung zerstören.

Bilder bei diesigem Licht oder im Schatten weisen häufig einen etwas geringen Kontrast auf.

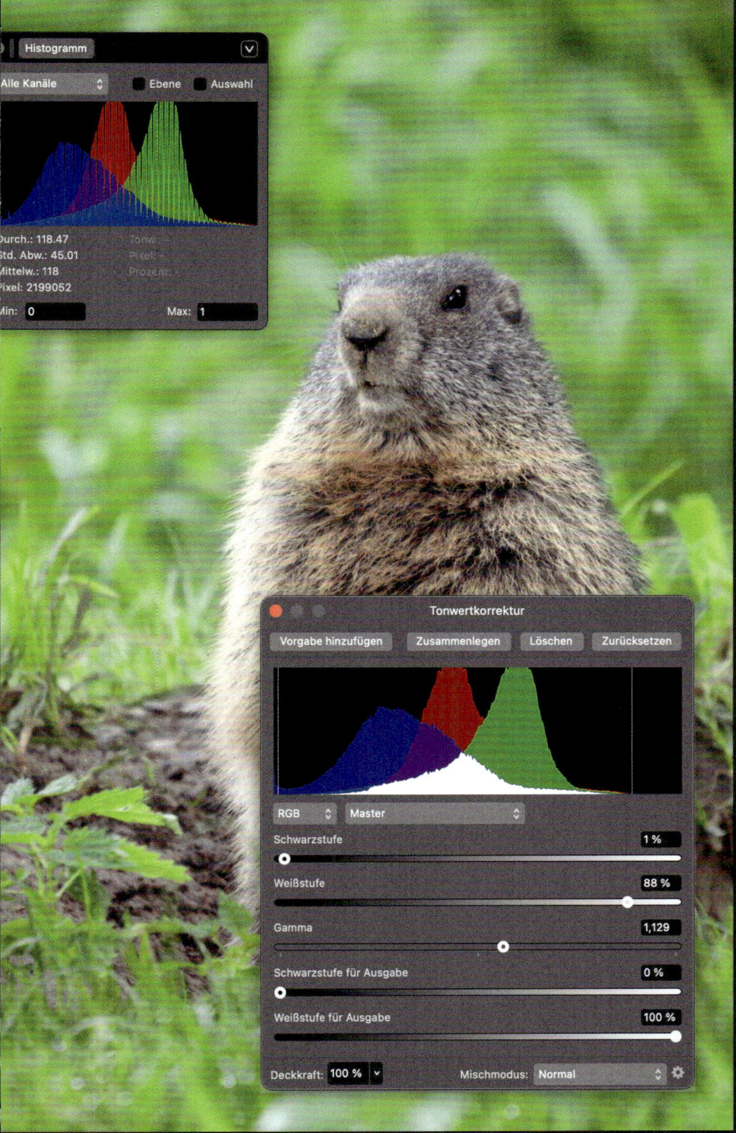

Die Abbildung zeigt die Einstellung einer Tonwertkorrektur im Bildbearbeitungsprogramm Affinity Photo.

Das Resultat ist ein Bild mit dem entscheidenden Quäntchen mehr Kontrast als das Original ganz links.

Tonwertspreizung

Der Tonwertumfang eines kontrastreichen Bildes reicht von Schwarz bis Weiß. *Matschige* Aufnahmen nutzen nur einen Teil davon. Nehmen wir als Beispiel ein Schwarzweißbild. Der maximale Tonwertumfang eines 8-Bit-Graustufenbildes umfasst 256 Stufen. Ein kontrastarmes Bild, bei dem der dunkelste Ton 80 % K und der hellste 20 % K aufweist, würde nur 60 % davon nutzen, etwa 153 Stufen.

Eine klassische Tonwertkorrektur sieht nun so aus: Der dunkelste Ton wird von 20 % Helligkeit auf 0 % Helligkeit gesenkt, der hellste von 80 % auf 100 % angehoben. Dies geschieht, indem Schwarz- und Weißpunkt an die jeweiligen Ausläufer des Histogramms gezogen werden. Die Töne dazwischen werden dadurch neu verteilt. Das führt dazu, dass der Kontrast zwar größer wird, doch zwischen den Stufen Lücken entstehen – man spricht von *Tonwertspreizung*. Das Resultat ist ein Histogramm, dessen Zackenstruktur an einen Kamm erinnert.

Es mag problematisch klingen, wenn zwischen Tonwerten Lücken entstehen. In der Praxis hat das aber meist keinen sichtbar negativen Einfluss auf die Bild*qualität*, während die Bild*wirkung* vom höheren Kontrast in aller Regel profitiert.

Möchte man die Auswirkungen der Tonwertspreizung dennoch so gering als möglich halten, lassen sich 8-Bit-Bilder vor der Bearbeitung in 16 Bit umwandeln (Seite 306) – und danach wieder zurück. Besser ist es natürlich, von vornherein mehr als 8 Bit je Kanal zur Verfügung zu haben, was aber eben in der Fotografie nur über das RAW-Format funktioniert. Relevante Abrisse durch Tonwertspreizung sind bei der Farbtiefe von RAWs (12, 14 oder 16 Bit) praktisch ausgeschlossen.

Die tiefsten Schatten liegen bei diesem Bild bei etwa 80 % K, die hellsten Lichter bei 20 % K.

Durch Verschieben des Schwarzpunkts – hier über Gradationskurven in Photoshop – zum linken und des Weißpunkts zum rechten Ausläufer der Histogramminsel werden die Tonwerte gespreizt und der Kontrast erhöht.

Das Histogramm zeigt sehr schön die Lücken, die durch die Tonwertspreizung in die Tonwertverteilung gerissen wurden. Dennoch sind diese Mängel dem Bild nicht anzusehen und gegenüber dem Ausgangsbild stellt die kontrastreichere Wiedergabe eine deutliche Verbesserung dar.

Farbkorrektur

Von Farbkorrektur sprechen wir, wenn Anpassungen zu einer Verbesserung als falsch empfundener Farben führen sollen. Bildbearbeitung macht es ebenso möglich Farben, komplett zu ändern, doch eine blaue Tür rot umzufärben, hat nichts mit *Korrektur* zu tun.

RAW-Konverter erlauben bei RAW-Bildern einen echten Weißabgleich. Bei JPEG-, TIFF- und PSD-Dateien lassen sich Farbkorrekturen anhand der Kanäle ausführen, was allerdings nicht der Flexibilität des RAW-Weißabgleichs nahekommt.

Histogramme zeigen nicht nur die globale Helligkeitsverteilung an, sondern auch die Tonwertverteilung einzelner Kanäle. Bei einem Bild ohne Farbstich liegen die Histogramminseln der Farbkanäle etwa an derselben Position – die Abstände der Ufer der Inseln zu den Rändern des Feldes sind jeweils etwa identisch. Bei Bildern mit Farbstichen schwimmen die Inseln versetzt zueinander in den Feldern.

In Einstellungsdialogen wie Tonwertkorrektur und Gradationskurven lassen sich Farbkanäle einzeln bearbeiten. Auch für sie finden sich Schwarz- und Weißpunkt-Regler (wobei *Weiß*punkt für Rot-, Grün- und Blaukanäle eigentlich nicht ganz zutreffend ist). Werden diese Regler in allen Kanälen bis an die Ausläufer der Inseln gezogen, wird ihre Tonwertverteilung jeweils auf die Breite des Tonwertumfangs gespreizt, was gleichzeitig dazu führt, dass sich die Positionen der Histogramme der Kanäle angleichen. Das führt nicht nur zu einer Verbesserung des Kontrasts, sondern korrigiert meist auch Farbstiche. Funktioniert nicht immer, aber meist.

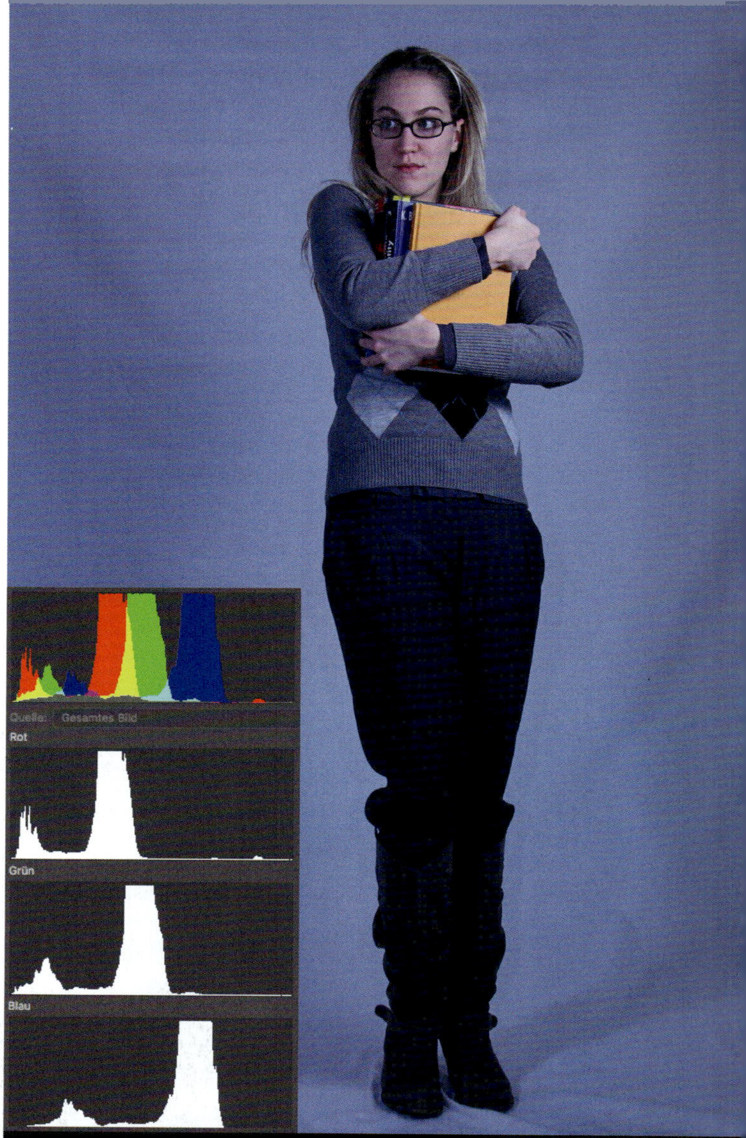

Grautöne bestehen aus Rot, Grün und Blau zu gleichen Teilen. Histogramme, deren Farbkanäle eine ähnliche *Topografie* aufweisen, jedoch deutlich zueinander versetzt sind, weisen auf einen Farbstich hin. Hier liegt die blaue Histogramminsel am weitesten rechts, das heißt, Blau dominiert, während Rot am weitesten zurückliegt und somit den geringsten Anteil an den Bildfarben hat.

Hier habe ich in Photoshop eine Korrektur in den Farbkanälen vorgenommen. Die Rotkurve wurde angehoben, was das Rothistogramm nach rechts rücken ließ, die Blaukurve gesenkt, wodurch der Blauanteil zurückging.

Nach der Korrektur liegen Rot, Grün und Blau annähernd deckungsgleich übereinander, vor allem der dominierende Berg links der Mitte. Die Methode funktioniert natürlich bei von grauen Flächen dominierten Aufnahmen besonders gut. Das Prinzip ist jedoch Grundlage für die meisten Farbkorrekturen und lässt sich auf das Gros der Bilder anwenden.

Farbwerte

Um zu verstehen, weshalb die eben beschriebene Methode zur Farbkorrektur meist sehr gute Resultate liefert, werfen wir einen Blick auf Farbwerte. Bildbearbeitungsprogramme können Farbwerte anzeigen. Schwarz wird durch die Werte 0 R, 0 G und 0 B repräsentiert, Weiß durch 255 R, 255 G und 255 B. Bei Grau sind die Werte für R, G und B jeweils gleich.

Ziehe ich wie zuvor beschrieben den Schwarzpunkt an die dunkelsten Ausläufer der Rot-, Grün- und Blauhistogramme, erziele ich als Resultat 0 R, 0 G und 0 B. Egal welchen Farbstich die dunkelsten Töne zuvor hatten, jetzt sind sie absolut schwarz, also unbunt und neutral.

Analog dazu führt das Ziehen des Weißpunkts zu den Ausläufern an den rechten Seiten des Histogramms dazu, dass sie zu 255 R, 255 G und 255 B angehoben und weiß werden. Damit ist auch ein etwaiger Farbstich in den hellsten Bereichen korrigiert.

Die Farbkorrekturen von Schwarz- und Weißpunkt führen in vielen Fällen beinahe zwangsläufig zu einer Korrektur *aller* Farbtöne, allerdings nicht immer. Ergibt sich keine befriedigende Verbesserung der mittleren Tonwerte, sind in den Kanälen weitere Anpassungen im Bereich der Mitten vorzunehmen.

Um kontrollierte Farbkorrekturen vornehmen zu können, habe ich hier in Photoshop mit dem Farbaufnahme-Werkzeug je einen Messpunkt an die dunkelste Stelle der Aufnahme, an die hellste und auf einen Bereich gesetzt, von dem ich annehme, dass er neutralem Grau entsprechen sollte. Eine Referenzfläche für neutrales Grau zu finden ist in dieser Aufnahme nicht schwer, da das außer auf Schnäbel und Beine wohl auf alles zutreffen dürfte.

So vorbereitet habe ich in den Farbkanälen der Gradationskurven den Schwarzpunkt in Rot, Grün und Blau so weit nach rechts verschoben, dass sich für R, G und B 0 ergibt. Demgegenüber habe ich die Weißpunkte in Rot, Grün und Blau nach links versetzt, um für sie jeweils 255 zu erhalten. Zuletzt habe ich die Mitten des Rotkanals auf 89 angehoben und sie in Blau auf 89 gesenkt, womit die Werte für Messpunkt 3 identisch sind und somit Neutralgrau entsprechen.

Die korrigierte Aufnahme zeigt neutrale Farbtöne, im Histogramm sind die drei Kanäle deckungsgleich. Auch hier gilt, dass ein Bild mit vielen neutralgrauen Tönen optimal ist, um die Technik anzuwenden – aufgrund der Eindeutigkeit der Ergebnisse habe ich die Beispielbilder auch ausgewählt. Doch die Methode lässt sich auf jedes Bild anwenden, in dem sich winzigste Referenzflächen für Schwarz, Weiß und Neutralgrau finden lassen.

Grund- und Gegenfarben

Bei der Ausführung von Farbkorrekturen hilft es, das Konzept der Gegenfarben zu verstehen: Gegenfarben neutralisieren sich. Das ist natürlich interessant, wenn es darum geht, Farbstiche zu neutralisieren!

Ein RGB-Bild erlaubt die individuelle Bearbeitung der Kanäle Rot, Grün und Blau. Was aber, wenn ein Bild einen Cyan-, Magenta- oder Gelbstich hat? Ganz einfach: Diese Farben sind in ihren Gegenfarben enthalten! Cyan lässt sich im Rotkanal verstärken oder reduzieren, Magenta im Grünkanal und Gelb im Blaukanal.

Viele Programme bieten auch die Möglichkeit, Farbkorrekturen per Klick mit Hilfe von Pipetten vorzunehmen. Photoshop bietet beispielsweise eine Pipette zur Definition des Weißpunkts, eine für den Schwarzpunkt und eine für die Mitteltöne, wobei *Mitteltöne* nicht die Töne mittlerer Helligkeit meint, sondern neutrales Grau. Die Anwendung dieser Pipetten macht automatisch das, was erfahrene Bildbearbeiter:innen in den Kanälen manuell vornehmen würde (die manuelle Arbeit in den Kanälen bietet allerdings mehr Kontrolle).

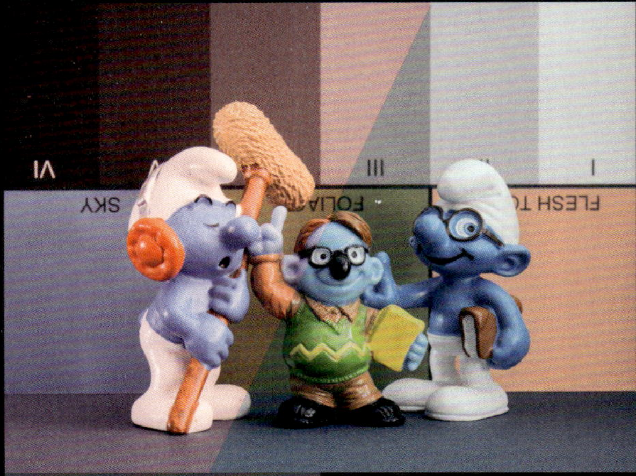

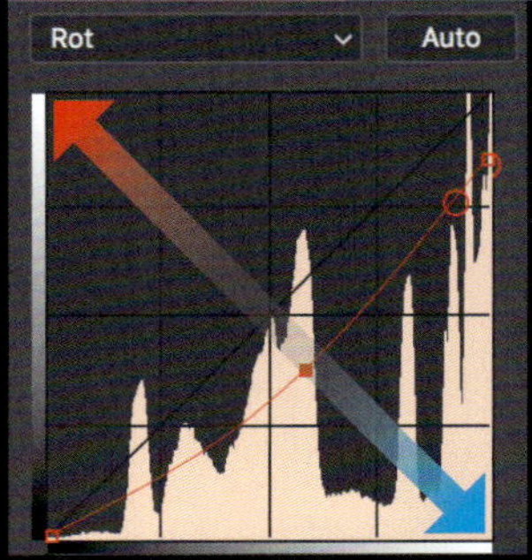

Ein Rotstich lässt sich durch Reduzierung der Tonwerte im Rotkanal korrigieren.

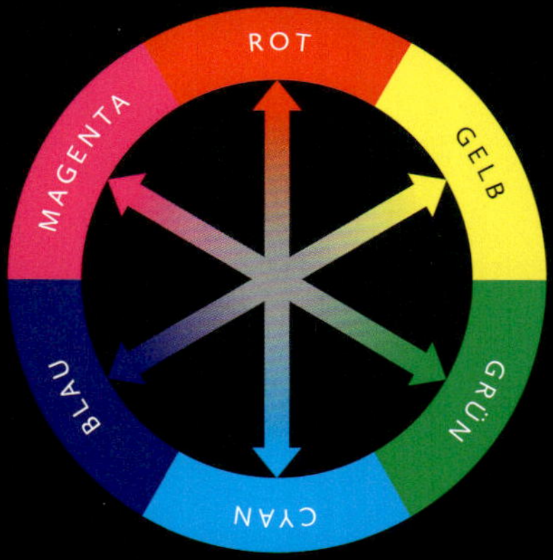

Ein RGB-Bild enthält die Farbkanäle Rot, Grün und Blau. Wer Farbe verstanden hat und ihre Gegenfarben kennt, kann darüber auch Cyan, Magenta und Gelb beeinflussen.

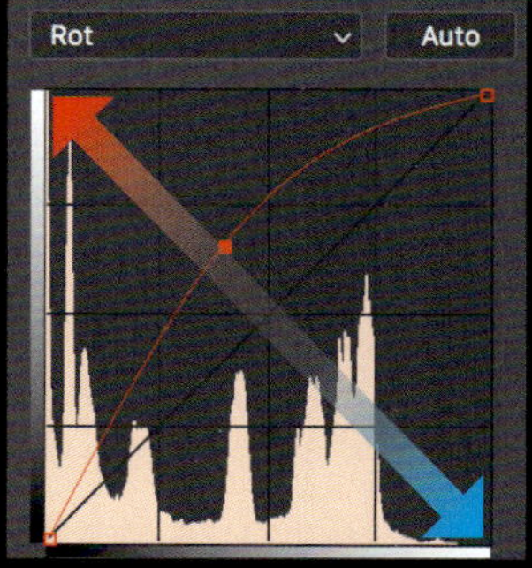

Zu kräftigen Cyananteilen wirkt man entgegen, indem man im Rotkanal die Tonwerte anhebt – Rot neutralisiert Cyan.

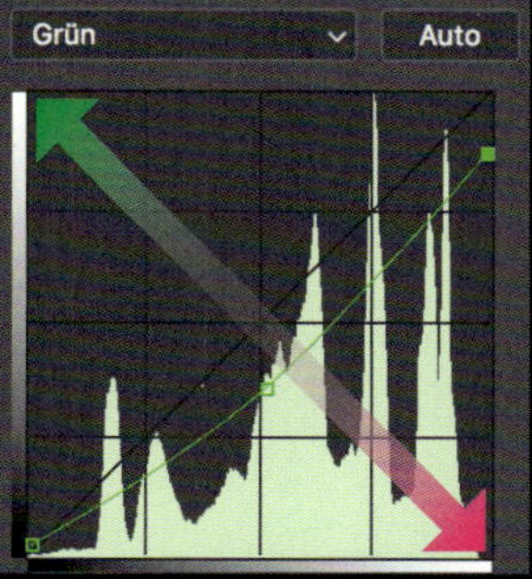

Ein Grünstich lässt sich durch Reduzierung der Tonwerte im Grünkanal korrigieren.

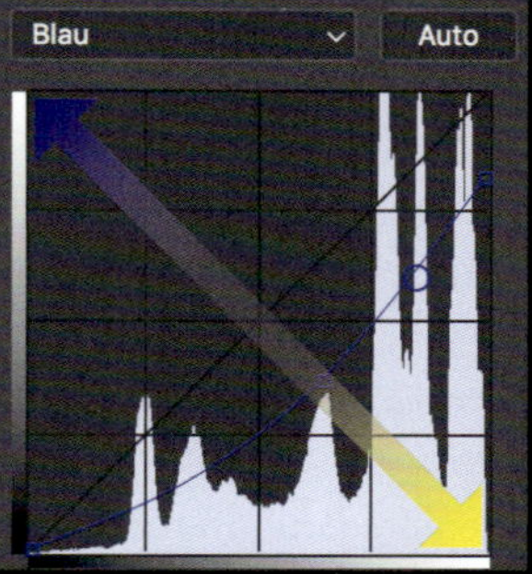

Ein Blaustich lässt sich durch Reduzierung der Tonwerte im Blaukanal korrigieren.

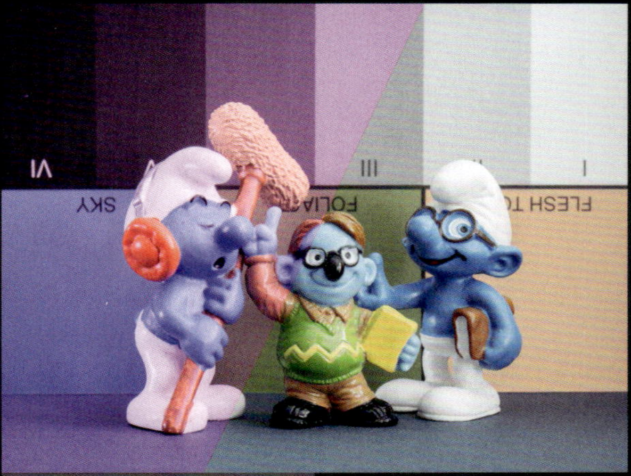

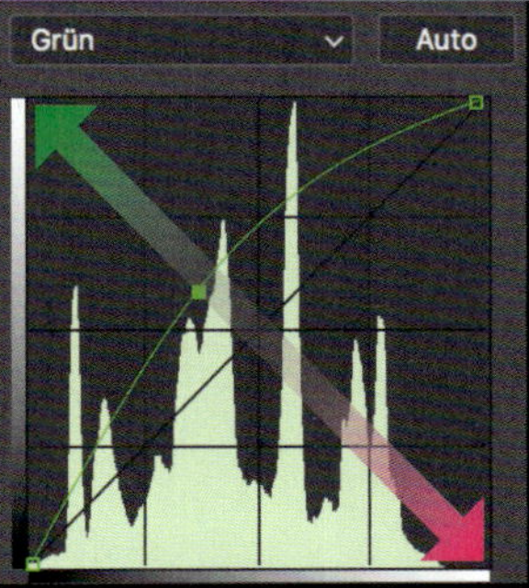

Zu viel Magenta wirkt man entgegen, indem man im Grünkanal die Tonwerte anhebt – Grün neutralisiert Magenta.

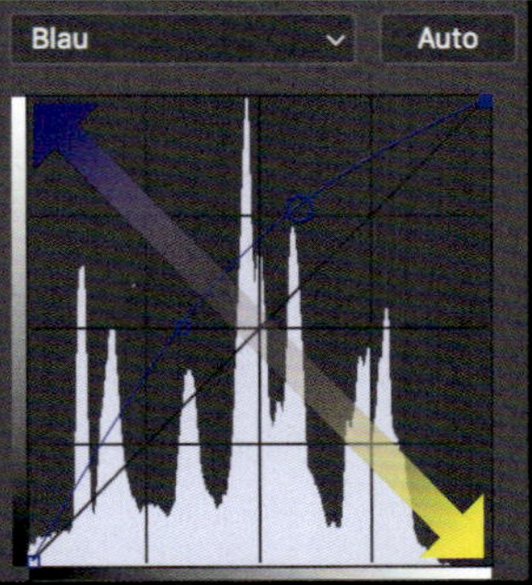

Zu kräftigen Gelbanteilen wirkt man entgegen, indem man im Blaukanal die Tonwerte anhebt – Blau neutralisiert Gelb.

Neutrales Grau

An den Farbwerten erkennt man neutrales Grau wie schon erwähnt daran, dass R, G und B gleich hoch sind: 128 R, 128 G und 128 B repräsentieren ein farbneutrales Grau mittlerer Helligkeit. In einem Bild mit Farbstich bzw. Farbverfälschung ist das jedoch nicht der Fall. Wenn Sie beispielsweise für eine an sich neutralgraue Betonfläche 128 R, 128 G und 150 B messen, dann spricht das für einen Blaustich. Der höchste der drei RGB-Werte ist der für eine Farbe dominierende. Ist Rot höher als die beiden anderen Werte, weist das auf einen Rotstich hin, ist Grün höher als Rot und Blau auf einen Grünstich. Auch Cyan-, Magenta- und Gelbstiche lassen sich auf diese Art identifizieren: Bei Cyan liegen Grün und Blau über Rot, bei Magenta Blau und Rot über Grün und bei Gelb Magenta und Grün über Blau (das lässt sich vom Lichtfarben-Mischverhalten ableiten: Rot + Grün = Gelb, Grün + Blau = Cyan, Blau + Rot = Magenta; Seite 72). Für eine Korrektur der Farbstiche müssen die Grundfarben so verändert werden, dass sich für die in Wirklichkeit neutralgraue Fläche wieder identische Werte für R, G und B ergeben.

In der professionellen Fotografie werden häufig Testaufnahmen mit einer *Graukarte* oder einer anderen Messreferenz wie beispielsweise dem X-Rite ColorChecker aufgenommen. Darauf lässt sich in der späteren Bildentwicklung ein exakter Weißabgleich messen und dann auf die eigentlichen Aufnahmen übertragen.

Ohne so ein Hilfsmittel müssen Bildbearbeiter und Bildbearbeiterinnen raten, was in der vorliegenden Aufnahme neutralgrau sein könnte. Sehr gut funktionieren in der Regel Beton, verzinkte Metallteile und Aluminium. Ebenso weiße Flächen, denn sofern diese nicht überbelichtet sind, sind sie schattiert und entsprechen somit einem Grauton, also z. B. weiß getünchte Hauswände oder Autokennzeichen. Auch altes, verwittertes Holz entspricht häufig neutralem Grau. Darüber hinaus habe ich bei Porträts schon Piercings oder das Weiße der Augen zur Farbkorrektur genutzt.

In dieser Aufnahme habe ich mehrere Bereiche gekennzeichnet, deren Farbe annähernd neutralem Grau entsprechen sollte: 1) Beton bzw. roher Putz; 2) Aluminium; 3) verwittertes Holz; 4) beschattete, weiße Fläche

In vielen RAW-Konvertern und Bildbearbeitungsprogrammen findet sich ein Werkzeug für den Weißabgleich bzw. zur Definition neutralen Graus (in Photoshop Mitteltöne ge-

Die korrigierte Aufnahme

Weißabgleich

Ein Weißabgleich dient dazu, die Auswirkung der Farbtemperatur des Lichts (Seite 102) auf eine Szene zu neutralisieren bzw. zu verändern. Die Temperatur natürlichen Lichts bewegt sich von Rot über Orange, Gelb und Weiß zu Blau. Das entspricht der Blau-Gelb-Achse des Lab-Modells.

Verschiebungen entlang der Grün-Magenta-Achse haben nichts mit der Farbtemperatur zu tun und kommen wie schon erwähnt bei natürlichem Licht kaum vor, sondern werden eher von künstlichen Lichtquellen verursacht.

Wer in JPEG fotografiert, muss an der Kamera für einen passenden Weißabgleich sorgen (der automatische Weißabgleich erledigt das heute recht zuverlässig). Alternativ stehen Einstellungen für Sonne, Wolken, Schatten, Blitz etc. zur Verfügung. Nachträgliche Farbkorrekturen sind bei JPEG zwar wie gesagt möglich, drastische Abweichungen lassen sich jedoch kaum ausgleichen.

Das RAW-Format erlaubt es, den Weißabgleich komplett von der Kamera auf den Computer zu verlagern, was oft effizienter ist.

Es lässt sich übrigens nicht jede beliebige Lichtfarbe per Weißabgleich ausgleichen, egal ob man das vor der Aufnahme oder in der digitalen Dunkelkammer versucht. Stark gelbliches Glühbirnenlicht, intensiv goldenes Sonnenuntergangslicht oder jenes einer Kerze oder eines Lagerfeuers lässt sich nicht völlig neutralisieren.

Die Originalaufnahme weist ohne Weißabgleichkorrektur einen deutlichen Blaustich auf.

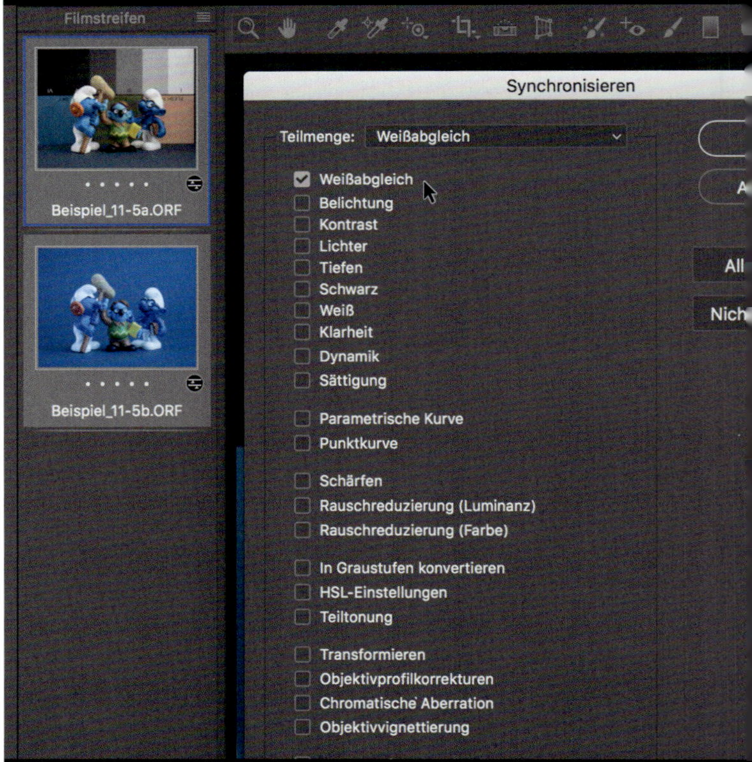

Der Messwert lässt sich dann einfach auf die Aufnahme ohne Graukarte übertragen.

Hat man eine Testaufnahme mit Graukarte, kann man im RAW-Konverter mit einer Pipette den Weißabgleich per Klick darauf einstellen.

Das korrigierte Bild lässt keinen Farbstich mehr erkennen.

Richtige Farben

Grundsätzlich ist das Ziel eines Weißabgleichs, Farbstiche zu korrigieren und zu einem neutralen Resultat zu gelangen. Doch neutrale Farbwiedergabe ist nicht immer richtig! Wenn Sie eine Landschaft im gelblichen Licht der goldenen Stunde fotografieren, tun Sie es wahrscheinlich wegen des Charmes des warmen Lichts. Um die Stimmung festzuhalten, müssen Sie einen Weißabgleich wählen, der die Färbung erhält, nicht neutralisiert.

Richtige Farbe ist sehr relativ. Zunächst hängt die Farbe einer Fläche von ihrer Eigenschaft ab, bestimmte Spektralanteile zu absorbieren und andere zu reflektieren. Es kann aber nur reflektiert werden, was im Licht an Farbanteilen vorhanden ist. Wird eine blaue Fläche von gelbem Licht beleuchtet, kann sie kein Blau reflektieren, da gelbes Licht keine blauen Anteile enthält. Unter diesen Umständen sehen wir die Fläche schwarz. Da hilft kein Weißabgleich! Eine Korrektur wäre Zauberei. Was ist dann aber die *reale* Farbe der Fläche? Das Blau, das sie haben sollte, oder das Schwarz, in dem wir sie wahrnehmen?

Hinzu kommt, dass sich unsere Wahrnehmung bemüht, die Wirkung der Farbtemperatur des Lichts zu kompensieren. In Ihrer subjektiven Wahrnehmung einer Szene unter Glühbirnenlicht erscheint sie niemals so gelblich, wie sie ein *objektiver* Tageslichtfilm oder eine Digitalkamera bei Tageslichteinstellung aufnehmen würde. Was entspricht hier der Realität: die gelbstichige Wiedergabe, zu der ein unbestechliches Aufnahmemedium führt, oder die korrigierte Empfindung Ihrer Wahrnehmung?

In der Druckindustrie sind Standards für die Farbwiedergabe unumgänglich, um voraussehbare Ergebnisse zu erzielen. Bei Aufnahmen von Candle-Light-Dinner, Lagerfeuerromantik, Wohnzimmeratmosphäre, Sonnenauf- und -untergängen sowie abendlichen Motiven zur blauen Stunde hingegen würden neutrale Wiedergaben den Charakter der Szenen eliminieren. Es ist gerade das nicht neutrale Licht, das solche Szenen prägt.

Farben editieren

In Tonwertkorrektur oder Gradationskurven Kanäle zu bearbeiten bzw. Pipetten einzusetzen ist sinnvoll, um globale Farbstiche zu korrigieren. Es ist jedoch meist nicht zielführend, wenn es darum geht, bestimmte Farbtöne zu editieren, zum Beispiel wenn man gelbe Zähne weißer oder übersättigte Hauttöne natürlicher machen möchte.

Um bestimmte Farbtöne gezielt zu beeinflussen, sind andere Methoden als Tonwertkorrektur oder Gradationskurven notwendig. In Photoshop finden sich dafür unter anderem die Einstellungen *Farbton/Sättigung* und *Selektive Farbkorrektur*.

Farbton/Sättigung basiert auf Reglern für Farbton, Sättigung und Helligkeit. Damit folgt es dem HSL-Konzept, ergänzt durch die Möglichkeit, je einen von sechs Farbbereichen – Rot, Gelb, Grün, Cyan, Blau oder Magenta – einzeln auszuwählen und selektiv zu bearbeiten (durch erweiterte Einstellungen lassen sich auch Zwischentöne definieren). So lassen sich bestimmte Bunttöne unabhängig von anderen verändern. Jeder Buntton einzeln bzw. alle gemeinsam können entlang des HSB-Farbkreises verschoben, in ihrer Sättigung reduziert oder gepusht sowie aufgehellt oder abgedunkelt werden.

In Photoshop lassen sich Farben über »Farbton/Sättigung« manipulieren, in Affinity Photo nennt sich die vergleichbare Funktion »HSL«. HSL bringt die Arbeitsweise auf den Punkt: Man kann die Eigenschaften von Farben verändern (Seite 94, Seite 210). Bei Sättigung (S) und Helligkeit (L) ist das auch simpel: Anheben verstärkt die Sättigung bzw. hellt auf, Senken reduziert die Sättigung bzw. dunkelt ab.

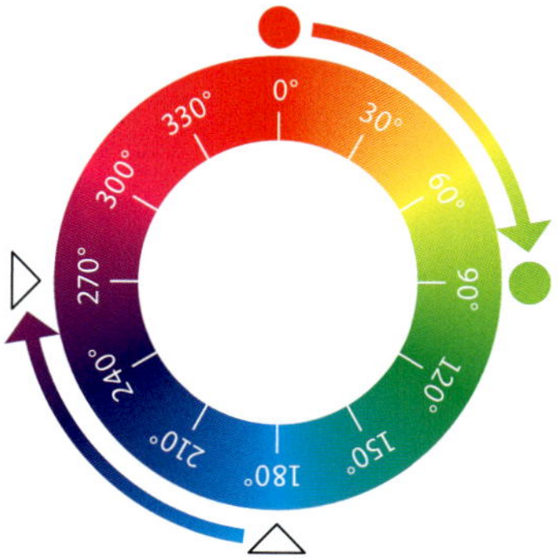

Den Schieberegler »Sättigung« müssen Sie sich wie einen Farbkreis vorstellen, dessen Ausgangspunkt generell auf Cyan liegt. Wird der Regler verschoben – z. B. auf Violett (um 90°) –, verschieben sich alle Farben des Bildes um 90° – aus Rot wird dann Gelbgrün.

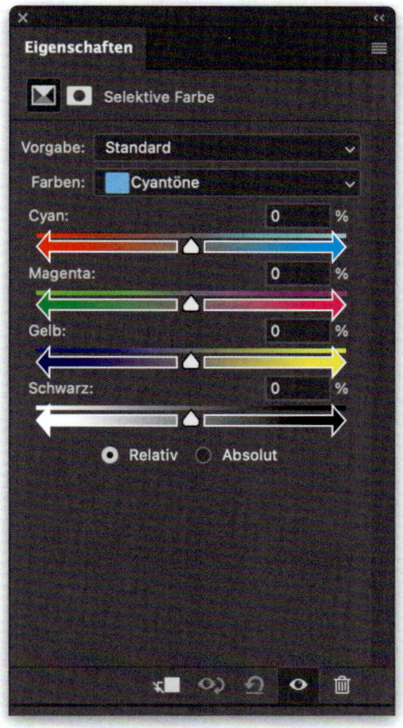

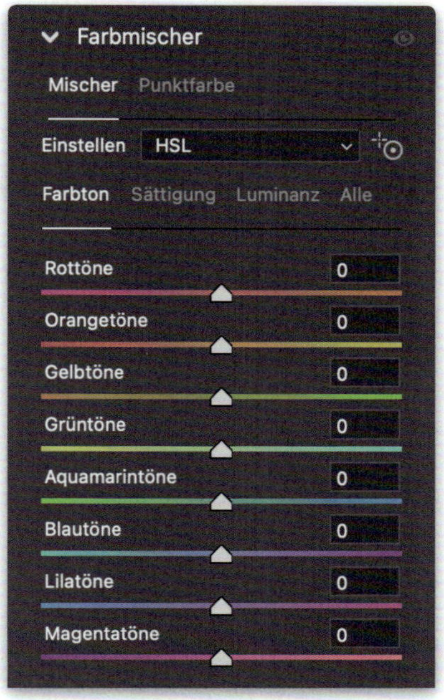

Subtiler sind die Einstellungen, die durch die sogenannte selektive Farbkorrektur möglich sind. Das Prinzip basiert auf Grund- und Gegenfarben, ähnlich dem, was ich für Farbkorrekturen beschrieben habe (Seite 348). Der Unterschied ist, dass hierbei selektive Farbbereiche beeinflusst werden. Wieder sind es Rot-, Gelb-, Grün-, Cyan-, Blau- und Magentatöne, dazu gesellen sich Weiß-, Grau- und Schwarz. Jedem lässt sich mehr Cyan oder Rot, Magenta oder Grün, Gelb oder Blau sowie Schwarz oder Weiß zuweisen – wird das eine erhöht, reduziert sich der Gegenspieler.

Ähnliche Einstellungen wie »Farbton/Sättigung« finden sich auch in vielen RAW-Konvertern. Adobe Camera Raw beispielsweise kennt ein Register mit Titel »HSL/Graustufen«. Anders als bei »Farbton/Sättigung« kommt hier zu Rot, Gelb, Grün, Cyan, Blau und Magenta noch Orange und Lila. Besonders das zusätzliche Orange erweist sich in der Praxis als nützlich, denn diese Aufteilung erlaubt es, Rot und Gelb zu verändern, ohne dabei Hauttöne unschön zu beeinflussen. Anders als bei »Farbton/Sättigung«, »Selektiver Farbkorrektur« und vielen vergleichbaren Werkzeugen anderer Anwendungen wird hier nicht der Farbton ausgewählt und dann dessen Eigenschaft beeinflusst, sondern man wählt die Eigenschaft – Farbton, Sättigung oder Helligkeit (Luminanz) – und ändert dort den entsprechenden Farbbereich.

Farbmanagement

Farbe ist nicht gleich Farbe. Bei der Farbwiedergabe entscheidet das Wiedergabemedium über die *Farbtiefe* (wie viele Farben möglich sind) und den *Farbumfang* (wie intensiv Farben sein können) und somit über das Aussehen der Farben. Die Farbeigenschaften eines Ausgabemediums lassen sich grob verschiedenen *Farbräumen* zuordnen. Im Detail hat jedes spezifische Medium ein individuelles Farb*profil*.

Fotos werden auf Basis des RGB-Modells aufgenommen, Scanner lesen ebenso in RGB ein. Für den Druck muss eine Umwandlung erfolgen. Gedruckt wird in den meisten Fällen in CMYK, manche digitalen Fotodrucker nutzen allerdings auch mehr als vier Farben.

Für die Umwandlung von RGB nach CMYK ist nach derzeitigem Standard der Fotograf bzw. Grafiker verantwortlich, der ein Foto bzw. ein Layout erstellt – Daten sind druckfertig konvertiert an den Druckdienstleister zu übergeben.

Manche Digitaldrucker verfügen über einen Prozessor, der Farben intern in den Druckfarbraum konvertiert. Bei diesen Geräten ist es besser, keine Farbumwandlung vorzunehmen, bevor die Daten auf den Drucker geschickt werden. Auskunft darüber, ob eine Konvertierung erfolgen soll, und wenn, in welchen Farbraum, kann Ihnen der Dienstleister geben. Falsch konvertierte Daten lassen sich zwar in den meisten Fällen problemlos drucken, allerdings wird es zu einem unnötigen Verlust an Farbtreue kommen.

x-rite
colorchecker
MSCCPPCC1214
Affinity
Galileo Design
SKY
CIELAB

Farbräume

RGB und CMYK bilden die für Fotografinnen und Grafiker wichtigsten Farbmodelle. Das eine ist für Bildschirme, das andere für Drucker die Grundlage der Farbmischung. Doch Bildschirme und Drucker ausschließlich auf diese zwei Modelle zu reduzieren wird den Farbeigenschaften verschiedener Modelle und Papiere nicht gerecht.

Theoretisch ließen sich mit RGB bedeutend mehr Farben erzielen, als irgendein Bildschirm wiedergeben kann. Um den technischen und physikalischen Limits elektronischer Ausgabegeräte zu entsprechen, ist ein *angemessener* RGB-Farbraum erforderlich.

Gleiches gilt für den Druck. Ob auf hochweißes, spiegelglattes Bilderdruckpapier oder auf saugfähiges, raues, graues Zeitungspapier gedruckt wird, ist ein Unterschied. Verschiedene Papiere ergeben einen unterschiedlichen Farbumfang.

Freistellen

Farbprofile

Jedes Wiedergabemedium hat seine individuelle Farbcharakteristik. Farbräume wie sRGB, Adobe RGB, Coated, Uncoated und Newspaper sind nur grobe Standards.

Besuchen Sie einmal den Ausstellungsraum eines Händlers von Fernsehern. Dort stehen oft Dutzende Geräte neben- und übereinander. Obwohl meist auf allen Bildschirmen dasselbe Programm läuft, zeigen es alle in unterschiedlicher Farbcharakteristik.

Das ist bei Computermonitoren nicht anders. Jedes Betriebssystem und jeder Bildschirm hat ebenso seine Charakteristik. Auch die Einstellungen der Anwender:innen haben einen Einfluss auf die Farbwiedergabe. Hinzu kommt das Alter der Hardware – die Anzeige ändert sich über die Jahre. Genau genommen ändert sie sich sogar mit der Betriebstemperatur, weshalb Bildschirme an sehr farbsensiblen Arbeitsplätzen oft schon eine Stunde vor Arbeitsbeginn eingeschaltet werden.

Jedes einzelne Wiedergabemedium hat seinen individuellen Farbraum. Bei Monitoren und Druckern unterscheiden sich nicht nur die einzelnen Modelle voneinander, auch individuelle Geräte derselben Modellreihe ergeben keine absolut identische Wiedergabe. Bei Papieren kann sich die Tönung einer Papiersorte von Produktionsauflage zu Produktionsauflage geringfügig, aber sichtbar ändern. Farbräume, die sich auf einen bestimmten Bildschirm, einen bestimmten Drucker oder ein bestimmtes Papier beziehen, nennt man *Farbprofile*.

Simulation des sRGB-Farbraums

Simulation des ISO-Uncoated-Farbraums

Da der Druck hier im Buch zwangsläufig in CMYK erfolgt, werden Sie keinen großen Unterschied zwischen dem Screenshot der sRGB- und der CMYK-Coated-Simulation feststellen.

Simulation des ISO-Coated-Farbraums

Simulation eines Zeitungs-Farbraums

Standard-Profile

Die Unterscheidung zwischen Farbraum und Farbprofil ist etwas schwammig. Ich habe auf der vorherigen Seite *Profile* als Beschreibung der Farbcharakteristik eines bestimmten Geräts oder Papiers erklärt. Die Profile für gestrichenes und ungestrichenes Papier – Coated und Uncoated – beziehen sich allerdings nicht auf spezifische Papiere, sondern fassen Papiersorten in Gruppen zusammen, im Wesentlichen in gestrichene Papiere, ungestrichene Papiere und Zeitungspapiere.

Für gestrichenes Papier ist heute ein Profil mit der Bezeichnung »PSO Coated v3« Standard, für ungestrichenes »PSO Uncoated v3 (FOGRA52)« und für Zeitungspapier »ISONewspaper26v4«.

PSO Coated und PSO Uncoated werden mit den aktuellen Programmen der Adobe Creative Cloud mitinstalliert, um sie für die Umwandlung von RGB-Bildern nach CMYK in Photoshop oder beim Generieren von Druck-PDFs aus InDesign heraus nutzen zu können. Alternativ lassen sie sich von der Website der European Color Initiative (*eci.org*) herunterladen. ISO-Newspaper wird von Adobe bedauerlicherweise nicht mitgeliefert und kann zum Zeitpunkt, an dem ich dies schreibe, auch nicht von der Website eines Branchenverbandes (ECI, WAN-IFRA, FOGRA) heruntergeladen werden, wird jedoch oft von Zeitungshäusern zur Verfügung gestellt.

Daneben sind auch ältere Standardprofile weiterhin in Verwendung, wie etwa ISO Coated v2 und ISO Uncoated Fogra29 bzw. Coated FOGRA39 und Uncoated FOGRA27, wie diese bei Adobe heißen.

Eine für Nicht-Druckvorstufentechniker:innen ziemlich unübersichtliche Situation. Da PSO Coated v3 und PSO Uncoated die neuesten Profile und zugleich schon gut am Markt eingeführt sind, würde ich im Zweifelsfall dazu raten. Besser ist es allerdings, sich beim Druckdienstleister oder dem Zeitungsverlag nach dem richtigen Profil zu erkundigen bzw. es im Falle einer Onlinedruckerei auf deren Website in Erfahrung zu bringen.

Und was, wenn man noch nicht einmal weiß, ob Coated, Uncoated oder Newspaper gedruckt wird? Dann nehme ich das Profil mit dem größten Farbumfang, also Coated. Die Software der Druckerei wird die Druckdaten ohnehin in ein kleineres Profil umwandeln, wenn das notwendig ist. Mir ist es ein Rätsel, weshalb die Umwandlung von RGB nach CMYK nicht ohnehin seit langer Zeit generell in den Druckereien vorgenommen wird. Dort weiß man am besten über das korrekte Profil Bescheid, bei Bedarf wird, wie eben erwähnt, ohnehin neuerlich umgewandelt. Für Gestalterinnen und Laien würde es die Sache erheblich vereinfachen.

Unterschiedliche Ausgabemedien, Papiersorten und Druckverfahren – Monitore, Offset oder Digitaldruck, Zeitungspapiere, ungestrichene Papiere und gestrichene Papiere – weisen unterschiedliche Farbcharakteristiken auf. Will man darauf im Rahmen des Möglichen identische Farben erzielen, müssen die Farben der Ausgabebedingung entsprechend umgerechnet werden. Den Schlüssel zur Umrechnung liefern Profile.

© Ashi / unsplash.com

© iMattSmart / unsplash.com

© Studio Media / unsplash.com

© Content Pixie / unsplash.com

sRGB

Bildschirmtechnik ist also weit davon entfernt, den kompletten Farbumfang von RGB wiedergeben zu können. Das gilt für teure Topgeräte ebenso wie für den preiswerten Durchschnitt. Als Standard für *normale* Bildschirme wurde 1996 ein Farbraum mit der Bezeichnung sRGB eingeführt. Entsprechend den Möglichkeiten preiswerter und mittlerer Monitore ist sein Farbumfang verhältnismäßig klein.

Bilder, die für die Wiedergabe auf Durchschnittsmonitoren aufbereitet werden, sind in diesen Farbraum zu konvertieren. Das gilt für Bildschirmpräsentationen, elektronisch verbreitete PDFs und die Veröffentlichung im Internet. Eine Veröffentlichung von Adobe-RGB-Bildern im Internet führt oft zu einer zu dunklen und matten Wiedergabe. Da die Umwandlung von einem großen Farbraum wie Adobe RGB in den kompakten sRGB-Farbraum zu einem Verlust an Farbintensität führt, sollte das Original archiviert werden.

Doch nicht nur für Consumer-Bildschirme hat sich sRGB als Standard etabliert, auch Anbieter von Fotoabzügen, Postern und Fotobüchern legen ihren Produktionen gerne diesen Farbraum zugrunde. Anders als herkömmlichen Druckereien liefert man diesen Dienstleistern meist keine CMYK-, sondern RGB-Daten. Im Idealfall macht man sich beim Anbieter schlau, welches Farbprofil er empfiehlt – auf seiner Website sollten sich die entsprechenden Angaben finden.

Adobe Photoshop CC 2017
Schrift Auswahl Filter 3D Ansicht Fenster Hilfe
Navigator Histogramm

Adobe RGB

Generell deckt sRGB einen deutlich größeren Farbumfang ab als Druckfarbräume. Allerdings kann der Vierfarbendruck auch Farben erzielen, die den Umfang von sRGB sprengen. Das stellt ein Problem für jeden dar, der an Bildschirmen Farbbearbeitung für die Druckvorstufe vornimmt. Um diese Farbbereiche abzudecken, ist ein größerer Farbraum notwendig. Als Standard hat sich dafür Adobe RGB etabliert. Er deckt zwar auch nicht alle möglichen Farben ab (manche Volltonfarben lassen sich auch mit Adobe RGB nicht adäquat wiedergeben), ist jedoch deutlich weiter gesteckt als sRGB und umfasst praktisch alle im Vierfarbendruck möglichen Töne.

Das Gros der Monitore ist allerdings nicht in der Lage, Adobe RGB zu reproduzieren. Das heißt natürlich, dass bei der Bearbeitung von Adobe-RGB-Bildern an einem sRGB-Monitor einige leuchtende Töne quasi im toten Winkel liegen. Für Fotografen und Designer, die sich nicht den Luxus eines teuren Wide-Gamut-Monitors leisten wollen, gilt es deshalb zu überlegen, ob die Bearbeitung von Bildern in Adobe RGB sinnvoll ist. Zwar heißt eine Beschränkung auf sRGB, dass in manchen Farbbereichen auf maximal erzielbare Leuchtkraft verzichtet werden muss, dafür befindet man sich aber auch in keinem Bereich im Blindflug. Üblicherweise wird zwar für die professionelle Bildverarbeitung Adobe RGB empfohlen, wirklich sinnvoll ist das aber erst, wenn der Monitor diesen Farbraum auch wiedergeben kann.

Adobe Photoshop CC 2017
Photoshop
Affinity Photo
Die kreative Fotoschule
Grafik und Gestaltung
Das umfassende Handbuch

Kamerafarbraum

Üblicherweise erlauben Digitalkameras in den Menüs eine Auswahl von Adobe RGB oder sRGB. Man darf sich davon allerdings nicht erwarten, dass deshalb zwei unterschiedliche Modelle für dasselbe Motiv identische Farben abbilden. Jede Kamera hat ihre Charakteristik. Das Farbprofil definiert lediglich, nach welchem Standard JPEGs in der Kamera entwickelt werden, ändert aber nichts am spezifischen Farbcharakter des Geräts.

Eine Möglichkeit, die Kameracharakteristik zu korrigieren, bietet der Farbmess- und -managementspezialist X-Rite an. Bilder, die mit einem Test-Chart mit Farb- und Graufeldern, dem ColorChecker, aufgenommen wurden, lassen sich mit einer Software des Herstellers analysieren, die dann ein Korrekturprofil schreiben kann. Leider unterstützt der Hersteller nur die direkte Zusammenarbeit mit Adobe-Produkten, und der Workflow gestaltet sich etwas umständlich. Das Gros der Fotografen wird mit Standardprofilen effizienter arbeiten können.

Wenn man einen großen Farbraum für CMYK- und RGB-Medien abdecken will, wird üblicherweise Adobe RGB empfohlen. sRGB ist von Vorteil, wenn man Bilder ohne Umweg der Konvertierung direkt in Diashows und Bildschirmpräsentationen einbauen oder online veröffentlichen möchte. Auch Anbieter von Fotobüchern und -abzügen gehen wie gesagt oft von sRGB aus. Man muss sich bei sRGB allerdings bewusst sein, dass der Farbraum eine Einbahnstraße ist: Wer in sRGB fotografiert, hat später keine Möglichkeit, durch Konvertierung doch wieder zu den leuchtenderen Farben außerhalb zu gelangen.

Nicht relevant ist die Farbraum-Einstellung der Kamera, wenn man in RAW fotografiert. Bei RAW geschieht die Entwicklung am Computer, und erst dort wird ein Farbraum einberechnet. Somit bietet RAW in der Regel auch die einzige Möglichkeit, einen noch größeren Farbraum als Adobe RGB – zum Beispiel ProPhoto – zu nutzen.

OLYMPUS PEN
LEICA
DG SUMMILUX 1:1.7/15 ASPH.
x·rite
colorchecker
SEKONIC
POWER
MODE
ISO
FLASHMATE
L-308S

1
2
3
4
Info
R: 165
G: 166
B: 166
8-Bit
C: 34%
M: 25%
Y: 26%
K: 11%
8-Bit
X: 15,92
Y: 5,66
B:
H:
1 C: 34% M: 25% Y: 26% K: 11%
2 C: 64! M: 10! Y: 99! K: 45!
3 C: 82! M: 62! Y: 1! K: 0!
4 C: 5% M: 99% Y: 99% K: 23%

Gestrichenes Papier

Ausschlaggebend für die Wiedergabe von Farben auf Papier ist seine Beschaffenheit, vor allem jene der Oberfläche. Papier an sich ist ein faseriger Werkstoff, der dazu neigt, Feuchtigkeit aufzusaugen. Druckfarben werden meist feucht aufgetragen. Um das *Absaufen* der Farben in den Bedruckstoff zu verhindern, lässt sich Papier beschichten. Dazu wird bei der Produktion eine Art Leim auf die Oberfläche aufgebracht, der Poren und Fasern schließt und dafür sorgt, dass Druckfarbe auf der Oberfläche stehen bleibt. Papiere, deren Oberflächen auf diese Art versiegelt sind, bezeichnet man als *gestrichen*, im Englischen spricht man von *Coated*.

Da diese Papiere das Aufsaugen von Farben verhindern, steht nicht nur die Druckfarbe satter und präziser auf der Oberfläche, es lässt sich auch mehr Farbe auftragen, ohne dass drucktechnische Probleme entstehen oder die Trocknung verzögert wird. Dadurch lassen sich sattere Farben und mehr Tiefe erzielen – Schwarz kann auf gestrichenen Papieren *schwärzer* wiedergegeben werden.

Da Fotos auf gestrichenem Papier besser zur Geltung kommen als auf ungestrichenem, werden sie oft auch als Bilder- oder Kunstdruckpapiere bezeichnet. Die meisten Publikationen, in denen Bilder eine Rolle spielen, werden aus naheliegenden Gründen auf solche Papiere gedruckt, egal ob es sich um Poster, Folder, Magazine oder Bücher handelt.

Gestrichene Papiere müssen nicht zwingend glatt sein. Die Bandbreite der Oberflächenbeschaffenheit reicht von hochglänzenden Sorten, die so glatt sind wie Klavierlack, über glänzende, halbglänzende und mattglänzende bis hin zu matten Sorten.

Natürlich geben verschiedene gestrichene Papiersorten Farben unterschiedlich wieder, weshalb eine Zusammenfassung unter der Haube »gestrichenes Papier« als *grobe* Einteilung zu verstehen ist. Der individuelle Farbcharakter eines Papiers hängt nicht nur von der Beschaffenheit des Papiers ab, sondern auch von seinem Weißgrad. Kein Papier ist rein weiß. Die am weißesten wirkenden Papiere sind meist etwas bläulich gefärbt.

Wollte man der individuellen Charakteristik jeder einzelnen Papiersorte gerecht werden, wäre für jede ein eigener Farbraum und ein eigenes Farbprofil notwendig. Eine solch absolute Präzision ließe sich in der Praxis kaum sinnvoll handhaben, weshalb man sich mit der relativen Präzision einer Grobeinteilung der Farbeigenschaften in gestrichen und ungestrichen begnügt.

Die Abbildung wurde nach ISO-Standard optimiert für gestrichenes Papier konvertiert, was dem hier verwendeten Papier auch gerecht wird. Photoshop bietet die Möglichkeit, für Bilder jedes Farbraums die nach einer Konvertierung erzielten CMYK-Werte anzuzeigen. Dabei richtet es sich an dem unter »Farbeinstellungen« als CMYK-Arbeitsfarbraum ausgewählten Profil. Das heißt, dass sich die angezeigten Werte für ein Bild ändern, je nach Voreinstellung des CMYK-Arbeitsfarbraums. Das heißt auch, dass es *die* Umrechnungswerte einer bestimmten RGB-Farbe nach CMYK nicht gibt – das Resultat hängt immer vom gewählten Profil ab, anhand dessen die Umrechnung erfolgt.

1
2
3
4
Info
R: 165
G: 166
B: 166
8-Bit
C: 30%
M: 21%
Y: 20%
K: 7%
8-Bit
X: 15,92
Y: 5,66
B:
H:
1 C: 30%
M: 21%
Y: 20%
K: 7%
2 C: 68!
M: 22!
Y: 98!
K: 9!
3 C: 80!
M: 58!
Y: 0!
K: 0!
4 C: 15!
M: 95!
Y: 99!
K: 0!

Ungestrichenes Papier

Gestrichenen Papieren stehen ungestrichene Sorten gegenüber. Bei ihnen wird auf das Versiegeln der Oberfläche verzichtet, Poren und Fasern saugen nasse Druckfarben auf. Das führt nicht nur dazu, dass Farben *absaufen* und an Leuchtkraft verlieren, es setzt auch das Limit für den Farbauftrag enger. Kann weniger Farbe aufgetragen werden, ist weniger Tiefe zu erreichen – Schatten und Schwarztöne wirken matter.

Nun müsste man meinen, dass ungestrichene Papiere – oft auch als Naturpapiere bezeichnet (was nicht immer auf eine besonders umweltverträgliche Produktion hinweisen muss) – vor allem dort eingesetzt werden, wo es um billige Produktion geht. Oft ist jedoch genau das Gegenteil der Fall!

Naturpapiere sind zwar suboptimal, wenn es darum geht, Bilder mit leuchtenden Farben und satter Tiefe wiederzugeben, doch sie können dafür durch Oberflächenstruktur und Haptik bestechen. Ein Vorteil ungestrichener Papiere ist außerdem, dass sie kaum zu Lichtreflexen neigen.

Störende Lichtreflexe sind Ihnen beim Lesen von Zeitschriften, Magazinen oder Büchern sicher schon begegnet, vielleicht auch bei diesem Buch. Oberflächenreflexe mindern die Lesbarkeit – häufig lassen sie sich eliminieren, indem man das Papier in einen anderen Winkel zum Licht hält. Ungestrichene Papiere kennen das Problem der Oberflächenreflexe kaum, weshalb sie bei reinen Lesebüchern und Romanen bevorzugt werden.

Für Gestalter:innen heißt das, dass sie sich zwischen einer optimalen Wiedergabe von Bildern auf gestrichenem Papier oder einer reflexfreien und haptisch interessanten Struktur einer ungestrichenen Sorte entscheiden müssen.

Ungestrichenes Papier muss natürlich nicht unbedingt hochpreisig sein. Tatsächlich dominiert es auch das untere Ende der Preisskala. Tageszeitungen nutzen nicht umsonst billiges ungestrichenes Papier – weshalb auch nicht, wenn das Produkt schon nach wenigen Stunden entsorgt wird?

Für ungestrichene Papiere gilt dasselbe wie für gestrichene: Jede Sorte hat eine eigene Charakteristik, und in einer perfekten Welt müsste für jede ein individuelles Profil genutzt werden. Doch da das viel zu kompliziert und aufwändig wäre, beschränkt man sich wie gesagt im Wesentlichen auf zwei Farbräume: Uncoated für normale ungestrichene Papiere und Newspaper für Zeitungspapiere.

Diese Abbildung wurde optimiert für ungestrichenes Papier konvertiert. Da ungestrichene Papiere weniger Farbauftrag vertragen und ihre Tendenz, Farben ins Matte und Dunkle absaufen zu lassen, ausgeglichen werden muss, wirkt die Aufnahme hier auf gestrichenem Papier deutlich blasser als die vorangegangene Abbildung. Wenn Sie die Farbwerte mit jenen vorher vergleichen, sehen Sie, dass sie deutlich geringer ausgefallen sind.
Die Ausrufezeichen signalisieren, dass mit den angezeigten Werten die Intensität der Farbtöne des RGB-Originals nicht zu erreichen ist, warnen also davor, dass der Ton in der CMYK-Produktion matter ausfallen wird.

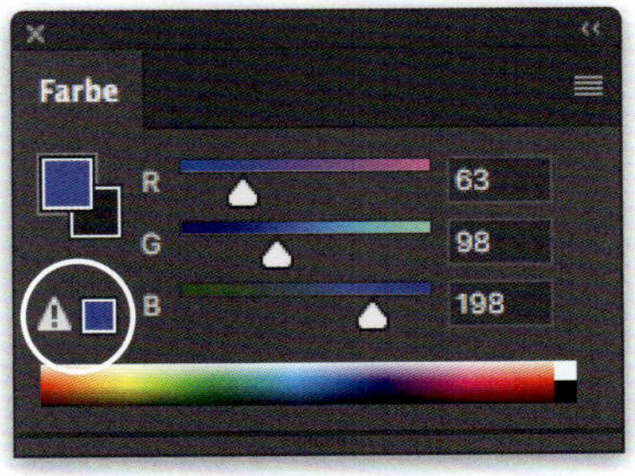

Adobes Programme für die Druckvorstufe warnen Sie generell, wenn Sie eine RGB-Farbe auswählen, die in 4C nur mit Abweichungen reproduziert werden kann. Durch Klick darauf wird die Farbe so angepasst, dass sie vom voreingestellten Druckfarbraum abgedeckt wird.

In Profil konvertieren

Jedes Bild wird in einem Farbraum *geboren*. Meist ist das Adobe RGB oder sRGB. Befindet sich ein Digitalbild oder auch ein Layout im Adobe-RGB-Farbraum und muss für die Ausgabe auf Bildschirmen oder Beamern aufbereitet werden, ist es in den sRGB zu konvertieren. Gestaltungsprogramme wie InDesign, Illustrator und Photoshop bieten Möglichkeiten, den Farbraum zu wechseln und dabei eine entsprechende Umrechnung der Farben vorzunehmen.

Dasselbe gilt für die Aufbereitung von Druckdaten. Während Layouts und Grafiken in InDesign und Illustrator in der Regel bereits im Ausgabefarbraum angelegt werden, entstehen Fotos und Scans eben in RGB. Für den Druck sind sie irgendwo im Arbeitsablauf in den Druckfarbraum zu konvertieren.

Da eine Druckfarbe auf gestrichenem Papier nicht identisch wie auf ungestrichenem aussieht, muss der Farbaufbau dem Papier entsprechend unterschiedlich angelegt werden. Um eine angemessene Mischung der Grundfarben zu erzielen, muss die Konvertierung anhand eines für die Ausgabebedingung optimalen ICC-Profils vorgenommen werden. Welche Profile das heutzutage üblicherweise sind, habe ich auf Seite 364 beschrieben. Farbprofile regeln dabei nicht nur den Aufbau der Farben, sie sorgen auch dafür, dass der maximale Farbauftrag des Druckträgers eingehalten wird. Neben der Wahl des richtigen Zielfarbraums ist auch die Priorität der Umwandlung – der Rendering Intent – nicht ganz unwichtig.

In Photoshop erfolgt die Konvertierung von Bildern in ein spezifisches Ausgabeprofil über das Menü »Bearbeiten« und »In Profil umwandeln«. Unter »Zielfarbraum« ist im folgenden Dialog das Ausgabeprofil zu definieren.

In Profil umwandeln
Quellfarbraum
Profil: sRGB IEC61966-2.1
Zielfarbraum
Profil: ISO Coated v2 300% (ECI)
Konvertierungsoptionen
Modul: Adobe (ACE)
Priorität: Perzeptiv
Tiefenkompensierung verwenden
Dither verwenden
Auf Hintergrundebene reduzieren, um Erscheinungsbild zu erhalten
OK
Abbrechen
Vorschau
Erweitert

Rendering Intent

Die Umrechnung von Farben von einem Farbraum in einen anderen kann auf unterschiedliche Weise erfolgen. Die Methoden werden als *Rendering Intents* bezeichnet, in Adobes Programmen häufig als *Priorität* unter den *Konvertierungsoptionen* zu finden. Rendering Intents bieten unterschiedliche Lösungen für das Problem, dass beim Umrechnen von einem größeren in einen kleineren Farbraum Farbintensität reduziert werden muss. Wie soll diese Reduzierung erreicht werden? Die üblichen Optionen sind:

Relativ farbmetrisch: Hierbei bleiben alle Farben unverändert, die *innerhalb* des Farbumfangs des Zielfarbraums liegen. Lediglich Farben, die ihn überragen, werden verändert, und zwar indem sie zu den am nächsten liegenden Farben des Ziels verschoben werden. Da üblicherweise das Gros der Farbtöne des Quellfarbraums durch den Zielfarbraum abgedeckt wird, bleiben die meisten Töne unverändert. Das Abschneiden der Farben außerhalb des Zielfarbraums kann allerdings zu Tonwertabrissen und zum Verschwinden feiner Strukturen und Nuancen führen.

Da Farbunterschiede bei dieser Umrechnungsmethode in der Regel am geringsten ausfallen und auffällige Probleme selten sind, verwenden sie Adobe-Programme heute als voreingestellten Standard.

Perzeptiv: Diese Methode führt zu einer Anpassung *aller* Farben. Anstatt nur die den Zielfarbraum überragende Töne in ihn hineinzuverschieben, wird der größere quasi in den kleineren hineinkomprimiert, wodurch alle Farben in Relation zueinander verändert werden.

Bilder können dadurch an Leuchtkraft und Brillanz verlieren, dafür bleiben Nuancen und Strukturen erhalten, Tonwertabrisse werden vermieden. Da es die sanftere Methode der Farbkonvertierung ist, spricht man auch gelegentlich von *fotografischem Rendering Intent*.

Sättigung: Bei dieser Methode wird versucht, vor allem die Sättigung zu erhalten. Was gut klingt, ist für Fotos wenig geeignet. Die Methode ist eher für Business-Grafiken gedacht, wo es mehr darum geht, kräftige Farben kräftig zu halten, und eine natürliche Farbwirkung sekundär ist.

Absolut farbmetrisch: Wie der Name vermuten lässt, ist diese Methode der relativ farbmetrischen verwandt. Der Unterschied ist, dass »Relativ farbmetrisch« den Weißpunkt anders handhabt und weniger gut zur Konvertierung in Druckfarbräume geeignet ist.

Für Grafikerinnen und Fotografen empfehlen sich in der Regel »Relativ farbmetrisch« oder »Perzeptiv«. In der Praxis hängt die Wahl der Methode dann von der Vorlage ab.

Simulation »Relativ Farbmetrisch«

Simulation »Perzeptiv«

Simulation »Sättigung«

Simulation »Absolut Farbmetrisch«

Medienneutrales Publizieren

In der Frühzeit digitaler Reproduktionstechniken waren Bilder in der Bildbearbeitung in den Ausgabefarbraum zu konvertieren. In der Praxis hieß das: Bilder erreichen Gestalter:innen in RGB, sind in Photoshop zu öffnen und nach CMYK zu konvertieren. Der Nachteil dieses Workflows ist, dass ein Bild in mehrere Farbräume konvertiert und gespeichert werden muss, wenn es zum Beispiel in einem Inserat verwendet wird, das in einem Magazin mit gestrichenem Papier, einem anderen mit ungestrichenem und einer Tageszeitung gedruckt sowie als PDF digital verbreitet wird.

Bei einem medienneutralen Workflow wird das Bild nur einmal gespeichert, meist im Ursprungsfarbraum Adobe RGB oder sRGB, und so in die Layouts für die verschiedenen Zielmedien eingebunden. Eine Konvertierung in den Zielfarbraum erfolgt erst beim Exportieren des Druck-PDFs bzw. des PDFs zur digitalen Verbreitung. Die Arbeitsweise bietet unter anderem den Vorteil, dass in Photoshop angelegte Ebenen erhalten bleiben können und nicht auf Hintergrundebene reduziert werden muss, was bei einer Farbkonvertierung im Bildbearbeitungsprogramm oft notwendig ist.

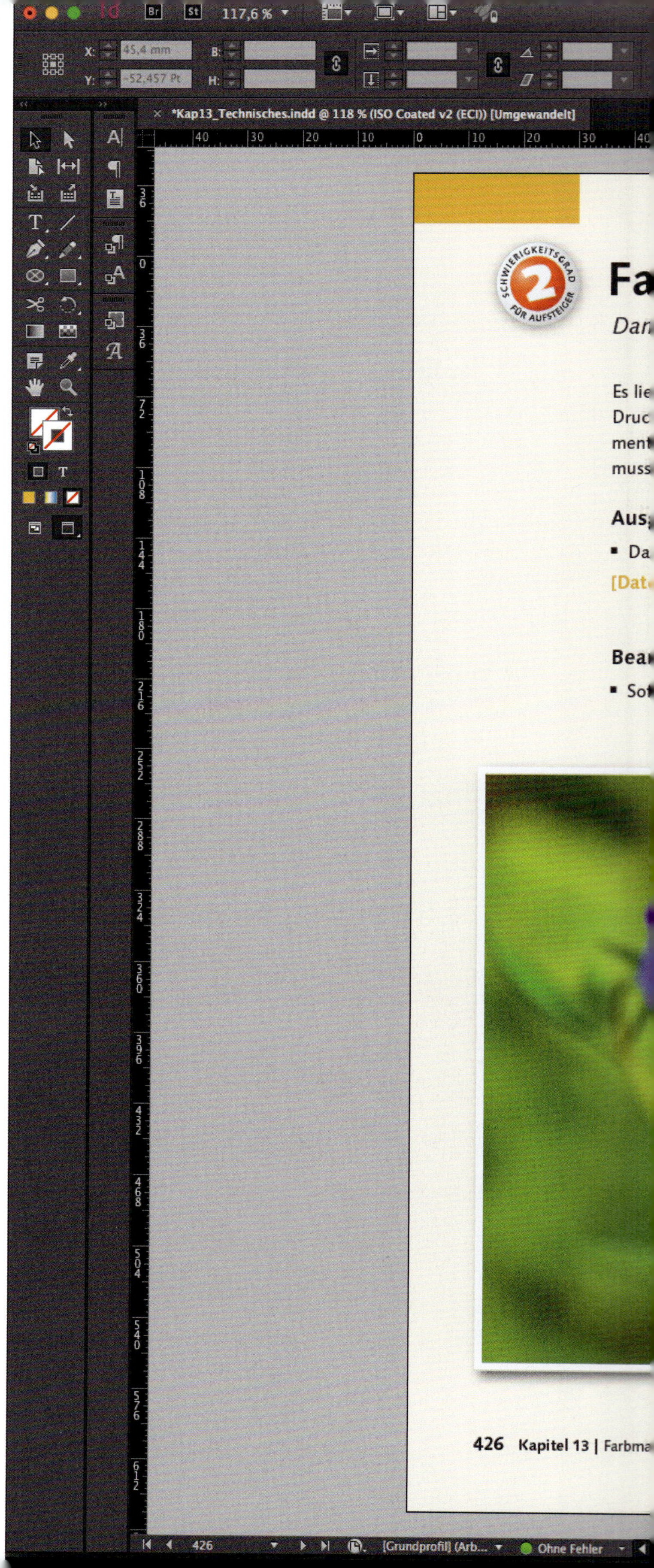

Um in InDesign platzierte RGB-Bilder für die Ausgabe in einen Zielfarbraum zu konvertieren, ist bei der PDF-Erstellung unter »Ausgabe • Farbe • Farbkonvertierung • In Zielprofil konvertieren (Werte beibehalten)« auszuwählen. »Werte beibehalten« verhindert, dass bereits als CMYK definierte Farben und platzierte Bilder noch einmal neuberechnet werden. Anders würde sonst beispielsweise ein Grün, das Sie mit 50 % Cyan und 100 % Gelb definieren, bei einer Konvertierung nach ISO Coated zu 49 C und 99 Y und bei einer Konvertierung nach ISO Uncoated zu 44 C und 98 Y.

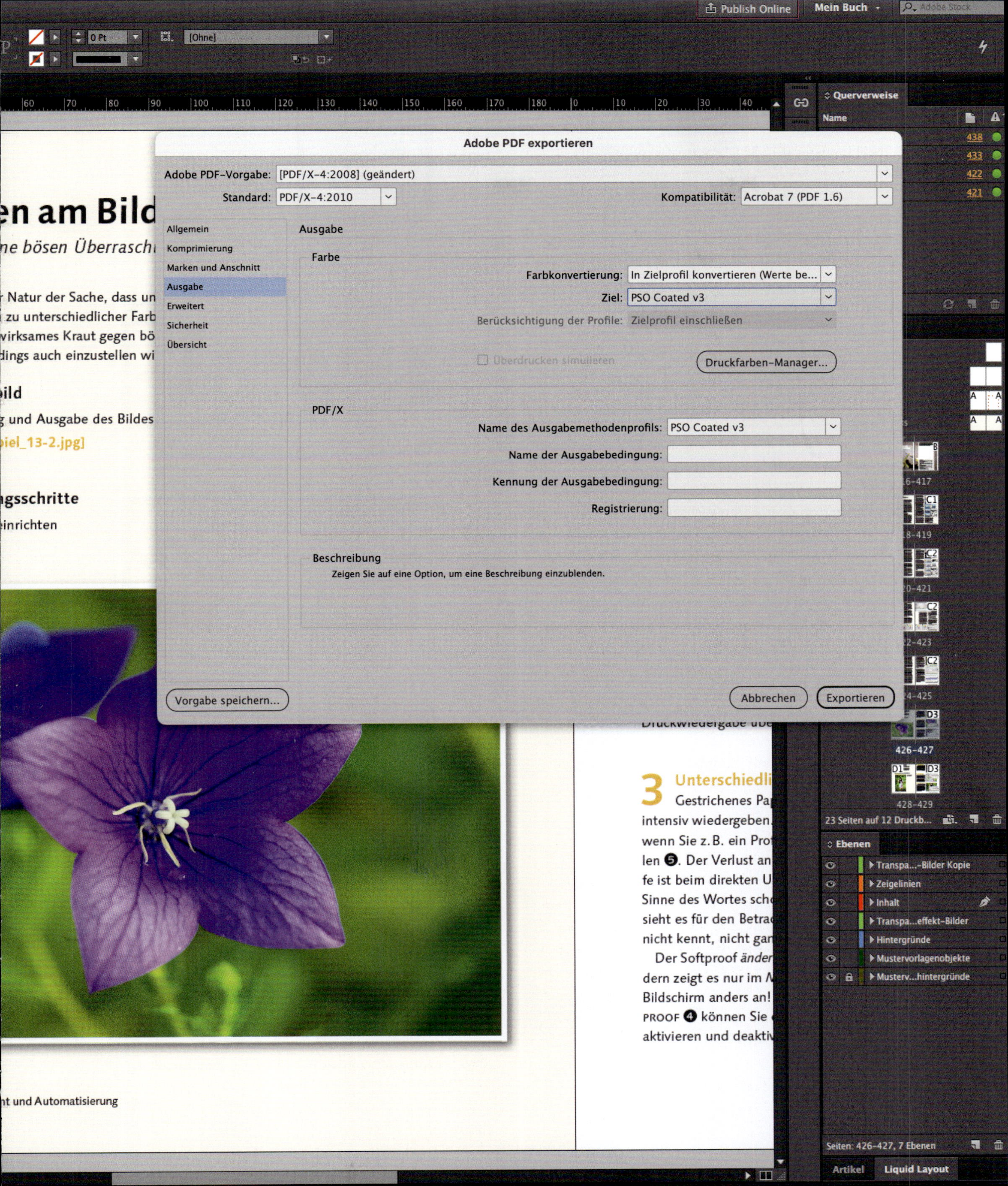

Publish Online
Mein Buch
Adobe Stock
0 Pt
[Ohne]
Querverweise
Name
438
433
422
421
Adobe PDF exportieren
Adobe PDF-Vorgabe: [PDF/X-4:2008] (geändert)
Standard: PDF/X-4:2010
Kompatibilität: Acrobat 7 (PDF 1.6)
Allgemein
Komprimierung
Marken und Anschnitt
Ausgabe
Erweitert
Sicherheit
Übersicht
Ausgabe
Farbe
Farbkonvertierung: In Zielprofil konvertieren (Werte be...
Ziel: PSO Coated v3
Berücksichtigung der Profile: Zielprofil einschließen
Überdrucken simulieren
Druckfarben-Manager...
PDF/X
Name des Ausgabemethodenprofils: PSO Coated v3
Name der Ausgabebedingung:
Kennung der Ausgabebedingung:
Registrierung:
Beschreibung
Zeigen Sie auf eine Option, um eine Beschreibung einzublenden.
Vorgabe speichern...
Abbrechen
Exportieren
en am Bild
ne bösen Überrasch
r Natur der Sache, dass un
zu unterschiedlicher Farb
virksames Kraut gegen bö
dings auch einzustellen wi
oild
g und Ausgabe des Bildes
piel_13-2.jpg]
ngsschritte
einrichten
ht und Automatisierung
Druckwiedergabe übe
3 Unterschiedli
Gestrichenes Pa
intensiv wiedergeben
wenn Sie z. B. ein Pro
len 5. Der Verlust an
fe ist beim direkten U
Sinne des Wortes sch
sieht es für den Betra
nicht kennt, nicht gar
Der Softproof änder
dern zeigt es nur im
Bildschirm anders an!
PROOF 4 können Sie
aktivieren und deakti
426-427
428-429
23 Seiten auf 12 Druckb...
Ebenen
Transpa...-Bilder Kopie
Zeigelinien
Inhalt
Transpa...effekt-Bilder
Hintergründe
Mustervorlagenobjekte
Musterv...hintergründe
Seiten: 426-427, 7 Ebenen
Artikel
Liquid Layout

Color-Management-Workflow

Farbmanagement – Englisch Color Management, kurz CM – ist ein weitläufiger Prozess, der heute den gesamten Workflow professioneller Farbreproduktion von der Aufnahme bis zum Druck durchziehen sollte. Es beginnt damit, dass der Aufnahme eines Bildes oder dem Scan einer Vorlage bereits ein angemessenes RGB-Profil zugewiesen wird, also Adobe RGB oder sRGB.

Damit ein Bildschirm Farben einem branchenweiten Standard entsprechend darstellt, muss er an diesen angeglichen werden, wozu eine Kalibrierung erforderlich ist. Dasselbe gilt für den Drucker. Ohne Kalibrierung stellt jedes Gerät Farben auf seine eigene Weise dar, Abweichungen sind in der Regel alles andere als gering.

Es genügt allerdings nicht, Farbtöne einfach den Möglichkeiten des Monitors zu überlassen, schließlich ist er in der Lage, Farben darzustellen, die im Druck unmöglich sind. Die Bildbearbeiterin bzw. der Gestalter muss seine Programme so einstellen, dass sie nicht den maximalen Farbumfang nutzen, sondern den kleineren der Druckproduktion simulieren. Ein sogenannter Softproof zeigt Farben am Bildschirm so weit als möglich so an, wie sie auf Basis des gewünschten Papiers aussehen werden.

Für die Erstellung der Druckdaten sind die Vorlagen beim Export des Druck-PDFs in den Zielfarbraum zu konvertieren. Wer auf Nummer sicher gehen will, kontrolliert die Ergebnisse vor dem Druck anhand eines Proofs (Seite 392).

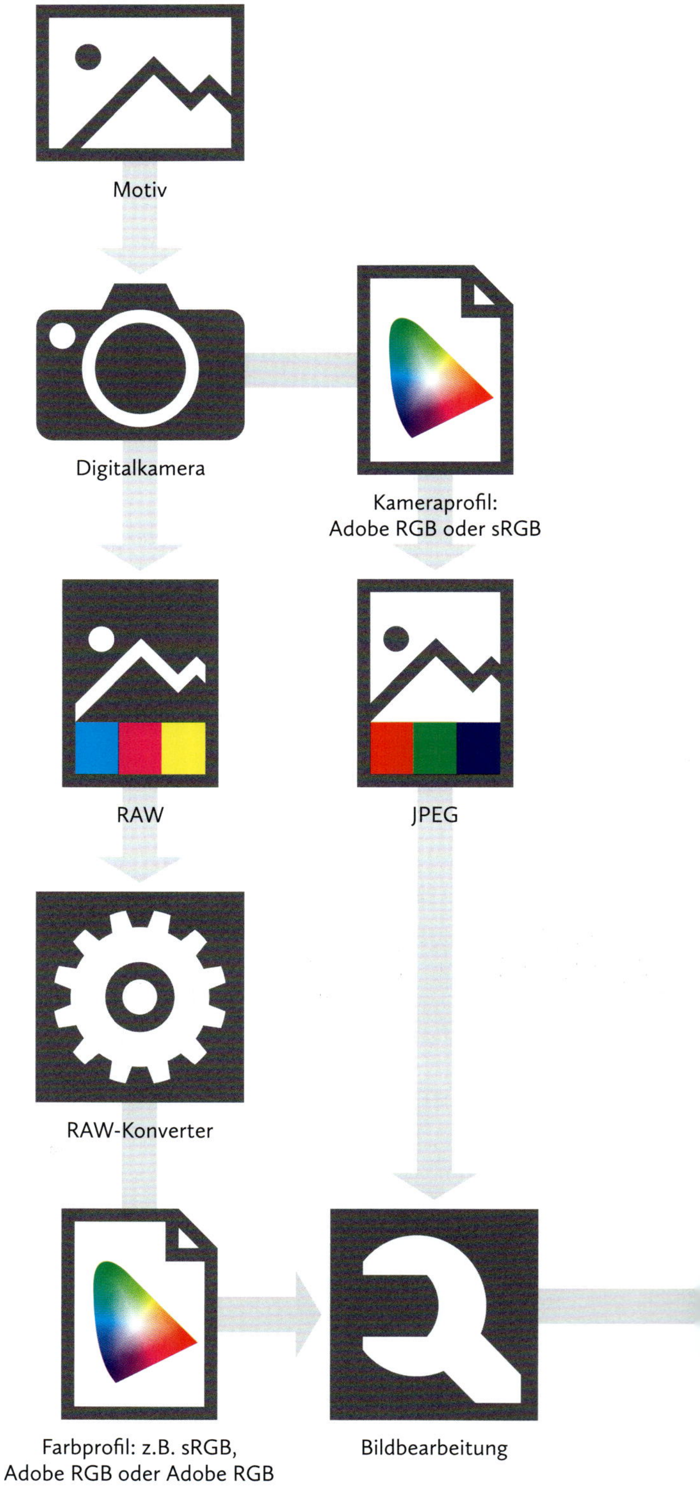

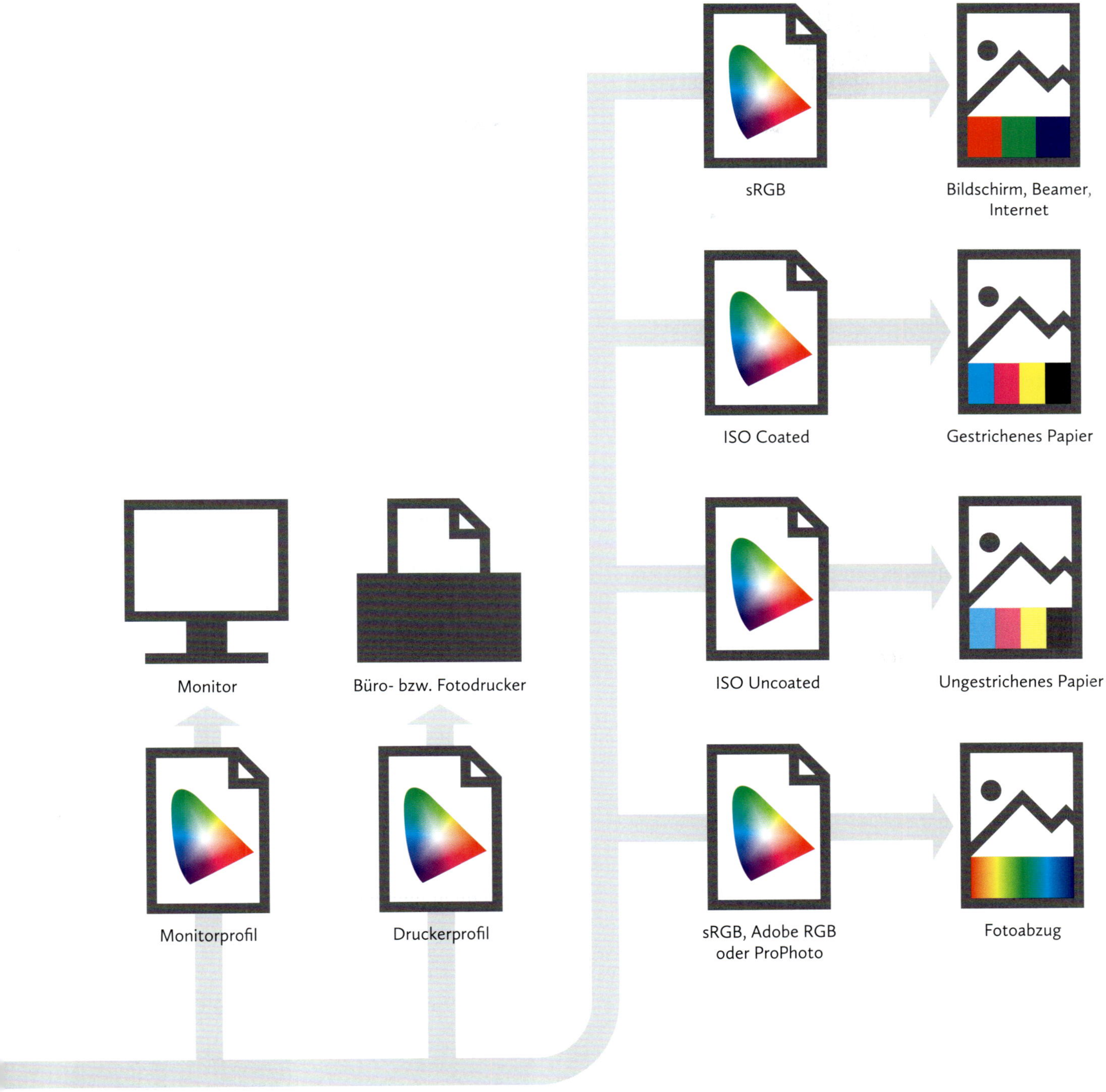

sRGB
Bildschirm, Beamer, Internet
ISO Coated
Gestrichenes Papier
Monitor
Büro- bzw. Fotodrucker
ISO Uncoated
Ungestrichenes Papier
Monitorprofil
Druckerprofil
sRGB, Adobe RGB oder ProPhoto
Fotoabzug

Farbverbindliches Arbeiten

Verbindliche Farbdarstellung beginnt nicht mit der Kalibrierung eines Monitors, sondern beim Einrichten des Arbeitsplatzes. Eine ideale Farbdarstellung ist nur in einer optimalen Umgebung zu erzielen. Streng genommen bedeutet das, einen Raum zu nutzen, der keinerlei Fenster zum Tageslicht oder zu anderen nicht standardkonformen Lichtbedingungen offenlässt. Beleuchtet werden muss mit Normlicht bei moderater Intensität. Farbreize sollten nach Möglichkeit vermieden werden, was bedeutet, auf bunte Wände, Decken, Böden und Ziergegenstände zu verzichten. Selbst die Kleidung des Bildbearbeiters sollte am besten in Schwarz gehalten werden. Was grenzenlos übertrieben klingen mag, hat einen praktisch relevanten Grund: Ein knallroter Pullover reflektiert seine Farbe, und Farbreflexe auf dem Bildschirm beeinflussen das Monitorbild.

Natürlich muss der Monitor in der Lage sein, den ganzen Druckfarbraum abzudecken, weshalb ein hochwertiges Gerät, das Adobe RGB wiedergeben kann, unverzichtbar ist – man spricht oft von Wide-Gamut-Monitoren. Die Verkleidungen, die diese Bildschirme seitlich und nach oben hin abschirmen, sollen Lichtreflexe durch schräge Lichteinstrahlung verhindern.

Nun heißt das nicht, dass man Farben nicht auch in einer weniger perfekten Umgebung bearbeiten kann. Man muss sich nur bewusst sein, dass die Farbverbindlichkeit abnimmt, wenn die Arbeitsumgebung nicht optimal eingerichtet ist. Für besonders farbsensible Bearbeitungen empfiehlt es sich, einen Experten zu beauftragen, der nicht nur den Anforderungen entsprechend optimal eingerichtet und ausgerüstet ist, sondern auch die Erfahrung für optimale Ergebnisse mitbringt.

Erstellen eines Druckerprofils mit Hilfe eines Spektralfotometers.

Kalibrierung

Damit Bildschirme nicht einfach der vom Hersteller vorgegebenen Farbcharakteristik folgen, ist es notwendig, sie zu kalibrieren bzw. zu profilieren – Ersteres hat Einfluss auf die Charakteristik des Geräts selbst, Letzteres schreibt ein Korrekturprofil in das Betriebssystem. Drucker wie Bildschirme werden *keinem* einheitlichen Standard folgend entwickelt. Gerade bei Bildschirmen liegt die Priorität der Hersteller auf dem Verkauf, und Geräte, die Farben intensiver darstellen, finden bei vielen Kunden mehr Anklang. Daran ist nichts verkehrt, denn abseits der Gestaltungsbranche spielt Farbverbindlichkeit über verschiedene Ausgabemedien hinweg keine Rolle.

Durch Profilierung wird der individuelle Farbcharakter des Geräts so angepasst, dass die Wiedergabe den Standards der Medienindustrie entspricht. Dazu ist auf dem Computer eine Software zu installieren und am Monitor ein elektronisches Gerät anzubringen. Bei dem Gerät handelt es sich um eine Art elektronisches Auge, ein sogenanntes Kolorimeter.

Die Software spielt dem elektronischen Auge auf dem Bildschirm im Rahmen eines Analyseprozesses eine Reihe von Farben vor. Das Auge übermittelt die Farbmessung an die Software zurück. Aus den Messergebnissen ist ersichtlich, welche Farben auf welche Art vom Standard abweichen, und es kann ein individuelles ICC-Profil für den Monitor erstellt werden. Dieses Profil wird im Betriebssystem installiert, wo es dafür sorgt, dass Farben so auf den Bildschirm übertragen werden, dass sie mit dem Standard so weit als möglich übereinstimmen.

Für Drucker ist dasselbe möglich und notwendig, wenn auch dessen Ausgabe mit den Standards konform gehen soll. Doch während Kalibrierungsgeräte für Monitore bereits ab etwa 100 Euro zu haben sind und der Aufwand zur Profilerstellung (weshalb man streng genommen von *Profilierung* statt Kalibrierung sprechen muss) gering ist, sind Geräte zur Druckerprofilierung teurer und erfordern, jedenfalls in der unteren Preisklasse einiges an Aufwand.

Spyder4™
by Datacolor

Farbmanagement in den Programmen

Farbmanagement ist vor allem in Bildbearbeitungsprogrammen knifflig. In Layoutprogrammen wie InDesign und Vektorprogrammen wie Illustrator werden Dokumente üblicherweise in dem Farbraum erstellt, in dem sie produziert werden. Eine Farbumwandlung ist meist nicht vorgesehen, und ohne Umwandlung sind auch Profile verzichtbar.

Fotos hingegen werden in RGB erstellt und sind vor dem Druck in CMYK umzuwandeln. Dafür sind Profile notwendig, weshalb Farbeinstellungen vor allem in Photoshop wichtig sind. In InDesign und Illustrator lässt sich das Farbmanagement hingegen meist sogar ganz ausschalten, wodurch von vornherein verhindert wird, dass durch eine Unachtsamkeit Farben, die mit ganz bestimmten CMYK-Farbwerten definiert wurden, unter bestimmten Umständen neuberechnet werden. Wenn ich in diesen Programmen ein Blau mit 100 % Cyan und 50 % Magenta definiere, dann will ich, dass das auch so bleibt.

Anders sieht es aus, wenn in der Bildbearbeitung Fotos und Illustrationen für die Druckvorstufe vorbereitet werden. Wie bereits weiter vorne angemerkt, empfiehlt es sich dabei heute, möglichst lange den RGB-Farbraum beizubehalten, da sein Potenzial größer ist und manche Einstellungen für CMYK-Bilder gar nicht unterstützt werden. Dabei ist ein korrekt eingerichtetes Farbmanagement unverzichtbar, sofern die Bearbeitung nicht zum Blindflug werden soll.

Über die Farbeinstellung der Adobe Bridge lässt sich das Farbmanagement der Adobe-Creative-Cloud-Programme synchronisieren. Wichtig ist das Farbmanagement aber vor allem in Bildbearbeitungsprogrammen wie Adobes Photoshop und Affinity Photo sowie RAW-Konvertern wie Lightroom, Capture One Pro oder DxO PhotoLab.

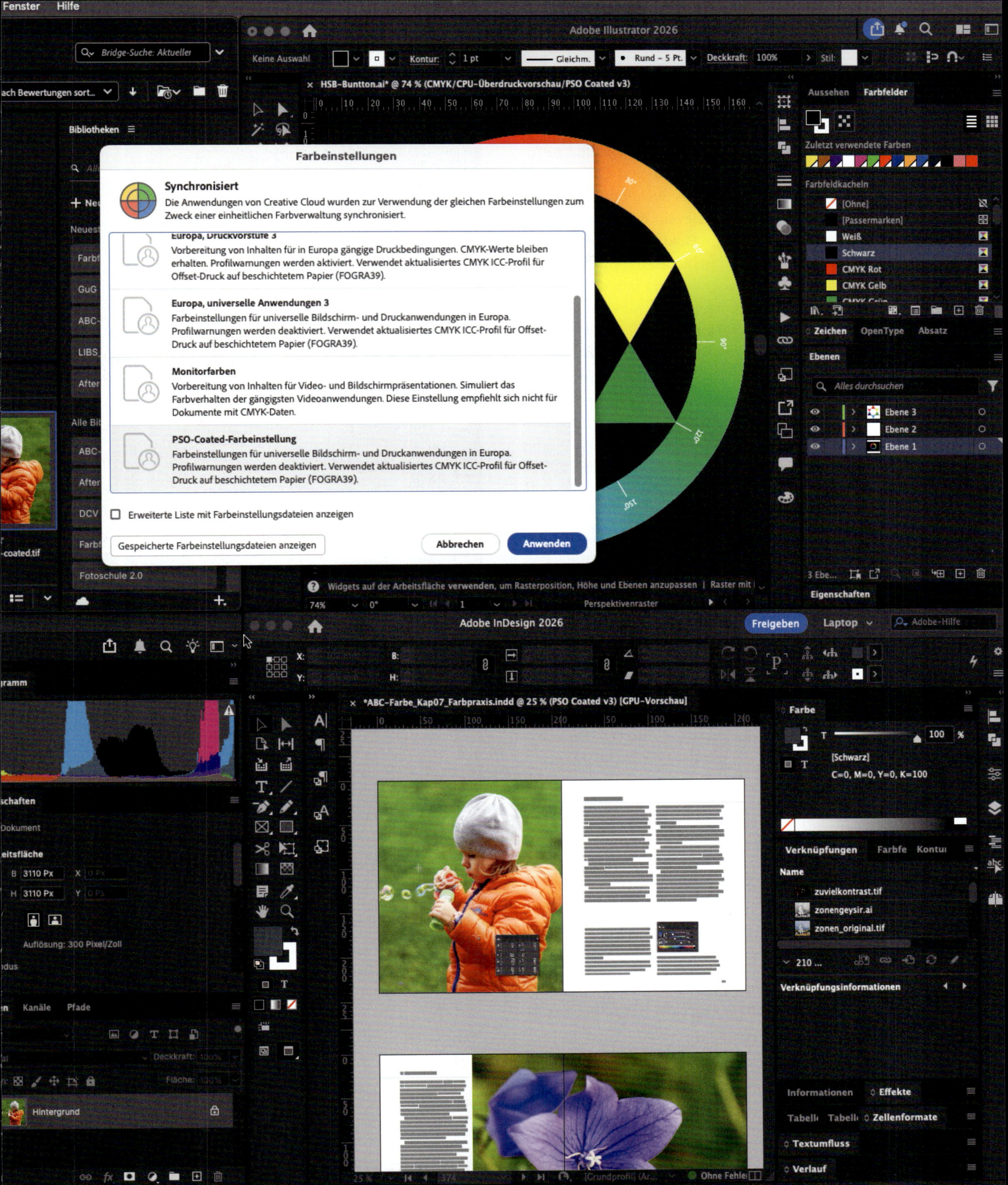
Fenster
Hilfe
Bridge-Suche: Aktueller
Bibliotheken
Adobe Illustrator 2026
Keine Auswahl
Kontur:
1 pt
Gleichm.
Rund - 5 Pt.
Deckkraft:
100%
Stil:
HSB-Buntton.ai* @ 74 % (CMYK/CPU-Überdruckvorschau/PSO Coated v3)
Farbeinstellungen
Synchronisiert
Die Anwendungen von Creative Cloud wurden zur Verwendung der gleichen Farbeinstellungen zum Zweck einer einheitlichen Farbverwaltung synchronisiert.
Vorbereitung von Inhalten für in Europa gängige Druckbedingungen. CMYK-Werte bleiben erhalten. Profilwarnungen werden aktiviert. Verwendet aktualisiertes CMYK ICC-Profil für Offset-Druck auf beschichtetem Papier (FOGRA39).
Europa, universelle Anwendungen 3
Farbeinstellungen für universelle Bildschirm- und Druckanwendungen in Europa. Profilwarnungen werden deaktiviert. Verwendet aktualisiertes CMYK ICC-Profil für Offset-Druck auf beschichtetem Papier (FOGRA39).
Monitorfarben
Vorbereitung von Inhalten für Video- und Bildschirmpräsentationen. Simuliert das Farbverhalten der gängigsten Videoanwendungen. Diese Einstellung empfiehlt sich nicht für Dokumente mit CMYK-Daten.
PSO-Coated-Farbeinstellung
Farbeinstellungen für universelle Bildschirm- und Druckanwendungen in Europa. Profilwarnungen werden deaktiviert. Verwendet aktualisiertes CMYK ICC-Profil für Offset-Druck auf beschichtetem Papier (FOGRA39).
Erweiterte Liste mit Farbeinstellungsdateien anzeigen
Gespeicherte Farbeinstellungsdateien anzeigen
Abbrechen
Anwenden
Aussehen
Farbfelder
Zuletzt verwendete Farben
Farbfeldkacheln
[Ohne]
[Passermarken]
Weiß
Schwarz
CMYK Rot
CMYK Gelb
Zeichen
OpenType
Absatz
Ebenen
Alles durchsuchen
Ebene 3
Ebene 2
Ebene 1
Eigenschaften
Fotoschule 2.0
Widgets auf der Arbeitsfläche verwenden, um Rasterposition, Höhe und Ebenen anzupassen
Perspektivenraster
Adobe InDesign 2026
Freigeben
Laptop
Adobe-Hilfe
*ABC-Farbe_Kap07_Farbpraxis.indd @ 25 % (PSO Coated v3) [GPU-Vorschau]
Farbe
[Schwarz]
C=0, M=0, Y=0, K=100
Verknüpfungen
Farbfe
Kontu
Name
zuvielkontrast.tif
zonengeysir.ai
zonen_original.tif
Verknüpfungsinformationen
Informationen
Effekte
Zellenformate
Textumfluss
Verlauf
Kanäle
Pfade
Auflösung: 300 Pixel/Zoll
Hintergrund
Ohne Fehler

Arbeitsfarbräume

In Photoshop findet man in den Farbeinstellungen unter anderem Vorgaben für RGB- und CMYK-Arbeitsfarbräume. Damit definieren Anwender:innen ihre bevorzugten Farbräume. Relevant ist ihre Definition beim Erstellen eines neuen Dokuments, wo der in den Farbeinstellungen gewählte Arbeitsfarbraum als Basis vorgeschlagen wird. Zudem richtet sich eine Konvertierung des Farbraums über das Menü »Bild • Modus« nach RGB- oder CMYK-Farbe nach diesen Arbeitsfarbräumen. Außerdem überprüft Photoshop bei Bildern, die Sie öffnen, in welchem Farbraum sie sich befinden, und wenn er vom Arbeitsfarbraum der Voreinstellungen abweicht, erscheint eine Meldung. Wird diese Meldung angezeigt, ist in der Regel die Option »Eingebettetes Profil verwenden (anstelle des Arbeitsfarbraums)« zu wählen.

Wissenswert ist außerdem, dass sich Angaben in der Info-Palette nach den eingestellten Arbeitsfarbräumen richten. Wenn Sie ein RGB-Bild bearbeiten, können Sie in dieser Palette nicht nur die RGB-Werte anzeigen lassen, sondern auch CMYK. Ausschlaggebend für die Anzeige der CMYK-Werte ist der gewählte CMYK-Arbeitsfarbraum in den Farbeinstellungen. Wenn in den Einstellungen ISO Coated gewählt wurde, Sie aber beabsichtigen, ein Bild auf ungestrichenes Papier zu drucken, dürfen Sie sich nicht auf die in der Info-Palette angezeigten Werte verlassen.

Farbeinstellungen für die Creative Cloud werden am besten in Adobe Photoshop definiert und gespeichert. Durch Speichern in dem dafür vorgesehenen Verzeichnis sind die Vorgaben über Einstellungen ganz oben am Fenster abrufbar und stehen in der Bridge zur Synchronisierung zur Verfügung.

Ansicht
Plug-ins
Fenster
Hilfe
Adobe Photoshop 2026
Histogramm
Kanal:
Farben
Quelle:
Gesamtes Bild
Rot
Grün
Blau
Farbeinstellungen
Einstellungen:
PSO-Coated-Farbeinstellung
Arbeitsfarbräume
RGB:
Adobe RGB (1998)
CMYK:
PSO Coated v3
Grau:
Dot Gain 15%
Vollton:
Dot Gain 15%
Farbmanagement-Richtlinien
RGB:
Eingebettete Profile beibehalten
CMYK:
Eingebettete Profile beibehalten
Grau:
Eingebettete Profile beibehalten
Profilabweichung:
Beim Öffnen wählen
Beim Einfügen wählen
Fehlende Profile:
Beim Öffnen wählen
Konvertierungsoptionen
Modul:
Adobe (ACE)
Priorität:
Relativ farbmetrisch
Tiefenkompensierung verwenden
Dither verwenden (Bilder mit 8 Bit/Kanal)
Szenenbezogene Profile kompensieren
Erweiterte Einstellungen
Sättigung der Monitorfarben verringern um:
20
%
RGB-Farben mit Gamma füllen:
1,00
Textfarben mit Gamma füllen:
1,45
Synchronisiert: Deine Creative Cloud-Programme verwenden die gleichen Farbeinstellungen. Somit wird ein gleichmäßiges Farb-Management gewährleistet.
OK
Abbrechen
Laden...
Speichern...
Vorschau
Beschreibung
PSO-Coated-Farbeinstellung: Farbeinstellungen für universelle Bildschirm- und Druckanwendungen in Europa. Profilwarnungen werden deaktiviert. Verwendet aktualisiertes CMYK ICC-Profil für Offset-Druck auf beschichtetem Papier (FOGRA39).

Proof

Wie gesagt ist ein Monitor in der Lage, die meisten Farben, die sich in 4C drucken lassen, wiederzugeben. Doch damit er nicht sein volles Spektrum nutzt, sondern den eingeschränkten Farbraum des Drucks simuliert, ist ein sogenannter *Softproof* zu aktivieren. In Photoshop, InDesign und Illustrator geht das über das Menü »Ansicht • Proof einrichten«. Im folgenden Dialog kann ich bestimmen, was für ein Ausgabegerät simuliert werden soll. Das kann gestrichenes oder ungestrichenes Papier sein, aber auch die Charakteristik Ihres Büro- oder Fotodruckers, sofern ein entsprechendes Profil installiert ist.

Natürlich ist ein Softproof nur so gut wie die Umgebung, in der er betrachtet wird. Das heißt, für die tatsächliche Verlässlichkeit der Simulation ist die Qualität des Monitors, seine Kalibrierung und die Umgebung von Bedeutung.

Wer mehr Verlässlichkeit wünscht, kann bei einem spezialisierten Dienstleister einen *Digitalproof* in Auftrag geben. Dabei wird auf speziellen Proof-Druckern das Aussehen des Drucks simuliert. Da das üblicherweise nicht auf demselben Papier wie der spätere Auflagendruck und auch nicht mit identischen Farben passiert, ist ein Digitalproof allerdings nicht zu 100 % zuverlässig.

Am verlässlichsten ist ein *Andruck*, bei dem einige Exemplare mit dem Papier und an der Druckmaschine des Auflagendrucks produziert werden. Leider ist das auch die teuerste Lösung.

Die Abbildung zeigt die Einstellung eines Softproofs in Adobe Photoshop. Als zu simulierendes Ausgabegerät habe ich gestrichenes Papier (PSO Coated v3) mit der Renderpriorität »Perzeptiv« gewählt.

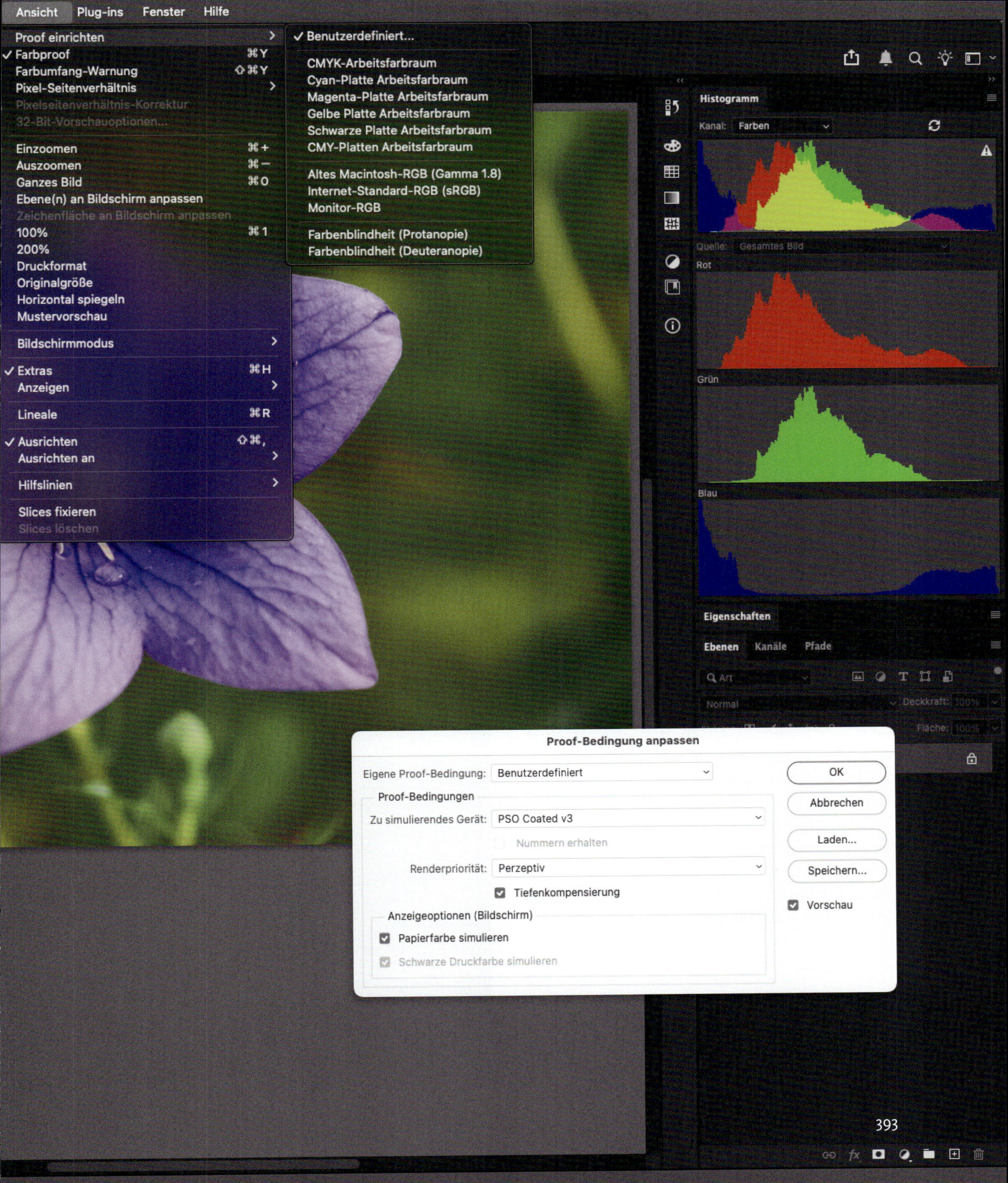
Ansicht
Plug-ins
Fenster
Hilfe
Proof einrichten
Farbproof ⌘Y
Farbumfang-Warnung ⇧⌘Y
Pixel-Seitenverhältnis
Pixelseitenverhältnis-Korrektur
32-Bit-Vorschauoptionen...
Einzoomen ⌘+
Auszoomen ⌘−
Ganzes Bild ⌘0
Ebene(n) an Bildschirm anpassen
Zeichenfläche an Bildschirm anpassen
100% ⌘1
200%
Druckformat
Originalgröße
Horizontal spiegeln
Mustervorschau
Bildschirmmodus
Extras ⌘H
Anzeigen
Lineale ⌘R
Ausrichten ⇧⌘,
Ausrichten an
Hilfslinien
Slices fixieren
Slices löschen
Benutzerdefiniert...
CMYK-Arbeitsfarbraum
Cyan-Platte Arbeitsfarbraum
Magenta-Platte Arbeitsfarbraum
Gelbe Platte Arbeitsfarbraum
Schwarze Platte Arbeitsfarbraum
CMY-Platten Arbeitsfarbraum
Altes Macintosh-RGB (Gamma 1.8)
Internet-Standard-RGB (sRGB)
Monitor-RGB
Farbenblindheit (Protanopie)
Farbenblindheit (Deuteranopie)
Histogramm
Kanal: Farben
Quelle: Gesamtes Bild
Rot
Grün
Blau
Eigenschaften
Ebenen
Kanäle
Pfade
Art
Normal
Deckkraft: 100%
Fläche: 100%
Proof-Bedingung anpassen
Eigene Proof-Bedingung: Benutzerdefiniert
Proof-Bedingungen
Zu simulierendes Gerät: PSO Coated v3
Nummern erhalten
Renderpriorität: Perzeptiv
Tiefenkompensierung
Anzeigeoptionen (Bildschirm)
Papierfarbe simulieren
Schwarze Druckfarbe simulieren
OK
Abbrechen
Laden...
Speichern...
Vorschau

Zum Abschluss

Man kann sich mit Farbe beschäftigen, solange man will, ich glaube, man wird nie an den Punkt kommen, an dem sie einem nicht hinter der nächsten Erfahrung mit einer Überraschung daherkommt. Wir sind weit davon entfernt, einheitliche Standards für das Verständnis und die Reproduktion von Farbe zu erzielen, die nicht nur in einem bestimmten Bereich gut funktionieren, sondern Allgemeingültigkeit haben. Ich persönlich glaube sogar, dass wir die Allgemeingültigkeit niemals erzielen werden.

Trotz langjähriger Erfahrung komme ich immer wieder in Situationen, in denen Ergebnisse nicht den Erwartungen entsprechen. Einer der Gründe ist sicher, dass Farbmanagement trotz aller Fortschritte der letzten Jahre noch lange nicht vollständig ausgereift und schon gar nicht in allen Betrieben auf dieselbe Art verankert ist. Das liegt unter anderem daran, dass die Meinungen der Experten in vielerlei Hinsicht noch mehr oder weniger weit auseinanderdriften. Der eine schwört auf das, was der andere für Unsinn hält. Beide mögen von ihren Ansichten überzeugt sein, weil sie sich auf Basis ihrer Erfahrungen gebildet haben.

Ich bilde mir nicht ein, die Koryphäe zu sein, die hier das letzte Wort sprechen kann. Was ich für richtig und weniger empfehlenswert erachte, basiert auf meinen Erfahrungen, und die werden zwangsläufig von meinen Erfahrungen als Grafikdesigner, Fotograf und Buchgestalter geprägt. Wäre ich beispielsweise Druckvorstufentechniker, würde ich vielleicht manche Dinge anders sehen.

Farbe ist und bleibt ein interessantes und emotionales Medium und ein spannendes Abenteuer. Für mich war dieses Buch eine große Entdeckungsreise, und ich hoffe, dass es für Sie ein praktischer Begleiter für Ihren Weg in die Farbgestaltung ist.

Anhang

Literatur und Quellen

Braem, Harald
Die Macht der Farben: Bedeutung & Symbolik
Signum Wien, 2012

Bruns, Margarete
Das Rätsel Farbe: Materie und Mythos
Philipp Reclam jun. Verlag, 2012

Drew, John T.; Meyer, Sarah A.
Farbmanagement: Das Handbuch für Grafikdesigner
Stiebner Verlag, 2006

Eckstut, Joann; Eckstut, Arielle
Die geheimnisvolle Sprache der Farben
Fackelträger Verlag, 2014

Finlay, Victoria
Colours: Die Geschichte der Farben
Konrad Theiss Verlag, 2015

Gekeler, Hans
Handbuch der Farbe: Systematik, Ästhetik, Praxis
DuMont Buchverlag, 2007

Häusel, Hans-Georg
Brain View: Warum Kunden kaufen
Haufe-Lexware, 2016

Heller, Eva
Wie Farben auf Gefühl und Verstand wirken
Droemer Knaur, 2000

Hoffman, Donald D.
Visuelle Intelligenz
Dtv, 2003

Itten, Johannes
Kunst der Farbe
Christophorus Verlag, 2010

Jost, Sam
Farbmanagement für die Digitalfotografie
Verlag Sam Jost, 2016

Küppers, Harald
Farbenlehre: Ein Schnellkurs
DuMont Buchverlag, 2012
Schule der Farben
DuMont Buchverlag, 2001

Lübbe, Eva
Farbempfindung, Farbbeschreibung und Farbmessung
Springer Vieweg, 2013

Mante, Harald
Das Foto: Bildaufbau & Farbdesign
Verlag Photographie, 2016
Motive kreativ nutzen
Verlag Photographie, 1996

Schmidt, Ulrich
Professionelle Videotechnik
Springer Vieweg, 2013

Sczepek, Jörg
Visuelle Wahrnehmung
Books on Demand, 2011

Stromer, Klaus; Fischer, Ernst Peter; Silvestrini, Narciso
Farbsysteme in Kunst und Wissenschaft
DuMont Buchverlag, 2005

Welsch, Norbert; Liebmann, Claus Chr.
Farben: Natur, Technik, Kunst
Spektrum Akademischer Verlag, 2011

http://www.spektrum.de

https://www.wikipedia.org

http://wisotop.de

Index

G

H

Q

R

S

X

Z

Wir hoffen, dass Sie Freude an diesem Buch haben und sich Ihre Erwartungen erfüllen. Falls Sie Anregungen, Wünsche und Kommentare haben, lassen Sie es uns wissen: **service@rheinwerk-verlag.de**

Informationen zu unserem Verlag und Kontaktmöglichkeiten finden Sie auf unserer Verlagswebsite **www.rheinwerk-verlag.de**. Dort können Sie sich auch umfassend über unser aktuelles Programm informieren und unsere Bücher und E-Books bestellen.

Autor Markus Wäger
Lektorat Ruth Lahres
Copy-Editing Petra Bromand, Düsseldorf
Typografie & Layout Markus Wäger
Satz Markus Wäger
Herstellung Maxi Beithe
Covergestaltung Eva Hepper
Coverbilder Fotolia: 103901©Tan Kian Khoon, 24792295©Stephanie Swartz, 44451699©Horvathta; iStockphoto: 6693623©Mario Voit, 10703347©Brasil2, 12903568©Vizerskaya, 14257526©Игорь_Гончаренко, 14897734©Muenz, s17223340©IgorDjurovic, 17232137©Günay Mutlu, 18412685©Epic-StockMedia, 19215632©Jasmina, 21073563©SimmiSimons, 23898398©Andrey Kuzmin; Masterfile: 618-00663288, 677-02405987; Shutterstock: 1651423©Jiri Vaclavek, 30388633©Serg64, 36599908©RomanJ, 80375911©wong yu liang, 91266659©mrfiza, 163347830©Montypeter, 164769077©sindlera, 202543942©lassedesignen, 212020930©Marko Poplasen, 245304451©Tania Zbrodko, 288764678©Sergey Uryadnikov
Druck Firmengruppe Appl, Wemding

FSC www.fsc.org MIX Papier | Fördert gute Waldnutzung FSC® C004592

Dieses Buch wurde auf FSC®-zertifiziertem Papier gedruckt.
Hergestellt in Deutschland.

Bibliografische Information der Deutschen Nationalbibliothek:
Die Deutsche Nationalbibliothek verzeichnet diese Publikation in der Deutschen Nationalbibliografie; detaillierte bibliografische Daten sind im Internet über *http://dnb.dnb.de* abrufbar.

ISBN 978-3-367-11507-5

2., aktualisierte und erweiterte Auflage 2026

Rheinwerk Verlag GmbH • Rheinwerkallee 4 • 53227 Bonn
service@rheinwerk-verlag.de